KAIRO
Luxor
Assuan

KAIRO
Luxor
Assuan

Ein Handbuch zum Erleben und
Erforschen faszinierender Städte

von Wil Tondok und Sigrid Tondok

Bearbeitung der altägyptischen Themen
von
Sylvia Schoske (Staatliche Sammlung Ägyptischer Kunst, München)
und
Dietrich Wildung (Ägyptisches Museum, Berlin)

IMPRESSUM

REISE KNOW-HOW Verlag GmbH, Hohentann
© COPYRIGHT by
REISE KNOW-HOW Verlag TONDOK
Nadistraße 18
D-80809 München
Compuserve ID 100276,116
E-Mail:S.W.Tondok@T-Online

Alle Rechte vorbehalten.
ISBN 3-89662-460-1
Dritte Auflage Februar 1997

Umschlagkonzept: M. Schömann, Köln, P. Rump, Bielefeld
Umschlagdesign: M. Schömann, S. Tondok
Kartographie der Umschlagkarten: Elsner & Schichor, Karlsruhe
Druck und Bindung: Presse-Druck- und Verlags-GmbH, 86167 Augsburg
Fotos © Sigrid Tondok

Bezugsadressen für den Buchhandel:
BRD: Prolit Verlagsauslieferung GmbH, 35463 Fernwald
Schweiz: AVA-buch 2000, CH-8910 Afoltern
Österreich: Mohr Morawa GmbH, A-1230 Wien
Niederlande: Nilsson & Lamm BV, NL 1380 AD Wessep
Barsortimenter

Alle in diesem Buch enthaltenen Daten und Informationen wurden nach bestem Wissen und mit großer Sorgfalt ermittelt. Inhaltliche und sachliche Fehler sind dennoch nicht auszuschließen. Alle Angaben erfolgen daher ohne Gewähr für die Richtigkeit im Sinne einer Produkthaftung. Der Verlag übernimmt keine Verantwortung und Haftung für inhaltliche wie sachliche Fehler.

Unter dem Gütesiegel

erscheinen Reisebücher verschiedener Verlage,
die der Verlagsgruppe REISE KNOW-HOW angehören.
Der REISE KNOW-HOW Verlag Tondok
ist Mitglied dieser Gruppe.

Ein paar Worte zu diesem Buch

1983 brachten wir einen Ägypten-Führer für Individualisten heraus, dessen Untertitel *ERLEBEN, ERKENNEN, VERSTEHEN* einen Anspruch anmeldete: Wir wollten den Leser nicht nur zu den Sehenswürdigkeiten dieses Landes führen, sondern ihm ebenso die Menschen und das heutige Leben in Ägypten näherbringen. Wir glauben, daß uns dieses Vorhaben gelungen ist und daß vielen Lesern bei der Lektüre von ÄGPTEN INDIVIDUELL Hintergrundinformationen geboten werden, die das *Erlebnis Ägypten* sowohl verständlicher als auch eindringlicher machen.

Auch der vorliegende Städteführer erhebt diesen Anspruch. Er soll Ihnen mehr bieten als nur eine Aufzählung von besichtigungswerten Objekten. Wir haben daher eine Menge Informationen aus dem Hauptband übernommen, uns aber speziell bei Kairo mit sehr viel mehr Details befaßt. Wir möchten Sie ein wenig abseits der üblichen Touristenpfade führen, jedoch nicht, um neue Pfade auszutreten. Denn beim Bummeln durch Kairos Altstadtgassen besteht kaum Gefahr, zusätzliche negative Tourismus-Effekte auszulösen, weil die Metropolis kraft ihrer Masse Touristen einfach integriert. Andererseits kann der Besucher z.B. im Islamischen Viertel sehr viel mehr über das so vielschichtige Ägypten und seine Probleme erfahren als aus weitschweifigen Erklärungen von Touristenführern.

Warum einen eigenen Städteführer herausbringen, wenn schon der Hauptband alle notwendigen Informationen enthält? Der Grund ist sehr einfach: Immer mehr Touristen verlegen einen Kurz-Urlaub in eine interessante Stadt und halten sich ganz gezielt mit relativ viel Zeit dort auf. Diesen Besuchern wollen wir mehr Informationen vermitteln als wir im Hauptband unterbringen können. Denn die über tausendjähre, sehr lebendige Vergangenheit Kairos bietet so viele aufschlußreiche Geschichten, daß es schade wäre, all die Details auszulassen. Quasi als "Bakschisch" behandeln wir noch die Städte Luxor und Assuan, weil sie häufig als Abstecher mitgebucht werden.

Die Informationen zur pharaonischen Geschichte Ägyptens gehen auf Prof. Dr. Dietrich Wildung und Dr. Sylvia Schoske zurück, die diese Texte überarbeitet haben. Mit den beiden Ägyptologen produzierten wir auch Ton-Führer, d.h. Kassetten, die den Hörer durch das Ägyptische Museum in Kairo, durch Sakkara, die Tempel von Luxor und die Grabtempel von Theben-West führen sollen.

Noch ein paar Worte in eigener Sache. Seit unserer Jugendzeit hält uns nichts in unseren vier Wänden. In den 70er Jahren gaben wir unsere beruflichen Karrieren auf, verkauften Hab und Gut und reisten in einem VW-Camper innerhalb von drei Jahren einmal um die Erde. Daraus entstand unser erstes Buch "Im VW-Bus um die Erde". Schon bald nach der Rückkehr gingen wir für die UNO nach Pakistan, auch das eine interessante Erfahrung. Im Winter 1978/79 bereisten wir Nord-und

Westafrika. Danach banden uns berufliche Verpflichtungen an Deutschland, es blieb keine Zeit für längere Reisen. Daher konzentrierten wir uns auf das relativ nahegelegene Ägypten, in dem wir fast jeden freien Tag verbrachten und das Land auf nahezu jährlichen Besuchen wirklich kennen und darüberhinaus sehr lieben lernten: Ägypten wurde uns zur zweiten Heimat.

Wir wünschen Ihnen so viel Freude bei Ihrem Besuch wie wir sie jedesmal erleben, wenn wir ägyptischen Boden betreten.

Wil und Sigrid Tondok

ABKÜRZUNGEN

AR Altes Reich
MR Mittleres Reich
NR Neues Reich
vC vor Christi Geburt
nC nach Christi Geburt
Jhd Jahrhundert
Md Midan (Platz)
Sh Sharia (Straße)
LE Pfund
Pt Piaster

Die **Sehenswürdigkeiten** wurden von uns (subjektiv natürlich) klassifiziert. Wir meinen, daß man an
*** auf keinen Fall vorbeigehen sollte, daß
** eine wertvolle Bereicherung darstellt,
 * ebenfalls den Besuch lohnt.
Aber auch um die Sehenswürdigkeiten, die nicht gekennzeichnet sind, würde man sich in vielen anderen Ländern noch reißen....

Die **Öffnungszeiten** und **Eintrittspreise** von Museen etc sind wie in dem folgenden Beispiel angegeben "codiert":

(9-14, Fr 9-12, LE 2) Die ersten Zahlengruppen beziehen sich auf die normale Öffnungszeit, also hier 9 - 14 Uhr. "Fr" bedeutet freitags und besagt, daß dann nur von 9 - 12 Uhr geöffnet ist. Der Eintritt beträgt LE 2.

Sie finden in diesem Buch viele **Karten und Pläne**. Eine Reihe davon wurden von uns entworfen oder von Vorlagen übernommen, die verhältnismäßig ungenau waren und, so gut wie möglich, von uns verbessert wurden. Dennoch sind dies Pläne nur als **Anhalt zur Orientierung** zu verstehen. Leider sind uns nur in den wenigsten Fällen genaue Maßstäbe oder Entfernungen bekannt - bitte haben Sie Verständnis.

Neueste, aktualisierte Informationen zum Inhalt dieses Buches finden Sie im **Internet** unter unserer Homepage
http://home.t-online.de/home/s.w.tondok
oder unter der von REISE KNOW-HOW:
http://www.reise-know-how.de/

Inhaltsverzeichnis

1. Alles über Reisen in Ägypten	**9**
1.1 Als Gast im Orient	9
Gefahr durch Terroranschläge ?	9
Kommen Sie mit in den Orient	10
Ägypten verstehen lernen	11
Was man falsch machen kann	12
Bakschisch	17
Als alleinreisende Frau in Ägypten	19
1.2 Reisevorbereitung	20
Papierkram (Visum, Impfungen etc.)	20
Literatur, Karten, Museen	24
Kleidung, Ausrüstung	28
Geld, Preise und Kosten	29
Reisezeit	31
Anreise	32
1.3 Im Land zurechtkommen	33
Ankunft und Ausreise	33
Fortbewegen in Ägypten	36
Essen und Trinken	41
Gesundheit	44
Sicherheit, Polizei	47
Rundfunk, Zeitung, Telefon, Post	48
2. Die Menschen und ihre Vergangenheit	**53**
2.1 Die Menschen	53
Täglich Freud und Leid	56
Die Stellung der Frauen	58
2.2 Die heutigen Religionsgemeinschaften	61
Der Islam	61
Die Kopten und andere Christen	64
2.3 Die längste Vergangenheit der Welt	66
Im Eilgang durch die Geschichte	66
Geschichts-Tabelle	72
Vergleich welthistorischer Ereignisse	76
Zur Religion der alten Ägypter	77
Architektur altägyptischer Tempel	80

Inhaltsverzeichnis

3. Kairo: Das Auf und Ab einer tausendjährigen Stadt 83
3.1 Geschichten zu Kairos Geschichte 83
3.2 Islamische Architektur 88
3.3 Koptische Kirchen 92

4. In Kairo zurechtkommen 93
4.1 Topographie und Hauptstraßen der Stadt 93
4.2 Kairo für Autofahrer 96
4.3 Kairo für Fußgänger 97
4.4 Nützliche Adressen, Souvenirs, Shopping 103
4.5 Restaurants 114

5. Kairo kennenlernen 121
5.1 Ein paar Informationen vorab 121
5.2 Modernes Kairo 124
5.3 Islamisches Kairo 135
5.4 Die Totenstädte 171
5.5 Alt-Kairo und Umgebung 178
5.6 Andere Attraktionen Kairos 184

6. Umgebung Kairos: Pyramiden und Fayum 191
6.1 Die Pyramiden 191
6.2 Fayum 207

7. Luxor, Karnak und Theben-West 219
7.1 In Luxor zurechtkommen 219
7.2 Luxor Kennenlernen 231
7.3 Theben-West kennenlernen 238

8. Assuan und Abu Simbel 249
8.1 In Assuan zurechtkommen 249
8.2 Assuan kennenlernen 253
8.3 Die Tempel von Abu Simbel 266

9. Praktische Informationen 271
9.1 Hotels 271
9.2 Per Eisenbahn nach Oberägypten 284
9.3 Bus-Fahrplan 286
9.4 Alles o.k.? 287
9.5 Mini-Sprachführer 288
Glossar 292
Index 293

1. Alles über Reisen in Ägypten

1.1 Als Gast im Orient

Gefahr durch Terroranschläge?

Dieses Buch entstand zu Zeiten, als die fundamentale Welt in Ägypten noch in Ordnung zu sein schien. Heute hat sie sich in eine Richtung entwickelt, die für so viele vom Tourismus lebende Ägypter katastrophale Ausmaße angenommen hat. Die deutschen Medien fallen über jeden Schuß am Nil mit einer Vehemenz her, als gelte es, von der heimischen Schieß- und Verbrennungswut abzulenken. Wenn man dem makabren Spiel der Toten-Aufrechnung folgen will, dann gab es bis zum Redaktionsschluß dieser Auflage viel weniger ausländische Todesopfer in Ägypten als etwa zur gleichen Zeit in Deutschland oder im US-Staat Florida.

Nicht zuletzt die Sensationsgier, mit der über fundamentalistisch motivierte Terroranschläge berichtet wurde, stürzte bald nach den ersten Anschlägen den Chartertourismus zum Land der Pharaonen in eine tiefe Krise. Im Niltal war ein Besucherrückgang um etwa 70 bis 80 % gegenüber der Boomzeit zu registrieren. Nahezu alle Hotels waren über lange Zeit nur minimal belegt, auf dem Nil kreuzten "Geisterschiffe": von 100 Betten standen häufig 90 leer.

Aus der Sicht der fundamentalistischen Eiferer gilt es, den derzeitigen Staat zu destabilisieren; die Tourismusindustrie ist einer der effektivsten Hebel auf diesem Weg. Die Fanatiker wollen Ägypten in einen islamischen Gottesstaat, etwa nach iranischem Vorbild, verwandeln und damit alle täglichen Nöte beseitigen: Armut, Korruption und die angeblich aus westlichem Einfluß herrührende Gottlosigkeit. So sehr man allen Ägyptern die Beseitigung der immer drückender werdenden Armut wünscht, so wenig hat der fundamentalistische Weg in Vergleichsländern Erfolg erzielt. Lediglich eine Umschichtung von Macht und Geld, garniert mit religiöser Pseudolegitimation, war den Revolutionen mit ihren vielen Todesopfern beschieden.

Nicht nur Touristen sind das Ziel der Anschläge. Der Terror gilt auch, oder intensiver noch, den christlich-koptischen Mitbürgern. Vielleicht werden hier nur alte Rechnungen beglichen, doch die Spannungen zwischen den beiden Religionsgruppen verschärfen sich mit jedem Schuß.

1994 gingen die terroristischen Anschläge um etwa ein Drittel zurück, auch 1995 war relativ ruhig, 1996 fielen griechische Touristen vermutlich versehentlich einem Anschlag zum Opfer, der gerade abgereisten Israelis gelten sollte. Nach Ansicht ägyptischer unabhängiger Beobachter liegt der Rückgang des Terrorismus daran, daß zum einen Polizei und Armee härter und erfolgreicher vorgingen, zum anderen aber, daß die militanten Islamisten fast jeden Rückhalt für ihre Anschläge in der Bevölkerung verloren. Denn sie stürzten sich auf Fremde und mißachteten damit eine fundamentale, tief verwurzelte Tradition: das Gastrecht. Obwohl Fanatismus wenig mit Logik zu tun hat, sprechen doch die terrorfreien Monate in der Tourismusbranche für diese Annahme.

Wie es weitergeht, ist derzeit nur schwer abzuschätzen. Viele Zeichen sprechen dafür, daß die Terrorwelle langsam abebbt.

1. Alles über Reisen in Ägypten

Doch die eigentlichen Ursachen, nämlich soziale Spannungen und Verarmung immer größerer Bevölkerungskreise, werden sich kaum zum Positiven ändern; ein Nährboden, wie geschaffen für Revolutionäre. Es ist lediglich zu vermuten, daß sich der Terror immer mehr auf innerägyptische Ziele anstelle der Attacken auf Touristen verlagern wird.

In diesem Führer beschreiben wir Städte und Stätten, die - bis aufs Fayum - weitgehend terrorismusfrei sind. Doch die häufig undurchsichtige **Situation kann sich täglich ändern**. Das sollte Ihnen aber keine Angst einjagen; nach unserer Meinung ist das Risiko, hier in Europa auf dem Weg zum Flughafen in einen tödlichen Verkehrsunfall verwickelt zu werden, deutlich höher anzusetzen, als in Ägypten von Terroristen attackiert zu werden.

Wichtig für Sie als Individualtourist:
- Verhalten Sie sich möglichst unauffällig, dies gilt besonders auch für weibliche Kleidung.
- Seien Sie vorsichtig im Fayum, erkundigen Sie sich vor der Fahrt dorthin nach der aktuellen Situation (Botschaft, Reisebüro etc.).
- Als Information: Ausländer dürfen ab Kairo nur die Züge um 7.30 und 22.00 Uhr nach Süden benutzen, da diese militärisch bewacht werden.

Unangenehm ist, daß man unterwegs sehr häufig auf Polizeikontrollen stößt, selbst in Restaurants tauchen Polizisten auf und suchen nach Waffen. Ärgerlich sind auch Konvoifahrten zwischen Luxor und Assuan sowie Luxor und Hurghada (Straßenverbindung nach Kairo). Omnibusreisen werden dadurch zusätzlich verkompliziert.

Kommen Sie mit in den Orient

Warum nach Kairo, Luxor oder Assuan fliegen - es gibt doch nähere Ziele? Die Frage und die Entscheidung für das Niltal läßt sich ganz leicht beantworten: Kairo nennt sich die *Mutter der Städte,* tatsächlich ist die Nilmetropole zumindest das Zentrum und das Herz des Orients. Wer immer sich hineinstürzen will in das quirlige, fremdartige, faszinierende Leben einer anderen Welt, wer sich mitreißen lassen will von fremden Geräuschen und Gerüchen, offenen, stets freundlichen Menschen begegnen und 5000 Jahren Kultur nachspüren will, der hat gar keine andere Wahl - es gibt keinen lebendigeren Orient als in Kairo, kaum andere Gegenden, in denen 5000 Jahre Geschichte so wach werden wie am Nil.

Ägypten und TausendundeineNacht. Zwar sind viele der Flüstergeschichten verstummt, aber der geheimnisvolle, ein bißchen märchenhafte Orient ist in den meisten seiner schillernden Facetten immer noch quicklebendig, wenn auch mit weniger Pracht und viel mehr Armut. Kommen Sie mit auf Spaziergänge durch Kairos alte Viertel, da brodelt das Leben in all seinen Spielarten, da scheinen sich nur Äußerlichkeiten in den letzten Jahrhunderten geändert zu haben. Mit ein bißchen Phantasie erstehen plötzlich vergangene Zeiten; das Leben von heute ist mit dem Leben von gestern so eng verwoben, daß sich der Besucher häufig erstaunt fragt, ob seine Umgebung Wirklichkeit oder ein Traum sei.

Natürlich zählen die Pyramiden auch heute noch zu den Weltwundern, sind die vielen Gräber mit ihren Bildergeschichten und die imposanten Tempel aus pharaonischen Zeiten wirklich sehenswert, ist der Nil mit seinen Segelbooten, seinen Inseln und Dörfern ein wichtiger Teil des *Erlebnisses Ägypten*. Aber zum Land gehören ebenso die Menschen, die großmütig und herzlich dem Fremden begegnen - solange sie nicht der Tourismusbranche angehören und dann den Besuchern aufdringlich und als penetrante Bakschischjäger erscheinen. Dieser Führer soll daher auch *Wege zu den Herzen der Menschen* aufzeigen und das Verhältnis zwischen Touristen und Ägyptern entspannen helfen.

Ägypten verstehen lernen

Es liegt auf der Hand, daß man in fünftausend Jahren Geschichte eine eigene Identität erwirbt. Zwar war diese Zeit einigermaßen abwechslungsreich, eine Anzahl Fremder ergriff Besitz von der Niloase und hinterließ Spuren in der Erbmasse des Volkes. Dennoch sind die Ägypter Leute mit eigener Meinung und auf dem Islam bzw. dem koptischen Christentum basierenden Moral- und Lebensvorstellungen. Die überwiegende Zahl der Menschen nimmt das Leben gelassen, ja zufriedener, als wir Mitteleuropäer es unter materiell so viel günstigeren Bedingungen tun.

Wenn wir also dieses so vielschichtige Volk besuchen, seine uns manchmal vielleicht unverständlichen Verhaltensweisen miterleben, dann können wir nicht hingehen und diese verurteilen oder gar als Lehrmeister und Besserwisser auftreten. Die Fairness den anderen Menschen gegenüber gebietet, sie vor dem Hintergrund ihrer Traditionen, Religion und geographisch-klimatischen Lage zu sehen. Erst wenn wir versuchen, uns in diese Welt einzudenken, besser noch einzufühlen, werden wir den Menschen nahekommen und feststellen, daß es hier nur andere, nicht jedoch bessere oder schlechtere Verhaltensweisen gibt.

Die folgenden Überlegungen können nur ein paar Anregungen und Anstöße zum Nachdenken geben; alle Aspekte zu erläutern, würde ein eigenes Buch füllen.

Mit der ältesten Universität der Erde im Rücken, an der die fundamentalen Glaubenssätze des Islam für die gesamte islamische Welt noch heute geprägt und gelehrt werden, hat Ägypten eine deutliche Führungsrolle im arabischen Lager inne. Selbst wenn der Wind der Freundschaft hin und wieder dreht, weiß jeder Ägypter von der Bedeutung dieser Rolle und ist stolz darauf. Doch selten werden Sie Menschen finden, die arrogant auf Nichtägypter blicken. Das Land am Nil kennt seit Jahrtausenden Fremde und verschiedene Lebensarten und weiß diese zumindest zu tolerieren.

Die Ägypter sind höfliche und hilfsbereite Leute. Ihre Höflichkeit hat lange Tradition und wird manchmal fast um ihrer selbst willen gepflegt. Wenn Ihnen ein Mann auf der Straße mit großem Wortschwall den falschen Weg weist, dann tut er das nicht, um einen Fremden in die Irre zu lenken: Es wäre ausgesprochen unhöflich, eine Antwort schuldig zu bleiben und Sie der Ungewißheit zu überlassen - auch wenn er selbst über die einzuschlagende Richtung unsicher ist. Er konnte - und das ist für unsere nüchterne Logik nicht so einfach entschlüsselbar - Sie nicht hilflos herumstehen lassen.

Die Vorstellungen des Ägypters vom Sinn des Lebens weichen fundamental von den unseren ab. Während wir überall nach dem Sinn und Zweck von Tun und Lassen suchen, nimmt der Ägypter sein Leben aus Allahs Hand und versucht, sich von seinem Schöpfer führen zu lassen. Interpretationen des Heiligen Koran weisen in erster Linie den jeweils nächsten Schritt, erst dann kommt das bewußte Kalkül.

Für den Ägypter gilt nicht so sehr das harte Feedback, das jede Entscheidung prüft und richtet. Was er getan hat, das ist nun einmal so und dabei soll es bleiben. Das heißt nicht unbedingt, daß er beim nächsten Mal ähnlich reagieren muß.

Hier sprechen wir - häufig geringschätzig - von Fatalismus. Aber wir müssen uns mit

1. Alles über Reisen in Ägypten

dieser Lebenseinstellung abfinden. Wenn Sie sich z.B. mit einem Mann mittags verabreden und er kommt ein paar Stunden später, dann wurde er durch etwas aufgehalten, das des Aufhaltens wert war - es muß keineswegs wichtig oder wichtiger als Sie gewesen sein.

Sie werden des öfteren den Umgang der Ägypter mit Tieren beobachten können und feststellen, daß bei ähnlichem Verhalten unsere Tierschutzvereine sofort Anzeige ersatten würden. Umgekehrt fragen Ägypter, ob wir nicht Tieren Neigungen entgegenbringen, die wir häufig unseren Mitmenschen vorenthalten. Sicher rechtfertigt dieses Argument keine brutale Tierquälerei, aber es ist in bezug auf die Mitmenschen des Nachdenkens wert. Es sei noch angefügt, daß zu den unreinen Tieren auch Hunde zählen. Das kann bei Reisenden mit Hund zu unverständlichen Reaktionen führen.

Immer wieder werden Sie auf den Ausruf "Malesch, Malesch" stoßen - und sich vermutlich selten darüber freuen. Malesch ist freundliche Resignation und heißt soviel wie *Schicksal*; wobei hier die ägyptische Lebensphilosophie voll zum Tragen kommt. "Malesch, das Auto ist kaputt", das ist eben passiert, da wird man nicht groß hadern und nach dem Warum und Wieso fragen. Es ist für uns als Besucher häufig besser, sich mit einer Sache - "Malesch, Malesch" - abzufinden und nicht herumzunörgeln, wenn etwas nicht klappt.

Ständig werden Sie "inshallah" - *so Gott will* hören, was z.B. irritierend wirken kann, wenn der Flugkapitän die Landung ankündigt und *inshallah* an den Satz hängt. Grundsätzlich wird dieser Begriff für alle Aussagen, die sich auf die Zukunft beziehen, verwendet. Denn nach dem Glauben frommer Muslime bestimmt Allah, was passieren wird, und nicht der Mensch.

Was man falsch machen kann

Das Leben der Ägypter wird weitgehend von der Religion bestimmt. Daher sind auch sehr viele Verhaltensweisen auf religiöse Hintergründe zurückzuführen. Als Gast des Landes müssen wir diese Sitten respektieren und uns dem fremden Kulturkreis anpassen. Wir können sie nicht mißachten und damit unsere Gastgeber brüskieren. Dabei sollte man natürlich nicht die eigene Identität aufgeben, sondern lediglich Entgegenkommen zeigen.

Leider sehen wir uns aufgrund vieler Beobachtungen gezwungen (und werden auch von vielen Lesern immer wieder und nachdrücklich darum gebeten), öfters und fast schulmeisterhaft in diesem Buch auf Fehlverhalten der Besucher hinzuweisen. Dieses Fehlverhalten kann sehr viel zerstören, sowohl im zwischenmenschlichen als auch im ökologischen Bereich. Man sollte daher über die Informationen achdenken.

Wir wollen nicht nicht um die Dinge herumreden, sondern stellen sie möglichst klar und deutlich dar, selbst wenn es einigen Leuten auf die Nerven geht. Denn leider gibt es eine Menge Mitmenschen, die keinerlei eigene Sensibilität ihrer Umgebung gegenüber aufbringen und die sich wie "Elefanten im Porzellanladen" benehmen; diese Spezies ist hier angesprochen. Doch ganz abgesehen von aller Unsensibilität kann man/frau nicht immer wissen, wann und wo die Gastgeber völlig anders reagieren als wir, oder wo sie ganz andere Wertvorstellungen haben - wer weiß schon, daß man seine Fußsohlen nicht zeigt. Darüber hinaus möchten wir Sie bitten, andere Touristen auf krasses Fehlverhalten aufmerksam zu machen, denn viele Besucher haben sich zwar über das pharaonische Ägypten informiert, aber kaum über das heutige Leben.

Was man falsch machen kann

Generell sollte man wissen, daß die Orientalen etwas anders miteinander umgehen, als wir es im nüchternen Mitteleuropa gewohnt sind. Freunde, die sich treffen oder verabschieden, tun dies mit viel Aufwand an Stimme und körperlichem Kontakt: Umarmungen, Bruderküsse und Händchenhalten oder einander Tätscheln gehören zur Vermittlung von persönlicher Wertschätzung. Auch das Hände-Halten von Männern, die durch die Straßen schlendern, hat selten etwas mit Homosexualität zu tun, sondern ist eine Art körperlicher Kommunikation.

Die Ägypter kennen eine Reihe von **Begrüßungsformeln**. Am besten benutzt der Besucher wohl: "Ahlan wa sahlan" oder kurz "Salam", worauf er antwortet: "Ahlan bik" oder einfach "Salam". Lesen Sie bitte weitere Formeln des nicht gerade einfachen Begrüßungszeremoniells im Minilexikon, Seite 288, nach.

Man begrüßt sich keineswegs immer per Handschlag. Daher sollte man etwas zurückhaltend abwarten, ob der Partner die Hand reicht, dann natürlich den Handschlag erwidern.

Viele Moslems begrüßen andersgeschlechtliche Besucher aus religiösen Gründen nicht mit Handschlag. Umarmungen und Küsse zwischen Mann und Frau sind auf die engste Familie beschränkt. Es grüßt immer derjenige zuerst, der ein Haus betritt. Bei der Begrüßung bleibt die Frau nicht sitzen.

Höflichkeit und **Gastfreundschaft** sind Tugenden, die der Ägypter bis zur Selbstaufgabe pflegt. Wenn Ihretwegen ein Fellache auf dem Land sein letztes Huhn schlachten will, dann ist das selbstverständliche Gastfreundschaft dem Besucher gegenüber. Auf der anderen Seite erwartet der Gastgeber natürlich auch von Ihnen eine Erwiderung seiner Höflichkeitsbezeugungen. Gastgeschenke legt man fast belanglos ab, um den Gastgeber nicht in Verlegenheit zu bringen; weder im positiven noch im negativen Sinn.

Die Höflichkeit verpflichtet umgekehrt auch den Ärmsten, Einladungen auszusprechen. Wenn also Traveller mit vielen Einladungen prahlen, dann sind sie - sofern sie gutgläubig waren und nicht bewußt Schnorrer spielten - der wichtigen Regel aufgesessen, daß man

Einladungen mindestens dreimal hartnäckig ablehnt,

erst beim vierten Mal sind sie vom Gastgeber wirklich ernst gemeint (das gilt natürlich genauso bei Einladungen, die Sie aussprechen: mindestens dreimal wiederholen). Selbstverständlich gibt es westlich orientierte Ägypter, die unsere Traditionen kennen und eine Einladung gleich beim ersten Mal ernst meinen; man muß dies mit etwas Fingerspitzengefühl beurteilen.

Man sollte bei der Annahme von Einladungen immer überlegen, ob das Festmahl für einen Ausländer die wirtschaftlichen Verhältnisse des Gastgebers nicht überfordert. Besonders bei sozial schwächeren Bevölkerungsschichten sollte man Einladungen möglichst immer ablehnen. Ein Ägyptenkenner schreibt: *"Die Gastfreundschaft ist den Ägyptern - wie mir immer wieder bestätigt wurde - eine Art Zwang und nicht selten eine große Last. Empfehlenswert ist eine hartnäckige Ablehnung hartnäckiger Einladungen, sofern nicht genau bekannt ist, daß der Gastgeber entsprechend betucht ist."*

Zu aller Komplikation gibt es noch rein formale Einladungen (z.B. vom Busnachbarn zur Übernachtung in seinem Haus), die nur aus Höflichkeit ausgesprochen werden, aber gar nicht so gemeint sind. Daher sollte man mindestens dreimal bestimmt ablehnen, andernfalls könnte man sein Gegenüber in arge Verlegenheit bringen.

Ein Hinweis: Wenn Sie bei Ägyptern übernachten, müssen Sie dies zuvor der Touristenpolizei melden, andernfalls kön-

1. Alles über Reisen in Ägypten

nen Sie Ihre Gastgeber in große Bedrängnis stürzen. Auch wenn diese Bestimmung nicht sehr strikt durchgesetzt wird, so kann sie als willkommener Hebel gegen Bürger genutzt werden, die ein Polizist aus welchen Gründen auch immer ohnehin im Visier hat. Leser berichteten uns, daß ihre Gastgeber nachts von der Polizei aus dem Bett geholt und langwierigen Verhören unterzogen wurden.

Während des Essens lädt der Gastgeber Ihren Teller randvoll, Sie müssen alles probieren, einerlei wie es aussieht und schmeckt. Leeren Sie Ihren Teller nur dann, wenn Sie noch Hunger haben; denn ein leerer Teller wird sofort wieder gefüllt. Lassen Sie mindestens einen Rest zurück, um das Ende Ihrer Sättigung anzuzeigen. Wenn mit den Fingern gegessen wird, legen Sie am besten die linke Hand (sie gilt als unrein) in den Schoß. Wenn auf dem Boden sitzend gegessen wird, setzen Sie sich nicht so, daß Ihre Fußsohlen auf andere Teilnehmer zeigen und diese beleidigen, am besten also Schneidersitz (s. a. weiter unten).

Es gibt eine Reihe von Lebensäußerungen, die uns ungewohnt und fremd erscheinen. Es sollte uns selbstverständlich sein, diese Äußerungen zu tolerieren und uns ihnen soweit wie nötig anzupassen. Daher im folgenden ein paar wichtige *Verhaltensregeln*:

● **Aufgeschlossen sein**
Begegnen Sie den Menschen offen, ohne Besserwisserei, Dünkel und Arroganz. Wenn man - auch in schwierigeren Situationen - mit einem Lächeln Freundlichkeit anbietet, wird man umso mehr mit Herzlichkeit empfangen werden.

● **Adäquat gekleidet sein**
Über die lockeren Kleidungssitten der Europäer regen sich die Ägypter mehr auf als offiziell bekannt wird. "Wenn Urlauber ins Ausland reisen, sollten sie ihre guten Sitten und ihren Anstand miteinpacken," schrieb die *Egyptian Mail*.

Die freizügigen weiblichen Bekleidungssitten treiben in Europa niemanden mehr auf die Barrikaden, keiner fühlt sich durch zu enge, zu kurze, alle Linien betonende T-Shirts, Leggins, Shorts, Miniröcke und was immer die Mode erfinden mag, provoziert. Für orthodoxe Ägypter, deren Frauen jahraus, jahrein komplett zugeknöpft in der Öffentlichkeit erscheinen, geht die moralische Welt beim Anblick knappster weiblicher Hüllen halbwegs unter. Sie fühlen ihren Sittenkodex durch unangemessene Kleidung verletzt, empfinden die lockere Kleiderordnung sexuell als provozierend. Für sie sind bereits weibliche Kopfhaare, nackte Arme und Beine Sexsymbole, die es zu verstecken gilt. Folglich ist die Mehrheit der Ägypterinnen traditionell gekleidet, also von Kopf, jahrein zumindest von Hals bis Fuß verhüllt.

Man muß als westliche Frau nicht gerade in Sack und Asche gehen. Doch Schultern und Arme bedeckende, weite Kleider schützen auch die Trägerin meist vor aufdringlichen Belästigungen. Und diese Zudringlichkeiten - unter anderem eine Folge der von unbedarften Frauen vorgeführten aufreizenden Minimalbekleidung - können die Reisefreude erheblich mindern.

Die Ägypter werden sich ebenso über Männer amüsieren, die meinen, sich in der Hitze nur mit nacktem Oberkörper und Badehose oder Shorts bewegen zu können (und dann mit krebsroter Haut herumlaufen). Da unsere Shorts ägyptischen Unterhosen nicht unähnlich sehen, kann es leicht zu Gelächter kommen. Den Körper **bedeckende** Kleidung hat zusätzlich klimatisierende und schützende Effekte.

● **Religiöses Verhalten respektieren**
Tolerieren Sie religiöse Bräuche und akzeptieren Sie diese ohne Diskussion, wo Sie mit ihnen konfrontiert werden. Dazu gehört, daß Moscheen grundsätzlich ohne Schuhe (oder mit am Eingang ausgeliehenen Überschuhen) und in angemessener Kleidung zu betreten sind. Vie-

Was man falsch machen kann

le Moscheen können oder sollten während der Gebetszeit nicht besichtigt werden; fragen Sie, ob der Besuch gestattet ist.

● **Die Fastenzeit respektieren**
Provozieren Sie die Leute während dieser für den Einzelnen harten Zeit nicht durch Essen, Trinken oder Rauchen in der Öffentlichkeit. Gehen Sie tagsüber in die (wenigen) geöffneten Restaurants, die sich häufig auch auf Fremde eingestellt haben. Abends, nach Sonnenuntergang, gibt es zum Fitar (Fastenbrechen) die köstlichsten Speisen - Ramadan ist die beste Zeit für Feinschmecker.

● **Kein Alkohol in der Öffentlichkeit**
Obwohl Bier im Land gebraut wird *(Stella)*, lehnt die Majorität Alkohol aus religiösen Gründen völlig ab. Derjenige Ägypter, der sich dennoch einen Schluck Alkohol genehmigt, wird versuchen, seine Mitmenschen nicht herauszufordern. Im übrigen steht Alkoholgenuß in der Öffentlichkeit unter Strafe, theoretisch kann der Trinker im Gefängnis landen.

● **Keine Drogen**
Drogen aller Art sind streng verboten. Wer sich trotzdem auf Rauschgiftsuche macht, handelt völlig verantwortungslos und mißbraucht das Gastrecht. Drogenvergehen fallen unter Schwerverbrechen, denen die Todesstrafe droht.

● **Keine Liebesbezeugungen in der Öffentlichkeit**
Auch wenn Männer (oder Frauen) miteinander händchenhaltend oder eingehakt herumschlendern, so heißt das noch lange nicht, daß man sich mit seiner Frau oder Freundin auf diese Weise in der Öffentlichkeit zeigt, sie umarmt oder küßt. Liebesbezeugungen finden ausschließlich hinter verschlossenen Türen statt.

● **Trennung der Geschlechter**

In der ägyptischen Gesellschaft sind Männer und Frauen streng voneinander getrennt, bei privaten Veranstaltungen wie auch in der Öffentlichkeit. Das geht so weit, daß sich z.B. im Postamt oder Bahnhof zwei geschlechtsspezifische Schlangen bilden können. Respektieren Sie dieses System und stellen Sie sich nicht in die kürzere, aber falsche Reihe.

● **Taktvoll fotografieren**
Obwohl Kinder (und auch häufig Erwachsene) sich förmlich ins Foto drängen, gibt es andere Gelegenheiten, bei denen sich die Abzulichtenden wehren. Besonders Frauen scheuen - aus traditionellen und religiösen Gründen - den Fotografen (Sigrid hat es als Frau oft leichter, fragt aber immer, ob die betreffende Person mit dem Foto einverstanden ist). Sobald gegen Ihre Kamera Protest erhoben wird, sollten Sie dies respektieren.

Strikt verboten ist das **Fotografieren militärischer Einrichtungen** aller Art, dazu können bereits Brücken gehören. Angeblich ist auch das Fotografieren ärmlicher Gegenden oder von Bettlern verboten, d.h. von Motiven, die ein schlechtes Bild von Ägypten vermitteln würden. Fotografieren und Filmen mit Videokameras von kulturellen Stätten ist meist nur gegen Gebühren erlaubt, die zwischen LE 10 und LE 200 liegen können. Da die alten Farben unter Kunst- oder Blitzlicht leiden, ist das Fotografieren in den meisten historischen Anlagen untersagt. Dies ist eine sinnvolle Maßnahme zur Erhaltung der Kunstwerke, daher sollte man sie auch dann akzeptieren, wenn der Wärter es erlaubt.

● **Nicht zuviel Begeisterung**
Der *Böse Blick,* den zumindest einfachere Leute fürchten und der eng mit Neid verbunden ist, führt so manches Unglück herbei. Wenn Sie ein Kind wegen seiner Schönheit bewundern, könnten Sie neidische böse Blicke auf das Kind werfen und die nächste Krankheit heraufbeschwören; daher werden häufig Kinder schlecht und

1. Alles über Reisen in Ägypten

schmuddelig angezogen, um sie hinter dieser Negativ-Fassade vor bösen Blicken zu schützen.

Oder wenn Sie - wie bei uns üblich - einen neuen Gegenstand überschwenglich bewundern, könnte der Besitzer sich genötigt sehen, Ihnen das gute Stück als Geschenk anzubieten.

● **Fußsohlen nicht zeigen**

Wenn man sich lässig mit den Füßen auf dem Tisch lümmelt, beleidigt man seinen ägyptischen Partner grob. Wie auch in asiatischen Kulturen zeigt man auf keinen Fall seine Schuh- bzw. Fußsohlen.

● **Schnorrer**

Leider nehmen immer wieder Reisende aus Europa die Gastfreundschaft der Ägypter bis zum Exzeß in Anspruch; häufig mit dem Vorsatz, auf diese Weise die eigene Kasse zu schonen. Daß ein solches Verhalten nicht gerade von hohem menschlichem Niveau zeugt, ist eine Sache. Viel schlimmer ist, daß sich der generell besser stehende Europäer zu Lasten eines ökonomisch sehr viel ärmeren Volkes "durchfrißt".

● **Handeln und Feilschen**

Noch ein Tip zu einer Selbstverständlichkeit im Orient: Es gibt relativ selten Festpreise. Sie müssen um den reellen Handelswert nahezu jeder touristisch interessanten Ware mit Zähigkeit feilschen, das gehört schon fast zum guten Ton. Üblicherweise ist ein Spielraum von etwa einem Drittel im Preis, bei Fremden häufig viel mehr. Sollten Sie sich wirklich betrogen fühlen, lassen Sie sich - wenn es sich um lohnenswerte Beträge handelt - eine Quittung geben und drohen Sie dann, damit zur Polizei zu gehen. Doch ersparen Sie sich möglichst den tatsächlichen Schritt, Sie handeln sich sonst vermutlich eine Menge Papierkrieg und Zeitverluste ein.

Wie kann man sich vor überhöhten Preisen schützen? Eigentlich kaum, weil Handeln und Feilschen einfach zu selbstverständlich sind und uns gewöhnlich sowohl das Gefühl für den richtigen Preis als auch der sportliche Ehrgeiz zum Feilschen fehlt. Nützlich ist, wenn man die arabischen Zahlen kennt, die wenigen Preisschilder lesen und die wichtigsten Worte arabisch kann (z.B. Zahlen, was kostet das, Höflichkeitsformeln). Oder man beobachtet, wieviel ein Ägypter für die gewünschte Ware zahlt. Man kann sich natürlich auch bei Einheimischen erkundigen. Wichtig ist, immer vor Annahme der Leistung/Ware nach dem Preis zu fragen, also im Café, Restaurant, auf dem Markt etc.

● **Gastgeschenke**

Sehr häufig will man sich für die Freundlichkeiten der Leute erkenntlich zeigen und sucht nach einem passenden Geschenk, das dem Beschenkten auch irgendwie nützlich ist. Da gibt es die unterschiedlichsten Dinge, problematisch ist immer die Transportfrage. Daher hier ein paar Beispiele:

Kugelschreiber, Malstifte, Luftballons, sinnvolles Spielzeug, Bonbons (nur bedingt, denken Sie an Karies) etc. eignen sich für Kinder. Mit gebrauchter Kleidung, Vitamintabletten, Verbandszeug, Heftpflaster und Seife kann man häufig jemandem einen Gefallen tun. Begehrt sind auch Teebeutel und Würfelzucker, Einwegfeuerzeuge, bunte Streichholzschachteln und Postkarten mit der heimischen Fußballmannschaft oder aus dem Land des Besuchers (z.B. verschneite Winterlandschaft, für Ägypten ein ungewöhnliches Motiv). Viele freuen sich über Briefmarken, T-Shirts mit z.B. deutschsprachigem Aufdruck, Taschenmesser (Schweizer Offiziersmesser), Taschenspiegel, Nähzeugsortimente, Billiguhren, kleine Transistorradios oder gar Kassettenspieler.

Wenn bei Einladungen die Aufwendungen des Gastgebers nicht durch Gastgeschenke kompensiert werden können, sollte man dies durch äquivalente Geldgeschenke tun, die für die Kinder des Gastgebers bestimmt sind; damit verliert keiner der Beteiligten sein Gesicht.

Nehmen Sie ein paar Fotos aus Ihrem privaten Bereich (Familie, Haus, Beruf) zum Herzeigen mit, Ihr Gastgeber oder andere Bekanntschaften werden sich sehr dafür interessieren.

Noch einmal sei betont, daß die Freundlichkeit, die wir den Ägyptern entgegenbringen, vielfach belohnt wird. Ein Lächeln in Ihren Augenwinkeln wird den mürrischen Kellner viel eher zur Freundlichkeit bewegen als überhebliches Schimpfen.

Bakschisch

Mohammed hat die Almosenpflicht zu einem der Grundpfeiler der islamischen Religion gemacht. Auf diese Weise hat er jedem die soziale Verantwortung für den Mitmenschen auferlegt. Es gehört daher zur selbstverständlichen Gepflogenheit, dem Bedürftigen vom eigenen Wohlstand etwas abzugeben.

Auf der anderen Seite macht der Notleidende gern auf sich und seine Lage aufmerksam. Häufig wird dies mit einer kleinen Dienstleistung verbunden, um mehr als ein Almosen, eher einen geringen Lohn, fordern zu können. Allerdings richtet der Bittsteller seine Forderung ganz nach dem Bild des potentiellen Gebers: Sieht dieser wohlhabend aus, so kann er ihn auch ohne vorherige Leistung um ein *Bakschisch* - sinngemäß: *teile, was du hast* - angehen.

Über einen Brauch, den man kennen sollte, berichtet ein Leser. Eine junge Frau verteilte auf den Tischen eines Restaurants ein paar Erdnüsse, dann bat sie um Bakschisch. Ein Ägypter klärte ihn auf, daß diese Frau eine Witwe sei, die nicht betteln dürfe, aber durch den "Verkauf" der Erdnüsse ihren Lebensunterhalt zu bestreiten suche.

Das Verlangen von Bakschisch hat häufig sehr ernste Hintergründe: Mit statistisch LE 150 durchschnittlichem Monatseinkommen läßt sich heute in Ägypten keine Familie mehr durchbringen. Gerade bei den Ärmsten mit nur geringstem regelmäßigem Verdienst, muß jedes Familienmitglied zum Lebensunterhalt beitragen. Sei es nun, daß der Vater tagsüber seinem schlechtbezahlten Staatsjob nachgeht, nachmittags Taxi fährt und abends Koffer schleppt, oder daß bereits die jüngsten durch Pseudodienstleistungen zum Bakschisch-Betteln geschickt werden. So unangenehm die penetrante Art für uns auch ist, häufig steckt bittere Überlebensnot dahinter.

Alle Touristen werden vom Normalbürger als reich eingestuft, weil sie sich die weite Reise leisten können. Daher gehört die Frage "Bakschisch?" häufig schon zum Umgangston, sobald der Fremde in der Ferne auftaucht. In typischen Touristenzentren gibt es Babies, zu deren allererstem Wortschatz *Bakschisch* gehört. Fremde werden dort unentwegt nach einer Gabe angegangen, häufig in einer Form, die beim Adressaten stoische Gemütsruhe voraussetzt, um nicht zu explodieren.

Die Erfahrung, die der geplagte Tourist beim Geben macht, ist selten positiv. Gibt er 50 Piaster als Bakschisch, so ist das zu wenig. Erhöht er bei nächster Gelegenheit auf das Doppelte, so wird es wieder nicht genug sein. Dieses Spiel kann bis in hohe Zahlen gehen.

Leider ist die Bakschisch-Bettelei für viele Besucher zum schlimmen Alptraum geworden. Dabei spielt dieses System im ägyptischen Alltag durchaus eine positive Rolle. Es gibt eine Unzahl Gelegenheitsjobs, die keine Arbeit im eigentlichen Sinne

1. Alles über Reisen in Ägypten

sind, die einem Menschen aber durch geringste Hilfereichung zu einem selbstverdienten, wenn auch niedrigen Einkommen verhelfen. Ob es junge Burschen sind, die aus dem Verkehrsgewühl ein Taxi heranwinken und dafür 50 Piaster Lohn erhalten, ob es der Mann ist, der an einem haltenden Wagen die Tür aufreißt oder der behende Mensch, der die Parkplätze am Straßenrand beobachtet und suchende Autofahrer hinwinkt - sie alle haben eine "Beschäftigung", die sie nicht zu Arbeitslosen oder Bettlern werden läßt.

Dieses System der Leistung und Gegenleistung sollte auch der Besucher respektieren und anwenden. Allerdings müssen Sie sich über die Größenordnungen klar werden: Ein Lehrer verdient im ersten Berufsjahr kaum mehr als LE 3 bis 6, später etwa LE 10 bis 15 pro Tag. Es wäre daher verkehrt, dem Sohn des Lehrernachbarn für eine lächerliche Hilfe LE 1 zu geben. Leider meinen immer wieder reiche Touristen, ihr soziales Gewissen mit fürstlichen Trinkgeldern beruhigen zu müssen. Hohe Beträge sprechen sich natürlich herum und führen schließlich zu den "unverschämten" Forderungen. Heute dürfte die Untergrenze von Trinkgeldern für Erwachsene, z.B. den Kofferträger vom Hotel, bei LE 1 liegen.

Geben Sie nur dann ein Bakschisch, wenn der Empfänger auch etwas dafür getan hat; es sei denn, es handelt sich um einen wirklich aus Not Bettelnden. Kinder sollten nur geringe Beträge erhalten, auch wenn sie 50 Pt empört von sich weisen; am besten sind nützliche Naturalien.

Ein Tip: Häufig können Sie einer Horde von Bakschischjägern dadurch entgehen, daß Sie einen Mann aus der Gruppe als Führer oder Begleiter anheuern, der Ihnen dann die anderen vom Hals hält. Sofern man sich mit diesem Begleiter verständigen kann, erfährt man u.U. von der Umgebung mehr als allein. Ein ostdeutscher Leser empfiehlt, russisch zu schimpfen, das triebe Aufdringliche allemal in die Flucht.

Bakschisch ist vor allem im Restaurant- und Hotelgewerbe ein fester Bestandteil des Lohns, wenn nicht gar der höchste Anteil. Vergessen Sie daher das Trinkgeld im Restaurant nicht: Mindestens 10% vom Rechnungsbetrag, wobei ca. 2/3 der bedienende Kellner und 1/3 der "Tischabräumer" bekommt.

In der Grauzone zwischen reinen Bakschischjägern und am Fremden wirklich interessierten Ägyptern operieren die Geschäftemacher, die Ihnen Tag und Nacht Papyrus, Alabastervasen, tonnenweise Parfüm oder Goldschmuck und vieles mehr andrehen wollen. Diese Leute denken sich die tollsten Tricks aus, um mit Ihnen ins Gespräch und damit ins Geschäft zu kommen. Wenn Ihnen diese Menschen extrem auf die Nerven gehen, so sollten Sie ein bißchen Mitleid oder gar Verständnis aufbringen: die meisten leben von derartigen Geschäften, für sie ist es bitterster Überlebenskampf. Die Leute hingegen, die Ihre Bekanntschaft aus Interesse und ohne Hintergedanken suchen, erkennen Sie an Unaufdringlichkeit und schon daran, daß sie zurückhaltend sind und Ihnen z.B. nicht sofort die Hand zur Begrüßung hinstrecken.

Leider nehmen auch in Ägypten Bettler immer mehr zu. Dabei muß man wissen, daß es - neben wenigen berufsmäßigen - häufig aus schierer Not bettelnde Menschen sind, die sich auf diese Weise Mittel zum Lebensunterhalt beschaffen müssen. Das können Saisonarbeiter oder sonstige Arbeitslose, aber auch Behinderte sein, die keine Arbeit finden. Es gibt jedoch auch hier eine Grauzone, in der Arbeitsscheue operieren, die u.U. aggressiv werden können, wenn sie nichts erhalten.

Als alleinreisende Frau in Ägypten

Es ist nicht ganz unproblematisch, in einem muslimischen Land als Frau allein (oder zu zweit), d.h. ohne männliche Begleitung zu reisen. In diesem Buch werden Sie immer wieder Hinweise auf angepaßtes Verhalten finden. Ob die Infos wirklich von Nutzen sind, oder ob Sie als alleinreisende Frau nicht doch das Land *in Tränen* verlassen - wie bezeichnender Weise ein Mann schreibt, aber keine einzige Frau -, das hängt von einer Reihe von Faktoren ab, die Sie selbst nicht immer beeinflussen können.

Doch wir wollen wirklich keine Angst machen. Die Erfahrungen unserer Leserinnen liegen in der Summe ganz eindeutig auf der positiven, häufig sogar sehr positiven Seite. Betrachten Sie bitte die folgenden Sätze als Informationen, die Ihnen persönlich durch mehr Verständnis und angepaßteres Verhalten einen unproblematischeren Aufenthalt ermöglichen und keineswegs Angst bereiten sollen. Wir erhielten bisher nur ganz wenige Briefe, deren Schreiberinnen nie wieder nach Ägypten fahren würden.

Das vielleicht Wichtigste aus den vielen Briefn zu diesem Thema herausgegriffen und ergänzt: **Selbstsicher auftreten,** sich nicht einschüchtern lassen, umgekehrt auch nicht arrogant sein, so wenig wie möglich durch zur Schau gestellte Weiblichkeit provozieren (angemessene Kleidung, so wenig Haut wie möglich zeigen), Blickkontakt vermeiden (dunkle Sonnenbrille tragen). Rasieren Sie Bein- und Armhaare, sofern diese zu sehen sind, denn ägyptische Frauen rasieren diese Haare radikal ab und dann starren nicht nur Männer auf diese "ungewöhnliche" Behaarung. Wenn Sie darüber hinaus neben angepaßter Kleidung einen Ehering anstecken (rechts verlobt, links verheiratet) und sich passende Erklärungen dafür ausdenken (z.B. Mann beruflich unabkömmlich), eventuell ein Kopftuch tragen, dann werden Sie zwar immer noch unter Anmache zu leiden haben, aber weniger aggressiv. Wenn Sie auf der Straße eine Auskunft brauchen, fragen Sie andere Frauen.

Sollte ein Mann zu aufdringlich werden, schimpfen Sie so laut, daß Umstehende es hören, eine Leserin empfiehlt die folgenden Steigerungen: "Eh da?" (Was ist das?), "Fi muschkila?" (gibts ein Problem?), "Anta malak!" (kümmer' dich um deine eigenen Sachen) oder in sehr ärgerlichen Situationen "Ja kosomak" (Mutterficker). Das letztere ist für unsere Ohren ein übles Schimpfwort, wird in Ägypten aber häufig benutzt.

Frauen genießen aber auch ein paar Vorteile: Bei Ticketschaltern gibt es meist eine eigene, kürzere Reihe für Frauen, in der Metro einen nicht so vollen Wagen, im Bus wird fast immer ein Platz freigemacht.

Vielleicht helfen Ihnen auch die folgenden Zitate aus Briefen alleinreisender Frauen:

"Euer Reiseführer war eine große Hilfe. In Ägypten gibt's keine Spielregeln für Frauen, auch angemessene Kleidung ist kein Schutz (allerdings habe ich dafür oft Anerkennung erfahren, ich trug immer lange weite Hosen, BH, nie enge oder ärmellose T-Shirts). Das Schwierige am Spiel ist, daß die Männer wirklich nett und freundlich sind, in einer Art, die wir Europäerinnen i.a. nicht kennen (ich glaube, das macht uns anfällig für großes Vertrauen)."

"Ich jedenfalls habe lange gebraucht, ein gesundes Mißtrauen auf- und eine allzu große Neugierde auf das Entwickeln einer Situation abzubauen. Das richtige Maß hab ich immer noch nicht raus. Allerdings war ich oft in unangenehmen, teils widerlichen Situationen, aber nie in wirklich gefährlichen - manchmal hatte ich mein Gasspray aber schon in der Hand. Jedenfalls würde ich zu jeder Tages- und Nachtzeit herum-

1. Alles über Reisen in Ägypten

laufen (mit meinem Spray), ich fühl mich sicherer als nachts in Frankfurt."

"Noch nie habe ich mich als alleinreisende Frau in einem Land so sicher gefühlt wie in Ägypten. Völlig in Bann gezogen wurde ich von der Freundlichkeit, Fröhlichkeit, Gastfreundschaft und Hilfsbereitschaft, die ich überall antraf. Ich fand es richtig beschämend, daß Fremden in Deutschland ganz anders begegnet wird: kein 'welcome', sondern Distanz oder gar Abweisung."

"Ich reise mit meiner Freundin vier Wochen durch Ägypten. Für uns stellte sich das Verhalten der Ägypter anders dar als wir es aufgrund von Eurem Reiseführer erwartet hatten. Zeitweise wurden wir alle 10 Meter angesprochen, egal war, ob wir zu zweit oder allein unterwegs waren. Im Gegensatz dazu wurden wir, als ich mit einem alleinreisenden Mann in Alex unterwegs war, als Pärchen lediglich zweimal während eines Tages angesprochen. Dieses Verhalten der Ägypter erklären wir uns dadurch, daß die meisten es nicht verstehen können, daß es Leute gibt, die gern allein reisen und daß sie einem deswegen Gesellschaft leisten wollen. Uns Frauen gegenüber hatte das Angequatsche aber leider oft eindeutig anmachende Tendenz, obwohl wir lange und weite Kleidung trugen und nicht blond sind. Mir hat das zwar nicht den Urlaub verdorben, aber es war mitunter schon anstrengend, ständig die möglichen Reaktionen der Männer in meine Handlungen einzukalkulieren."

"Wir merkten, daß entschlossenes und sicheres Auftreten - wenn auch nur als Bluff - viel ausmacht: deutlich und laut sagen, was wir wollten, sich mit "Madame" und Nachnamen vorstellen, bei Antätscheleien im Bus laut schimpfen, sich gleich neben Frauen setzen oder stellen. Fremde nicht mit Handschlag begrüßen, denn das war oft die erste Berührung, es folgte Hand auf die Schulter legen, danach um den Rücken, so Stückchen für Stückchen. Unsere Forderung "Fassen sie mich nicht so an" wurde immer sofort akzeptiert, manchmal zunächst mit Entrüstung, dann folgte Achtung, daß wir nicht alles mit uns machen lassen."

"Alles in allem habe ich gute Erfahrungen gemacht, nachdem ich von gut gemeinten Ratschlägen eingeschüchtert aus Israel abgereist bin. Inzwischen fühle ich mich als Frau sogar in Kairo, Assuan sicherer als in Israel. Die Männer erscheinen mir weniger aggressiv, auch wenn sie einen ständig ansprechen."

"Alleinreisende Frauen brauchen in Ägypten keine Angst zu haben, wenn sie sich in der Kleidung und im Benehmen etwas anpassen können und wissen, was sie wollen. Sie sollten Frauen etwas mehr ermutigen in Ihrem Buch. Ich habe nur gute Erfahrungen gemacht und kann Ägypten nur empfehlen. Nach erstem Lesen Ihres Buches war ich allerdings eher skeptisch."

1.2 Reisevorbereitung

Papierkram (Visum, Impfungen etc.)

Die Einreise- und Zollbestimmungen können sich jederzeit ändern. Daher sollten Sie sich rechtzeitig nach den aktuellsten Vorschriften erkundigen. Die folgenden Angaben sind unverbindlich, d.h. eher eine generelle Information.

Übliche Einreise

An Papieren für die Einreise sind nötig:
- Ein **Reisepaß**, mindestens noch ein halbes Jahr gültig, mit einem Visum, das Sie beim zuständigen ägyptischen Konsulat

Papierkram (Visum, Impfungen etc.)

(Anschriften siehe Ende dieses Kapitels, Seite 23) erhalten.

Falls Ihre Kinder mitkommen: Theoretisch können Kinder bis zum 16. Lebensjahr nach Ägypten einreisen, wenn sie im Paß der Eltern eingetragen sind, und dieser ein Foto des Kindes enthält. Lassen Sie sich vor Reiseantritt einen mit Foto versehenen Kinderausweis ausstellen.

Die Preise für den schönen Stempel im Paß variierten in den letzten Jahren um fast 100%, derzeit kostet das Visum DM 45 in Deutschland, ÖS 520 in Österreich und SFr 45 in der Schweiz. Wenn Sie das Visum in Europa besorgen, kalkulieren Sie ein bis zwei Wochen als Vorlaufzeit für die Bearbeitung ein. Visa-Anträge können Sie beim Konsulat anfordern oder eventuell bei einem Reisebüro bekommen. Legen Sie bei allen Schreiben an das Konsulat ausreichendes Rückporto bei.

Doch Sie können sich die Mühe auch sparen: Für Bürger aus der EU und der Schweiz ist das Visum am Flughafen Kairo zu LE 52 bzw. US$ 15 an einem der Bankschalter zu haben, Wartezeit wenige Minuten; dasselbe gilt für Luxor, Sharm el Sheikh und Hurghada.

Bestehen Sie bei Visa-Erteilung auf **drei Monaten Gültigkeit,** einerlei, wo Sie es besorgen. Das heißt noch nicht, daß Sie drei Monate im Land bleiben dürfen. Denn bei der Einreise wird die Aufenthaltsdauer auf zunächst maximal vier Wochen begrenzt, egal, wie lange Ihr Visum noch gültig ist; aber eine Aufenthaltsverlängerung ist bei noch gültigem Visum einfacher.

Die **maximale Aufenthaltsdauer** im Land beträgt drei Monate, eine Verlängerung auf sechs Monate ist möglich. Gewöhnlich werden nur vier Wochen Aufenthalt bei der Einreise gewährt, die Verlängerung ist neuerdings zumindest in Kairo im Mogamma-Gebäude am Midan Tahrir problemlos möglich (versuchen Sie es mit Hartnäckigkeit gleich bei der Einreise, Überziehen des Aufenthalts um 7 bis zu 14 Tagen wird meist toleriert, danach bestraft. Informationen zu Visa-Verlängerung, Ein- und Ausreise finden Sie ab Seite 33, das Sie unbedingt kurz vor Ankunft lesen sollten.

♦ Ein **internationaler Führerschein,** den die heimische Kfz-Behörde ausstellt, ist drei Jahre gültig.

Nehmen Sie dieses Dokument nach Möglichkeit mit. Wenn Sie ein Auto mieten wollen, geht es nicht ohne. Andernfalls müßten Sie den ägyptischen Führerschein machen, was Sie drei Tage bürokratischen Aufwand kosten kann. (Wichtig für ehemalige DDR-Bürger: Die meisten Autovermieter erkennen den Ex-DDR-Führerschein nicht an; lassen Sie sich vor Abreise einen neuen internationalen Führerschein ausstellen).

♦ Der **Internationale Studentenausweis** verhilft dem Besitzer zu erheblichem Nachlaß bei Eintrittsgeldern und bei Eisenbahn-Tickets. Häufig wird auch der deutsche Studentenausweis bei Vorlage mit dem Paß akzeptiert.

Besorgen Sie sich den Ausweis erst kurz vor der Abreise und möglichst in demselben Kalenderjahr; am besten ist der grüne Internationale Studentenausweis.

Wer seinen Studentenausweis verlor oder vergaß, kann in der *Medical University,* Kairo, Insel Roda (Baracke im Bereich des University Hospital), gegen LE 6 Gebühren (Öffnungszeiten: Mi-Sa 10-12), Vorlage von einem Paßbild, der Studienbescheinigung (nicht zwingend) nach etwa einem Tag Wartezeit einen Studentenausweis bekommen. Dasselbe ist bei Prof. El Mehairy in der Faculty of Engineering in der Cairo University in Giseh von Sa-Do 9.30-13.30 möglich.

Schreiben Sie uns bitte, wenn Ihnen aktuelle Informationen bekannt werden.

1. Alles über Reisen in Ägypten

Die Verdopplung der Eintrittspreise hat einen "Schwarzmarkt" für Internationale Studentenausweise ausgelöst, auf dem Leute jeden Alters für ca. LE 30 ein entsprechendes Zertifikat erhalten (z.b. Tut Ankh Amon Pyprus, 3, Sharia Talaat Harb).

♦ **Zivildienstleistende** erhalten u.U. auch Ermäßigung auf ihren Ausweis.

♦ **Ägyptologen** oder Archäologen erhalten bei Nachweis ihres Berufes ein Türen öffnendes Permit gegen zwei Paßfotos im Antiquities Office, Kairo (Adresse Seite 104).

♦ Bei der ägyptischen Eisenbahn ist bereits die **International Youth Hostel Card** von Nutzen, wenn Sie einen entsprechenden Brief des Youth Hostel Office vorweisen können.

Geldtausch

Bis Mitte 1987 bestand die Pflicht für jeden Besucher, mindestens US$ 150 bei der Einreise in lokale Währung zum offiziellen Kurs zu tauschen. Diese auf sehr viel Kritik gestoßene Bestimmung wurde vorläufig, allerdings nur für den ersten Aufenthaltsmonat aufgehoben. Danach sind pro Monat US$ 180 nachweislich bei einer Bank zu tauschen. Den bei Redaktionsschluß dieser Auflage gültigen Wechselkurs finden Sie auf Seite 29.

Falls Sie am Ende der Reise ägyptisches Geld in harte Devisen rücktauschen wollen, dann geht dies nur, wenn Sie nachweisen können, daß Sie mehr als US$ 30 pro Tag während Ihres Aufenthaltes in LE tauschten; also **Tauschquittungen aufheben**.

Impfungen

Ein Impfpaß ist normalerweise nicht gefragt, es sei denn, man kommt aus Gebieten, in denen Impfungen obligatorisch sind. Vorgeschrieben ist nur noch **Gelbfieber**, falls man aus gefährdeten Gegenden einreist. Dasselbe gilt für **Cholera:** nur wer aus einer Gegend mit akuten Cholerafällen kommt, muß die Prophylaxe nachweisen. Im übrigen bietet die Cholera-Impfung nur wenig Schutz, sie wird von der WHO nicht mehr empfohlen.

Zur **Malaria-Prophylaxe** rät allerdings auch die WHO (im Gegensatz zu ägyptischen Ärzten). Die aktuelle Empfehlung lautet: Täglich eine halbe Tablette Resochin, vor der Einreise beginnen und noch sechs Wochen nach Ausreise durchhalten, und zwar für die Zeit von Juni bis Oktober für die Gebiete Nil-Delta, Fayum, Oberägypten und die Oasen; die bisherige Empfehlung - zwei Tabletten pro Woche - ist nach neuesten WHO-Richtlinien die Minimal-Prophylaxe und gilt nur für Langzeiturlauber oder z.B. Entwicklungshelfer etc.

Die Malariagefahr ist relativ gering; selbst in der lokalen Bevölkerung sind nur wenige Fälle bekannt. Wenn Sie Probleme mit dem Resochin haben (Ausschlag, Völlegefühl), sollten Sie überlegen, das Mittel abzusetzen und das eher geringe Risiko einzugehen, anstatt die Flucht nach Hause anzutreten.

Zur besseren Abwehr von **Hepatitis A** kann man sich Gammaglobulin spritzen lassen (keine Schutzimpfung), das insgesamt die Abwehrkräfte des Körpers stärkt. Besser ist die seit 1992 zugelassene Schutzimpfung gegen Hepatitis A (Schutz 5 - 10 Jahre). Weiterhin sollten Sie überprüfen, ob eine Auffrischung von **Kinderlähmung- und Tetanus-Impfungen** nötig ist (weitere Informationen zum Thema Gesundheit siehe Seite 44).

Auch sollte man den Abschluß einer **Reisekrankenversicherung** ins Auge fassen, wenn die eigene Krankenkasse in Ägypten nicht zahlt. Als sehr preiswert wird die Europa-Krankenversicherung AG, Piusstraße 137, 50932 Köln, von Lesern empfohlen.

Zollbestimmungen

Zolldeklaration bei der Einreise: Offiziell müssen Wertgegenstände wie Fotoappara-

Papierkram (Visum, Impfungen etc.)

te etc. bei der Einreise deklariert werden (Zollformular bis zur Ausreise aufbewahren), allerdings wird diese Bestimmung sehr lässig gehandhabt. Für wertvolle Geräte wie Fernseher ist eine Kaution beim Zoll zu hinterlegen. Die Einfuhr von Sprech- oder Amateurfunkgeräten ist nicht erlaubt. Natürlich sind Drogen und Narkotika verboten.

Zollfrei dürfen eingeführt werden: 400 Zigaretten, 3 Liter Spirituosen, 1 Fotoapparat mit 5 Filmen, 1 Filmkamera mit 2 Filmen, 1 Fernglas, 1 Radio, 1 Kassettenrekorder oder Tonbandgerät, Campingausrüstung. Mitgeführte wertvollere Geräte wie Camcorder werden im Reisepaß eingetragen.

Zolldeklaration bei der Ausreise: Theoretisch müssen Sie das bei der Einreise ausgefüllte Formular wieder vorweisen, denn damit beweisen Sie, daß Sie die Gegenstände, die Sie ins Land brachten, auch wieder ausführen. Allerdings haben wir noch nie eine Kontrolle dieses Papieres erlebt; derzeit wird es bei der Einreise überhaupt nicht ausgegeben.

Bei der Ausreise dürfen Sie keine Antiquitäten ausführen, es sei denn, Sie sind im Besitz einer Genehmigung der Altertümerverwaltung oder eines konzessionierten Händlers. Diese Bestimmung wird von Ägyptern verständlicherweise scharf überwacht, auf Mißbrauch stehen hohe Strafen.

Vorausbuchen von Flügen, Transfers und Unterkunft

Wenn Sie nichts oder wenig in Ägypten im Hinblick aufs Vorwärtskommen und Übernachten dem Zufall überlassen wollen, dann können Sie bereits zu Hause fest buchen: Z.B. Hotels einschließlich Transfers zum Flughafen oder Bahnhof, Bahn- oder Flug- oder Schiffsreisen im Land. Es gibt eine ganze Reihe von Reiseveranstaltern, die mit ägyptischen Partner zusammenarbeiten. Es wurden positive Erfahrungen mit dem staalichen MISR TRAVEL auf als Partner auf der ägyptischen Seite gemacht. In der Regel kann man sich auf die Buchungen verlassen, da MISR TRAVEL im ganzen Land vertreten ist und über entsprechend ausgebildete Mitarbeiter verfügt. Daß auf diese Weise nicht die billigsten Hotels zu buchen sind, und daß jeder der Partner an dem Service verdienen will, hat natürlich seinen Preis.

Ägyptische Vertretungen
in Deutschland
o Botschaft der Arabischen Republik Ägypten (keine Visa), Kronprinzenstr. 2, 53173 Bonn, Tel 022 8364000
o **Generalkonsulate:**
o Konsularabteilung der Botschaft der Arabischen Republik Ägypten
o Waldstraße 15, 13187 Pankow-Niederschönhausen, Tel 031 477 1048
o Wendelstadtallee 2, 53179 Bonn
o Eysseneckstr. 34, 60322 Frankfurt, Tel 069 590557/58
o Harvestehuder Weg 50, 20149 Hamburg, Tel 040 4101031

(Hinweis zur Visabeschaffung: Ostdeutsche in Berlin, Norddeutsche in Hamburg, NRW in Bonn, südlich davon in Frankfurt)
Touristische Auskünfte: Ägyptisches Fremdenverkehrsamt, Kaiserstr. 64 A, 60329 Frankfurt, Tel 069 252153

Auskünfte über **koptische Angelegenheiten**:
o Koptisch-Orthodoxes St. Antonius Kloster, Hauptstr. 10, 35647 Waldsolms-Kröffelbach, Tel 060 852317

In Österreich:
o Botschaft der Arabischen Republik Ägypten, Trautsohngasse 6, 1080 Wien, Tel 36 11 34

In der Schweiz:
o Botschaft der Arabischen Republik Ägypten, Elfenauweg 61, 3006 Bern, Tel 031 352 8012
o Ägyptisches Konsulat: 47ter Route de Florissant,1201 Genf, Tel 47 63 79

1. Alles über Reisen in Ägypten

Literatur, Karten, Museen

Wer nicht als Blinder durch Ägypten reisen will, informiert sich vor der Ankunft über Land und Leute. Erzählungen oder Romane z.B. vermitteln einen allerersten Eindruck. Man liest sich dabei ein bißchen in die Seele und täglichen Probleme der Menschen ein, die man besuchen will - vorausgesetzt, man treibt halbwegs brauchbare Literatur auf.

Ägypten-Literatur gibt es in Hülle und Fülle, aber die allermeisten Autoren befassen sich mit dem alten Ägypten. Über das heutige Leben ist leider nicht allzuviel Erzählerisches in deutsch zu finden. Die folgende Liste, die keine systematische Bibliographie ist und keinen Anspruch auf Vollständigkeit erhebt, soll Ihnen bei der Auswahl helfen. Der jeweilige Kurzkommentar stellt im übrigen unsere subjektive Ansicht dar; die biblio graphischen Angaben sind umfassender als üblich, um Ihnen die Beschaffung zu erleichtern.

Falls Sie zu Hause keine Zeit mehr zum Bücherkaufen finden: In Kairo gibt es eine deutschsprachige Buchhandlung namens Lehnert & Landrock (44 Sharia Sherif) mit breitem Angebot von Ägyptenbüchern, in der Sie übrigens auch diesen Führer erwerben können.

Zum Einlesen

T.Hussain: **Kindheitstage,** Edition Orient, Berlin; der blinde Dichter beschreibt einprägsam seine Kindheit auf dem Land. Der Band **Jugendjahre in Kairo** schildert das Leben an der Schul-Moschee Al Azhar.

Y.Hakki: **Die Öllampe der Umm Haschim,** Edition Orient, Berlin; die Erzählung stellt auf einfühlsame Weise das islamische Leben Kairos aus arabischer Sicht europäischer Denkweise gegenüber.

F.Büttner, I.Klostermeier: **Ägypten,** Beck'sche Reihe BsR 842 Aktuelle Länderkunden; hervorragende Hintergrundinformationen zum Verständnis von Politik und Wirtschaft.

GEO-Special Ägypten aus der bekannten GEO-Magazin Reihe beschreibt auf über 150 Seiten das Land aus historischer wie zeitgenössischer Sicht; ein hervorragender Überblick über das Land, das Sie bereisen wollen. (Der Info-Teil stammt von uns.)

Merian - Ägypten; ein informatives Heft, das einen guten *ersten Eindruck* vom Land am Nil und seinen Problemen ermöglicht.

Die drei folgenden Bücher der ägyptischen Ärztin Nawal el Saadawi zählen zur kritischen Literatur über das heutige ägyptische Leben (besonders der Frauen): **Tschador, Frauen im Islam,** CON Medien- und Vertriebsgesellschaft, Bremen; hier nimmt die (in Ägypten nicht unumstrittene) Ärztin und Frauenrechtlerin engagiert zur Rolle der Frau im Islam Stellung, geht dabei aber immer von der ägyptischen Situation aus.

Nawal El Saadawi: **Bericht einer Frau am Punkt Null,** Frauenbuchverlag, München; eine zum Tode verurteilte ägyptische Prostituierte reflektiert über ihr Leben. **Gott stirbt am Nil,** Frauenbuchverlag München; hervorragende Einblicke in das Leben in einem ganz normalen Dorf: staatliche und religiöse Macht, Familienstrukturen und Solidarität der Frauen untereinander.

W. Koydl: **Gebrauchsanweisung für Ägypten,** Piper, München; der Autor, der vier Jahre lang in Kairo lebte, erklärt den ägyptischen Alltag auf einfühlsame, aber auch humorvolle Weise - ein Buch, das sehr viel über das Gastland, seine Sitten, Gebräuche und indirekt auch über seine Probleme aussagt.

Jehan Sadat: **Ich bin eine Frau aus Ägypten,** Scherz Verlag; *die Autobiographie einer außergewöhnlichen Frau unserer Zeit* ist der zu wenig versprechende Un-

Literatur, Karten, Museen

tertitel. Die Frau des ermordeten Präsidenten berichtet (spannend) von der politischen Entwicklung sowie vom Leben in der Stadt und auf dem Land.

Nagib Mahfus: **Die Midaq-Gasse,** Unionsverlag, Zürich; der Nobelpreisträger schildert in einem seiner bekanntesten Bücher mit sehr viel Beobachtungsgabe das Leben in einer typischen Straße Kairos. **Die Moschee in der Gasse,** Unionsverlag, Zürich; die ausgewählten Novellen zeichnen zum Teil spannende, zum Teil schwermütige Bilder aus dem täglichen Leben. Im Verlag C.H. Beck erschien von Mahfus der Krimi **Der Dieb und die Hunde**.

Kairo - Die Mutter aller Städte, Hrsg. von U. Beyer, Insel Verlag; die Herausgeberin hat Beschreibungen vom 14. Jhd bis heute über Kairo zusammengetragen, die z.T. außerordentlich aufschlußreich sind und sich hervorragend als Reiselektüre eignen.

G.Belzoni: **Entdeckungs-Reisen in Ägypten 1815-1819,** DuMont; das spannende Rechtfertigungsbuch des *größten Grabräubers* gibt viele Einblicke in die damalige Zeit und Lebensumstände am Nil.

E.Brunner-Traut: **Die Kopten,** Leben und Lehren der frühen Christen in Ägypten, Diederichs Gelbe Reihe Bd. 39; empfehlenswert für denjenigen, der sich mit dem koptischen Christentum befassen will.

papyrus heißt die mit viel Engagement gemachte Zeitschrift der deutschsprachigen Ausländer in Ägypten, auf die auch eine ganze Reihe von Informationen in diesem Reiseführer zurückgehen. papyrus wird nur im Abonnement vertrieben.

EGYPT TODAY ist ein Magazin, das stark kulturell ausgerichtet ist und ebenfalls sehr informativ über das Leben in Ägypten berichtet.

Über pharaonische Zeiten

J.Romer: **Sie schufen die Königsgräber** - Die Geschichte einer altägyptischen Arbeitersiedlung, Verlag Max Hueber; die spannend geschriebene Geschichte der Siedlung Der el Medina anhand von Originaldokumenten (Papyri, Ostraka, Grabungszeugnisse).

H.Schlögl: **Amenophis IV - Echnaton** mit Selbstzeugnissen und Bilddokumenten, rororo-Bildmonographien; beste Darstellung der Amarna-Zeit, kurz und präzise, viele Originalzitate.

R.Stadelmann: **Die ägyptischen Pyramiden** - Vom Ziegelbau zum Weltwunder, von Zabern Verlag; Übersicht über die Entwicklung des Pyramidenbaus von der Frühzeit bis nach Meroe, neueste Pläne, Baugeschichte, Bedeutung (Vorgeschichte und Frühzeit langatmig).

Sennefer, die Grabkammer des Bürgermeisters von Theben, von Zabern Verlag; die Begleitpublikation zur Ausstellung einer Fotoreproduktion des Grabes vermittelt gute Vorstellungen von der Dekoration eines thebanischen Grabes.

D.Wildung: **Sesostris und Amenemhet** - Ägypten im Mittleren Reich, Hirmer Verlag; ausgehend von Kunstdenkmälern, umfassende Darstellung dieser Epoche.

E.Friedell: **Kulturgeschichte Ägyptens und des Alten Orients,** dtv Geschichte Bd. 100013; ein relativ nüchternes, umfassendes Sachbuch.

Knaurs Lexikon der ägyptischen Kultur, Droemer Knaur Bd. 574; ein handliches Nachschlagewerk.

P.Schulze: **Hatschepsut, Herrin beider Länder,** Bastei-Lübbe, Biographie Band 61053; ein lesenswerter Beitrag über die mächtigste Pharaonin.

S.Scheibler: **Ewig fließen die Wasser des Nil,** Goldmann Verlag; der historische Roman schildert sehr lebendig das Leben Nofretetes und Echnatons.

K.Schüssler: **Kleine Geschichte der ägyptischen Kunst,** DuMont Taschenbücher; ausführliche Information über Architektur, Grabbauten, Tempel etc.

1. Alles über Reisen in Ägypten

E.Otto: **Ägypten, der Weg der Pharaonenreiche,** Urban Taschenbücher im Kohlhammer Verlag; historische Einführung mit vielen interessanten Details.

Museumsführer

Die Hauptwerke im Ägyptischen Museum Kairo, von Zabern Verlag; in 270 Katalognummern (alle mit Fotos) wird eine Auswahl der Objekte - alle bekannten sind vertreten - mit (manchmal etwas zu) ausführlichen Texten vorgestellt; weniger für den Besuch als vielmehr für Vor- und Nachbereitung geeignet (auch in Kairo direkt im Museum erhältlich).

Ägyptische Kunst München, Staatliche Sammlung Ägyptischer Kunst; Übersicht über die ägyptische Kunstgeschichte von der Vorgeschichte bis in die frühchristliche Zeit anhand von Objekten der Münchner Sammlung. Kurze, gut lesbare Einführung, auch unabhängig vom Museumsbesuch aufschlußreich.

Noch ein Hinweis auf unsere Tonführer, d.h. Tonkassetten, mit denen Ägyptologen per Walkman durch historische Stätten führen:

S.Schoske und D.Wildung: **TONDOKs TONFÜHRER ÄGYPTEN: Kairo,** Reise Know-How Verlag Tondok; das Ägyptische Museum in Kairo und das Pyramidenfeld von Sakkara werden fundiert, detailliert und interessant zugleich von Autoren erklärt, die sich als Museumsprofis hervorragend auskennen. Mit den Kassetten **Luxor/Theben-West** erschließt sich dem Individualreisenden eine neue Dimension des Kennenlernens, bequemer als mit Walkman und besser als durch die fachlich zuverlässigen Erklärungen geht es kaum mehr.

Bildbände

Lange/Hirmer: **Ägypten - Architektur, Plastik, Malerei in drei Jahrtausenden,** Hirmer Verlag; der Klassiker unter den Ägypten-Bildbänden.

W.Weiss: **Ägypten,** Bucher Verlag; einer der besten Bildbände mit hervorragenden Fotos und informativem Text über Vergangenheit und Gegenwart.

Maroon/Newby: **Ägypten - Kunst, Geschichte, Land und Leute,** Reich Verlag; der Bildband mit den schönsten und eindrucksvollsten Fotos, Schwerpunkt ist das alte Ägypten.

Baines/Malek: **Weltatlas der alten Kulturen,** Ägypten, Christian Verlag; ein aufwendiger, sehr informativer Band über alle Bereiche des pharaonischen Ägyptens mit vielen historischen Karten, Reproduktionen etc.

E.Hornung: **Tal der Könige, Ruhestätte der Pharaonen,** Artemis Verlag; eine detaillierte Dokumentation der Königsgräber mit sehr ausführlicher Hintergrundinformation wie Auszügen aus dem Toten- und dem Pfortenbuch, Entwicklung des Grabbaus etc.

Hinweis: Viele dieser z.T. teuren Bildbände sind häufig in öffentlichen Bibliotheken zu finden.

Internet

Auch das Internet ist eine hervorragende Informationsquelle über Ägypten. Touristische Informationen erhalten Sie über http:/www.idsc.gov.eg/tourism (nur englischsprachig). Wer unter den Stichworten Egypt oder Ägypten surft, findet eine Menge sehr interessanter Beiträge.

Reiseführer

Die Ägyptenreiseführer vermehrten sich in den letzten Jahren nahezu explosionsartig. Hier nur eine Auswahl der Titel:

Baedeckers Allianz Reiseführer Ägypten; der vor allem in der Kartographie aufwendig gemachte Führer liegt im Qualitätsanspruch sehr hoch. Die Ortsbeschreibungen sind nicht nach geographischen sondern alphabetischen Kriterien geordnet.

Literatur, Karten, Museen

Ägypten, Der Große Polyglott und **Polyglott-Reiseführer** Bd. 718; Kairo, Bd. 879; besonders die kleinen Polyglott-Bände bieten auf wenig Papier erstaunlich viel Information.

H.Strelocke: **Ägypten und Sinai,** DuMont Kunst-Reiseführer; dieser häufig gelobte Führer erschien uns streckenweise oberflächlich, häufig fehlten wichtige praktische Informationen.

C. Erck: **Das islamische Kairo,** Lamuv; ein sehr fundierter und detailgenauer Führer durch das islamische Kairo.

W. & S. Tondok: **ÄGYPTEN INDIVIDUELL,** Reise Know-How Verlag Tondok, München; unser aktueller und präziser Reiseführer für Individualisten mit viel Hintergrundinformationen über Ägypten und die Ägypter.

Cairo, a practical guide, American University in Cairo Press; ein für in Kairo lebende Ausländer gemachtes Handbuch mit einer Fundgrube von Adressen und Informationen fürs tägliche Leben.

Baker/Sabin: **A Practical Guide to Islamic Monuments in Cairo,** The American University in Cairo Press; ein spezialisiertes, aber informatives Buch für an islamischen Monumenten Interessierte.

O.Seif: **Khan al-Khalili,** a comprehensive mapped guide to Cairos's historic bazar, American University Cairo Press; ein hervorragender Führer durch das Gewirr der Khan el Khalili-Gassen und seiner Shops (die auch nach Waren geordnet aufgeführt werden). Auch die angrenzenden historischen Stätten werden kurz beschrieben.

Kauderwelsch, Arabisch für Globetrotter, ein sehr nützlicher Band aus dem Peter Rump Verlag, Bielefeld.

N. Osman: **USRATI, Lehrbuch für modernes Arabisch,** Usrati-Sprachinstitut und Lehrbuchverlag, München; mit vielen Illustrationen und Kalligraphien aufgelockertes Lehrbuch

Dia Ed-Din M. Badr, Kairo: **Die moderne arabische Sprache**; gutes Lehrbuch, bei Lehnert & Landrock erhältlich.

Karten und Stadtpläne

Leider sieht es auf diesem Sektor nicht besonders gut aus. Die erhältlichen Karten bieten keineswegs optimale oder gar zuverlässige Informationen. Daher Vorsicht!

In Kairo können Sie Karten bei den großen Buchhandlungen (z.B. Lehnert & Landrock, 44, Sharia Sherif) und in den HotelBookshops kaufen; gut sortiert sind die Shops im Nile Hilton Hotel.

Freytag & Berndt, Ägypten-Autokarte mit Kulturführer, 1:1 Mio; zur Zeit die zuverlässigste (relativ) und übersichtlichste Karte, allerdings auch mit einer Reihe von Ungenauigkeiten. Weiterhin gibt es Karten u.a. von Bartholomews, Kümmerly & Frey.

Sehr empfehlenswert ist der **Falk-Faltplan** Cairo, ISBN 3-88445-269, mit Übersichtskarten von Alexandria und Luxor.

In Ägypten können Sie Stadtpläne von Kairo und Luxor im Buchhandel (z.B. Lehnert & Landrock, Hotel-Buchhandlungen) kaufen. Bei den Tourist Offices erhält man auch (meist sehr dürftige) Pläne.

Von den käuflichen Kairo-Stadtplänen ist der von **CAIRO ENGINEERING & MANUFACTURING** Co. der aktuellste und beste.

CAIRO A-Z, Complete Cairo Streetfinder, ist ein Buch mit knapp 200 Seiten und die umfassendste Straßendokumentation auf dem Markt, aber mehr für den Dauergast als für Touristen geeignet.

Luxor, Herausgeber GEOprojects Ltd., beste Karte von Luxor (dort erhältlich).

Keiner der Pläne ist frei von Fehlern.

Ägyptische Museen im deutschsprachigen Raum

Ägyptenreisende können sich schon zu Hause über die historischen Hintergründe ihrer Reise recht gut informieren. Es gibt eine ganze Reihe von Museen oder Institu-

1. Alles über Reisen in Ägypten

tionen, die sich mit dem pharaonischen Ägypten beschäftigen. Hier eine Liste für den deutschsprachigen Raum:
- **Berlin**
Staatliche Museen Preußischer Kulturbesitz, Ägyptisches Museum, Schloßstraße 70; Staatliche Museen zu Berlin, Ägyptisches Museum und Papyrussammlung, Bodestraße 1-3
◆ **Basel, Genf**
Basel: Museum für Völkerkunde, Genf: Museum für Kunst und Geschichte
- **Hamburg**
Museum für Völkerkunde, Rothenbaumchaussee 64. Museum für Kunst und Gewerbe, Steintorplatz 1.
- **Hannover**
Kestner-Museum, Trammplatz 3
- **Hildesheim**
Pelizaeus-Museum, Am Steine 1-2
- **Frankfurt**
Liebig-Haus, Museum alter Plastik, Schaumainkai 71
- **Karlsruhe**
Badisches Landesmuseum, Schloß
- **Leipzig**
Ägyptisches Museum, Schillerstr. 6
- **München**
Staatliche Sammlung Ägyptischer Kunst, Hofgartenstraße
- **Wien**
Kunsthist. Museum, Ägyptisch-Orientalische Sammlung, Burgring 5
- **Koptisches Kloster Waldsolms**
Koptisch-orthodoxes Zentrum und Kloster (Hauptstr. 10, 35647 Waldsolms) sowie Museum. Deutschsprachige Führungen und Informationen.

Kleidung, Ausrüstung

Allgemeine Tips

◆ Denken Sie an Ihr **Geld:** Brustbeutel können sehr leicht gestohlen werden, Geldgürtel oder Bauchtaschen sind sicherer.

◆ In einigen Gegenden gibt es vor allem in unklimatisierten Hotelzimmern penetrante **Moskitos,** gegen die man sich am besten per Moskitonetz oder durch Einreiben mit einem Repelent schützt, z.B. Autan (Achtung, sehr giftig). Das besserriechende, nur in der Schweiz erhältliche Anti-Brumm sowie das finnische Djungel-Oil sind ebenfalls geeignet. Nelkenöl stinkt so, daß vermutlich nicht nur Fliegen und Moskitos die Flucht ergreifen.

◆ In den Billighotels ist es meist so billig, daß auch an **Handtüchern** gespart wird; daher für diese Hotelkategorie Grundausrüstung mitnehmen.

◆ Vor schmutzigen Duschen oder Fußpilz schützen **Badeschuhe**.

◆ Bei aufgesprungenen Lippen (durch die Trockenheit) hilft ein Fettstift

◆ Stecken Sie **Kaugummi** ein, um in Toiletten und Duschen Löcher in der Wand zustopfen zu können.

◆ Eine gute **Taschenlampe** sollte unbedingt im Gepäck sein, denn einige historische Stätten sind unbeleuchtet oder die Beleuchtung funktioniert nicht.

◆ Für Benutzer von Elektrogeräten: **220 Volt** elektrische Spannung, Eurostecker passen häufig, vorsichtshalber Universaladapter einpacken.

◆ Für **Fotografen:** Filme am besten von zu Hause mitnehmen und dort entwickeln lassen, obwohl es in Kairo auch gut funktioniert. Blitz nicht vergessen und/oder Stativ (Tischstativ für Museums- oder Gräberaufnahmen). Filmen mit Kamera oder Videorecorder und Fotografieren ist in historischen Stätten und Museen entweder untersagt oder nur gegen Gebühren möglich (Blitz oder Kunstlicht meist wegen Gefahr für die Kunstwerke nicht erlaubt).

- Nehmen Sie ein kleines, aber gutes **Vorhängeschloß** mit, um nicht vorhandene oder Allerweltsschlösser zu ersetzen.
- Wenn Sie unbedingt in Hotelbadewannen baden wollen, fehlt meist der Abflußstöpsel. Nehmen Sie einen **Universalstöpsel** mit.
- **Paßfotos und Kopien vom Reisepaß** benötigt man immer einmal wieder; nehmen Sie ein paar Fotos und Kopien der Fotoseite des Passes mit (falls Sie bereits ein Visum besitzen, kopieren Sie auch das).

Kleidung

In den Monaten November bis März kann es speziell in Unterägypten recht kühl werden, ein Wollpullover und/oder eine Jacke bzw. ein Anorak sind für diese Zeit uentbehrlich. Im Winter 1988/89 war es in Luxor so kalt, daß man Touristen scherzhaft mit "Welcome in Alaska" begrüßte und jeder Schlafsackbesitzer beneidet wurde. Preiswerte Hotelzimmer sind meist ungeheizt, nur eine dünne Wolldecke soll gegen Kälte schützen; Kälteempfindliche sollten daher einen Schlafsack einpacken. Wir erhielten viele Zuschriften, die warme Kleidung zumindest für Dezember/Januar empfahlen, z.B. ein Viertel leichte Kleidung, der Rest warm. Für die Übernachtung in einfacheren Hotels ist ein dünner Leinenschlafsack (z.B. Jugendherbergsschlafsack oder Bett deckenbezug) zu empfehlen, mit dem man ungewechselte Bettwäsche überdecken kann.

Ansonsten eignet sich leichte, luftige Baumwollkleidung und Baumwollunterwäsche am besten. Vergessen Sie auf keinen Fall Sonnenhut, -brille, -schutzöl und Badezeug.

Vom Schuhwerk her genügen einfache Sandalen nicht, in denen man sich bei den tagelangen Wanderungen in Städten die Füße ruinieren kann. Jeder, der einmal Schlangen oder Skorpionen zu nahe kam, wird in entsprechendem Gelände zumindest feste Turnschuhe oder z.B. bei Bergtouren im Sinai Treckingschuhe vorziehen. Kurz: Nehmen Sie Schuhwerk mit, in dem Sie sich wohlfühlen und in dem Sie auch bei heißgelaufenen Füßen noch gut gehen können.

Es empfiehlt sich sehr, für längere Reisen in klimatisierten Zügen oder Bussen - *Kühlhaustemperaturen!* - einen leichten Pullover griffbereit zu haben.

Für längere Bahnfahrten sollte man eine Wasserflasche mitnehmen, da die angebotenen Getränke sehr süß sind. Toilettenpapier - das es inzwischen nahezu überall in Ägypten zu kaufen gibt - ist als Ausrüstung zu empfehlen, weil es sich nicht nur zum Nasenputzen gut eignet, sondern in den öffentlichen Toiletten nicht vorhanden ist. Man reinigt sich stattdessen mit der linken Hand mit Wasser, daher gibt es in den meisten Toilettenkabinen einen Wasserhahn. - Tampons sind nicht überall erhältlich; wer sie braucht, nimmt sie entweder von zu Hause mit oder kauft sie z.B. in Pharmazien in Kairo.

Geld, Preise und Kosten

Die Währung des Landes ist das Ägyptische Pfund, abgekürzt LE. Es wird in 100 Piaster (Pt) unterteilt.

Als im Oktober 1983 die erste Auflage unseres Reiseführers ÄGYPTEN INDIVIDUELL erschien, bezahlte man noch DM 3,50 pro ägyptisches Pfund. Über die Jahre

verfiel der Wert der Währung rapide und erreichte 1987 mit der Freigabe des Wechselkurses einen Stand von DM 0,38 pro LE. Das ist ein Verlust von fast 77 Prozent innerhalb von knapp vier Jahren

Seither hat sich die Währung stabilisiert. Der aktuelle Kurs lag im Januar 1997 bei

1. Alles über Reisen in Ägypten

DM 0,45 für ein Pfund (2,20 LE pro 1 DM; zum einfachen Umrechnen: alle Pfundangaben durch 2,2 dividieren). Allerdings ist der Kurs halbwegs mit dem US-Dollar gekoppelt, d.h. Dollarschwankungen gegenüber der DM wirken sich auch auf den Pfundkurs aus.

Für die Ägypter bedeutet die Inflation, daß alle Importe sehr viel teurer bezahlt werden müssen. Da andererseits viele Inlandspreise nicht in dem Maß angezogen haben, ist für den Touristen Ägypten auch heute noch ein sehr preiswertes Land. Als eins von vielen Beispielen: 1983 zahlte man umgerechnet DM 17,50 Eintritt für das Ägyptische Museum in Kairo, trotz zweimaliger Verdopplung der Eintrittspreise in Landeswährung liegt der aktuelle Preis derzeit bei nur rund DM 9.

Es empfiehlt sich, Devisen in DM oder eventuell anderen europäischen Währungen mitzunehmen. Manchmal können ein paar US-Dollar nützlich sein, weil diese Währung am bekanntesten ist.

Aus Sicherheitsgründen sollte man einen Teil in Travellerschecks (Empfehlung: American Express, da überall bekannt) einpacken, den Rest in bar. Ohne Probleme können Sie in vielen großen Hotels und Banken (bei staatlichen Banken wesentlich geringere Gebühren) tauschen, bewahren Sie die Belege vorsichtshalber für Nachfragen auf. Andererseits sollten Sie nicht hoffen, daß der Tausch überall möglich ist, vor allem, daß er unbürokratisch abläuft. Immer brauchen Sie z.B. den Paß, der allerdings kann im Hotel hinterlegt sein. Offiziell einführen dürfen Sie maximal LE 20 und Fremdwährungen beliebiger Menge. Wenn Sie Bargeld in Devisen benötigen, so können Sie dies gegen American Express Travellerschecks im gleichnamigen Büro in Kairo gegen 1% Bearbeitungsgebühr bekommen. Lösen Sie Travellerschecks möglichst nicht in der National Bank in Kairo ein, da diese überbürokratisiert ist.

Falls Sie Kreditkarten benutzen wollen, erkundigen Sie sich vorsichtshalber zu Hause, welche Formalitäten nötig sind, um auf diese Weise Bargeld abheben zu können. Früher gab es viele Schwierigkeiten, inzwischen scheint auch das Plastikgeld Akzeptanz gefunden zu haben. VISA- und Euro(Master)-Karten werden von der Cairo Bank und der MISR-Bank auch außerhalb der großen Städte angenommen, ebenfalls in den großen Hotels, American-Express-Karten zumindest im American Express Büro. Geldautomaten für VISA-Karten stehen im Nile Hilton und im Marriott Hotel.

Offiziell gehört Ägypten dem Kreis der Länder an, die Euroschecks akzeptieren. Doch Euroschecks sind immer noch relativ unbekannt, man darf sich keinesfalls darauf verlassen. Einlösen (Höchstbetrag LE 700) ist nur bei größeren Banken und internationalen Hotels möglich, z.B. Misr Bank im Nile Hilton (24-Stunden-Service, Gebühr LE 11; auch in Assuan), Nationalbank am Flughafen. Auch beim Reisebüro Thomas Cook, Sharia Muhammad Bassiyuny, können maximal 2 Schecks gegen LE 5 Gebühren eingelöst werden. In Luxor löst die Bank of Alexandria Euroschecks gegen LE 5 Gebühr ein, in Hurghada die Nationalbank.

Noch einige Tips: Heben Sie alle Tauschquittungen bis zur Ausreise auf, sonst können Sie kein Geld rücktauschen. Ohne große Formalitäten wird bei der Egyptian Exchange Co. Bank in Kairo ägyptische Währung in DM oder US$ getauscht. Lassen Sie sich beim Tauschen möglichst auch kleine Noten geben, da Kleingeld immer rar ist, achten Sie darauf, daß die Noten nicht zerfetzt sind.

Zumindest Selbstversorger können in Ägypten sehr preiswert leben. Zur Kalkulation und auch zum besseren Wissen beim Handeln und Feilschen ein paar **Preisbeispiele** der unteren Kategorie (Stand 1996):

1,5 l Mineralwasser ab LE 1,80
1 Fl. Coke 0,3l Pt 40 - 60

1 Fl. Mirinda	Pt 30 - 50
1 Tasse Tee	ab Pt 80
1 Fladenbrot	Pt 8 - 10
1 Hefeteig-Stangenbrot	Pt 10
1 Ei	Pt 12
1 Fl. Stella Bier (Lager) 0,33 l	LE 5
1 Fl. Stella Bier (Export) 0,5 l	LE 8
1 Portion Reis mit Sauce	Pt 50
1/2 Hähnchen	ab LE 3,50
1/2 Fladen gefüllt mit Foul oder mit fritiertem Gemüse	Pt 40 - 60

Einige Tips zum Einkaufen:
- Achten Sie bei Wasserflaschen darauf, daß der Sicherungsring tatsächlich unbeschädigt ist und Sie nicht Leitungswasser kaufen! Bei Baraka-Flaschen soll dies sicherer sein.
- Beim Einkaufen aufpassen, daß das richtige Gewicht (nicht 500 g anstelle 1 kg) auf der Waage liegt!
- Wenn Sie sich irgendwo ausgenommen fühlen (Hotel, Restaurant, Post), dann lassen Sie sich eine Quittung *(Watura)* geben; das ändert manchmal sehr schnell den Preis.
- Während der Wintersaison können die oben genannten Preise deutlich ansteigen.

Die Reisekosten ergeben sich aus dem individuellen Bedarf. Rucksackreisende können mit ca. DM 300 an Gesamtkosten pro Woche hinkommen, wenn sie auf preiswerte Übernachtung und Verpflegung im landesüblichen Rahmen achten. Andererseits sind nach oben keine Grenzen gesetzt: es gibt genug Luxushotels, teure Restaurants oder Gold-Souvenirs.

Reisezeit

Klimatabelle (Angaben in Grad Celsius)

		Jan	Feb	Mrz	Apr	Mai	Jun	Jul	Aug	Sep	Okt	Nov	Dez
Kairo:	min	8	9	11	14	17	18	22	21	20	18	12	10
	max	19	21	24	28	32	34	35	34	32	30	24	20
Assuan:	min	8	9	13	17	21	24	25	25	22	19	13	10
	max	24	30	35	38	41	42	42	42	39	36	30	25

Ägypten kennt praktisch keine Regen-, statt dessen eher Hitzesorgen. Daher liegt die klimatisch günstige Reisezeit zwischen Mitte Oktober und Mitte April, wobei das Land während der üblichen Ferienzeiten (Weihnachten, Ostern) von Touristen förmlich gestürmt wird. Kenner wählen etwa Mitte September bis Mitte November, dann ist es noch warm oder sogar heiß, die Tage sind verhältnismäßig klar. Von Dezember bis in den Februar hinein kann es morgens und abends recht kühl sein, im Frühjahr (etwa ab Mitte März) verdüstern häufig Sandstürme (Chamsin) den Himmel.

Ungestörter vom allgemeinen Andrang können Sie außerhalb der Saison oder an deren Beginn beziehungsweise Ende reisen. Dann werden Sie allerdings mit höheren Temperaturen rechnen müssen, aber es gibt eine Reihe Vorteile: Die Hotels, Restaurants, interessanten Stätten, Strände etc. sind weit weniger frequentiert, man ist in manchem Hotel ein freudig begrüßter Gast - und die Tage sind wesentlich länger als im Winter.

Ab Mitte Januar gibt es relativ kurze Schulferien, dann sind in Luxor und Assuan viele Hotels überfüllt. Die für Kairo und As-

1. Alles über Reisen in Ägypten

suan ausgewählte Klimatabelle gibt Ihnen einen Temperatur-Überblick.

Häufig ist es wichtig, Feiertage einzukalkulieren. Die Daten der religiösen Feste Ägyptens hängen vom islamischen Hedschra-Kalender ab. Sie ändern sich daher und liegen jährlich um etwa 11 Tage früher, wobei dies außerdem vom örtlichen Erscheinen bzw. Verschwinden des Mondes abhängt.

Religiöse Feiertage bis 1998/99

Ramadan-Beg. Id el Fitr Id el Adha
11.01.97   10.02.97   18.04.97
01.01.98   31.01.98   08.04.98
21.12.98   20.01.99   28.03.99

Die gesetzlichen Feiertage sind festgelegt auf: 22. 2., 3. 3., 25. 4., 1. 5., 18. 6., 23. 7., 1. 9., 6. 10., 23. 12. Das koptische Weihnachtsfest wird am 7.1. gefeiert.

Während des Fastenmonats Ramadan verlangsamt sich das öffentliche Leben tagsüber, viele Geschäfte, Ämter, Fahrkartenschalter oder auch einige Museen sind kürzer als üblich oder ganz geschlossen und manche Restaurants haben nur abends geöffnet. Dafür beginnt nach Sonnenuntergang ein überaus reges Leben und Treiben, das alle Einschränkungen des Tages weitgehend wettmacht. Zehn Wochen nach Ende des Ramadan wird das Id el Adha Opferfest gefeiert: Vier Tage lang sind Behörden, Banken und viele Geschäfte geschlossen.

Die Zeitverschiebung zwischen Ägypten und Mitteleuropa beträgt MEZ + 1 Stunde (Überschneidungen während der Umstellung auf Sommerzeit berücksichtigen). Häufig werden Fahrpläne oder auch Eintrittszeiten in diesem Zusammenhang geändert.

Anreise

Die preisgünstigste und schnellste Anreisemöglichkeit nach Ägypten ist der Luftweg. Der Linienflug ist teuer, Billigflugbüros bieten Tarife zu einem Bruchteil des Linientikkets an. Wer den Umstand nicht scheut, sucht sich eine noch billigere Verbindung mit osteuropäischen Fluglinien. - Nehmen Sie möglichst einen Flug, der tagsüber oder am frühen Abend ankommt, das erleichtert die Hotelsuche ganz wesentlich.

Alternativ zum Flug käme der Landweg über Libyen, Israel oder Jordanien nach Ägypten in Frage. Jedoch wird man dann sehr viel mehr als nur die drei Städte, von denen in diesem Buch die Rede ist, besuchen. In diesem Fall sollten Sie Details in unserem Reiseführer ÄGYPTEN INDIVIDUELL (siehe Anzeige) nachlesen.

Flugverbindungen

Billige Tickets verkaufen einige spezialisierte Reisebüros. In den Reisebeilagen der Tageszeitungen finden Sie immer aktuelle Billigflug-Angebote. Auch die Last-Minute-Flugbüros können für den, der das Spiel mit der letzten Minute wagt, eine Fundgrube sein; z.B. flog im Herbst 1993 ein Leser für DM 300 nach Kairo und zurück (was heute kaum noch möglich ist).

Fragen Sie nach Verbindungen mit Ostblockgesellschaften, eventuell ist auch der Weg über Israel oder von Athen nach Kairo interessant. Die osteuropäischen Gesellschaften sind preiswerter als westliche, jedoch kann es zu unangenehm langen Zwischenaufenthalten in den jeweiligen Hauptstädten kommen, einige Leser verbrachten dort mehrere Wartetage.

Manche Charterflüge gehen ohne Ankündigung z.B. über Luxor oder Hurghada; wenn Sie bereits dort aussteigen wollen, sollten Sie sich vor dem Abflug erkundigen, wo Stops stattfinden und das Gepäck entsprechend einchecken lassen. Internatio-

1.3 Im Land zurechtkommen

nale Zielflughäfen in Ägypten sind Kairo, Alexandria, Luxor, Hurghada und Sharm el Sheikh.

Adressen von Reisebüros mit gewöhnlich sehr günstigen Angeboten:

○ Äquator, Hohenzollernstr. 93, 84808 München, Tel 089 2711350.
○ FTS Flug+Touristik Service, Am Eisernen Schlag 31, 60431 Frankfurt.
○ Getaway Travel, Leopoldstr. 67, 80802 München, Tel 089 394043.
○ Hegazi Reisebüro, Tauenzienstr. 16, 10789 Berlin, Tel 030 2112834.
○ Porter Reisen, Würzburgerstr. 8, 60385 Frankfurt, Tel 069 253332.
○ Travel Overland, Neureuther Str. 1, 80799 München, Tel 089 272760.
○ Sphinx Reisen Sabry Ibrahim, Pappelstraße 30, 28199 Bremen.
○ LAST MINUTE FLIGHTS bieten häufig sehr interessante Flüge in der letzten Minute; aktuelle Informationen über die Sonder-Nummern 0722 119705 oder 089 19702.
○ OFT-Reisen, Stuttgart, bieten ein sog. Supersparprogramm mit Hotelbuchungen etc., erkundigen Sie sich über den aktuellen Stand in Ihrem Reisebüro.

1.3 Im Land zurechtkommen

Ankunft und Ausreise

Hinweis: Ab Seite 287 finden Sie unter der Überschrift *Alles o.k.?* eine Checkliste, mit der Sie u.a. recht einfach überprüfen können, was im Land an Bürokratie etc. abzuwickeln ist.

Noch ein ganz genereller Tip zum Thema Zurechtkommen in Ägypten: Wenn Sie als unverheiratetes Paar durch Ägypten reisen, können Sie öfters in Schwierigkeiten bei Übernachtungen etc. geraten. Proben Sie die Ehe, beschaffen Sie sich Ringe und geben Sie sich wann immer möglich als verheiratet aus. Sie werden auf wesentlich weniger Unverständnis stoßen, und der weibliche Partner wird mehr Achtung erfahren.

Wenn Sie länger als vier bis sechs Wochen bleiben, müssen Sie Ihr Visum verlängern lassen (Paßfoto notwendig). Tun Sie dies rechtzeitig, am besten in Kairo. Dazu müssen Sie im Mogamma-Gebäude (siehe Seite 124) am Schalter 42 ein Formular mit LE 8,75 Gebührenmarken besorgen, Formular mit Paßfoto an Schalter 52-54 abgeben, dann zur Kasse rechts neben Schalter 42, mit Wertmarken zurück zu Schalter 52-54. Beachten Sie beim eventuell als Nachweis verlangten Geldtausch, daß eine Gebührenmarke auf die Quittung geklebt wird, andernfalls wird u.U. das Papier nicht anerkannt.

Ankunft Kairo-Flughafen

Ein Tip: Alkoholika können Sie vor der Paßkontrolle in den Duty-Free Shops einigermaßen preiswert erwerben; "draußen" ist Alkohol schwieriger und vor allem nur teurer zu bekommen.

Da man noch vor der Paßkontrolle ohnehin Geld für das Visum tauschen muß, kann man hier bereits weit mehr als nur für diesen Zweck wechseln. Der Umtausch-Kurs ist festgelegt, man erspart sich unterwegs die Lauferei zur Bank. Vorsicht: Einer der Geldwechsler nutzt zusammen mit einem ablenkenden Uniformierten die erste Verwirrung der Ankommenden, 50-Piaster-Scheine geschickt in den Stapel zu mischen und sie als Pfundnoten vorzuzählen.

Prüfen und zählen Sie (grundsätzlich beim Geldtausch) alle Scheine geduldig nach und lassen Sie sich nicht ablenken.

1. Alles über Reisen in Ägypten

Heben Sie Ihre Umtauschquittungen gut auf: Falls Sie bei der Ausreise Geld zurücktauschen wollen, geht das nur gegen die Vorlage der Quittung. Falls Sie mit Freunden unterwegs sind, sollte sich einer zur Visa-Erteilung anstellen, und die anderen in der Schlange vor der Paßkontrolle.

Im Ankunftsbereich stehen offizielle Helfer, die schwarze Hose, blaues Hemd und Ausweisplakette mit Foto tragen, sie sollen den Touristen kostenlos helfen. Sie tun dies auch bereitwillig, geben aber Unerfahrene auch mal gern an Schlepper weiter. Außerhalb des Zollbereichs laufen sehr ähnlich Uniformierte herum, die sich eine Plastikkarte, meist ohne Foto und z.B. mit dem Aufdruck *Chamber of Tourism* angesteckt haben, sich je nach Umständen sehr offiziell ausgeben ("haben Sie etwas zu verzollen?") und sich bald als Schlepper (z.B. für Delta Tours) herausstellen; wimmeln Sie diese Leute ab, sie sind nur auf Geschäfte aus (siehe auch *Schlepper* weiter unten).

Ende 1986 wurde ein neues internationales Terminal (*Terminal 2*; häufig noch als *New Terminal* bezeichnet) eröffnet, das leider etwa 20 Gehminuten abseits des alten Terminals *(Terminal 1, Old Terminal)* liegt. Alle Stunde fährt ein Pendelbus (wichtig: dieser wird auf den Hinweis-Tafeln in der Ankunftshalle nur als *C.A.A.-Bus* bezeichnet) zwischen den Terminals. Er ist grünweiß und ziemlich alt, ein unscheinbares Schild *Terminal 1* bzw. 2 deutet auf seine Funktion. Abfahrt alle volle Stunde vom Terminal 1 rechts außen an der den Parkplatz begrenzenden Straße, vom Terminal 2 jeweils zur vollen halben Stunde. Zu finden ist er dort wie folgt: Durch den Hauptausgang herausgehen, eine Treppe etwa in der Mitte der Straßenfront runter, über die Straße, Abfahrt vor dem Kiosk-Häuschen rechts am Parkplatz.

Da die meisten Einzelreisenden auf dem Internationalen Flughafen in Kairo-Heliopolis ankommen, hier noch ein paar Worte zum Weg in die Stadt (siehe auch Seite 97).

Bus Nr. 449 fährt vom Terminal 2 von 6 bis 23 Uhr mindestens alle Stunde zum Midan Tahrir und weiter zum Midan Giseh. Abfahrt dort, wo auch der Pendelbus startet. Vom Terminal 1 fährt der Bus Nr. 400 (Tag und Nacht in stündlicher Frequenz), der über Midan Ramsis bis Nähe Ramsis Hilton Hotel (nahe Midan Tahrir) ebenfalls ins Zentrum verkehrt. Fahrtzeit jeweils ca. 1 Stunde. Wesentlich bequemer können Sie vom Terminal 1 per **Minibus** Nr. 27 zu Pt 50 alle halbe Stunde zum Midan Tahrir fahren (Fahrtzeit z.B. mittags ca. eine Stunde). Falls vom Terminal 2 nach Mitternacht kein Bus mehr in die Stadt fährt, dann den Pendelbus zum Terminal 1 nehmen und von dort mit Bus 400 zum Midan Tahrir.

Taxifahrer verlangen vom Neuling Phantasiepreise. Lassen Sie sich nicht abschrecken, eine Fahrt zum Midan Tahrir, also ins Stadtzentrum, sollte für ca. LE 15 bis 25 zu haben sein (hartnäckig verhandeln). Wenn Sie der Fahrer nicht versteht, lassen Sie das "Midan" weg und sagen einfach nur "Tachrier". Auch die Touristinformation am Flughafen hilft. Im **Sammeltaxi** - falls vorhanden - kostet der Platz ca. LE 5 bis 8. Preislich zuverlässiger sind die teureren staatlichen MISR-Limousinen, deren Fahrer kontrolliert werden und die für Neuankömmlinge zu empfehlen sind. Falls Sie kein Taxi sehen, gehen Sie zu *Departure* und versuchen Sie dort Ihr Glück.

Wenn Sie sich all den Ärger mit Taxifahrern, Omnibussen etc. sparen wollen, dann können Sie sich neuen Ärger einhandeln, indem Sie bereits am Flughafen einen Mietwagen anheuern und sich selbst ins Verkehrsgewühl stürzen.

Schreiben Sie uns bitte, wenn Ihnen aktuellere Informationen bekannt werden.

Ankunft und Ausreise

Hotelsuche vom Flughafen aus: Sie können bei MISR TRAVEL am Flughafen (kostenloser Vermittlungsservice) ein Hotelzimmer buchen. Dies klappt - falls das Telefon funktioniert - einigermaßen gut. Es erspart lange Märsche zwischen vollbelegten Hotels; am nächsten Tag hat man dann Zeit, nötigenfalls die Unterkunft zu wechseln. Dieser Service ist vor allem für spätnachts Ankommende von Vorteil; das Büro soll ständig besetzt sein. Achten Sie aber darauf, daß tatsächlich nur die MISR-Leute telefonieren; es stehen genug Schlepper am Schalter herum, die sich als MISR-Angehörige ausgeben, aber nur auf eine Gelegenheit zum Nepp warten. Hier gibt es auch einen Kairo-Prospekt mit Stadtplan.

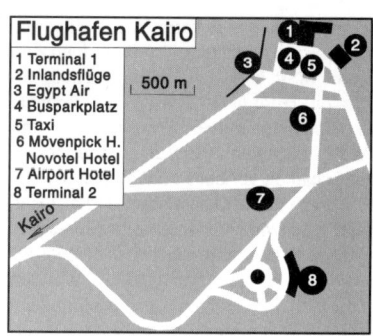

Warnung vor Schleppern: Besonders Rucksackreisenden bieten sich bereits am Flughafen und im Bus oder vor den Billighotels hartnäckige Schlepper an. Inzwischen sehr professionell ausgebildet, geben sie sich auch als beauftragte Beamte etc. aus. Sie gehen jeweils von Hotel zu Hotel mit und fragen den Rezeptionisten auf arabisch nach freien Betten. Diese sind dann angeblich ausgebucht, so daß schließlich nur noch überteuerte Hotels (z.B. in Dokki das Tiab House) übrigbleiben. Wimmeln Sie diese Leute mit dem Argument ab, Sie hätten schon Hotel xy (z.B. Victoria) gebucht und suchen Sie in jedem Fall selbst (die Schlepper bekommen vom Hotelier bis zu 30 % Provision). Ähnliches gilt übrigens für die Ankunft in Luxor oder Assuan.

Wie immer gibt es eine Kehrseite des Problems: Man kann Schlepper auch als Makler betrachten, die versuchen, das für die Nachfrage zu geringe Gut "Hotelbett" dem zu verkaufen, der am meisten bietet. Diese Leute gehen einem Gewerbe nach, von dem sie meistens leben. Leider verhalten sie sich undurchsichtig bis unfair und verlogen, was ihren Job suspekt macht.

Tips für spät Ankommende: Wer lange nach Mitternacht ankommt und sich nicht mehr auf Hotelsuche begeben will, der kann sich im Abflugbereich umsehen, dort warten meist Traveller auf den Rückflug; mit Informationsaustausch vergeht die Zeit sehr schnell.

Falls die Zimmervermittlung bereits geschlossen ist, suchen Sie sich aus der Hotelliste dieses Buches ein Hotel aus, das Sie einem Schlepper nennen; entweder er bringt Sie dorthin oder Sie bestehen auf dieser Preiskategorie - wenn Sie damit zurechtkommen, wird Ihnen viel Ärger erspart bleiben. Oder Sie lassen sich zum Midan Talaat Harb fahren und klappern von dort aus die Hotels in der Sharia Talaat Harb ab. Wenn Sie irgendwann gegen Morgen ankommen, sollten Sie die Zeit bis 9 Uhr vertrödeln und erst dann auf Suche gehen. Zu dieser Zeit haben die Hotels wieder Betten frei und die Auswahl ist größer.

Abflug vom Flughafen Kairo

Sie sollten unbedingt zwei bis drei Tage vor dem Abflug Ihr Rückflugticket bei Ihrer Fluggesellschaft bestätigen ("confirm"en) lassen; zu Stoßzeiten wie Weihnachten oder Ostern z.B. bei Egypt Air besser noch früher als drei Tage.

Hauptsächlich Egypt Air (auch MALEV und ein paar andere) fliegen nach unseren Informationen weiterhin vom (alten) Terminal 1 ab, fast alle ausländischen Gesell-

1. Alles über Reisen in Ägypten

schaften vom neuen Terminal 2. Achten Sie also auf das zuständige Terminal; denn zum neuen fährt ab 6 Uhr in stündlicher Frequenz vom Tahrir der Bus Nr. 422. Terminal 1 erreichen Sie mit Bus Nr. 400, der Tag und Nacht zwischen Flughafen und Midan Tahrir verkehrt, Abfahrt alle halbe Stunde, Fahrpreis 10 Pt. Allerdings kann der Bus je nach Tageszeit unterwegs sehr voll werden.

Diese Busse fahren nicht unbedingt sehr pünktlich ab, daher lieber 10 - 15 Minuten vorher an der Haltestelle sein. Trotzdem sollten Sie den Minibus Nr. 27 (Pt 50) vorziehen, der alle halbe Stunde vom Midan Tahrir zum Terminal 1 abfährt, von dort jede volle Stunde bis 24 Uhr mit C.A.A.-Bus zum Terminal 2. Bei Auslandsflügen sollten Sie ca. zwei Stunden, bei Inlandsflügen ca. eine Stunde vor Abflug einchecken.

Auch bei Taxifahrten zum Flughafen müssen Sie wissen, in welchem Terminal Ihre Airline abfertigt; bei Unsicherheiten lassen Sie den Fahrer warten. Zum Flughafen kann man - vor allem bei Frühflügen - eine Limousine bei MISR TRAVEL vorbestellen (Tel 2599813, 2599814, als zuverlässig bekannt), vom Stadtzentrum aus LE 25 bis 30.

Sie können oder sollten Ihr gesamtes ägyptisches Geld vor dem Einchecken verprassen, denn nach der Zollschranke wird nur mehr Fremdwährung akzeptiert (**außer** in der Cafeteria bzw. im Restaurant), selbst im Duty-Free Shop kann nur mit Devisen gezahlt werden. Angeblich kann man auch bei deutschen Banken ägyptische Pfund ohne nennenswerten Kursverlust zurücktauschen.

Nocheinmal der Hinweis: Bei der Ausreise dürfen Sie keine Antiquitäten ausführen, es sei denn, Sie sind im Besitz einer Genehmigung der Altertümerverwaltung oder eines konzessionierten Händlers. Diese Bestimmung wird von Ägyptern verständlicherweise scharf überwacht, auf Mißbrauch stehen hohe Strafen.

Rückkehr nach Europa

Irgendwann werden Sie auch wieder nach Hause zurückkehren, davor liegt der heimische Grenzübergang. Sie sollten sich vor der Abreise erkundigen, was alles zollfrei eingeführt werden darf. Aber denken Sie auch daran, daß es ein Artenschutzabkommen gibt. Die Einfuhr selbst "harmloser", am Strand gefundener Muscheln kann schon auf Schwierigkeiten stoßen. Sollten Sie grundsätzliche Zweifel haben, ob ein gekauftes oder gefundenes Stück überhaupt ausgeführt werden darf, so können Sie sich beim *Ministry of Agriculture* in Giseh Rat oder ein Zertifikat holen.

Fortbewegen in Ägypten

Das Fortbewegungsproblem ist in Ägypten nicht schlecht gelöst, praktisch alle Orte sind mit öffentlichen Verkehrsmitteln erreichbar. Jedoch halten Omnibusse oder gar Flugzeuge z.B. nicht für eine kurze Pause an einer landschaftlich schönen Stelle, außerdem ist man auf Fahrpläne, Vorausbuchungen etc. angewiesen. Das Vorankommen auf eigenen Rädern hat jede Menge Vorteile.

Wenn Sie mit Sammeltaxis oder Minibussen unterwegs sind, sollten Sie so planen, daß Sie noch vor Sonnenuntergang Ihr Ziel erreichen. Zum einen ist die Nachtfahrerei in Ägypten deutlich riskanter, zum anderen sieht man nichts von der Umgebung. Man sollte Nachtbusfahrten vermeiden.

Öffentliche Verkehrsmittel

Jeder, der ein wenig Geduld sein eigen nennt, kann sich relativ leicht mit öffentlichen Verkehrsmitteln durch ganz Ägypten schlagen. Man darf dabei natürlich nicht ein Übermaß an Komfort, Zuverlässigkeit und

Fortbewegen in Ägypten

Pünktlichkeit erwarten - doch schließlich kommt man immer am gewünschten Ziel an. Ein nicht unwichtiger **Tip:** Versuchen Sie, einen Platz auf der Schattenseite zu ergattern, sonst schauen Sie während der Fahrt meist gegen geschlossene Vorhänge!

Die **Eisenbahn** steht an erster Stelle der Transportmittel. Sie ist im gesamten Niltal der Favorit schlechthin, besonders auf der Strecke Kairo - Assuan. Die Reise in der ägyptischen Bahn bietet nicht nur den Vorteil des preiswerten Transports, Sie können das Landleben durch die Fenster und das Familien- und Zusammenleben direkt neben sich betrachten.

Grundsätzlich muß man wissen, daß häufig Vorausbuchungen bis zu einer Woche nötig sind, und daß man auf den gültigen internationalen Studentenausweis Fahrpreisermäßigung erhält. Nähere Informationen zu Fahrplänen und weitere Tips finden Sie ab Seite 284.

Busfahrten bieten gegenüber der Eisenbahn den Vorteil, daß man u.U. auch außerhalb der Haltestellen aus- und (mit etwas Glück) wieder zusteigen kann. Die großen Überland-Omnibuslinien sind relativ pünktlich, Stehplätze gibt es nur selten, die Komfort-Skala reicht bis zu Airconditioning, bequemen Sesseln, Video, Snack-Bar und Toilette. Fast immer ist Vorabbuchung und Platzreservierung empfehlenswert, meist sogar notwendig. Fahrpläne für die hier interessierenden Strecken finden Sie ab Seite 286. Leider schlägt in den sog. Luxusbussen der Medienterror voll zu: Viele Leute beklagen sich über unerträglich laute Videofilme, manchmal drei nacheinander; unbedingt wird Ohropax für solche Reisen empfohlen. (Ein Leser schreibt: "Der Busfahrer hat in der linken Hand die Zigarette, in der rechten Tee, lenkt mit dem Bauch und schaut dazu Video".) - Achtung: In vielen (Luxus-)Bussen werden Getränke oder Süßigkeiten angeboten; die überhöhte Rechnung wird am Ende der Fahrt präsentiert und verdirbt die Reisefreude. Besser: Eigene Getränke mitnehmen.

Eine sehr gute Alternative zu Bussen stellen die **Sammeltaxis** (*Bel Nafer,* was *pro Person* heißt, oder *Arabiya*) dar, die zwischen nahezu allen Orten verkehren. Je weiter abseits der Ort liegt, um so älter sind die Fahrzeuge.

Abfahrplätze liegen meist im Ortszentrum, unterwegs winkt man sie einfach an. Sie fahren nur dann ab, wenn der Wagen voll ist (oder man für die fehlenden Passagiere mitzahlt). Fahrpläne gibt es nicht, das Warten auf einen vollen Wagen dauert selten länger als eine halbe Stunde.

Der Fahrpreis liegt etwas höher als beim Omnibus (etwa 10 - 15 Piaster pro 10 km); man sollte unbedingt vor dem Einsteigen den Fahrpreis aushandeln; man muß auch hier damit rechnen, daß mehr als von den Einheimischen gefordert wird. Sinnvoll ist, man tut sich für längere Strecken mit anderen Reisenden zusammen (Peugeot-Taxi hat sieben Plätze) und ist dann unabhängig von Warterei etc.

Innerägyptische Flugverbindungen

Innerägyptische Flugreisen verkürzen die Reisezeit erheblich, sind natürlich teurer als alle anderen Verkehrsmittel und vermitteln kaum einen Eindruck von dem Land, über das man hinweggeilt. Anbieter sind Egypt Air und Air Sinai.

Fliegen in Ägypten ist relativ preiswert, z.B. kostet Kairo - Luxor rund LE 300. Da die Flüge häufig überbucht sind, sollten Sie frühzeitig am Flughafen sein. Auch sollten Sie bedenken, daß Verspätungen vorkommen, d.h. daß Sie bei Inlandsflügen vor Ihrem Heimflug nicht zu spät den Abflughafen erreichen. Eine Sicherheitsreserve von einigen Stunden oder von einem Tag ist eher angebracht.

EGYPT AIR
◆ Kairo-Luxor, Luxor-Assuan, Assuan-Luxor, Luxor-Kairo

1. Alles über Reisen in Ägypten

- Auch Direktflüge Kairo-Assuan, Assuan-Kairo
- Assuan - Abu Simbel - Assuan
- Kairo - Alexandria - Kairo
- Kairo - Hurghada - Kairo
- Kairo - Sharm el Sheikh - Kairo (täglich)

AIR SINAI

Die Air Sinai bedient Flugziele auf dem Sinai und in Israel; sie ist daher in Zusammenhang mit diesem Führer nicht so interessant. Buchungen müssen in Kairo (Büro in den Arkaden des Nile Hilton, Tel 760948, oder in der Sharia Qasr el Nil, Tel 779045) vorgenommen werden, auch dann, wenn Sie z.B. von Luxor auf den Sinai fliegen wollen.

Die Air Sinai fliegt die folgenden Orte (hier alphabetisch gelistet) an: El Arish, El Tur, Hurghada, Kairo, Luxor, Ras el Naqb (Sinai, Nähe Tabah), St. Katharina, Tel Aviv.

Nil-Kreuzfahrt

Obwohl der Nil seit alters her die Hauptverbindungsader des Landes war, wundern wir uns immer wieder, wie wenig Lasten, z.B. im Vergleich zum Rhein, dort transportiert werden.

Es gibt - abgesehen von Kairo - auch keine öffentlichen Motorboote, die Passagierdienste übernehmen. Lediglich im Gebiet zwischen Balyana (Abydos) und Assuan kreuzen die Luxusschiffe der Touristen, auf denen man sich gegen den Preis von Luxushotels einbuchen kann: vollklimatisiert mit entsprechend komfortablen Kabinen, Restaurant, Bar mit Tanzfläche und mit meist brauchbarem Swimmingpool.

Die Nil-Kreuzfahrten mit gut ausgestatteten Motorschiffen sind das Erlebnis einer anderen Welt. Man schwimmt in Vier- oder Fünfsterne-Hotelumgebung an den tiefgrünen Nilufern entlang, die aus dieser Perspektive über lange Strecken wie unbewohnt erscheinen. Im Gegensatz zur Felukenfahrt sitzt man hier sehr viel höher und kann herrliche Ausblicke in das Fruchtland mit der dahinterliegenden Wüste genießen, besonders Sonnenuntergangsstimmungen sind von einmaligem Reiz. Aber man lebt auch weit von der ägyptischen Wirklichkeit entfernt. Unterwegs sind Tempelbesichtigungen in Esna, Edfu und Kom Ombo gute Unterbrechungen der Reise. Daß die Atmosphäre an Bord dem Niveau von Gruppenreisen angepaßt ist und Unterhaltung mit sog. Folklore und *Fancy-Bällen* die Abende laut und aufdringlich ausfüllen, muß man akzeptieren.

Zwei Informationen: In Süd-Nord-Richtung, also von Assuan nach Luxor, bläst Ihnen der nahezu stetige Nordwind ins Gesicht und die Dieselabgaswolken nach hinten über Bord. In umgekehrter Fahrtrichtung mindert der Fahrtwind die erfrischende Brise, unter Umständen bleiben die Abgaswolken über dem Schiff hängen. Andererseits gehts nilaufwärts auch langsamer und gemütlicher voran, im Winter freut man sich über die geringere Windgeschwindigkeit.

Buchen Sie, wenn irgend möglich, nur die reine Fahrzeit, nicht die Liegezeiten am Abfahrts- und Ankunftsort. Denn in Luxor oder Assuan sind in der Regel mehrere (manchmal sechs und mehr) Schiffe nebeneinander vertäut. Wer nicht zufällig ganz außen liegt und eine Kabine an der Außenseite hat, schaut von morgens bis abends aus seinem Fenster auf Schiffswände. Schlimmer noch ist der Lärm der ständig laufenden Versorgungsmotoren und die vereinten Abgaswolken der Schiffspulks. Gerade bei Einzelreisenden lassen die Reedereien mit sich reden und die Aufenthaltsdauer auf die Fahrtzeit beschränken.

Wie bucht man am besten? Es sollte eigentlich immer möglich sein, unter den angeblich ca. 70 000 auf dem Nil schwimmenden Betten eine freie Liegestatt zu finden. Als Tip: Versuchen Sie bei einem Reisebüro zu buchen, das eigene Schiffe vermittelt; andernfalls müssen Sie meist zusätzlich Provisionen zahlen. Es ist verhält-

Fortbewegen in Ägypten

nismäßig leicht, als Einzelreisender bei einem Schiff eine leerstehende Kabine zu ergattern, zumindest außerhalb der winterlichen Hochsaison. Klappern Sie am besten die großen Reisebüros bereits in Kairo ab, Wartezeiten bis zu Beginn der Kreuzfahrt können Sie dann einfacher mit anderen Aktivitäten ausfüllen. In der Sommersaison (etwa Mitte Mai bis Mitte September) sind die Preise stark reduziert. Oder Sie fragen direkt bei den in Luxor oder Assuan liegenden Schiffen. Die Reeder füllen gern einen freien Platz aus, besonders dann, wenn sie ohne Passagiere fahren, um eine Gruppe abzuholen. Generell können Sie von etwa US$ 45 pP pro Nacht aufwärts (je nach Kategorie) ausgehen, die Preise sind häufig verhandelbar.

Alle großen Reisebüros bzw. Hotels in Ägypten unterhalten eigene Dampfer. Wir haben zweimal recht gute Erfahrungen mit Eastmar, 13 Sharia Qasr El Nil (Nahe Tahrir) gemacht. Z.B. buchten wir 1996 einen Trip ausschließlich der Stan dardbesichtigungen sehr kurzfristig für US$ 30 pP und Nacht auf dem Mittelklasseschiff *Atlas* mit guter Betreuung und guter Vollpension. Ein Leser empfiehlt das 1993 in Dienst gestellte Boot *El Doma,* das einen Kompromiß zwischen Luxusdampfer und Feluke darstellt und 1995 LE 190 pP und Tag kostete. In Assuan bei Sphinx Tours, Corniche nahe Egypt Air Office, zu buchen.

Per Feluke auf dem Nil

Eine Reise auf dem Nil mit einer Feluke - dem auf pharaonische Zeiten zurückgehenden Nilsegler - ist ein ungewöhnliches Erlebnis. Man folgt äußerst beschaulich dem Lauf des Flusses, die laute Welt des Niltals liegt in weiter Ferne, das üppige Ufergrün kontrastiert mit den Wüstenbergen im Hintergrund. Das Leben an den Uferdämmen scheint sich seit Jahrtausenden nicht geändert zu haben.

Der beste Ausgangsplatz für eine Felukenreise ist Assuan, dort warten zu jeder Zeit Kapitäne auf Kundschaft. Das System des Feluken-"Syndikats" in Assuan läuft etwa so ab: An Land sind gut englisch sprechende "Broker" unentwegt damit beschäftigt, sowohl Kundschaft als auch Segelmannschaften zusammenzustellen, der Kapitän ist also nicht unbedingt auch Eigentümer. Es ist daher sehr schwierig, mit dem eigentlichen Besitzer einer Feluke Kontakt aufzunehmen. Allerdings bemüht sich auch das Tourist Office um die Zusammenstellung von Gruppen. Erkundigen Sie sich zunächst nach der aktuellen Lage; auch wenn die dort vermittelten Touren teurer sind, so ersparen Sie sich viel Zeit und Nerven.

Die Preise liegen (ohne Verpflegung) bei: Assuan - Kom Ombo (1 Tag) LE 20 pP, Assuan - Edfu (2 Tage) LE 30 pP, Assuan - Esna (3 Tage) LE 45 pP. Üblicherweise kostet die Bord-Verpflegung LE 5 pP und Tag, man kann sich statt dessen auch selbst versorgen. Gewöhnlich teilen sich vier Personen ein kleineres, bis zu acht Mitfahrer ein größeres Boot. Nach neuesten Informationen dürfen, laut Polizei, pro Feluke nicht weniger als drei und nicht mehr als acht Fahrgäste befördert werden. Will man nur zu zweit reisen, wird ein Strohmann bis zur Polizeikontrolle geladen. Auf den Fahrpreis kommt noch eine Gebühr von LE 5 pP für eine Erlaubnis (Tasrih) der Touristenpolizei, die nur in Assuan erhoben wird. Der Paß muß möglichst schon am Tag vor der Abreise bei der Polizei eingereicht werden (dauert etwa einen halben Tag, macht der Kapitän oder Broker). Diese Maßnahme dient dem Schutz der Fahrgäste, weil vor ein paar Jahren zwei Touristen beim Streit mit einem allzu eiligen Kapitän ums Leben kamen.

Der "Broker" erhält eine Vermittlergebühr von etwa LE 5 pP; nach der Vermittlung sieht man ihn nie wieder, sondern muß mit einem Kapitän zurechtkommen, der häufig

1. Alles über Reisen in Ägypten

kaum englisch spricht. Der Kapitän erstattet natürlich kein Geld, wenn man - was immer wieder vorkommt - vor dem vereinbarten Ziel an Land komplimentiert wird.

Gestartet wird meist um 8 Uhr, dann erreicht man abends Kom Ombo und kann am nächsten Morgen den Tempel besichtigen. Bei gutem Wind ist Edfu am nächsten Vormittag in Sicht. Gesegelt wird von Sonnenauf- bis Sonnenuntergang, der Kapitän spielt häufig gleichzeitig Koch. Man schläft unter freiem Himmel meist auf der Feluke, daher ein Moskitonetz mitnehmen (oder bei Anmietung entspr. vereinbaren) und für die Nacht einen warmen Schlafsack.

Ein paar Tips zum Segelvergnügen:

♦ Üblich sind Segelpartien z.B. von Assuan nach Edfu oder Esna, seltener nach Luxor. Diese Stadt ist eine Grenze für viele Kapitäne, weil sie in der Provinz Luxor angeblich nicht segeln dürfen, oder umgekehrt; daher kommt es immer wieder vor, daß Segelreisen hier abgebrochen werden. Da ab Edfu die Ufer flacher und die Liegeplätze seltener werden, kann sich bei einer Weiterreise nach Luxor (insgesamt vier bis fünf Tage) das Felukenerlebnis kaum mehr steigern, bis Edfu lassen sich die typischen Eindrücke sammeln.

♦ Natürlich segeln die Feluken auch stromauf, sind aber auf kräftigen Wind angewiesen; wenn der ausbleibt, muß man u.U. ein paar Tage Rast einlegen. Daher geht's stromab termingemäßer.

♦ Da Felukenfahrten von Assuan flußabwärts boomen, scheint flußaufwärts von Luxor aus so wenig geboten zu sein, daß man große Boote bereits für LE 25 pP bekommt. Bei gutem Wind (Vollmondzeit) ist Assuan in drei Tagen erreicht. Oder aber von Edfu aus: An der Anlegestelle für Steinfrachter südlich der Kreuzfahrtschiffe auf ankommende Boote warten.

♦ Nehmen Sie sich Zeit bei der Suche nach dem richtigen Boot (gute Sitzgelegenheit, Sonnendach) und reden Sie eine Weile mit den Leuten, um sie besser kennenzulernen und beurteilen zu können. Legen Sie die Bedingungen möglichst genau fest: Fahrtziel, Mindestfahrtzeit, Besichtigungsstops und -dauer (und während Tageslicht!), Segeln über Nacht oder nicht, Schleppenlassen von einem stinkenden Motorkahn oder nicht, Preise etc.

♦ Leisten Sie möglichst keine oder höchstens 50% an Vorauszahlungen. Versuchen Sie, mit dem Broker ein Stück Papier in arabisch zu verfassen, das Dauer und Bedingungen regelt und dieses vom Hotelrezeptionisten oder Tourist Office gegenlesen zu lassen.

♦ Hamis Travel in Kairo (Adresse siehe Seite 106) bietet (teurere) Feluken-Touren für Individualtouristen an. Wenn Sie sich das Suchen und Verhandeln in Assuan ersparen wollen, buchen Sie bereits in Kairo.

♦ Versuchen Sie, über Aushang in Hotels (Marwa, Continental, Assuan Palace etc.) bzw. im Tourist Office Mitsegler zu finden.

♦ Unterhalten Sie sich vor Abfahrt auch mit Ihren Reisepartnern, denn Sie werden mehrere Tage jede Sekunde lang mit Ihren Mitreisenden zusammen sein. Wenn man dann nicht einigermaßen gut miteinander auskommt, kann der Trip zum Trauma werden.

♦ Da das Wasser aus dem Nil geschöpft wird, sollten Sie einen eigenen Trinkwasservorrat (Mineralwasser in Plastikflaschen) an Bord tragen - einen Durchfall auf der Feluke zu pflegen, dürfte eine ganz besondere Erfahrung sein. Nehmen Sie Baraka-Wasser, da angeblich die Evian-Flaschen trotz Versiegelung zu öffnen sind und dann gern nachgefüllt werden.

♦ Bei heftigem Sturm kommt eine Feluke ganz schön ins Schaukeln, dabei gingen bereits Rucksäcke über Bord und verschwanden für immer in den Fluten. Neh-

Essen und Trinken

men Sie, bevor die großen Gepäckstücke unter Deck verstaut werden, alles für die Reise Notwendige heraus.

Per Mietwagen

Die Mietwagenpreise liegen deutlich unter den europäischen, Sie können bei den internationalen Anbietern bereits zu Hause buchen, preiswerter dürfte es jedoch sein, das lokale Angebot vor Ort zu prüfen. Mietwagen gibt es fast nur in Kairo und Alexandria, allerdings haben sich in Hurghada, Tabah und Sharm el Sheikh bereits die ersten Vermieter niedergelassen.

An Mietkosten muß man mit etwa DM 40 - 50 pro Tag und ca. DM 0,20 - 0,30 pro km mindestens für ein einfaches Auto wie Toyota Starlet rechnen. Aktuelle Preise können Sie zur Information z.B. bei Europcar bereits in Europa abfragen. Verleiheradressen finden Sie bei den Kairo-Adressen Seite 107. Beim Preisvergleich sollten Sie fragen, ob jeweils Steuer und Versicherung enthalten sind.

Achtung: Das Mindestalter · für Mieter beträgt bei den meisten Anbietern 25 Jahre, Europcar läßt auch 23jährige, Hertz schon 21jährige ans Steuer. Ex-DDR-Bürger haben Schwierigkeiten mit der Anerkennung des Führerscheins; lassen Sie sich daher einen neuen internationalen Führerschein ausstellen.

Mietwagen sind mit einem entscheidenden Nachteil behaftet: der Mieter ist der Zuverlässigkeit des Fahrzeugs ausgeliefert, ohne dieses zuvor testen zu können (wir hatten fast mit jedem Wagen Schwierigkeiten).

Essen und Trinken

Fast zahllose Restaurants, Garküchen und Imbißstände sorgen dafür, daß man nicht verhungert. Daß es in den meisten dieser Establishments nicht so fürchterlich hygienisch zugeht, kann der vom üppigen Mahl erfreute Besucher kurze Zeit später erleben, wenn ihn ein Durchfall plagt. *Je teurer, je ungefährlicher* - ist keine feste Regel, besitzt aber doch etwas Wahrheit. Wer mit empfindlichem Gedärm in den Orient reist, sollte Garküchen und vor allem Imbißstände am Straßenrand meiden, denn dort wird z.B. das Fett selten gewechselt oder wenig frisches Wasser benutzt. Vielleicht als Faustregel für Billigangebote: Dort, wo großer Andrang herrscht und viele Portionen verkauft werden, haben die vorbereiteten Speisen oder Lagerbestände weniger Zeit, schlecht zu werden.

Denken Sie daran, daß man möglichst kein rohes Gemüse (wegen der Fäkaldüngung) und nur Obst essen sollte, das wie die Banane natürlich eingepackt ist. Auch bei Trinkwasser ist Vorsicht geboten, am besten ist in Plastikflaschen abgepacktes, hygienisch einwandfreies Wasser (siehe auch Seite 43).

Die ägyptische Küche ist stark geprägt von türkisch-arabischer Tradition, außerdem sind mediterrane Einflüsse erkennbar. Als Anregung hierzu einige Erklärungen, die Ihnen die Wahl des vielseitigen und meist sehr schmackhaften Angebots erleichtern sollen:

◆ **Foul** - *das Fleisch des armen Mannes* genannt. Kleine, getrocknete braune Bohnen werden viele Stunden - häufig über Nacht - auf sehr kleinem Feuer gekocht. Foul hält sich trotz des heißen Klimas über mehrere Tage. Gewürzt und endgültig zubereitet wird jedes Gericht erst kurz vor der Mahlzeit. Zum Frühstück ißt man es aus der Schüssel mit Olivenöl und Zitrone angemacht; als kleinen Imbiß zwischendurch belädt man Fladenbrot mit Foul und gehacktem Salat und gießt darüber Tahina; als Hauptmahlzeit genießt

1. Alles über Reisen in Ägypten

man es mit eingelegten Gurken, frischem Salat (Vorsicht), Tomaten und hartgekochten Eiern. Foul mit Fladenbrot und Salat kostet z.B. als Abendmahlzeit ungefähr LE 1,50.

- **Tahina** - eine köstliche, dicksämige Sauce aus Sesamöl und feingemahlenen Hülsenfrüchten; viel Knoblauch, Zitrone, Salz und Pfeffer geben die nötige Würze. Mit ihrem starken Nuß-Aroma schmeckt sie vorzüglich, wenn man - ganz nach orientalischer Art - kleine Stücke von frisch gebackenem Fladenbrot in die Sauce tunkt.
- **Hummus Bi Tahina** - ein kaltes Kichererbsenpüree mit ähnlichen Zutaten wie Tahina.
- **Betingan** - geröstete Auberginenscheiben, die meist mit Tahina und Fladenbrot angeboten werden.
- **Mussaka** - dem griechischen Mussaka ähnliche Speise aus Auberginenscheiben, Tomaten, Zwiebeln.
- **Machschi Kooßa** - Zucchini mit köstlich gewürzter Reisfüllung.
- **Machschi Betingan** - dasselbe mit Auberginen.
- **Filafil** - Gemüsefrikadellen: Braune Bohnen, Zwiebeln, Erbsen, Petersilie und andere Kräuter werden durchgedreht, scharf gewürzt und in Öl ausgebacken.
- **Molucheya** - eine Art Suppengericht aus spinatartigem, kleingehacktem und in Fleischbrühe gekochtem Gemüse, als Einlage dienen Reis oder Fleisch. Es ist kräftig gewürzt und mit viel Knoblauch angereichert. Das Gemüse sieht wie unsere Brennesseln aus, man verwendet nur die Blätter. Molucheya ist eines der beliebten Nationalgerichte.
- **Baba Ghanush** - kaltes Auberginenpüree mit rauchigem Beigeschmack, weil die Auberginen bei der Zubereitung angeröstet werden. Es eignet sich zu Vorspeisen wie z.B. eingelegten Möhren, Gurken, Rettichen oder anderem Gemüse. Es wird auch häufig als Salatsauce und zu Fisch serviert.
- **Feta** - ein in eine Schüssel geschichtetes Gericht. Die unterste Lage besteht aus Fladenbrot, darüber kommen Reis und obendrauf Fleischstücke. Alles ist mit Knoblauch zubereitet und mit würziger Brühe durchtränkt.
- **Kushari** - ein Gericht aus Spaghetti, Reis und Linsen, darüber geröstete Zwiebeln und ein Schuß Tomatensauce. Bei Bedarf gibt man über das eigentlich milde Gericht Knoblauch-Essig und Chili-Sauce. Diese Speise wird häufig an kleinen, fahrbaren Kushari-Ständen angeboten.
- **Haman Mashi** - gedünstete Täubchen. Sie sind eine ägyptische Delikatesse und bilden den Höhepunkt vieler Festessen. Bei der traditionellen Art der Zubereitung wird der Vogel mit gestoßenen, grünen Weizenkörnern gefüllt und in einer Tonkasserolle gedünstet. Frische Minzeblätter sorgen dabei für ein anregendes Aroma. Als **Haman Maschi** ist das Täubchen gegrillt.
- **Mashi Wara Ainab** - Weinblätter mit gewürzter Reisfüllung.
- **Dolma** - gefüllte Paprikaschoten oder Weinblätter.
- **Betingan** - gegrillte Auberginen.
- **Batata** - heiße Süßkartoffeln, die vor allem im Winter auf den Straßen verkauft werden.
- **Kofta** - am Spieß gegrillte Hammel-Hackfleischröllchen.
- **Pasterma** - Rindfleisch, das mit einer dikken Gewürzschicht umgeben ist (manchmal wird ersatzweise junges Kamelfleisch verwendet, das aber auch gut schmeckt).
- **Kebab** - ein typisches, auf Reis serviertes orientalisches Gericht aus am Spieß gegrilltem Hammel-, Rindfleisch- oder Leberstücken, Zwiebeln und Tomaten.
- **Fassulja** - weiße Bohnen in Tomatensauce.
- **Aish Baladi** - frisches Fladenbrot.

Essen und Trinken

- **Banja** - ein Zucchini-ähnliches Gemüse, das mit viel Knoblauch und Tomaten gekocht wird.
- **Gibna Bejda** - ein recht schmackhafter, weißer Schafskäse, den es gelegentlich auch zu kaufen gibt.
- **Kibda** - fritierte Leberstückchen.
- **Fetir Mishalet** - ein Blätterteig-ähnliches Gebäck aus mehreren Teigschichten, gefüllt mit Pistazien und gehackten Nüssen, das mit dunklem Likör aus Zuckerrohr übergossen wird.
- **Aish es Seraya** - ein in Zuckersirup eingeweichter Honigfladen, garniert mit frischer Sahne. Eine recht gehaltvolle Nachspeise, die ihrem Namen *Brot des Palastes* alle Ehre macht.
- **Sachleb** - ein köstliches Getränk aus Milch mit Kokosnuß, gehackten Nüssen und anderen Zutaten.
- **Zuckerrohrsaft** - wird mit meist vorsintflutlichen Walzenpressen "von der Stange" direkt am Ort gepreßt, schmeckt als Gemisch mit Orangensaft auch sehr gut.
- **Tamarhindi** - erfrischendes, süßsäuerliches Teegetränk, das aus getrocknetem Fruchtfleisch der Tamarinde gekocht und dann gekühlt wird.

Als Abschluß eines üppigen Mahles kann es anregend und zudem verdauungsfördernd sein, gemeinsam mit den Tischnachbarn die Schischa, die orientalische **Wasserpfeife** zu rauchen, deren Rauch durch Wasser gekühlt wird. Das Mundstück mit seinem langen, beweglichen Schlauch wird dabei von einem zum andern Raucher gereicht. Der Tonaufsatz (*Haga*) der Schischa ist meist mit *Maasal*-Tabak gefüllt, dessen Aroma durch Beimengung von Zukkerrohrmasse leicht süßlich ist. Zur Schischa schlürft man meist türkischen Mokka.

Tee *(Shay)* und **Kaffee** *(Ahwa)* sind die Nationalgetränke schlechthin; wobei man Teebeutel-Tee erhält, wenn man nur *Shay* bestellt, aber ägyptischen Tee bei der Order *Shay el arosa*. Bei jeder nur denkbaren Gelegenheit wird Tee angeboten. Schwarzer Tee, Pfefferminztee (Nhana) und der rote Karkade (Sud von aufgebrühten Hibiskusblüten, der sowohl heiß als auch eisgekühlt getrunken wird) sind gleichermaßen beliebt. Qirfa (aus Wasser, Zimt und Zucker) oder Helba, aus Bockshornklee gibt es ebenfalls sehr häufig.

Neben **Mineralwasser** (Baraka, Perrier, Evian etc.), das in 1,5-Liter-Flaschen zu bekommen ist, verkauft jeder Straßenhändler Pepsi Cola oder Seven-Up. Übrigens bedeutet *Baraka* Segen; ein Sprichwort heißt *Haraka - Baraka* - sich regen bringt Segen. (Vorsicht: Evian-Flaschen lassen sich angeblich öffnen, ohne das Siegel zu brechen und damit mit beliebigem Wasser wieder auffüllen.) *Stella,* das in Ägypten gebraute **Bier** mit niedrigem Alkoholgehalt (auch als Export erhältlich), ist nach einem heißen Tag eine willkommene Erfrischung. Alkoholfreies Bier namens *Birell* gibt es manchmal auch in Restaurants.

Auch der Weinanbau hat bis in pharaonische Zeiten zurückreichende Tradition. Wandmalereien in den Gräbern zeigen bereits Szenen von der Weinlese, und Amphoren mit Jahrgangsangaben wurden als Grabbeigaben entdeckt. Zwar ging mit dem Einzug des Islam, der ja Alkohol in jeder Form verbietet, der Weinanbau zurück, es wird jedoch in kleinerem Umfang weiterhin gekeltert. Ergebnisse ägyptischer Winzerkunst bekommt man in einigen Supermärkten wie auch in internationalen Hotels und Restaurants.

Importierter Alkohol ist überdurchschnittlich teuer (etwa das Vierfache von europäischen Preisen), jedoch in Großstädten erhältlich. Vorsicht bei höherprozentigem Alkohol: Immer wieder werden - sogar in seriösen Geschäften - der Originalverpackung täuschend ähnlich nachgemachte Spirituosen angeboten, die aber gepanscht sind, u.a. mit Methylalkohol. Bereits geringe Mengen davon können tödlich sein; 1988

1. Alles über Reisen in Ägypten

und 1991 starben jeweils zwei Deutsche an Methylalkoholvergiftung.

Angeblich ist der Handel mit höherprozentigem Alkohol neuerdings untersagt. Als einzige Quelle scheinen dann nur noch die Tax-Free-Shops der Egypt Air zu funktionieren, die auch im Stadtzentrum zu finden sind. Dort darf man als Ausländer einmal in vier Wochen die Vorräte auffüllen.

Noch eine Information für Selbstversorger: Fleisch ist in Ägypten offiziell rationiert, geschlachtet wird donnerstags, verkauft freitags und samstags. Doch diese Vorschrift ist aufgeweicht, es gibt auch an anderen Tagen Fleisch.

Gesundheit

(Impfungen vor der Reise siehe Seite 22.) Zwar zählt Ägypten nicht gerade zu den hygienisch einwandfreien Gefilden dieser Erde, aber mit etwas Um- und Vorsicht läßt sich das Land mit *heiler Haut* bereisen. Wenn Sie ein paar Regeln beachten, werden Sie die meisten Gefahren stark reduzieren oder ganz ausschalten können.

Rohes Gemüse oder auch Obst dienen vielen Krankheitskeimen (u.a. wegen der Kopfdüngung) als Sprungbrett in des Genießers Innenleben. Daher möglichst nur "natürlich Eingepacktes" wie z.B. Bananen essen, Äpfel waschen und dann schälen. Neben der ohnehin üblichen Hygiene gilt die etwas harte, aber sehr effektive altbekannte Regel:

> *Auf rohes Obst und Gemüse, auf Salat, Eiswürfel und Speiseeis verzichten, nur abgekochtes oder mechanisch oder chemisch entkeimtes Wasser trinken.*

Die Engländer haben diese Weisheit sehr griffig formuliert: *Cook it, boil it, peel it or forget it!* Wenn Sie diese Regel praktizieren, haben Sie die Gefahren für eine ganze Reihe möglicher Erkrankungen auf ein Minimum reduziert, und mit ein bißchen Glück werden Sie die Reise gesund überstehen. Ein Leser bezahlte den Trick von Obsthändlern, etwas ältlichen Melonen mit einer Wasserinjektion (meist aus direkter Umgebung) zu frischem Aussehen zu verhelfen, mit einem schweren Durchfall.

In Kairo und anderen Großstädten ist übrigens das Wasser so stark gechlort, daß nicht nur Bakterien einen großen Bogen darum machen. Obwohl das Wasser (das aus dem Nil gewonnen wird, der im übrigen als einer der am wenigsten umweltbelasteten Flüsse der Erde gilt), am Ausgabepunkt der Stadtwerke bakteriell einwandfrei ist, können unter ungünstigen Umständen infolge von Leitungsbruch oder bei ungenügender Pflege der Hauswassertanks Bakterien eindringen. Viele Ausländer trinken das Kairo-Wasser seit Jahren problemlos und unbehandelt. Besser schmeckt uns das in Plastikflaschen verkaufte Mineralwasser.

Auch eiskalte bzw. stark gekühlte Getränke können durchschlagend aufs Gedärm wirken; einmal durch den Temperatursturz, den Sie Ihren Eingeweiden zumuten, zum andern - bei Eiswürfeln im Glas - durch darin aufgetaute Bakterien.

Wenn beim Anblick der Toiletten oder aufgrund der Umstellung der Darm das Gegenteil tut und streikt, dann helfen als natürlichstes Mittel frische, geschälte Feigen (allerdings nur während der Ernte im Herbst erhältlich) oder bereits zu Hause gekaufte Früchtewürfel oder Trockenpflaumen.

In sehr kühlen Wintern holten sich viele Touristen böse Erkältungen mit Fieber. Daher gegen Abend oder bei kaltem Wind rechtzeitig etwas Wärmendes anziehen.

Die Wund-Infektionsgefahren sind in Ägypten höher als bei uns, Staub oder Fliegen können leicht Bakterien in offene, auch

Gesundheit

kleine Wunden verschleppen. Ein rechtzeitig aufgeklebtes Pflaster bietet hinreichend Schutz.

Auf Erkrankungen, die speziell in Ägypten vorkommen, sei besonders hingewiesen.

Die **Bilharziose** ist eine der am längsten bekannten Tropenkrankheiten. Die Erreger sind bis zu 26 mm große Würmer, die in den Blutgefäßen des Darms und der Blase leben. Sie gelangen als sog. Gabelschwanz-Zerkarien beim Trinken, Baden oder Waschen in Süßwasser (besonders gefährlich sind Tümpel, ruhige Gewässer mit Ufergras, Bewässerungskanäle) in Sekundenschnelle durch die Haut, setzen sich im Darm, den Harnwegen und der Leber fest und reifen zu Würmern heran. Die Krankheit führt zu schweren Schäden dieser Organe und in ernsten Fällen zum Tod. Krankheitssymptome sind Fieber, Kopf- und Gliederschmerzen, Leber- und Milzvergrößerung und allgemeine Schwäche. Seit wenigen Jahren kann Bilharziose durch die Einnahme von vier Tabletten geheilt werden.

Die "einfache" Heilung der Bilharziose hat dazu geführt, daß die Kanalränder heute nicht mehr in dem Maße mit Pestiziden behandelt werden wie früher. Dadurch kann sich der **Leberegel** (Faschiola) wieder vermehrt ausbreiten. Er wird durch Blattgemüse (Salat, Brunnenkresse, Porree, Petersilie) übertragen, an dem sich die Bläschen des Egels anheften. Die Keime gelangen über die Darmwände in die Leber, von dort in die Galle, in der sie sehr starke Entzündungen auslösen. Ein durchschlagendes Mittel gegen diese Krankheit gibt es nicht, außer Vorsorge: Grünzeug mindestens 15 Minuten in Essigwasser oder eine schwachkonzentrierte Permanganatlösung legen - oder auf frische Vitamine verzichten.

Eine weitere Gefahr ist die *Ägyptische Augenkrankheit,* das **Trachom**. Sie wird durch den Kontakt mit Bindehautsekret bzw. Tränen eines Erkrankten (Fliegen!) übertragen. Unbehandelt kann sie bis zur Blindheit führen. Deshalb bei Augenentzündungen einen Augenarzt aufsuchen. Verleihen Sie nicht Ihre Brille, Fernglas, Fotoapparat etc. oder benutzen Sie umgekehrt keine fremden Utensilien dieser Art.

Die **Malaria** hat sich auch in Ägypten nicht ausrotten lassen. Sie tritt während der Monate Juni bis Oktober im Nil-Delta, Fayum, in großen Teilen Oberägyptens mit Ausnahme der Städte (aber in deren grünen Randgebieten) und in den Oasen der Libyschen Wüste auf. Sie wird von der Malaria(Anopheles)-Mücke übertragen, die immerhin von ihrem Brutplatz in seichten Tümpeln bis zu 3 km ausschwärmt. Zur Prophylaxe dient die ständige Einnahme von 300 bis 600 mg Chloroquin (z.B. als Resochin) pro Woche (siehe auch Seite 22).

Amöben sind Parasiten, die durch Fäkalien vom Kranken auf Gesunde übertragen werden. Durch mangelnde Hygiene gelangen sie ins Trinkwasser, an Speisen oder z.B. durch Fäkaliendüngung, an Obst oder Gemüse. Ein typisches Zeichen von eingefangener **Amöben-Ruhr** ist blutiger Durchfall ohne Fieber. In diesem Fall Stuhl untersuchen lassen und sich in ärztliche Behandlung begeben.

Noch ein Hinweis auf einen simplen, häufig unbeachteten Effekt: Durch das viele Schwitzen oder bei Durchfall verliert der Körper mehr Salz als guttut, man fühlt sich schlapp und hat u.U. mit Kreislaufbeschwerden zu kämpfen. Man kann dem mit einem Teelöffel Salz abhelfen, täuscht dann aber dem Körper eine zu hohe Salzkonzentration vor, was zu vermehrtem Salzausstoß führt, besser: Speisen kräftig salzen und würzen, gesalzene Nüsse und salzige Lakritze essen. Auch getrocknete Aprikosen enthalten Minerale, die man beim Schwitzen verliert.

Ein paar Worte zum Thema **AIDS**. Viele - Ägypter sehen AIDS als ein typisch westliches Problem, vielleicht sogar als eine ge-

1. Alles über Reisen in Ägypten

rechte Strafe Gottes für unseren lockeren Lebenswandel. Selbst wenn es so ist, so gerät auch der "Gerechte" selbst in den Strudel der Strafe, wenn er der Versuchung zu nahe kommt. Konkrete Zahlen über AIDS-Fälle in Ägypten sind uns nicht bekannt, doch es ist kaum anzunehmen, daß dieses von unzähligen Fremden überschwemmte Land frei von dem heimtückischen Virus sein kann. Zwar besteht für den Normaltouristen kaum eine Gefahr der Infektion aus ägyptischen Quellen, viel eher durch Zufallsbekanntschaften aus dem eigenen Kulturraum. Umgekehrt aber der Appell, diese Krankheit nicht unter die Ägypter zu bringen - sie haben wahrlich genug andere Überlebenssorgen.

Eine Leserin berichtet, daß man trotz des Staubes auch in Ägypten **Kontaktlinsen** tragen kann, wenn man sich eine Sonnenbrille mit seitlichem Schutz und für die Dunkelheit eine Kunststoffbrille für Radrennfahrer besorgt.

Man sollte eine den individuellen Bedürfnissen angepaßte Reiseapotheke mitnehmen, in der zunächst alle Medikamente, die Sie zu Hause regelmäßig einnehmen, in ausreichender Menge vorhanden sein müssen. Wenn wir im folgenden eine Medikamentenliste aufführen, so muß das keinesfalls bedeuten, daß alles und jedes wichtig ist; prinzipiell können Sie alle gängigen Medikamente in Ägypten kaufen, allerdings ist die Verständigung ein Problem. Packen Sie nur das ein, was aus Ihrer persönlichen Sicht während der Reisedauer notwendig sein könnte; im Zweifel sollten Sie mit Ihrem Hausarzt sprechen.

Als pauschale Empfehlung: Medikamente gegen Erkrankungen des Magen-Darm-Traktes, gegen Allergien und Insektenstiche, Erkältungskrankheiten (relativ häufig wegen der Temperaturwechsel); fiebersenkende Mittel, Antibiotika, Schmerzmittel, Verbandszeug, Fieberthermometer, Einwegspritzen, Einwegkanülen, Desinfektionsmittel. Als Malariaprophylaxe Resochin und - last but not least - die Pille.

Für die häufigsten Erkrankungen empfiehlt ein in Ägypten lebender Arzt folgende, in ägyptischen Apotheken erhältliche Medikamente: als Fieberzäpfchen *Gripo-* und *Spasmo-Cibalgin,* bei Magen-Darmerkrankungen *Entocid* - in Giseh hergestellt - für bakterielle und amöbenbedingte Durchfälle.

Als wirkungsvollste Medikamente bei Magen-Darmerkrankungen helfen: *Rehydran* oder *Elotrans* gegen Mineralverlust, *Perenterol* (pflanzliches Präparat, auch prophylaktisch zur Verdauungsregelung), *Immodium* bei starkem Durchfall: nach jedem flüssigen Stuhl 1 bis 2 Tabletten, bei zusätzlichem Fieber das Antibiotikum *Eusaprim forte* mit 2 x 1 Tablette täglich; falls nach drei Tagen keine Besserung eintritt, Arzt aufsuchen; Antibiotikum nur nach Angaben auf Beipackzettel einnehmen. Ebenso kann *Tannacomp* als rein pflanzliches Mittel sowohl vorbeugend als auch zur Heilung genommen werden.

Ein ägyptisches Hausmittel gegen Magenkrämpfe und leichten Durchfall (*Ißhall*) ist ein Tee aus *Halfa Barrahs,* den man in vielen Cafés und Restaurants bestellen oder im Bazar kaufen kann.

Wenn Sie allergisch auf Wanzen und anderes Kleingetier reagieren, dann sollten Sie *Ultralan*-Creme und *Incidal*-Tabletten mitnehmen. Überhaupt müssen Allergiker ihre Präparate ständig dabeihaben.

Bei unseren langjährigen Reisen haben wir festgestellt, daß man mit Situationen konfrontiert wird, in denen eine medizinische Sachinformation mit Anleitung zur Selbsthilfe sehr nützlich ist. Empfehlenswert sind u.a. *Medizinisches Handbuch für Fernreisen* von dem erfahrenen Fernreisenden Dr. Wolf Lieb (DuMont Reisetaschenbücher) und die Broschüre *Gesund reisen - ärztlicher Ratgeber für Tropen- und Fernreisende* von Dr. H. Ritter, K. Stein Verlag.

Ein Tip für Leute, die dringend ein Medikament benötigen: die Flughafenapotheke in Frankfurt ist Tag und Nacht geöffnet und sorgt für schnellsten Transport.

Zum Schluß dieses Kapitels ein paar Worte zum Sinn und Wert der obigen Empfehlungen. Ein Leser schrieb fast empört, daß wir *Angst und Zittern mit der Schilderung der Gefahren verbreiten,* er selbst habe nicht das geringste Übel während seiner langen Reise verspürt und alles wie die Ägypter gegessen.

Das glauben wir gern. Jedoch sind die menschlichen Abwehrkräfte individuell sehr unterschiedlich verteilt, ihre Grenzen lassen sich nur durch schmerzhafte Erfahrung ausloten. Wir würden es als verantwortungslos ansehen, nicht auf mögliche Krankheiten hingewiesen zu haben und dabei durchaus von einer Art *worst case* ausgegangen zu sein; zumal wir aus Leserbriefen wissen, daß viele Leute mit einer Ägyptenreise zum ersten Mal den Sprung in ein Land dieser Art wagen.

Wenn man die Gefahren kennt und sie nüchtern und realistisch beachtet, muß das keineswegs die Reiselust oder das Reisevergnügen dämpfen; wir selbst sind jahrelang in manchmal gesundheitlich sehr viel riskanteren Gegenden herumgereist und waren - außer einem Beinbruch - dank üblicher Vorsicht kein einziges Mal krank.

Sicherheit, Polizei

Trotz der großen Enge und Armut im Niltal gehört Ägpten zu den sichersten Reiseländern überhaupt (sieht man von der derzeitigen Bedrohung durch die Fundamentalisten ab). Das dürfte u.a. an der gutmütigen Mentalität und der sprichwörtlichen Genügsamkeit der Leute liegen. Dennoch: Gelegenheit macht Diebe, und leider bieten allzu nachlässige Touristen häufig solche Gelegenheiten reichlich an.

Sie schützen sich, indem Sie den Dieben das Geschäft möglichst schwer machen:

◆ Je weniger Wertvolles Sie mitnehmen, um so weniger Sorgen müssen Sie sich machen.
◆ Zeigen Sie nicht, wie reich Sie sind (z.B. teurer Schmuck).
◆ Tragen Sie Ihr Geld nicht gut sichtbar in einem Brustbeutel herum (der von geschickten Dieben sehr leicht entwendet werden kann), Taschen auf dem Bauch (Innenseite der Hose) oder auf der Innenseite der Hosenbeine sind weniger auffällig und weniger leicht zugänglich.

Von einem **Taschendiebtrick** im Kairoer Khan el Khalili Bazar berichtet ein Leser: Kinder bewerfen das Opfer mit Staub oder spritzen es naß, hilfreiche Erwachsene entschuldigen sich und klopfen den Betroffenen sauber - erst zu spät stellt er fest, daß dabei Wertsachen verschwanden.

Brutale Raubüberfälle - wie z.B. in lateinamerikanischen Ländern an der Tagesordnung - kommen in Ägypten offenbar so selten vor, daß wir, trotz einiger Nachforschungen, nichts darüber erfuhren. Trotzdem sollte man Vorsicht walten lassen und nicht unbedingt in tiefster Nacht allein und juwelenbeladen durch dunkle Gegenden wandern.

In Kairo macht sich in letzter Zeit leider auch ein internationales Phänomen bemerkbar: die Beschaffungskriminalität von Heroinsüchtigen. Ägypten blieb von der harten Drogenwelle nicht verschont, die Folgen sind zwar noch nicht so schlimm wie in Frankfurt oder Zürich, doch die sprichwörtliche Sicherheit könnte längerfristig einen deutlichen Einbruch erleiden.

Von Vergewaltigungen von Touristinnen haben wir bisher zweimal gehört. Frauen sollten diese Gefahr nicht aus dem Auge verlieren und kritische Situationen (z.B. allein an menschenleerem Strand) vermeiden. 1986 (neuere Angaben liegen uns

1. Alles über Reisen in Ägypten

nicht vor) wurden insgesamt 19 Vergewaltigungen in Ägypten offiziell registriert; den Tätern droht die Todesstrafe durch Erhängen, die auch meistens vollstreckt wird. Die Dunkelziffer bei Vergewaltigungen ist allerdings unbekannt.

In allen Touristenzentren ist die Touristenpolizei stationiert, die vielleicht allein durch ihre Anwesenheit für mehr Sicherheit bürgt. Leider sprechen die wenigsten dieser Beamten eine Fremdsprache, so daß Hilfe von dem Mann mit der Binde *Tourist Police* nur dann zu erwarten ist, wenn er kapiert, um was es geht.

Wir haben uns bisher in ganz Ägypten vollkommen sicher gefühlt, obwohl wir z.B. im Wohnmobil, im Zelt oder unter freiem Himmel übernachteten. Das bestätigt u.a. auch ein Leser, der schreibt: *"Ich möchte noch erwähnen, daß ich mich absolut sicher in Ägypten gefühlt habe. Weder um mich selbst, noch um mein Gepäck habe ich jemals Angst haben müssen."* - Einem anderen Leser wurde zweimal Bargeld, das er verloren hatte, nachgetragen.

Zum Thema Polizei gilt es einige Anmerkungen zu machen. In Ägypten laufen viele Uniformierte aller Schattierungen herum, die hoheitliche Aufgaben ausführen, z.B. die ganz normale Polizei, die Verkehrspolizei, die Touristenpolizei, Militärs und Geheimdienste. Die Touristenpolizei wurde sicher nicht nur geschaffen, um Planstellen für Dienstgrade aller Ränge zu installieren, sondern eigentlich, um die Touristen zu schützen und vielleicht auch, um die Ägypter vor dem schädlichen Einfluß des Tourismus zu bewahren.

Andererseits hat die Touristenpolizei den Vorteil, daß man sich bei wirklich negativen Vorkommnissen an diese Leute wenden kann, ja daß die bloße Drohung schon ein Einlenken herbeiführen kann. Dennoch sollte man möglichst keinen - oder nur im Notfall - Gebrauch davon machen.

Rundfunk, Zeitung, Telefon, Post

Rundfunk/Fernsehen

Informiert zu sein, ist vor allem in politisch kritischen Situationen wichtig. Nachrichten aus Europa treffen häufig besser das Bild als lokale, politisch gefärbte Sendungen. Daher zunächst die empfangsgünstigsten Frequenzen einiger Kurzwellensender (der Empfang ist tages- und jahreszeitlich unterschiedlich):

Deutsche Welle 6075 kHz (abends), 9545 kHz (morgens), 11795 kHz (abends), 15275 kHz (abends und tags), 17845 kHz (tags). Österreich 11670 und 11715 kHz, Schweiz 9885 kHz. Auch Fernsehsendungen der Deutschen Welle-TV und DW-Radio sind über Eutelsat II-F 1 (Transponder) auf 13 Grad Ost zu empfangen. Das Schweizer Radio SRI geht auf 9860, 13635 und 17565 kHz ab 7.15 Uhr MEZ auf Sendung.

Deutschsprachige Sendungen von Radio Kairo täglich von 18-19 Uhr auf Mittelwelle 558 kHz und UKW 95,4 MHz, in Alexandria 97,0 MHz, Luxor 96,3 MHz und Assuan 92,1 MHz.

Radio Kairo sendet im 31-Meter-Band auf 9900 kHz täglich von 19 bis 20 Uhr UTC in Richtung Europa (meist guter Empfang).

Das Fernsehen sendet englischsprachige Nachrichten um 20.15 Uhr.

Zeitungen/Zeitschriften

In den englischsprachigen Zeitungen EGYPTIAN GAZETTE und in der CAIRO GAZETTE (einmal wöchentlich) finden Sie auch Informationen über gerade laufende Ausstellungen, Konzerte, Zugverbindungen etc. Monatlich erscheint u.a. EGYPT TODAY, ein recht anspruchsvolles Magazin mit Beiträgen aus Kunst und Kultur.

Wer kann diesem Eis widerstehen?

1. Alles über Reisen in Ägypten

CAIRO'S CULTURAL & ENTERTAINMENT GUIDE (monatlich erscheinend), zu LE 3 in Hotels erhältlich, mit einer Menge nützlicher Adressen bzw. Informationen (z.B. aktuelle Flugpläne) und dem *besten Überblick, was Kairo an Unterhaltung* zu bieten hat.

Europäische Zeitungen und Zeitschriften gibt es in den internationalen Hotels oder z.B. auch beim Zeitungshändler am Café Groppi am Midan Talaat Harb.

Telefon
Telefonieren ins Ausland:

Von Europa aus kann man im Selbstwähldienst die großen Städte Ägyptens anwählen: Landeskennzahl 0020, Ortskennzahl Kairo 2, Alexandria 3, danach die gewünschte Nummer. Häufig teilen sich verschiedene Leute einen Anschluß: Wenn sich also jemand anderes meldet, deutlich nach dem Gewünschten fragen.

Von Ägypten ins Ausland zu telefonieren, sieht etwas ungünstiger aus. Die Auslandsverbindungen werden häufig - zumindest in der Provinz - noch handvermittelt hergestellt, längeres Warten kann die Folge sein. Ein Drei-Minuten-Gespräch nach Deutschland kostet tagsüber von 8-20 Uhr LE 27, von 20-8 Uhr LE 16 beim Telefonamt (selten identisch mit Postamt); es sind also mindestens drei Minuten zu bezahlen, auch wenn man weniger spricht. Viele internationale Hotels haben eigene Leitungen, die Kosten können höher liegen (bis zu LE 30 pro drei Minuten). Wer seine Landesvorwahl nicht kennt: Deutschland 0049, Österreich 0043, Schweiz 0041; dann weiter mit der Ortsnetzkennzahl, aber ohne 0!

Es gibt TELEFONCARDS zu LE 15, LE 20 (diese hat 180 Einheiten, mit denen ca. 4 Minuten-Gespräche nach Europa möglich sind) und LE 30, mit denen das Telefonieren erheblich erleichtert wird, wenn man ein entsprechendes Telefon findet.

Telefonvorwahl-Nummern

Alexandria 03	Kairo 02
Assiut 088	Luxor 095
Assuan 097	Port Said 066
Hurghada 062	Suez 062
Ismaliya 064	

In Kairo bieten u.a. die Telefonämter in der Sharia Adly, Sharia Muhammad Bey el Alfi oder Sharia Muhammad Bey Izz el Arab 24-Stunden-Service. Im Amt in der Sharia Adly/Sharia Muhammad Faud kann man selbstwählend mit einer Telefoncard meist sofort nach Europa durchkommen. Am Midan Tahrir finden Sie in der Nähe Sharia Talaat Harb ein kleines Telefonamt mit einer Selbstwählzelle. In Giseh gibt es in der Pyramid Road ein Telefonamt, das an dem danebenstehenden Sendemast zu erkennen ist. In Dokki bietet schräg gegenüber des Shooting Clubs neben dem Cafe Germain ein *Communication Service* Telefonverbindungen in alle Welt zu günstigeren Preisen als die Hotels an. Verlangen Sie bei den staatlichen Stellen immer eine Quittung, das kann den Preis deutlich reduzieren, weil sich der Beamte nicht mehr traut, einen privaten Aufschlag zu kassieren.

Faxen ist ebenfalls möglich (Post, Hotel); eine A4-Seite nach Deutschland kostet LE 30, manchmal auch weniger.

Mit Abstand am billigsten sind **Telegramme** für Leute, die nur ein Lebenszeichen von sich geben wollen: ein Wort kostet LE 0,75, allerdings zahlt man z.B. auch für jedes Wort der Adresse. Immerhin dürfte ein Telegramm zu Hause eine schon nahezu anachronistische Überraschung sein.

Telefonieren im Inland:

Früher war Telefonieren reine Glückssache, die Situation hat sich inzwischen sehr gebessert. In Ägypten gibt es kaum Telefonbücher. Die Telefon-Auskunft in Kairo hat die Nummer 140. Falls die 140 nicht funktioniert, hier noch die früheren Nummern: Für Privatanschlüsse 778 800 (erste Hälfte des

Rundfunk, Zeitung, Telefon, Post

arabischen Alphabets) und 779 900 (zweite Hälfte); Ministerien, Ärzte, Krankenhäuser 767 000; Firmen, Behörden, Hotels, Geschäfte, Fluggesellschaften etc. 768 800.
In Telefonzellen zahlt man mit silbernen 5 oder 10 Pt Münzen (1 Münze für Drei-Minuten-Stadtgespräch). Bei einigen Apparaten muß man den Antwortknopf drücken, wenn sich der Angerufene meldet.

Post

Post heißt *Bosta,* Briefkästen sind blau für Luftpost-Auslandssendungen, rot für innerägyptische Post. Postkarten und Briefe sollte man sicherheitshalber im Postamt oder in großen Hotels abgeben (z.B. Briefkasten an der Rezeption des Nile Hilton Hotels in Kairo). Das Luftpost-Porto beträgt für Postkarten sowie für Briefe 80 Pt, Luftpost LE 1,60.

Postkarten im Briefumschlag kommen übrigens mit höherer Erfolgsquote beim Empfänger an.

Falls Sie sich Briefe nach en schicken lassen wollen, so können Sie die Adresse der Botschaft (M. Müller, c/o Embassy XXXeka) angeben lassen oder die von American Express (*Client's Mail*; Adresse siehe Seite 105) oder postlagernd (poste restante) an das Hauptpostamt.

Für denjenigen, der ein **Paket** in die Heimat schicken will, hier eine Preisinformation: Ein 5-kg-Paket kostet normal LE 50, als Express (Luftpost) LE 110. Vor dem Absenden muß man zum Zoll und sich dort eine Bestätigung holen (daher erst danach endgültig verschnüren); in Kairo im Postamt neben dem Ramsis Bahnhof im zweiten Stock links aufgeben.

Kauderwelsch Sprachführer

Die Sprachführer-Reihe **Kauderwelsch**
umfaßt über 100 Bände, speziell geschrieben
für Individualisten.
- Verständliche Erklärung der Grammatik
- Wort-für-Wort-Übersetzung
- praxisnahe Beispielsätze
- Lautschrift
- nützliches Vokabular
- Tips für richtiges Verhalten

Hans-Günther Semsek
Ägyptisch-Arabisch – Wort für Wort
Kauderwelsch-Band 2
128 Seiten, DM 14.80

Die Reihe KulturSchock

vermittelt dem Besucher einer fremden Kultur wichtiges Hintergrundwissen. **Themen** wie Alltagsleben, Tradition, richtiges Verhalten, Religion, Tabus, das Verhältnis von Frau und Mann, Stadt und Land werden nicht in Form eines völkerkundlichen Vortrages, sondern praxisnah auf die Situation des Reisenden ausgerichtet behandelt. Der **Zweck** der Bücher ist, den Kulturschock weitgehend abzumildern oder ihm gänzlich vorzubeugen. Damit die Begegnung unterschiedlicher Kulturen zu beidseitiger Bereicherung führt und nicht Vorurteile verfestigt.

Christine Pollok
Kulturschock Islam
Reise und Verhaltenstips für Frauen
192 Seiten, reich illustriert, DM 24.80

Karin Werner
Kulturschock Ägypten
204 Seiten, reich illustriert, DM 24.80

Reise Know-How Verlag Peter Rump GmbH

2. Die Menschen und ihre Vergangenheit

2.1 Die Menschen

Städtische Bevölkerung

Sehr bald kann der Besucher der Metropole Kairo erkennen, daß sich die Gesichter und Gestalten der Ägypter deutlich in verschiedene Kategorien einteilen lassen. Im Zentrum der Stadt könnte man sich fast wie in Südeuropa fühlen, sowohl vom Flair als auch die westlich angezogenen Menschen. Hier begegnet man der modernen, für ein Entwicklungsland erstaunlich breiten Mittelschicht. Männer, die mittlere oder höhere Schulbildung erworben haben, die durch Kasernen geschleift wurden oder gar Erfahrungen auf Kriegsschauplätzen machen mußten, die betont nationalistisch und stolz auf ihr Land sind. Ebenso Frauen, die durch gute Schulbildung ansehnliche Stellungen im Berufsleben erreichten.

Für sie bestimmt nicht die Religion allein den Tagesablauf, sie kennen zumeist westliches Denken und handeln weit pragmatischer als es in den orthodoxen Nachbarländern vorstellbar ist. Dennoch bleiben sie fest im Islam verwurzelt. Von dieser Mittel- und Oberschicht leben z.B. nur noch 2% in Polygamie.

Der überwiegende Teil der städtischen Bevölkerung setzt sich aus Nachkommen der Araber zusammen, die im 7. Jhd das Land besetzten und kolonisierten. Ihr Anteil wird auf etwa 20% der Gesamtbevölkerung geschätzt. Sie sind mittelgroß, schlan, relativ hellhäutig und haben die typisch semitische, keilförmige Nase.

Die Fellachen

Etwas anders sieht die Situation nur wenig entfernt von Kairo aus: Das Leben in den Dörfern veränderte sich über die Jahrhunderte nur wenig. Die Fellachen (arabisch *Bauern*) haben sich kaum mit Fremden vermischt, sie sind die direkten Nachkommen der pharaonischen Ägypter, kräftig-drahtige Menschen, genügsam und sehr konservativ. Für sie gibt es keine andere Vorstellung und kein anderes Lebensziel als die Traditionen der Väter und Vorväter fortzuführen, mit Hingabe und fast ausschließlich für die Familie zu leben. Hier bestimmt die Zahl der Kinder sehr wesentlich das Ansehen des Mannes, die Frau hat sie zu gebären und aufzuziehen.

Die Fellachen sind von Natur aus fröhliche, herzliche Menschen, die gern lachen und das Leben auf ihre Art, manchmal durch "positives Nichtstun" genießen. Ihrer Umwelt gegenüber sind sie freundlich und hilfsbereit. Wer diese Menschen bei ihrer Feldarbeit beobachtet und die Gelassenheit wahrnimmt, mit der sie ihrem nicht leichten Los nachgehen, der findet bald viel Bewunderung - und eine Art von menschlicher Geborgenheit, wenn er näher mit ihnen bekannt wird.

Die Tage gehören vom frühen Morgen bis zur Dämmerung der Feldarbeit. Dann sind die Dörfer fast ausgestorben. Erst am Abend kehrt Leben im Dorf ein. Die Leute sitzen vor den Häusern und schwatzen, die meisten Männer schlürfen Tee oder türkischen Kaffee bei Wasserpfeife im Kaffeehaus.

Bis zur Revolution 1952 gehörte der allergrößte Teil des fruchtbaren Landes nur wenigen großen Familien. Die Fellachen waren zumindest im übertragenen Sinn mehr Sklaven als Pächter der Landeigner. Unter der von Nasser eingeleiteten Agrarreform wurde das Land gleichmäßiger verteilt, die Fellachen avancierten von Pächtern zu Eigentümern. Allerdings hat die Tradition der Erbteilung bereits jetzt die Erbmasse stark zerstückelt, weil der Vater seinen Besitz unter den Söhnen aufteilt. So bleibt häufig für den einzelnen Erben so wenig übrig, daß er kaum davon leben kann.

Die Genügsamkeit der Fellachen hat uralte, pharaonische Vorbilder und Wurzeln - allerdings steht sie der heutigen Entwicklung auch im Weg: Solange der Einzelne zufrieden (und dabei glücklich) ist, wenn er sich selbst versorgt hat, solange kann er keinen Überschuß produzieren, den die anderen, die sich nicht selbst ernähren, dringend brauchen. Als Konsequenz aus dieser glücklichen Genügsamkeit des Einzelnen muß das Land Weizen teuer importieren - um etwas überspitzt diesen Konflikt zu formulieren, aber auch aufzuzeigen, daß der "Idylle" auf dem Lande in absehbarer Zukunft ein viel härterer Wind entgegenwehen wird.

Die koptische Bevölkerungsgruppe

Als weitere eigenständige Bevölkerungsgruppe sind die Kopten zu betrachten, die der koptischen Form des Christentums anhängen. Sie vermischten sich ebenfalls kaum mit Fremden, sie sind daher auch zu den Nachkommen der pharaonischen Ägypter zählen. Die Kopten nennen sich *Gypt* und sind der Meinung, daß die Bezeichnung *Ägypten* auf sie zurückzuführen sei. Von den (islamischen) Fellachen unterscheiden sich die Kopten nur durch die Religion. Zahlenangaben über ihren Bevölkerungsanteil schwanken je nach Quelle, sie dürften etwa 5 bis 10% der Gesamtbevölkerung stellen.

Durch die ihnen vom Islam auferlegte Isolation wurden die Kopten von vielen Berufen und vom politischen Leben über viele Jahrhunderte ausgeschlossen. So spezialisierten sie sich u.a. auf das Bank- und Finanzwesen, das ohne sie zusammenbrechen würde, und auf handwerkliche Berufe.

Die Beduinen

Wenden wir uns noch den Beduinen als einer weiteren Bevölkerungsgruppe zu. Nur noch etwa 50 000 (die Zahlenangaben schwanken sehr) leben noch als Nomaden, die überwiegende Anzahl wurde in den letzten Jahrzehnten seßhaft. So verdingen sich viele Sinai-Beduinen in den Ölfeldern und Bergwerken.

Die Awlat Ali der Libyschen Wüste siedelten sich in den neu erschlossenen Gebieten im Bereich der Mittelmeerküste oder des Deltas an. Eine ganze Reihe von ihnen lebt von Touristen: z.B. stammten die Fremdenführer bei den Pyramiden ursprünglich fast ausschließlich aus ihren Reihen. In den Gebirgen der Arabischen Wüste, also östlich des Niltals, nomadisieren noch Ababda-Beduinen. Sie sind übrigens nicht arabischen Ursprungs, sondern Hamiten.

Das Leben der Beduinen hat fast nichts mit dem der Fellachen gemein. Im Gegenteil, die stolzen Beduinen schauen auf die in der Erde wühlenden Fellachen etwas mitleidig herab, die Fellachen wiederum sorgen sich beim Auftauchen von Beduinen-Viehherden um ihr Grünzeug. Der Unterschied zwischen den beiden Gruppen könnte kaum krasser sein, denn das harte Leben in der Wüste verlangt den Bewohnern ganz andere Verhaltensweisen ab.

Die Nubier

Schon seit pharaonischen Zeiten eine Minderheit, lebten die Nubier ursprünglich südlich von Esna nilaufwärts an den dort immer karger werdenden grünen Flecken bis in die Gegend des sudanesischen Dongola. Mit jedem Staudamm in Assuan wurde ihr Land weniger, die letzte Erweiterung verschlang es vollends.

Die etwa 120 000 Nubier sollten eine neue Heimat hauptsächlich in der Nähe von

Menschen

Auch bei Beduinenmädchen kann die Neugier die anerzogene Scheu übertreffen

2. Die Menschen und ihre Vergangenheit

Kom Ombo finden, eine kleinere Gruppe bei Esna. Die vor der Umsiedlung gegebenen Versprechen wurden zwar einigermaßen eingehalten, aber die neu angelegten Schachbrettdörfer entsprechen nicht dem ehemals gewohnten Großfamilienleben. Seit sich die Lage des Stausees stabilisiert hat, zieht es eine ganze Reihe Nubier zurück an den Rand der alten Heimat.

Heute trifft man in den neuen Dörfern hauptsächlich Frauen und Kinder, die Männer verdingen sich in den Städten als Wäscher, Bügler, Köche etc. Die dunkelbraunen, schlanken Menschen galten schon immer als besonders sauber. Sie sprechen eine dem Arabischen fremde Sprache, für die es keine Schrift gibt. In christlich-koptischen Zeiten diente eine modifizierte koptische Schrift lediglich religiösen Texten.

Häufig sieht man sehr dunkle Menschen mit negroiden Zügen. Es sind die Nachfahren der vor allem aus dem Sudan stammenden Sklaven, die im vorigen Jahrhundert die niedrigsten Arbeiten in Ägypten zu verrichten hatten.

Täglich Freud und Leid

Das tägliche Leben zeigt in jedem Land viele Gesichter; diese in wenigen Sätzen zu pauschalisieren, ist zumindest schwierig, es kann lediglich einzelnen Aspekten gerecht werden. Daher hier nur ein paar Blicke hinter die hohen Mauern, die ägyptisches Familienleben abschirmen. Wenn Sie ein bißchen mehr vom Leben auf dem Land wissen wollen, so können Sie aus Jehan Sadats Buch "Ich bin eine Frau aus Ägypten" sehr informative Details aus dem Alltag erfahren.

Die aus Nilschlamm errichteten Häuser der Fellachen (im Delta-Gebiet wegen des häufigeren Regens meist Ziegelbauten) könnten wegen ihrer Isolationseigenschaften den klimatischen Verhältnissen kaum besser angepaßt sein. Meistens bestehen sie aus einem Hauptraum, der direkt hinter der Eingangstür liegt, in dem sich der größte Teil des Lebens abspielt. Die Einrichtung besteht aus Sitzbänken, Matten und, in bessergestellten Haushalten, Radio und Fernseher. Dort, wo die Elektrizität noch keinen Einzug hielt, werden abends Öllampen angezündet.

Einen Küchenraum in unserem Sinn gibt es selten, Backofen und offene Feuerstelle - getrockneter Kuhmist dient häufig als Brennmaterial - liegen meist im Innenhof, daneben mag ein Gas- oder Petroleumkocher stehen. Nachts legt sich jedes Familienmitglied eine Schlafmatte aus; fest vorgesehene Schlafzimmer gibt es zwar, sie dienen aber häufig als Lagerraum. In weiteren Räumen des Hauses leben die Tiere.

Toiletten gehören nicht überall zum Einrichtungsstandard einfacher Häuser im Dorf; wenn kein Plumpsklo mit Versitzgrube vorhanden ist, benutzt man die Umgebung. Als Bad dient eine größere Schüssel, die in einer uneinsehbaren Ecke des Hauses aufgestellt wird und in die sich der Badende kauert und mit Wasser übergießt. Sofern kein Wasseranschluß besteht, muß Wasser vom öffentlichen Brunnen oder vom Nil geholt und in Tonkrügen aufbewahrt werden.

Bevor das Land mit den Segnungen der Zivilisation überschwemmt wurde, war die Hauptbeschäftigung nach getaner Arbeit der gemeinsame Schwatz im Teehaus oder das nachbarliche Palaver. Heute zählen Fernsehen und Kino zu den beliebtesten Freizeitbeschäftigungen.

Die Ägypter sind nach den Indern das filmbesessenste Volk: Kinos sind fast immer ausverkauft, die Zuschauer nehmen aktiv am Geschehen auf der Leinwand teil; sie leiden unter Tränen mit den Helden, sie freuen sich voll echter Begeisterung. Nicht anders verhält es sich mit den per Fernsehen ins Haus gelieferten Schnulzen. Auch hier hängen die Familien an der Mattscheibe, lassen kaum einen Film aus - und verlieren den früher geübten Kontakt untereinander.

Vom Sport her zählt Fußball über alles. Wo immer ein Stück Land frei ist, findet sich ein Bolzplatz. Den jeweils eigenen Spielern gehört das Herz der Zuschauer - ein bißchen emotionaler als bei uns, aber ohne die hierzulande schon zur Tagesordnung zählenden Gewalttätigkeiten.

In der breiten Masse hat sich der Dämonenglaube aus pharaonischen Zeiten bis heute erhalten. Von morgens bis zum späten Abend schlägt sich die Dorfbevölkerung mit Geistern herum, vornehmlich den Djin ("Dschin" gesprochen), die stets zu besänftigen sind, denen man beileibe nichts Schlimmes antun darf.

Mulid - ägyptische "Kirmes"

Mulid, das ist der Inbegriff eines **ägyptischen Volksfestes**. Dieses im wesentlichen religiös inspirierte Fest aus Anlaß des Geburts- oder Todestages eines Heiligen hat auch sehr profane und säkulare Begleiterscheinungen. Schießbuden, Zirkusvorführungen, Zauberdarbietungen, Schlangenbeschwörer, Puppentheater, farbenfrohe Umzüge, Märkte etc. ziehen manchmal hunderttausende Besucher an. In Zelten spielen Musiker auf oder es drehen sich Sufis (Derwische) in ekstatischem Tanz zum Trommelwirbel.

Es gibt tausende Mulids in ganz Ägypten, denn jeder Heilige hat sein eigenes Fest. Für große Heilige können mehrere Mulids im Laufe eines Jahres zelebriert werden. Im übrigen feiern Muslims wie Kopten Mulids, es gibt sogar ein jüdisches Mulid.

Schon Herodot berichtet, daß die Ägypter gerne Feste feiern. Historisch ziemlich gesichert ist, daß der Mulid auf pharaonische Zeiten zurückgeht, ja daß die alten pharaonischen Gottheiten in späterer Zeit ganz einfach durch christliche und islamische Heilige ersetzt wurden. Das ist am deutlichsten in Luxor erkennbar, wo der pharaonische (Luxor-)Tempel zunächst in eine Kirche und später in eine Heiligenmoschee umgewandelt wurde. Die heutige Prozession anläßlich des Mulids von Sidi Abou el Haggag geht eindeutig auf das Opet-Fest zu Ehren des Gottes Amun zurück. Noch heute werden die *Barken des Amun* während einer überaus farbenprächtigen Prozession durch die Stadt getragen.

Die meisten der muslimischen Mulids finden ad hoc statt oder folgen dem arabischen Mondkalender. Die koptischen Mulids liegen kalendermäßig fest. **Einige große muslimische Mulids:** *Kairo*: Sayida Nafisa, Dezember/Januar; Sayida Zaynab, Januar/Februar; Sayida el Husayn, Oktober. *Luxor*: Sidi Abou el Haggag, Ende Februar. **Einige große koptische Mulids:** *Assiut/Der el Muharraq*, Jungfrau Maria, 28. Juni; *Massara/Heluan:* St. Barsum el Aryan, 28. September.

Die - nicht greifbaren - Djin wurden von Gott aus rauchloser Flamme geschaffen, die Engel aus Licht, die Menschen aus Lehm. Es gibt gute und böse Djin, sie sind mehrfach im Koran genannt. Auf der Erde wohnen sie bevorzugt an schmutzigen Orten wie in Ställen oder Toiletten. Man schützt sich gegen Djin durch Reinheit, das Rezitieren von Koranversen und durch Amulette, auf denen meist Koranverse und geheimnisvolle Formeln stehen.

Ebenso muß man sich ständig vor dem *Bösen Blick* in acht nehmen und auch in dieser Beziehung allerlei Regeln beachten. So darf der Besucher z.B. ein Baby nicht wegen seines schönen Aussehens loben,

2. Die Menschen und ihre Vergangenheit

er könnte es ja mit neidischem Bösen Blick betrachten oder Dämonen auf das Kind aufmerksam machen.

Zum Schutz erhält das Baby sofort nach der Geburt Amulette aus Gold oder nur einen blauen Plastikarmreifen. Generell bieten blaue Perlen guten Schutz vor dem so manche Heimtücken verursachenden *Bösen Blick*. Aber auch die vielen Augenabbildungen oder Handamulette sind vorzügliche Gegenmittel. Häufig behilft man sich auch damit, die Kinder schlecht und unansehnlich zu kleiden, um gar nicht erst neidische Blicke anzuziehen. Angeblich schützen sich sogar wohlhabende Fellachen durch schlechte, schmutzige Kleidung gegen den Bösen Blick Neidischer. Wenn nun tatsächlich jemand von einem bösen Geist befallen wurde, dann kann im Fall einer Frau nur mittels einer Zeremonie, die *Zar* genannt wird, geholfen werden. Die Betroffene begibt sich zu einer Expertin in solchen Dingen, einer *Sheika*. Nachdem festgestellt ist, um welche Art von Geist es sich handelt, wird er während eines Zar ausgetrieben. Die Zeremonie besteht im wesentlichen aus stundenlangen, von Trommeln begleiteten Tänzen und dem Anrufen der Geister durch die Sheika. Der Rhythmus steigert sich, bis die Tänzerin in Ekstase fällt. Anschließend wird ein Tier geopfert, blutige Handabdrücke auf die Patientin und häufig auch auf Türpfosten und Wände gedrückt.

Auch der Tod hat seinen festen Ritus. Ein Toter wird unter lautem Schreien und Weinen der weiblichen Angehörigen beklagt; professionelle Klageweiber gibt es nicht mehr. Die rituellen Waschungen des Toten erfolgen noch am Sterbetag, der Körper wird in Leichentücher gehüllt und in einen Sarg oder auf eine Bahre gelegt. Er wird dann ausschließlich von Männern zur nächsten Moschee getragen (oder gefahren) und nach entsprechenden Gebeten zum Friedhof gebracht und dort mit dem Kopf in Richtung Mekka beerdigt. Abends treffen sich die Trauernden zur Koran-Rezitation. Meist wird dazu ein großes Zelt auf der Straße errichtet; aufmerksamen Besuchern werden diese Zelte, in denen schweigende Männer sitzen, immer wieder auffallen.

Die Frauen treffen sich übrigens im Haus des Verstorbenen. Dies alles geschieht am Tag des Todes, 40 weitere Tage wird Trauer eingehalten, wobei sich die nahen Verwandten jeweils donnerstags am Grab treffen, Koranverse rezitieren und milde Gaben an Arme verteilen.

Die Stellung der Frauen

Es hat sich herumgesprochen, daß die Stellung der Frau in islamischen Ländern anders als bei uns ist. Die Religion prägt oder fördert eine patriarchalische Gesellschaftsstruktur, in der eindeutig der Mann an der Spitze steht. Viele, z.T. sehr feingesponnene Mechanismen sorgen dafür, daß diese Stellung nicht so leicht zu erschüttern ist.

Es beginnt bei der Geburt eines Mädchens. Sollte es das Pech haben, die Erstgeborene einer Familie zu sein, so wird man sich meist nicht gerade freuen. Wenn mehrere Mädchen nacheinander auf die Welt kommen, dann ist das Unglück groß, man wird zumindest indirekt der Mutter Vorwürfe machen, daß sie keinen Sohn zu gebären vermag.

Das Erziehungsprinzip für die Mehrheit der Mädchen läßt sich, sehr grob vereinfacht, auf die Formel bringen: sie werden darauf vorbereitet, die treusorgende Mutter der Kinder ihres künftigen Ehemannes zu sein und diesen Mann mit allem zu umgeben, was das Leben angenehm macht. Die

Die Stellung der Frauen

andere Rolle, die den Mädchen von frühester Kindheit an eingeprägt wird, besagt, daß sie von Natur aus sündig seien und deswegen eine Gefahr für die Männerwelt darstellen.

Obwohl per Gesetz verboten, werden daher auch heute noch Mädchen beschnitten; d.h. im Alter von etwa sechs bis acht Jahren werden Klitoris und zumeist auch die (inneren, seltener auch die äußeren) Schamlippen amputiert. Diese Maßnahme soll die sexuelle Lust mindern und der künftigen Ehefrau das Interesse an anderen Männern nehmen. Viele Generationen haben die Beschneidung der Mädchen praktiziert; traditionell wurde sie damit gerechtfertigt, daß die Frau von einem "unreinen" Körperteil befreit würde. Die Zeitschrift EGYPT TODAY berichtete im Juli 1991, daß 98% der Mädchen der unteren sozialen Schichten noch die schmerzhafte, von älteren Frauen mit meist unsterilisierten Instrumenten vorgenommene Beschneidung über sich ergehen lassen müssen; daß besonders die Mütter auf die Operation pochen, weil "es sich so gehört".

Wegen der mangelhaften hygienischen Vorsorge erleiden viele Mädchen ernsthafte Unterleibsinfektionen, die nicht selten zu dauerhaften Schäden und Unfruchtbarkeit führen. Die Betroffenen sind doppelt geschädigt und verlieren besonders bei Unfruchtbarkeit Ansehen und an sozialem Status. Obwohl es weltweit Bewegungen gegen diese grauenvolle Amputationsriten gibt, wird es wohl noch einige Generationen dauern, bis die Praktiken wirklich geächtet werden.

Im übrigen ist die Beschneidung nicht eine Erfindung des islamischen Ägypten, sie wird ebenso konsequent bei koptischen Mädchen vorgenommen. Diese Sitte ist in vielen afrikanischen Ländern, unabhängig vom Islam, verbreitet. Sie wurde zumindest auch in Südamerika, Südostasien und Australien praktiziert, nicht jedoch in Saudi-Arabien, Iran und Irak. In Ägypten läßt sich der Ursprung bis in pharaonische Zeiten verfolgen, in der bisexuelle Götter der männlich-weiblichen Spannung der menschlichen Psyche entsprachen. Durch die Beschneidung sollte dem Knaben das weibliche Element, dessen Sitz und Symbol die Vorhaut ist, und dem Mädchen das männliche Äquivalent durch Entfernen der Klitoris genommen werden.

Bei Bildung und Ausbildung haben innerhalb der Familie die Knaben Vorrang, selbst beim Spielen dürfen die Jungen ausgelassen toben, während sich die Mädchen zurückhalten bzw. der Mutter bei der Hausarbeit helfen müssen. Etwa ab 15 Jahren steht die Hochzeit ins Haus. Die Eltern bestimmen nahezu immer den Ehepartner, der entweder aus dem weiteren Kreis der Familie kommt oder nach wirtschaftlichen Gesichtspunkten ausgewählt wird. Die Hochzeit dauert mehrere Tage, viele hundert Gäste sind keine Seltenheit. Wichtiges Kriterium für den Vollzug der Ehe ist die Jungfräulichkeit der Braut, was durch Vorzeigen des (hoffentlich) blutigen Bettlakens der Hochzeitsnacht dokumentiert wird.

Die Ehe unterliegt religiösem Recht, der *Sharia*. Danach übt der Mann die "eheliche Gewalt" aus, d.h. ihm steht das Recht zu, seiner Frau im täglichen Leben ziemlich enge Grenzen zu setzen, z.B. über ihre Besucher zu bestimmen. Die Frau ist verpflichtet, ihrem Mann gehorsam zu sein, am ehelichen Aufenthaltsort zu leben, sich tugendhaft zu verhalten und über den Haushalt zu wachen.

Die verheiratete Frau behält ihren Mädchennamen und ihr Vermögen, sie kann frei über ihre Mitgift entscheiden, ihr Ehemann darf sich nicht in ihre finanziellen Angelegenheiten mischen. Wegen der gesetzlich vorgeschriebenen Gütertrennung kann die Frau in geschäftlichen Dingen völlig unabhängig von ihrem Mann agieren. Die

2. Die Menschen und ihre Vergangenheit

Kinder nehmen den Namen des Vaters und seine Religion, den Islam, an.

Noch vor wenigen Generationen übertraten Frauen die Schwelle ihres Hauses praktisch nur zweimal: bei der Hochzeit und bei ihrem Begräbnis. Seit einigen Jahrzehnten kann die Frau auch einer Tätigkeit außerhalb des Hauses nachgehen. Etwa 10 bis 15% der Ägypterinnen machen von diesem Recht Gebrauch - neben den vielen Frauen, die in der Landwirtschaft seit Menschengedenken mitarbeiten müssen. Im Beruf ist die Frau gesetzlich dem Mann gleichgestellt, sie hat zumindest theoretisch die gleichen Chancen. Während des gesetzlich bis zu zwei Jahren garantierten Mutterschaftsurlaubs erhält sie die vollen Bezüge.

Die Majorität der Frauen rackert - nach statistischen Untersuchungen - 16 bis 19 Stunden täglich: Mann und Kinder mit Essen versorgen, Kleinvieh und eventuell vorhandene Kuh füttern und melken, Brennmaterial beschaffen, Wasser holen, Geschirr und Wäsche (meist im Kanal) mit Sand und bestenfalls Seife waschen, jedes Jahr ein Kind in die Welt setzen und die vorhandenen versorgen und, als Hauptbeschäftigung, auf dem Feld arbeiten wie der Mann. Schließlich muß sie die landwirtschaftlichen Produkte auf dem Markt verkaufen. Erst die heranwachsende Tochter wird sie entlasten.

Da haben es die Töchter aus bessergestellten Familien etwas einfacher. Sie drängen in die Hochschulen und sind in akademischen Berufen sehr viel stärker repräsentiert, dabei scheint das Bildungswesen eine Domäne der Frauen zu sein bzw. zu werden. Während die typische Landfrau nur zum Arbeiten Zeit hat, beschäftigen sich die Frauen aus einkommensstärkeren oder städtischen Schichten mit den Problemen der Familie und deren sozialer Stellung herum.

Im privaten Bereich gibt es kaum gesellschaftliche Beziehungen von Frauen zu anderen Männern. Bei Parties oder ähnlichen Veranstaltungen sondern sich die Frauen in eigene Gruppen ab, in denen es dann meist sehr fröhlich zugeht. Innerhalb dieser Frauengruppen gibt es kaum Geheimnisse, allerdings auch wieder Hierarchie: Die älteren Frauen geben den Ton an und achten darauf, daß Sitte und Anstand gewahrt werden und daß die unverheirateten Töchter unter die Haube kommen.

Ein Mann kann bis zu vier Frauen heiraten; will sich eine Frau gegen weitere Partnerinnen in der Ehe wehren, so konnte sie früher die Scheidung verlangen. 1985 wurde ein neues Gesetz verabschiedet, wonach die Frau im Falle einer Zweitehe nachweisen muß, daß sie dadurch materiell oder seelisch schwerwiegend beeinträchtigt wird. Erst dann ist die Scheidung möglich. Außerdem wurde sie materiell insofern schlechter gestellt, als sie nur so lange Anrecht auf Unterhalt und Wohnung hat, bis der Sohn 10 bzw. die Tochter 12 Jahre alt ist. Der Ehemann kann sich im Grunde selbst von seiner Frau scheiden, indem er dreimal nacheinander sagt: "Ich verstoße dich!" Er muß zwar Alimente zahlen, die jedoch gering sind - falls sie überhaupt aufgebracht werden.

Für die Frau hingegen sieht die Lage nicht so einfach aus. Selbst wenn sie sich im Ehevertrag die Selbstverstoßung ausbedungen hat, erkennen ägyptische Richter diese Bedingung heutzutage nicht mehr an, weil sie der Sharia nicht entspricht. Eine von der Frau ausgehende Scheidung ist nur in gegenseitigem Einvernehmen möglich, durchsetzbar von seiten der Frau jedoch nur in Fällen nachgewiesener Impotenz oder der Unfähigkeit des Mannes, die Familie ernähren zu können. Die Frau trägt die Beweislast.

Eine geschiedene Frau verliert häufig ihre gesellschaftliche Stellung; in gebildeten Kreisen weniger als auf dem Land. Denn in gehobenen sozialen Schichten hat sie weniger Schwierigkeiten, erneut zu heiraten. Normalerweise muß sie zu ihren Eltern oder anderen Mitgliedern der Familie zurückkehren und versuchen, über die Runden zu kommen. Verläßt die nicht geschiedene Frau ihren Mann, weil er sie z.B. mißhandelte oder aus anderem Grund, so hat er das Recht, sie per Polizei in seinen Haushalt zurückzuholen.

Es mag in diesem Zusammenhang nicht uninteressant sein, daß seit einigen Jahren die Frauen zur islamischen Tracht, manchmal sogar zum Schleier zurückkehren. Viele sind gebildet, ja Karrierefrauen. Die Gründe für diese Tendenz sind sicher vielschichtig, nicht zuletzt zeigt sich darin auch eine Protesthaltung gegen westliche Überfremdung. Aber der Schleier gibt auch einen gewissen Schutz, besonders vor der "Anmache" von Männern.

Wir sollten auch sehen, daß der Mann in der islamischen Ehe eine wesentlich ausgeprägtere Verantwortung für das Wohlergehen und den Bestand der Familie übernimmt, als es bei Europäern gewöhnlich der Fall ist. Die islamische Familie besitzt ein ungleich stärkeres Zusammengehörigkeitsgefühl und eine viel ausgeprägtere Verantwortung füreinander. Hier spielt die Frau die dominierende Rolle.

Betrachten Sie daher dieses Kapitel als Information, mit der Sie die eine oder andere Lebensäußerung des Gastlandes besser interpretieren können. Völlig falsch wäre es, daraus eine Aufforderung zu lesen, quasi missionarisch nach Ägypten zu reisen und dort die Frauen *befreien* zu wollen. Ebenso falsch ist das Argument dürftig bekleidet reisender Mädchen, den Leuten im Lande mit viel nackter Haut zeigen zu wollen, was persönliche (Pseudo-)Freiheit ist.

2.2 Die heutigen Religionsgemeinschaften

Der Islam

So wie die pharaonische Religion das alte Ägypten in all seinen Lebensäußerungen prägte, so bestimmt der Islam das heutige - auch das moderne - Leben des Landes. Zwar pflegen die Kopten ihre eigene christliche Religion, doch die Dominanz des Islam ist so stark, daß nach außen die koptischen Einflüsse fast völlig überdeckt werden.

Um die Lebensäußerungen der Ägypter, die der Besucher täglich, ja stündlich miterlebt und manchmal miterträgt, besser verstehen oder interpretieren zu können, ist eine wenigstens minimale Information über diese Religion unbedingt notwendig. Nehmen Sie sich daher Zeit, die folgenden Zeilen zu lesen oder, besser noch, sich über entsprechende Literatur etwas tiefer mit dieser Thematik zu befassen.

Die vom Propheten Mohammed verkündete streng monotheistische Religionslehre des Islam (arabisch *Hingabe*) ist im Koran festgehalten. Der Inhalt des Koran wurde Mohammed direkt von Allah mitgeteilt, z.T. auf seiner nächtlichen Himmelsreise, die er mit seinem Pferd Buraq von Jerusalem aus antrat. Elemente dieser Lehre basieren auf der Bibel, so betrachtet Mohammed auch Jesus, Moses und die anderen Propheten der Bibel als seine Vorgänger. Denn Allah, der Gott des Islam, ist nicht nur das arabische Wort für Gott, *Allah* ist grundsätzlich auch bedeutungsgleich mit dem jüdischen und christlichen Gott.

Wie auch in anderen Religionen glauben die Muslime an das Leben nach dem Tod, werden die Taten des Menschen nach dem Tode bewertet (allerdings erst beim Jüng-

2. Die Menschen und ihre Vergangenheit

sten Gericht), landen die Bösen unter furchtbaren Qualen in der Hölle, die Guten im Paradies. Jedoch verhält sich der Mensch prinzipiell nach Allahs Willen, er kann sein irdisches Wandeln nur bedingt entgegen Allahs Wunsch modifizieren. Daraus resultiert ein gewisser Fatalismus, dem wir Europäer häufig eher erstaunt oder gar fassungslos gegenüberstehen.

"Es gibt keinen Gott außer Allah, und Mohammed ist sein Prophet" (arabisch: "La illaha Allah wa Muhammadun rasulu Allah"), dieses Glaubensbekenntnis und Grunddogma ist einer der fünf Grundpfeiler des Islam. Täglich hören Sie es von den Minaretten der Moscheen schallen.

Ein weiterer Grundpfeiler ist die Pflicht der täglichen fünf Gebete: Bei Sonnenuntergang (Beginn des neuen Tages) erfolgt das erste Gebet, zwei Stunden nach Sonnenuntergang das zweite, in der Morgenröte das dritte, mittags das vierte und gegen drei Uhr nachmittags das fünfte.

Das Gebet muß rein, d.h. mit gewaschenen Füßen, Händen und Gesicht, barfuß und auf einer reinen Unterlage (Gebetsteppich) mit dem Kopf in Richtung Mekka erfolgen. Daher hat auch der Besucher einer Moschee entweder die Schuhe auszuziehen oder die häufig angebotenen Stoffüberschuhe anzulegen.

Einmal im Jahr hat der Muslim einen Fastenmonat einzuhalten, der im Mondmonat Ramadan liegt und 30 Tage dauert (ebenfalls einer der fünf Glaubens-Grundpfeiler). Von der ersten Dämmerung bis zum Sonnenuntergang darf weder gegessen noch getrunken noch geraucht oder sonstigen fleischlichen (sexuellen) Genüssen nachgegangen werden. Darüber hinaus sollen keine bösen Worte gesagt oder gedacht und Streit vermieden werden. Es ist erstaunlich und bewundernswert, mit welchem nahezu eisernen Durchhaltewillen tatsächlich die gesamte islamische Welt diesem Gebot folgt.

Für den Besucher kann der Monat Ramadan ein paar praktische Probleme mit sich bringen, da viele Restaurants tagsüber geschlossen und nach Sonnenuntergang total überfüllt sind. Wir selbst erlebten mehrfach die Ramadanzeit in Ägypten und fanden sie eigentlich attraktiv, vor allem in Kairo, wo das Leben nach Sonnenuntergang in eine zweite, sehr intensive Runde geht.

Wer die Gelegenheit hat, den Abend in der Gegend von Kairos Hussein-Moschee (Khan el Khalili Bazar) zu verbringen, wird von der brodelnden Lebensfreude förmlich mitgerissen. Wirkliche touristische Einschränkungen - wie wir sie aus anderen islamischen Ländern kennen - konnten wir kaum feststellen.

> **Von einem Drittel mehr Lebensmittelkonsum...**
> berichtet die Süddeutsche Zeitung im Januar 1997 zum beginnenden Ramadan: *"Geschlemmt wird zu Hause oder in Restaurants, in den speziell errichteten bunten Ramadan-Zelten auf der Straße oder an den "Tischen Gottes". Dort geben Politiker und Geschäftsleute Mahlzeiten an Arme aus. Bei der größten Speisung im Stadtteil Mohandissin sind es bis zu 10 000 täglich. Die Speisung gehört zu den islamischen Pflichten. Doch der Spender erhofft sich auch einen Werbeeffekt..."*

Als ein weiterer Glaubenspfeiler gilt die Almosenpflicht gegenüber Armen. Mit dieser "Armensteuer" reinigt sich der Besitzende vom Makel des Besitzes, für den Habenichts ist sie eine Art Rentenversicherung (siehe auch Seite 17). Weiterhin soll - als letzte der fünf grundlegenden Vorschriften - jeder Muslim einmal im Leben eine Pilgerfahrt (Haj) nach Mekka unternehmen. Sie zählt zu den Höhepunkten im muslimischen Leben; das gemeinsame Gebet mit vielen tausend anderen Pilgern vor der Kaaba in

Der Islam

Mekka ist ein tief prägendes und die Glaubensgemeinschaft bindendes Erlebnis.

Häufig zeigt der Pilger mit einem Gemälde an seiner Hauswand, auf dem bevorzugt die benutzten Verkehrsmittel dargestellt werden, seine erfolgreiche Reise der geschätzten Mitwelt an.

Zu den weiteren Vorschriften des Koran zählt die Beschneidung der Knaben. Diese, meist mit einem großen Fest verbundene Zeremonie findet heute meist kurz nach der Geburt statt.

Strenge, den klimatischen Verhältnissen angepaßte Verbote herrschen auch bei Tisch: Es gibt keinen Alkohol oder andere berauschende Getränke; der Verzehr von Schweinefleisch wie das Fleisch fleischfressender Säugetiere sind verboten.

Im Islam ist die bildliche Darstellung besonders von Menschen verpönt, weil sich Mohammed in dieser Richtung äußerte (seine Äußerungen - keine ausdrücklichen Verbote - waren gegen den Götzendienst als gegen figürliche Malerei gerichtet). Daher scheuen auch heute noch strenge Muslime vor Kameras zurück.

Doch dieses "Verbot" hatte extreme Auswirkungen auf die Kunst: Es führte zu der reichen Flächenornamentik des Islam. Die antike Blattranke wurde zur Arabeske stilisiert, einem fortlaufenden Rankenmuster aus Stengel, Blatt und Blüte. Darüber hinaus entstand die arabische Schriftkunst, die Kalligraphie, die in keiner anderen Kultur ihresgleichen findet.

Auch in Ägypten hat in den letzten Jahren eine Renaissance des Islam eingesetzt, die mehr und mehr das öffentliche Leben durchdringt. Als typisches Beispiel mag die Rückbesinnung auf die Sharia, das islamische, gottgegebene Recht gelten. Hatte Nasser die Rechtsprechung noch sehr an demokratischen Vorbildern orientiert, so kehrt sie jetzt schrittweise zur orthodoxen Richtung zurück.

Die islamischen Fundamentalisten, vor allem durch ein fast subversives Netz der (bislang verbotenen) Muslimbrüderschaft sehr einflußreich vertreten, gewinnen an Boden im öffentlichen Bewußtsein. Sie widersetzen sich allen säkularen Bestrebungen und möchten den Staat voll in das religiöse Leben integrieren. Für sie gibt es keinen Widerspruch zwischen Islam und Staat, da die Religion das gesamte Leben und alle seine Äußerungen integriere. Auch die Sharia sei daher fundamental für die Zukunft des Staates, zumal etwa 80% der Gesetzgebung ohnehin den Ansprüchen des Islam genügen. Andererseits darf der Widerstand vieler Intellektueller und nicht zuletzt der Kopten gegen diese häufig intolerante Linie nicht übersehen werden.

Es sollte noch angemerkt werden, daß die Ägypter in überwiegender Mehrzahl der sunnitischen Glaubensrichtung angehören; die andere Richtung, die Schiiten, erlangten durch Khomeni und die Iraner Weltberühmheit.

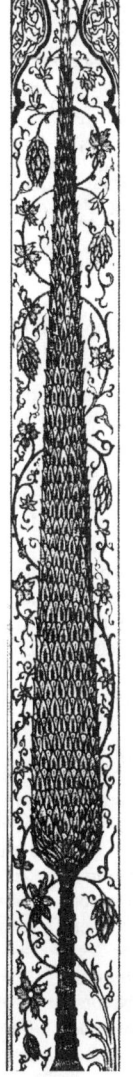

Nicht unwichtig für den Besucher des Landes ist der islamische Kalender, der auf dem Mondjahr basiert. Da es elf Tage kürzer als das Sonnenjahr ist, beginnt das islamische Jahr jährlich jeweils elf Tage früher, d.h. daß sich z.B. der Fastenmonat Ramadan und auch sämtliche Festtage gegenüber unserem Kalenderjahr ständig verschieben.

Die Monate werden wie folgt bezeichnet (in Klammern die Anzahl der Tage): Moharam (30), Safar (29), Rabei el Awal (30), Rabei el Tani (29), Gamad el Awal (30), Gamad el Tani (29), Ragab (30), Shaaban (29), Ramadan (30), Shawal (29), Zoul Qidah (30), Zoul Hagga (29). Die Anzahl der Tage kann variieren, da sie von der Sichtbarkeit des Neumondes abhängt. Die aktuellen Daten finden Sie auf Seite 32.

Die Kopten und andere Christen

Der Apostel Markus brachte das Christentum nach Ägypten, 68 nC starb er in Alexandria den Märtyrertod. Auf ihn beziehen sich die heutigen Patriarchen (Päpste) der koptischen Kirche, der gegenwärtige Patriarch, Shenuda III, ist der 117. Nachfolger.

Alexandria entwickelte sich schnell zu einem christlichen Zentrum, die neue Lehre verbreitete sich über das ganze Land. Es konnte daher nicht ausbleiben, daß die alten Machthaber mit Neid den neuen Einfluß beobachteten und zu begrenzen oder zu vernichten trachteten. Am eifrigsten tat sich Kaiser Diocletian hervor, der angeblich 800 000 Christen ermorden ließ. Die Zeitrechnung der Kopten geht in Erinnerung daran - *anno martyrii* - auf die Thronbesteigung Diocletians im Jahre 284 nC zurück.

Doch das nächste Unglück der Kopten ließ nicht lange auf sich warten. Auf dem Konzil von Chalkedon 451 nC konnte man sich nicht über die Natur Christi einigen, die ägyptische Kirche unterlag mit ihrer Ansicht der monophysitischen Lehre von *der einen Natur Gottes, die Fleisch angenommen hat*, während Byzanz von den zwei Naturen sprach. Mit dem Konzil und dem Bruch begann die eigentliche Geschichte der Kopten und sehr bald eine neue Unterdrückung - durch die Glaubensbrüder in Byzanz. Die gnadenlose Ausbeutung der ägyptischen Provinz und ihrer abtrünnigen Christen wurde so schlimm, daß die Kopten die muslimische Eroberung 639 nC zunächst als Befreiung empfanden.

Erstaunlicherweise ließen die islamischen Herrscher der koptischen Landbevölkerung über viele Jahrhunderte relative religiöse Freiheit. Die Klöster erlebten ihre Blüte gerade in den ersten islamischen Jahrhunderten. Schließlich griff 1005 El Hakim streng durch, alle koptischen Kirchen Ägyptens wurden zerstört und ihre Anhänger unterdrückt.

Aus der ursprünglichen Majorität wurde eine häufig geächtete und gedemütigte Minorität. Dennoch konnte sich diese Minorität über die Jahrhunderte hinweg behaupten. Erst unter Mohammed Ali gewannen die Kopten im 19. Jhd mehr persönliche und religiöse Bewegungsfreiheit. Offiziell sind sie - die Zahlenangaben schwanken je nach Standpunkt zwischen 6 und 10 Millionen - heute gleichberechtigt, zumindest genießen sie Freiheiten wie selten zuvor in ihrer langen Geschichte.

Die Kopten und andere Christen

Allerdings gab es Ende der 70er Jahre Schwierigkeiten, die aus den Spannungen zwischen Kopten und islamischen Fundamentalisten herrührten. Einige Kirchen wurden angezündet, Bombenattentate beunruhigten die koptische Bevölkerung. Präsident Sadat ließ 3000 Unruhestifter beider Seiten verhaften, den Patriarchen Shenuda III stellte er unter Hausarrest im Kloster *Der Amba Bishoi* im Wadi Natrun. Anfang 1985 wurde der Patriarch von Präsident Mubarak rehabilitiert.

Dem Besucher aus dem religiös doch sehr nüchternen Europa fällt die Aktivität der Gemeindemitglieder auf. Beobachten Sie einmal die Pilgerscharen, die sich an einem ganz normalen Wochenende zu einem Kloster auf den Weg machen. Ihre Bereitschaft zu dienen und zu opfern ist bewundernswert; nicht zuletzt trug sie zum Aufblühen der Klöster erheblich bei. Aber auch im täglichen Leben betätigen sich die Kirchenmitglieder sehr aktiv, vor allem im sozialen Bereich.

Die Kopten dokumentieren ihren Glauben auch nach außen durch ein kleines Kreuz, das bereits den Kindern im 4. oder 5. Lebensjahr auf das innere rechte Handgelenk oder zwischen Daumen und Zeigefinger tätowiert wird.

Ein wichtiges Wort ist über die Klöster zu sagen, denn dort kommt der Tourist am häufigsten in Kontakt mit dieser alten christlichen Religionsgemeinschaft. Bereits sehr früh zogen sich fromme Männer zur Askese in die Einsamkeit der Wüste zurück, Schüler schlossen sich ihnen an. Da die entstehenden Gebäude auch nahezu ständigen räuberischen Überfällen ausgesetzt waren, wurden bald hohe Schutzwälle errichtet. Innerhalb der Mauern entstanden - als das typische Kloster-"Ensemble" - Basiliken, Wohn- und Wirtschaftsgebäude, ein Fluchtturm mit Kapellen als letzte Rückzugsmöglichkeit und der überlebenswichtige Brunnen.

Das Mönchstum hat in den letzten Jahren großen Aufschwung genommen. Bei einigen Klöstern werden Wartelisten für die Aufnahme geführt, generell müssen sich die künftigen Novizen im täglichen Leben bewähren, d.h. einen Beruf ausgeübt haben, viele sind Akademiker. Die Mönche leben im Zölibat, dagegen sind die Pfarrer der Gemeinden verheiratet.

Auch die Kopten halten Fastenzeiten ein. Generell jeweils mittwochs und freitags, aber auch lange Zeiten wie das *Große Fasten* 55 Tage lang vor Ostern, das *Kleine Fasten* mit 43 Tagen vor Weihnachten am 7. 1., 15 bis 35 Tage zu Maria Himmelfahrt am 22. 8. und ein bis drei Tage zum Fest Christi Taufe am 19.1.; insgesamt kommen die Kopten auf etwa 250 Fastentage jährlich.

Das Fasten beginnt um Mitternacht und endet in der neunten Gebetsstunde um 15 Uhr, Strenggläubige halten bis nach Sonnenuntergang durch. Während der meisten Fastenzeiten darf kein Fleisch, sondern nur Fisch gegessen werden.

Die größte und repräsentativste Kirche der Kopten ist die St. Markus Kathedrale in Kairo im Stadtteil Abbasiya, die bei ihrer Einweihung 1986 die aus Venedig zurückgeführten Gebeine des hl. Markus aufnahm (siehe auch Seite 129).

Auch in der Kunst haben die Kopten eigene Formen vor allem der menschlichen Darstellung entwickelt. Die koptische Schrift entstammt dem Griechischen, wurde aber um acht zusätzliche Buchstaben erweitert, um die altägyptische Sprache zu beschreiben. Heute hat sich als Alltagssprache Arabisch in Wort und Schrift durchgesetzt, die eigene Sprache - also die auf pharaonische Ursprünge zurückgehende - dient nur noch der Liturgie.

Neben den Kopten sind fast alle christliche Religionsgemeinschaften in Ägypten vertreten. Stärkste Gruppe dürfte die griechisch-orthodoxe Kirche sein mit einem Patriarchat in Alexandria und dem weltbe-

2. Die Menschen und ihre Vergangenheit

kannten Katharinen-Kloster auf dem Sinai. Aber auch die Kopten haben sich aufgespalten. So gibt es etwa 300 000 protestantische Kopten, die aus der Missionsarbeit der amerikanischen United Presbyterian Church of North America hervorgingen. Bekanntestes Zeichen ihrer Existenz ist die Amerikanische Universität in Kairo (siehe Seite 126).

Die koptische Kirche ist auch im Ausland vertreten. Koptische Gemeinden existieren in verschiedenen größeren Städten der Bundesrepublik. Ein koptisches Zentrum ist das St. Antonius-Kloster in Kröffelbach im Taunus (Hauptstr. 10, 35647 Waldsolms), dort weihte Patriarch Shenuda III im November 1990 die St. Antonius-Kirche ein.

2.3 Die längste Vergangenheit der Welt

Im Eilgang durch die Geschichte

Weltmacht am Nil

Die Rekonstruktion der Geschichte der Pharaonenreiche gelang den Historikern anhand unzähliger Inschriften und Papyrii. Doch es gibt auch Augenzeugen der ausgehenden pharaonischen Kultur, die ihre Eindrücke beschrieben. Der fleißigste und bekannteste ist der Grieche Herodot. Er prägte zunächst das europäische Bild der alten Ägypter. Neben vielen historischen Beschreibungen berichtet er auch über das tägliche Leben, z.B. darüber, daß die Männer Lasten auf dem Kopf, Frauen auf den Schultern tragen, Frauen stehend, Männer sitzend urinieren, der Abort im Gegensatz zu anderen Ländern im Hause und nicht draußen sei, wohingegen das Essen draußen eingenommen werde. Denn alles, was häßlich sei, würde im Verborgenen getan. Während andere Völker getrennt von ihren Tieren leben, hielten die Ägypter ihre Tiere sozusagen in ihrer Wohnstube...

Doch nun zur Geschichte des Niltals, die sehr weit zurückgeht. Belgische Archäologen entdeckten in den 80er Jahren das bisher älteste Bergwerk der Welt in der Nähe von Assiut. In einem Wadi fanden sie etwa 1,50 m tiefe Schächte, in denen ganz offensichtlich Feuerstein abgebaut worden war. Da die Bergwerker Licht brauchten, mußten sie Feuer unterhalten. Aus den vorgefundenen Kohleresten ließ sich bestimmen, daß vor rund 33 000 Jahren an dieser Stelle gearbeitet worden war.

Demgegenüber scheint die bekannte Vergangenheit des Niltals als kurz. Dennoch können die Ägypter als einziges Volk der Erde auf eine kontinuierliche Geschichte von stolzen 5000 Jahren zurückblicken; das sind, anders ausgedrückt, gute 150 Generationen. Doch auch diese Zahl ist so abstrakt, daß sie nur schwer eine wirkliche Wertvorstellung vermitteln kann.

Vielleicht eine andere Argumentation: Die Blütezeit der Pharaonenreiche umfaßte eine Zeitspanne von rund 2000 Jahren; das entspricht der Zeitspanne vom Beginn unserer Zeitrechnung bis heute - und sie war bereits 1000 vC beendet. Zu dieser Zeit bestand die Weltkarte hauptsächlich aus weißen Flächen, Mitteleuropa lag noch im Dunkel der Geschichte. Erst knapp 1000 Jahre nach dem Niedergang der Hochkultur im Neuen Reich (NR) tauchten fellbehangene Germanen in der geschichtlichen Chronologie auf (deren - politisch unbedeutende - Existenz sich allerdings weiter zurückverfolgen läßt).

Doch nun zur historischen Entwicklung selbst. Das Niltal bot wie kaum ein anderer

Die Göttin Nut verschluckt allabendlich die Sonne, um sie morgens wieder zu gebären

2. Die Menschen und ihre Vergangenheit

Platz auf der Erde ideale Voraussetzungen für das Entstehen sozialer Gemeinschaften: Es ist durch die beiderseitigen Wüsten hervorragend geschützt, der Nil sorgte mit seinen regelmäßigen Überschwemmungen für eine unerschöpfliche Fruchtbarkeit des Bodens, zusätzlich liegt er als idealer Transportweg vor der Tür.

Hinzu kam, daß die Nilüberschwemmungen die Anwohner zur Zusammenarbeit herausforderten. Je besser man sich organisierte, um so günstigere Ergebnisse ließen sich in der Feldbestellung und Ernte erzielen. Bereits in der Vorgeschichte (5000 - 3000 vC) entwickelten sich dörfliche Gemeinschaften, dann größere Verbände und schließlich Königreiche. Gegen 3000 vC vereinigte Pharao Menes das oberägyptische mit dem unterägyptischen Reich, eine Tat von großer historischer Tragweite, die immer wieder in der späteren Geschichte durch die Doppelkrone von Unter- und Oberägypten bzw. durch das Umschlingen der Wappenpflanzen Papyrus und Lilie dargestellt wird.

Die Epoche der Pharaonenzeit wird in Dynastien, also Herrschaftsgeschlechter, eingeteilt. Da die Dynastien von sehr unterschiedlicher Dauer waren, muß man die Folge mühselig erlernen. Andererseits ist sie allgemein üblich, sie muß daher auch hier verwendet werden.

In der von Pharao Menes eingeleiteten sog. **Frühzeit** findet eine sprunghafte Entwicklung statt. Die Erfindung der Schrift macht die staatliche Organisation großer Räume dadurch möglich, daß Anordnungen über weite Entfernungen hin erteilt und die Ergebnisse kontrolliert und festgehalten werden können.

Mit der 3. Dynastie beginnt das sog. **Alte Reich (AR)**, das von 2670 - 2195 vC dauert. Für uns Besucher dokumentiert sich diese Zeit als die der großen Pyramidenbauer, beginnend mit Pharao Djoser in Sakkara (3. Dynastie) und ihren Höhepunkt findend mit den Pyramiden von Giseh (Cheops, Chephren, Mykerinos; 4. Dynastie).

Neben diesen baulichen Großtaten blühen Kunst und auch Literatur auf. In der Religion tritt insofern ein Wandel ein, als der Pharao bis dahin selbst ein lebender Gott war, nun aber Horus wird, d.h. als Sohn eines Gottes zu interpretieren ist. Schließlich zerfällt das AR durch innere Unruhen, die durch das Machtstreben der Gaufürsten ausgelöst werden. Während der sog. **Ersten Zwischenzeit** halten politische Wirren Ägypten in Atem.

Mentuhotep, ein Gaufürst aus Theben, stabilisiert gegen Ende der Ersten Zwischenzeit das Land und leitet die Epoche des **Mittleren Reiches (MR)** ein. Wieder herrscht eine straffe Zentralgewalt, die eine neue Blütezeit vom hohem Niveau einleitet. Interessante Bilder aus dieser Epoche finden Sie in den Gräbern von Beni Hassan. Als wichtige Erweiterung des Fruchtlandes fällt die Urbarmachung des Fayum in die Zeit des MR. Das MR geht u.a. deswegen zu Ende, weil die Ägypter die Erfindung des Rades verschlafen. 1650 vC unterwerfen Kampfwagen fahrende Fremde, die Hyksos, das Land und leiten damit die **Zweite Zwischenzeit** ein. Erst 1550 vC gelingt es Ahmose, die Hyksos zu vertreiben und so das **Neue Reich (NR)** zu begründen.

Die glanzvollste Epoche Altägyptens ist eingeleitet. Die politische Landkarte der bekannten Welt wird durch die Eroberungen Nubiens bis zum 4. Katarakt und Vorderasiens bis zum Euphrat nachhaltig verändert. Theben ist Haupt- und Weltstadt zugleich, der Tempel von Karnak entsteht in all seinem Glanz; Kunst und Kultur blühen, Ägypten ist die Weltmacht schlechthin. Pharao Amenophis IV, der sich in Echnaton umbenennt, versucht, das ägyptische Götterpantheon auf einen einzigen Gott, den Sonnengott Aton, zu reduzieren. Doch nach seinem Tod erstehen die alten Götter wieder

Im Eilgang durch die Geschichte

auf, die Nachfolger Echnatons tilgen nahezu alle seine Spuren.

Unter den Pharaonen der 19. Dynastie entstehen großartige Tempelbauwerke. Ramses II setzt sich als größter Bauherr in ganz Ägypten Denkmäler (u. a. Abu Simbel, Luxor, Ramesseum, Abydos). Doch auch das NR büßt an Kraft und Macht ein. Nach einer dritten Zwischenzeit beginnt 775 mit der 25. Dynastie die Spätzeit, die den stetigen Verfall des glanzvollen Altägypten einläutet.

Ägypten unter Fremdherrschaft

Die **Spätzeit** ist vor allem auch durch die Herrschaft von Pharaonen fremder Herkunft gezeichnet, so von Libyern, Äthiopiern, Assyrern und schließlich von Persern. Zwar übernehmen kurzeitig auch einheimische Könige den Thron, aber die Macht Ägyptens ist gebrochen.

332 vC fällt das Land Alexander dem Großen kampflos in die Hände. Nach seinem Tod übernehmen 323 vC die **Ptolemäer** die Herrschaft, die sich als Pharaonen installieren und die alten Sitten und Religion achten, dennoch als Griechen herrschen. Aber sie verhelfen Ägypten zu einer nochmaligen Blütezeit, ihr Staat gilt als einer der mächtigsten der Welt.

Alexandria ist Hauptstadt und Anziehungspunkt für Kunst und Wissenschaft. In Oberägypten können Sie noch heute Bauwerke dieser Epoche bewundern, z. B. Philae, Kom Ombo, Edfu, Dendera. Der Römer Oktavian erobert 30 vC Ägypten und leitet als Augustus die **römische Epoche** ein.

Auch die Römer spielen ihre Rolle als Pharaonen, aber nicht mehr mit dem Verantwortungsbewußtsein der Ptolemäer. Für sie ist Ägypten die Kornkammer des Römischen Reiches, die Menschen gehören zum Inventar und können keine Bürgerrechte erwerben. Die Christianisierung des Römischen Reiches greift auch auf Ägypten über. Während der Christenverfolgung retten sich viele Gläubige in die Wüste, dort entstehen die ersten Klöster.

Ägypten wird eine der wichtigsten Säulen für den neuen Glauben, es trägt wesentlich zu seinem Überleben bei. Mit der Teilung des Römischen Reiches fällt Ägypten an Byzanz, das den Staat am Nil hemmungslos ausbeutet.

639 nC tauchen die islamischen Eroberungsheere der Araber auf und nehmen wenig später Ägypten unter die Fahne des Propheten. Der Islam wird Staatsreligion, die arabische Sprache Landessprache, alles Alte wird hinweggefegt. Aus dem Zeltlager der Eroberer, El Fustat, entwickelt sich sehr schnell eine Metropole, die heute Kairo heißt.

Ägypten bleibt für viele Jahrhunderte eine Provinz des Kalifenreiches, das von Damaskus, später von Bagdad aus regiert wird. Dennoch verstehen die Ägypter, sich auch unter der neuerlichen Fremdherrschaft eine gebührende Stellung zu verschaffen. Mit Gründung der El Azhar Universität - der ersten Universität der Welt - wird Kairo das religiös-intellektuelle Zentrum des Islam.

Die Geschichte der **islamischen Epoche** liest sich wie ein spannender Roman, der auf der einen Seite von Intrigen, Mord und Totschlag nur so strotzt, auf der anderen Seite in orientalischer Pracht von TausendundeinerNacht schwelgt. Allerdings sollte man nicht vergessen, daß, wer auch immer das Land regiert, seine Pracht auf Kosten der Bevölkerung entfaltet, zumeist der Landbevölkerung. So entstehen alle bedeutenden Bauwerke in Kairo, die Provinzen gehen fast leer aus.

Omaijaden, Abbassiden, Tuluniden und Ichschididen regieren in Bagdad und halten Ägypten als Provinz. Die Fatimiden, Eroberer aus dem Maghreb, machen Kairo zur Hauptstadt, werden 200 Jahre später von den Aijubiden verdrängt, die Ägypten wieder an Bagdad anschließen. Ihnen folgen

2. Die Menschen und ihre Vergangenheit

die Mamluken und schließlich ab 1517 die Osmanen, die Ägypten zu einer Randprovinz des osmanischen Reiches degradieren.

Ägypten tritt aus dem Schatten der Osmanen

1798 landet Napoleon in Ägypten, weniger um das Land zu erobern, als um Englands Mittelmeerhandel zu lähmen. Die Franzosen beenden vorläufig die über 250jährige Herrschaft der Osmanen. Allerdings können sie sich, nicht zuletzt wegen des Eingreifens der Engländer unter Nelson, nur drei Jahre halten.

Das neuerliche Machtvakuum macht sich ein analphabetischer albanischer Söldner namens Mohammed Ali (1805 - 1848) zunutze, der sich durchaus brutal zum Regenten aufschwingt: Während eines als Versöhnung deklarierten Festmahles in der Zitadelle von Kairo läßt er kaltblütig die 480 geladenen Gäste - praktisch die gesamte Führungsschicht der Mamluken - ermorden. Aber Mohammed Ali reformiert den Staat, er legt den Grundstein für ein modernes Ägypten. Er holt europäische Experten ins Land und läßt die Landwirtschaft, vor allem den Baumwollanbau, reorganisieren, den Nil mit ersten Staudämmen regulieren, eine erste Industrialisierungsphase einleiten und eine schlagkräftige Armee aufbauen.

Seine Nachfolger Abbas und Mohammed Said führen das Werk der Modernisierung fort. Unter Said wird 1859 mit dem Bau des Suezkanals begonnen, den Mohammed Alis Enkel Ismail vollendet. Daneben entstehen Bewässerungsanlagen, Eisenbahnen, Zuckerraffinerien und, als ganz wichtige Investition in die Zukunft, über 4000 Schulen.

Ägypten kann diese Ausgaben nicht allein finanzieren, infolge der hohen Verschuldung muß Ismail 1875 die ägyptischen Suezkanalaktien verkaufen und unter dem Druck der internationalen Finanzverwaltung 1879 zugunsten seines Sohnes Taufik abdanken. 1882 nehmen die Engländer nationalistische Unruhen ("Ägypten den Ägyptern!") als Anlaß, zum Schutz ihrer Interessen und des 1869 eröffneten Suezkanals so starken Einfluß auszuüben, daß Ägypten unter nahezu vollständige Kontrolle der Briten gerät. Von 1893 bis 1914 regiert praktisch der englische Generalkonsul Lord Comer Ägypten, der Khedive Abbas II Hilmi ist mehr oder weniger Marionette. Comers Modernisierungsbemühungen wie auch der Bau des ersten Assuandammes sind wesentlich darauf ausgerichtet, Englands Textilindustrie mit der hervorragenden Baumwolle Ägyptens zu versorgen. 1914 wird diese Abhängigkeit "legalisiert", London erklärt Ägypten zum Protektorat und unterstellt den Suezkanal seiner direkten Kontrolle.

1917 setzen die Engländer Abbas II Hilmi wegen seiner Sympathien für die britischen Feinde ab und proklamieren dessen Onkel Hussein Kamil zum ersten, von der Hohen Pforte unabhängigen Sultan Ägyptens. 1919 brechen landesweite Unruhen mit Saad Zaghlul als Anführer (und späterem Führer der Wafd-Partei) aus, deren Folgen England schließlich 1922 dazu bewegen, sich formal zurückzuziehen und Hussein Kamil unter dem Namen Fuad I zum König einer konstitutionellen Monarchie Ägyptens auszurufen.

Bei den ersten Parlamentswahlen siegt die Wafd-Partei überwältigend. Auch als der charismatische Führer Saad Zaghlul 1927 stirbt, behält die Partei ihren Einfluß. 1936 kommt der junge Sohn von Fuad I, Faruk, auf den Thron. Die Engländer räumen Ägypten mehr Autonomie ein und ziehen sich militärisch auf die Suezkanalzone zurück. Doch im Zweiten Weltkrieg wird Ägypten - trotz langer offizieller Neutralität - wieder von den Briten in die Pflicht genommen.

Ägypten nach dem Zweiten Weltkrieg

1948 versagt Ägypten im ersten Krieg gegen Israel. "Freie Offiziere" formieren sich unter General Nagib und jagen König Faruk in einer unblutigen Revolution am 23. Juli aus dem Land. Der entscheidende Schritt zur unabhängigen Republik ist getan - von vielen Beobachtern als die erste, wirklich ägyptische Selbstverwaltung seit dem Ende des pharaonischen Neuen Reiches gefeiert.

In den Folgemonaten werden nahezu alle politischen Institutionen aufgehoben, das Land zur Republik proklamiert und eine Landreform durchgesetzt. 1954 tritt der eigentliche Anführer der Revolution, General Nasser, in den Vordergrund, stürzt Nagib und übernimmt alle Ämter. Auf der ersten Konferenz der Blockfreien 1955 in Bandung macht sich der wortgewaltige Nasser zum Sprecher der arabischen Sache und wettert gegen Kolonialismus und Imperialismus.

Als 1956 die letzten englischen Besatzungstruppen die Suezkanal-Zone verlassen haben, und die Amerikaner die Finanzierung des geplanten Assuan-Hochdammes wegen Nassers neuer Politik verweigern, verstaatlicht Nasser den Suezkanal. Engländer, Franzosen und Israelis versuchen, durch militärische Intervention einzuschreiten, doch ein Veto des UNO-Sicherheitsrates stoppt den Krieg. Nasser wendet sich der Sowjetunion zu, sie übernimmt die Finanzierung des Assuan-Hochdammes und beginnt 1960 mit dessen Bau (1971 fertiggestellt). Darüber hinaus avancieren die Sowjets zum Hauptwaffenlieferant und wichtigsten Finanzier Ägyptens, eine neue Abhängigkeit scheint sich anzubahnen.

Nasser träumt von einer panarabischen Union und gründet 1958 als ersten Schritt mit Syrien die Vereinigte Arabische Republik (VAR). Die starken sozialistischen Einflüsse wie Verstaatlichung der Banken und aller größeren Industrien führen 1961 zum Bruch der VAR, weil eine innersyrische Opposition gegen diese Tendenzen revolutioniert. In Ägypten entwickelt Nasser seine arabisch-sozialistischen Vorstellungen weiter, seine Partei Nationale Union wird in die Arabische Sozialistische Union (ASU) umfunktioniert.

1967 sperrt Nasser die Straße von Tiran und damit den Zugang zum Golf von Aqaba, d.h. zum israelischen Hafen Elat. Im darauffolgenden Sechs-Tage-Krieg dringen die Israelis über den Sinai bis zum Suezkanal vor und schlagen die Ägypter. Unter dem Schock der vernichtenden Niederlage will Nasser zurücktreten, wird aber durch spontane Demonstrationen von der überwältigenden Mehrheit des Volkes zum Weitermachen aufgefordert. Er bleibt in seinen Ämtern.

Seit 1967 ist der Suezkanal Demarkationslinie und damit für die Schiffahrt blokkiert. 1970 stirbt Nasser unerwartet, Anwar el-Sadat tritt an seine Stelle. In einer Art Staatsstreich säubert Sadat 1971 die politische Führung von allzu linkslastigen "Nasseristen", erläßt eine neue Verfassung und benennt das Land in *Arabische Republik Ägypten* um. 1972 schickt er 17 000 sowjetische Militärberater nach Hause und knüpft wieder stärkere Fäden zum Westen.

Unbemerkt von der Weltöffentlichkeit und ihren Nachrichtendiensten bereitet Sadat zusammen mit dem syrischen Präsidenten Assad einen Schlag gegen Israel vor, das sich trotz aller diplomatischen Interventionen weigert, das Ostufer des Suezkanals aufzugeben. Sadat hat Erfolg: Im Oktober-Krieg von 1973 überwindet Ägypten die gewaltigen Sperranlagen am Suezkanal und kann einen Teil des Sinai zurückerobern. Der Suezkanal kann von gesunkenen Schiffen geräumt, erweitert und 1975 wiedereröffnet werden.

Bereits 1974 kündigt Sadat eine Öffnung der Wirtschaft durch Liberalisierung an, um ausländische Investoren anzulocken. 1975

2. Die Menschen und ihre Vergangenheit

folgt die politische Liberalisierung, indem größere Presse- und Meinungsfreiheit zugelassen wird. 1976 finden die ersten freien Wahlen seit der Revolution statt, in denen die von Nasser gegründete ASU als eine Art Sammelbecken wirkt. Nach der 1978 erfolgten Gründung der Nationaldemokratischen Partei (NPD) durch Sadat geht die ASU an Mitgliederschwund ein.

Geschichts-Tabelle

Viele Jahrtausende ereignisreicher Geschichte sind auf den ersten Blick verwirrend. Zur hoffentlich besseren Übersicht haben wir in der folgenden tabellarischen Zusammenfassung mehr als 6000 Jahre ägyptischer Historie zusammengedrängt.

VORGESCHICHTE
4300 - 3600
Negade I-Kultur, in Oberägypten mit Verbindung zu Nubien und den Oasen.

3600 - 3200
Negade II-Kultur, von Oberägypten auf das Nildelta übergreifend; Beziehungen zu Vorderasien und Mesopotamien.

FRÜHGESCHICHTE
Um 3150 Zusammenschluß verschiedener Stammesgebiete in Ober- und Unterägypten zu größeren politischen Einheiten. Entstehung des Gesamtstaates Ägypten südlich von Edfu bis ans Mittelmeer. Entwicklung der Schrift. Gründung der Hauptstadt Memphis.

Um 3100 *1. DYNASTIE*
Ausbau des Staatswesens mit differenzierter Verwaltung um die Zentralfigur des Pharao. Einheitliche Kunst, Schrift, Religion im gesamten Land.

2820 - 2670 *2. DYNASTIE*
Letzte innenpolitische Unruhen werden beigelegt. Königs- und Beamtengräber in Sakkara.

ALTES REICH
2670 - 2600 *3. DYNASTIE*
Explosionsartiger Aufschwung der Kultur: Stufenpyramide des Königs Djoser in Sakkara als ältester Monumentalbau. Expansion nach Osten (Sinai), Westen (Libyen) und Süden (Nubien).

2600 - 2475 *4. DYNASTIE*
Pyramidenzeit. Vollendung des Ausbaus des zentralistischen Staates. Nubien wird ägyptische Kolonie. Entwicklung der klassischen Pyramide als Königsgrab (Cheops-, Chephren- und Mykerinos-Pyramiden in Giseh). Beamtenfriedhöfe um die Pyramiden.

2475 - 2345 *5. DYNASTIE*
Reichskult des Sonnengottes Re. Neben den Pyramiden von Sakkara (Userkaf) und Abusir die Sonnenheiligtümer in Abou Gurob für den Kult von König und Re. Politische und wirtschaftliche Verselbständigung der Beamtenschaft.

2345 - 2195 *6. DYNASTIE*
Auflösung der Zentralregierung; Autarkiebestrebungen der Gaufürsten in Mittel- und Oberägypten; außenpolitischer Rückzug Ägyptens aus Nubien und Vorderasien.

ERSTE ZWISCHENZEIT
2195 - 2160 *8. DYNASTIE*
Kurzlebige gesamtägyptische Regierungen.

2160 - 2040 *9./10. DYNASTIE*
Auf Mittel- und Unterägypten mit Hauptstadt Herakleopolis begrenzt. Oberägypten unter thebanischen Fürsten unabhängig.

2160 - 1994 *11. DYNASTIE*
Herrscht in Oberägypten. Wiedervereinigung Ägyptens durch die Gaufürsten von Theben. Militärische Unterwerfung von Herakleopolis (um 2040).

Geschichts-Tabelle

MITTLERES REICH
1994 - 1781 *12. DYNASTIE*
Ägypten wird zur Großmacht im Ostmittelmeerraum. Residenz wieder in Memphis; Theben bleibt religiöses Zentrum. Nubien und Libyen werden Teil des Reiches; mit Vorderasien enge Handelsbeziehungen. Die Großoase Fayum wird erschlossen. Gaufürsten und hohe Beamte sind relativ selbständig.

1781 - 1650 *13. DYNASTIE*
Zahlreiche Könige mit kurzer Regierungszeit. Außenpolitischer Machtschwund, Einsickern vorderasiatischer Elemente im Delta, Kleinkönige der 14. DYNASTIE und Zerfall der Einheit.

ZWEITE ZWISCHENZEIT
1650 - 1540 *15./16. DYNASTIE*
Hyksoszeit. Die Vorderasiatischen Hyksos übernehmen die Herrschaft über Unter- und Mittelägypten. Verfall von Kunst und Kultur. Oberägypten bleibt unter der lokalen 17. DYNASTIE weitgehend unabhängig.

NEUES REICH
1550 - 1291 *18. DYNASTIE*
Der Thebaner Ahmose vertreibt die Hyksos (um 1544) und vollzieht die Wiedervereinigung. Wiederherstellung der Vormachtstellung Ägyptens: Unterwerfung Nubiens, Intensivierung der Kontakte zu Syrien, das zunehmend in die Abhängigkeit Ägyptens gerät.

Der Amun-Tempel in Karnak wird unter Hatschepsut und Tuthmosis III (1479-1425) zum religions- und wirtschaftspolitischen Zentrum des Reiches und zur Sammelstelle der Tribute aus der ganzen damals bekannten Welt von Punt (Somalia) bis Nordmesopotamien.

Tuthmosis III unterwirft Vorderasien bis zum Libanon. Die Innenpolitik liegt in Händen einer selbstbewußten Beamtenschaft, gegenüber der sich der König als Realpolitiker und Person behaupten muß.

Die Individualisierung der Politik und Kultur unter Amenophis III (1387-1350) gipfelt in der *Revolution von Amarna* unter Amenophis IV - Echnaton (1350-1333) und seiner Gemahlin Nofretete. Bruch mit religiöser, künstlerischer und politischer Tradition, Einführung der monotheistischen Aton-Religion, Aufgabe der Residenzen Memphis und Theben, Gründung von Achetaton (Amarna) als auptstadt.

Frühzeitiges Ende der *Revolution von oben* und unter Tutanchamun (1333- 1323) Rückkehr zu den alten Verhältnissen. Ende der Dynastie unter den *Soldatenkönigen* Eje und Haremhab.

1291 - 1185 *19. DYNASTIE*
Wiederherstellung der in der Amarna-Zeit verlorenen Hegemonie Ägyptens im Vorderen Orient. Innenpolitisch wachsender Einfluß des Militärs. Residenz im Ostdelta. Ramses II (1279-1212) bannt durch Verträge die Hethitergefahr, Merenptah kann sich gegen die Libyer behaupten. Einsickern von Ausländern in Heer und Verwaltung und wachsende innenpolitische Kritik führen zu Thronstreitigkeiten am Ende der Dynastie.

1185 - 1075 *20. DYNASTIE*
Außenpolitische Bedrohung durch Seevölkereinfall, innere Krise und Zusammenbruch der Wirtschaft durch Streiks, Korruption und Kriminalität. Übernahme der Macht durch Militärdiktatoren.

DRITTE ZWISCHENZEIT
1075 - 945 *21. DYNASTIE*
Spaltung Ägyptens in ein Nord- (Hauptstadt Tanis) und ein Südreich mit Zentrum in Karnak (*Gottesstaat des Amun*). Verlust der ausländischen Kolonien.

945 - 718 *22. DYNASTIE*
Libysche Fürsten besteigen den Pharaonenthron; bewußte Pflege des nationalägyptischen Erbes. Letzter Versuch einer Vorherrschaft in Vorderasien. Neben-

2. Die Menschen und ihre Vergangenheit

linien (23./24. Dyn.) führen zum innenpolitischen Zusammenbruch.

SPÄTZEIT

775 - 653 25. DYNASTIE
Die kuschitischen Fürsten von Napata im Sudan erobern Ägypten (seit 745) und werden als Pharaonen anerkannt. Assyrische Einfälle drängen die Kuschiten in ihr Stammland zurück.

653 - 525 26. DYNASTIE
Saidenzeit. Das Fürstenhaus von Sais im Delta schüttelt die assyrische Oberhoheit ab. Es entsteht ein Gesamtreich, das noch einmal versucht, in bewußtem Rückgriff auf die Vergangenheit, Großmacht am Nil zu spielen, aber letztlich an Babylon scheitert.

525 - 404 27. DYNASTIE
Ägypten wird von Kambyses erobert und Teil des Perserreichs.

404 - 332 28.-31. DYNASTIE
Auf die durch ägyptische Aufstände (28. DYNASTIE) vertriebenen Perserkönige folgen die letzten nationalägyptischen Herrscher aus Mendes und Sebennytos im Delta. Nach der kurzen 2. Perserzeit (sog. 31. DYNASTIE) erobert **332** Alexander der Große Ägypten.

331 Gründung Alexandrias durch Alexander den Großen; Alexanders Krönung in Memphis. 323 Tod Alexanders des Großen.

PTOLEMÄERZEIT 330-30 vC
Ausstrahlung griechischer Kunst und Kultur von Alexandria auf das ganze Land. Später zunehmender Einfluß Roms im östlichen Mittelmeerraum; Stärkung der alten Landeshauptstadt Memphis durch Krönung der ptolemäischen Könige nach ägyptischem Ritus (ab 240). Vertreibung griechischer Gelehrter aus Alexandria (145/44), Verlust der Stellung als Kulturmetropole. Kleopatra VII (51-30): letzter Höhepunkt und Untergang der ptolemäischen Herrschaft in Ägypten.

Alexandrinischer Krieg (48/47), Bindung Kleopatras an Caesar, nach dessen Tod an Antonius. Schlacht bei Actium: Sieg Oktavians über Antonius und Kleopatra, die den Tod wählen; Einzug Oktavians in Alexandria (31/30).

RÖMERZEIT 30 vC - 640 nC
Ägypten unter römischer bzw. oströmischer Herrschaft. Aufstieg des Christentums in Ägypten (3.Jhd); Alexandria wird ein Zentrum christlicher Theologie; Entstehen der koptischen Kirche. Bei der Teilung des Römischen Reiches (395) fällt Ägypten an Byzanz.

639 Unter Amr erobern die Araber Ägypten.

ISLAMISCHE EPOCHE ab 640
646 Endgültige Unterwerfung Ägyptens durch den Kalifenstellvertreter Amr Ibn el As, Gründung von El Fustat, aus dem schließlich Kairo hervorgeht.

661 - 750 Omaijaden
Hauptstadt Damaskus, Landessprache arabisch.

750 - 870 Abbassiden
Gründung der Hauptstadt Bagdad; Handel und Kunst blühen während der Regierung von Harun el Rashid.

870 - 905 Tuluniden
Ibn Tulun, ein Türke, gründet Dynastie. Ibn-Tulun-Moschee, Kairo.

905 - 935 Abbassiden
Herrschaft der Kalifen von Bagdad.

935 - 969 Ichschididen
Der Statthalter Ichschid regiert.

969 - 1171 Fatimiden
Eroberer Nordafrikas (Maghreb) machen Kairo zur Hauptstadt ihres Reiches. Bau der El-Azhar-Moschee und Universität, der Hakim-Moschee, der Stadttore Bab el Futuh, Nasr und Zuwela.

1171-1250 Aijubiden
Saladin schließt Ägypten wieder dem Kalifat von Bagdad an. Stadtbefestigung, Bau der Zitadelle.

Geschichts-Tabelle

1250-1517 Mamluken
Beybar, Kommandant der Sklavenleibgarde, erringt die Macht und etabliert die Mamlukendynastie. Kalaun-Moschee, Mausoleum und Medersa, Sultan-Hassan-Moschee, Kait-Bey-Moschee, Mausoleum Sultan Barquq. Blüte von Kunst und Kultur.

1517-1798 Osmanen
Ägypten wird zu einer Randprovinz des osmanischen Reiches. Gouverneure sind meist Mamluken.

1798-1801 Französische Herrschaft
Ägypten kommt mit Europa in Verbindung, französische Wissenschaftler begründen die Ägyptologie.

1805 - 1848 Mohammed Ali
Nach anarchischer Periode erringt der albanische Truppenführer die Macht. Reorganisation des Staates, erste Staudämme, Alabaster-Moschee.

1848-1892 Moham. Alis Nachfolger:
Abbas I, Said, Ismail, Taufiq. Unter Said Beginn des Suezkanalbaus. Unter Ismail Fortführung der Modernisierung: Bau von Schulen, Bewässerungsanlagen, Eisenbahnen, Häfen, Zuckerraffinerien.

ENGLISCHES PROTEKTORAT
1892-1922
Zunächst bis 1914 nur indirekte englische Einflußnahme, danach offizielles Protektorat.

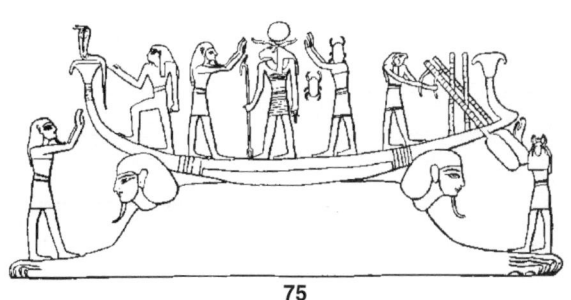

1922-1952 Von England abhängiges **Königreich** unter Fuad I und Faruk.

1952 Staatsstreich unter General **Nagib**, Gründung der unabhängigen Republik.

REPUBLIK
1954 General **Nasser** setzt Nagib ab.

1956 Die letzten englischen Truppen verlassen Ägypten. Verstaatlichung der Suezkanalgesellschaft, daraufhin "Kanal-Krieg" Englands und Frankreichs gegen Ägypten, durch UNO-Veto gestoppt.

1960 Baubeginn des Assuan Hochdammes (Sadd el Ali).

1967 Sechs-Tage-Krieg gegen Israel, Verlust des Sinai, Kanal-Schließung.

1970 Tod Nassers, Sadat wird Präsident.

1973 Oktoberkrieg gegen Israel, Teileroberung des Sinai.

1975 Wiedereröffnung des Suezkanals.

1979 Friedensvertrag Israel/Ägypten, Isolierung in der arabischen Welt.

1981 Ermordung Sadats, Mubarak wird Präsident.

1982 Vollständige Rückgabe des Sinai an Ägypten.

1992 Teilnahme Ägyptens am Golfkrieg.

2. Die Menschen und ihre Vergangenheit

Vergleich welthistorischer Ereignisse

Die untenstehende, nicht sonderlich maßstabsgerechte Graphik soll die Beziehungen der Zeiträume optisch verdeutlichen, in denen der Ägyptenreisende zwangsläufig zu denken hat: Drei Jahrtausende kontinuierlicher, nachweisbarer Geschichte, davon fast zwei Jahrtausende als Führungsmacht der zu jener Zeit bekannten Welt hat Ägypten im Laufe der Geschichte zurückgelegt.

Im Vergleich zu den Ereignissen der ägyptischen Geschichte sind andere weltgeschichtliche Geschehnisse in der Graphik dargestellt, die aus der Fülle der Daten fast wahllos herausgegriffen wurden.

Historische Daten Ägyptens		Weltgeschichtliche Ereignisse
3500	3500	Sumerer in Mesopotanien, Keilschrift
Frühzeit	3000	
Altes Reich (AR)	2500	Erster chinesischer Staat, Harappa-Kultur in Indien
1. Zwischenzeit	2000	Erste Hochkultur auf Kreta, Hsia-Dynastie in China
Mittleres Reich (MR)		Hethiter in Kleinasien
2. Zwischenzeit	1500	Griechische Stadtstaaten
Neues Reich (NR)		Moses führt Juden nach Palästina
3. Zwischenzeit	1000	Zarathustra in Persien, Laotse in China
Spätzeit	500	Perserreich unter Xyros, Konfuzius, Buddha
Ptolemäer		Vordringen der Germanen in Europa
	0	Christus in Palästina
Römer		Germanen wehren sich gegen Römer
	500	Mohammed in Mekka
Araber/Islam		Karl der Große gründet
Kalifen	1000	erstes mitteleuropäisches Großreich
Mamluken	1500	Entdeckung Amerikas, Dreißigjähriger Krieg
Osmanen		
Republik	2000	Bundesrepublik Deutschland

Bedeutende historische Daten der letzten 5500 Jahre

AMUN   ANUBIS   ATON   ATUM

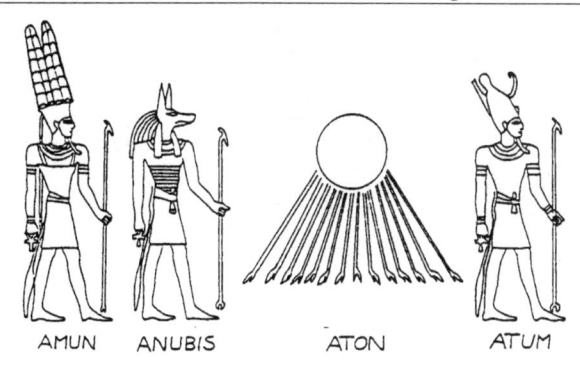

Zur Religion der alten Ägypter

Die äußerst günstigen geographischen und klimatischen Bedingungen des Niltals machten es für den alten Ägypter überflüssig, die Naturgewalten durch die Religion, durch Ritual und Mythos zu beschwören. Natur und Kosmos waren für ihn Ausdruck göttlicher Ordnung; der ägyptische Jenseitsglaube konzentrierte sich auf den Wunsch des Menschen, in den Kreislauf der Natur, der Sonne, der Gestirne einzutreten.

Die große Fruchtbarkeit des Niltals befreite die alten Ägypter von existentiellen Sorgen. So konnten sie sich intensiver und früher als andere Völker mit philosophischen und religiösen Fragen beschäftigen. Ihre Antworten auf die Frage nach den Ordnungsprinzipien der Welt sind über drei Jahrtausende immer wieder neu formuliert worden.

Ägyptische Götter haben nie eine endgültige Gestalt angenommen. Der Gott Amun kann z.B. als Mensch mit Federkrone, als Widder oder als Gans dargestellt werden. Als Widder werden aber neben Amun auch Chnum von Elephantine und Herischef von Herakleopolis abgebildet. Hinter diesen vielen Gestalten und Namen steht ein übergeordneter, allgemein gültiger Gottesbegriff.

Die Vorstellung von der altägyptischen Religion als finsteres Heidentum mit bizarren Götzenbildern ist völlig falsch. In den ägyptischen Tempeln geht es um die Erklärung der Welt; die Tempelarchitektur ist ein Weltmodell, die Tempelreliefs mit ihren zahlreichen Bildern des Königs beim Gebet und Opfer vor den Göttern schildern und sichern das Verhältnis Gott-Mensch.

Die Grabbilder des Alten Reiches (Giseh und Sakkara) stellen eine ideale Diesseitswelt als Wunschtraum für das Jenseits dar; erst seit dem Mittleren Reich treten erdachte Jenseitslandschaften auf, unseren Paradies- und Höllenvorstellungen vergleichbar. Sie bilden das Bildprogramm der Königsgräber des Neuen Reiches.

Der Eintritt in diese ideale Ewigkeit ist weniger von materiellen Vorleistungen wie Grab, Mumifizierung oder Opfern abhängig, sondern von der moralischen Qualifikation des Menschen, die beim Totengericht festgestellt wird.

Wenn in der folgenden Auflistung aus der nie endgültig festgelegten Zahl der Namen und Gestalten ägyptischer Götter einige besonders häufig genannte Begriffe herausgegriffen werden, so sei ausdrücklich darauf hingewiesen, daß jeder dieser Götter noch andere Gestalten besitzt und jede die-

2. Die Menschen und ihre Vergangenheit

APIS   BES   CHNUM   HATHOR   HORUS

ser Gestalten zu verschiedenen Göttern gehören kann. Entscheidend ist, was dahinter steht: eine Gottesvorstellung, die die Weltordnung garantiert und der sich die Ägypter dankbar und ehrfurchtsvoll verpflichtet fühlten.

Kurzbeschreibung der pharaonischen Götter

◆ **Amun**
Der "König der Götter" ist die Verkörperung aller göttlichen Eigenschaften. Er ist der alle anderen Götter überragende Reichsgott Ägyptens und göttlicher Vater des Pharao. In seiner Tempelstadt Karnak wird er wie überall sonst in Ägypten in Menschengestalt mit Doppelfederkrone, in Widdergestalt oder als Gans dargestellt, oft auch als Fruchtbarkeitsgott mit erigiertem Phallus.

◆ **Anubis**
Einer der Auferstehungsgötter, insbesondere als Schutzgott der Mumifizierung ein Garant ewigen Weiterlebens. Als Schakal oder schakalköpfiger Mensch erscheint er sogar noch in römerzeitlichen Grabbildern und lebt als hundsköpfiger Heiliger in Ikonenbildern fort.

◆ **Apis**
Fruchtbarkeitsgott, der meist als Stier abgebildet wird und im Tempel von Memphis als wirklicher Stier auf Erden weilt. Seine Bestattung als Stiermumie im Serapeum von Sakkara ist eines der großen religiösen Feste Ägyptens. Sein Kopfputz, die Mondscheibe, spielt auf den Kreislauf des Lebens an.

◆ **Aton**
Die in Ägypten stets vorhandene Vorstellung von einer allumfassenden göttlichen Macht wurde unter Echnaton (um 1350 vC) im Namen Aton (Sonnenscheibe) zusammengefaßt, deren Strahlen in menschliche Hände auslaufen - ein Bild des unmittelbaren Kontakts zwischen Gott und Mensch.

◆ **Atum**
Ur- und Schöpfergott, mit Hauptkultort Heliopolis, aber in ganz Ägypten zu Hause. Dem breiten Wirkungskreis entsprechen viele Darstellungsformen, u.a. Mensch mit Doppelkrone, Sphinx, Schlange, Aal.

◆ **Bes**
Schutzgott von Haus und Familie in Gestalt eines Gnoms mit Löwenfratze; Urbild des griechischen Satyrs.

◆ **Chnum**
Als widdergestaltiger Fruchtbarkeitsgott ist er der Schutzgott der Nilflut, aber auch der Weltschöpfer, der die Menschen auf der Töpferscheibe formt.

◆ **Chons**
Sohn von Amun und Mut; das göttliche Kind, das als Nothelfer große Verehrung genießt. In seinem Tempel in Karnak wurden Orakel erteilt. Als Kind abgebildet, oft auch falkenköpfig mit Mondscheibe.

Zur Religion der alten Ägypter

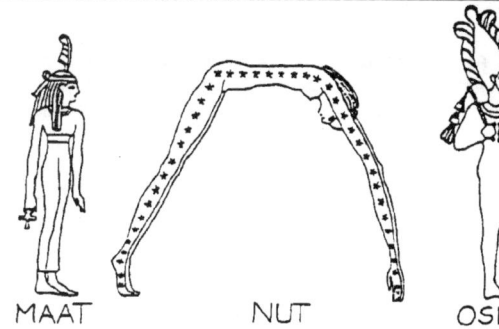

MAAT   NUT   OSIRIS   THOT

◆ Hathor
Muttergöttin in Kuhgestalt, oft auch als Frau mit Kuhgehörn und Sonnenscheibe dargestellt, als Emblem auch Frauengesicht mit Kuhohren. Vor allem in Dendera und Theben verehrt.

◆ Horus
Der schon im 4. Jahrtausend verehrte Falkengott inkarniert sich im regierenden König; die ägyptische Mythologie macht ihn zum Sohn von Isis und Osiris, mit denen zusammen er als *Horus, das Kind,* griechisch Harpokrates, in der ganzen hellenistischen Welt Verbreitung findet.

◆ Isis
Oft wie Hathor dargestellt, daneben auch als Frau mit dem Thronsessel als Kopfputz, verkörpert sie ganz allgemein den weiblichen Aspekt des Göttlichen. Überall im Land verehrt, findet sie in der Römerzeit neben Osiris im römischen Reich Verbreitung.

◆ Maat
Göttin der Weltordnung; als Wesenszug aller Götter genießt sie keinen eigenen Kult. Als Frau mit einer Feder als Kopfputz, der Hieroglyphe "maa" (die "gerecht" bedeutet), führt sie die Verstorbenen zum Totengericht.

◆ Nut
Die Himmelsgöttin, die täglich die Sonne gebiert; ihr nackter Leib, vom Luftgott Schu gestützt, bildet das Himmelsgewölbe; als Baumgöttin spendet sie den Toten Speise und Trank. Auf der Innenseite von Sargdeckeln abgebildet, legt sie sich über den Toten und regeneriert ihn.

◆ Osiris
Der Gott der Auferstehung, einst König auf Erden, der von seinem Bruder Seth getötet wurde und dann den Tod überwunden hatte. Er wird damit zum Vorbild der Verstorbenen, die ihrerseits Osiris werden wollen. Der "König der Ewigkeit" trägt Krummstab und Wedel als Herrschaftsembleme. Kultorte im ganzen Land.

◆ Ptah
Der in Memphis beheimatete Schöpfergott schuf die Welt durch sein Wort. In enger Verbindung mit Sokaris und Osiris ist er auch Auferstehungsgott in der Nekropole von Memphis. Meist mumiengestaltig mit enganliegender Kappe.

◆ Re
Der Sonnengott, meist als Re-Harachte, Re-Atum oder Amun-Re mit anderen großen Göttern zur Allgottheit verbunden und im ganzen Land verehrt. Menschengestaltig mit Falkenkopf und Sonnenscheibe. Haupttempel in Heliopolis.

◆ Sachmet
Löwenköpfige Göttin, in Memphis als Frau des Ptah, in Theben der Mut angenähert (Statuen im Mut-Tempel in Karnak).

◆ Serapis
Ein "Gott aus der Retorte"; aus der Verbindung von Osiris und Apis mit einem bärti-

2. Die Menschen und ihre Vergangenheit

gen griechischen Götterbild wird um 300 vC ein Gott geschaffen, der Alt ägyptisches und Hellenistisches in sich vereinigt. Bis in die Römerzeit im ganzen Imperium verehrt.

◆ **Seth**
Der Widersacher seines Bruders Osiris, für dessen Ermordung er von Horus getötet wird. Als Verkörperung des Bösen kann er in Gestalt eines Nilpferds oder Krokodils dargestellt werden (Horusmythos von Edfu!); oft auch Fabeltier mit langen Ohren und rüsselartiger Schnauze.

◆ **Sobek**
Krokodilgott, der die Sonne durch den Ozean der Nacht zum morgendlichen Aufgang transportiert. Vor allem im Fayum verehrt.

◆ **Thoeris**
Schwangeres Nilpferd mit Krokodilschwanz und Löwentatzen, also Konzentration der mächtigsten Tiere. Beschützerin von Mutter und Kind.

◆ **Thoth**
Als Ibis oder ibisköpfiger Mensch oder Affe dargestellt, ist der Weisheitsgott Thoth für Schrift, Kalender und das Sündenregister des Menschen zuständig, das er beim Totengericht verliest.

Eine halbwegs vollständige Liste altägyptischer Götternamen umfaßt etwa 150 Namen; die Variationsmöglichkeiten der Götterbilder sind unbegrenzt. Als Ordnungsprinzipien in dieser Vielfalt verwendet der ägyptische Theologe u.a. die Familienstruktur Vater - Mutter - Kind (z.B. Amun - Mut - Chons in Theben) oder Zahlensymbolik wie Achtheit und Neunheit. Vorherrschend bleibt aber die Offenheit des Gottesbegriffs: Der alte Ägypter spricht oft ganz einfach von *Gott*, altägyptisch *nute*, das dem griechischen *theos* oder dem lateinischen *deus* entspricht.

Architektur altägyptischer Tempel

Der altägyptische Tempel ist gleichzeitig Kultbühne und Weltmodell. Als Kultbühne dient er als Wohnung des Götterbildes, das vom Hohepriester (in Stellvertretung des Königs) täglich bekleidet, geschminkt und gespeist wird und bei großen Festen den Tempel durchzieht, in Prozessionen auch verläßt. Die Tempelreliefs schildern den täglichen Kult und die Feste bei der Begegnung mit dem Gottkönig.

Als Weltmodell stellt der Tempel den gestirnten Himmel an den Raumdecken dar, die Pflanzenwelt in den Säulen (Palme, Lotos, Papyrus), das Leben der Menschen in den Wandreliefs (außen weltliche Szenen, Krieg, Jagd; innen religiöse Szenen), die Unterwelt in den unterirdischen Krypten. Von außen nach innen werden die Raumhöhen (Himmel) niedriger; gleichzeitig steigt das Bodenniveau (= Erde) an und die Raumhelligkeit nimmt ab. Im dunklen, geheimnisvollen Allerheiligsten schneiden sich Himmels- und Erdlinie; im Götterbild begegnen sich Mensch und Gott.

Der eigentliche Tempel (siehe Grundrißzeichnung nächste Seite) ist nach außen durch Umgang und Umfassungsmauer hermetisch abgeriegelt. Er ist Zentrum des Tempelbezirks, den wiederum eine Ziegelmauer umschließt. In diesem Bereich herrschte reges Leben: Ställe, Schlachthöfe, Vorratshäuser, Priesterwohnungen, Tempelverwaltung, Verkaufsstände, Pilgerwohnungen, Krankenhäuser - eine kleine Stadt.

In diesem Zusammenhang eine Anmerkung: Auch heute noch herrscht in hinduistischen, ähnlich großen Tempelanlagen im Süden Indiens ähnlich reges Leben und Treiben. Neben der sakralen Funktion hat auch dort der Tempel wichtige soziale und kommunikative Aufgaben zu erfüllen; im Gegensatz z.B. zu den Gepflogenheiten bei uns.

Architektur altägyptischer Tempel

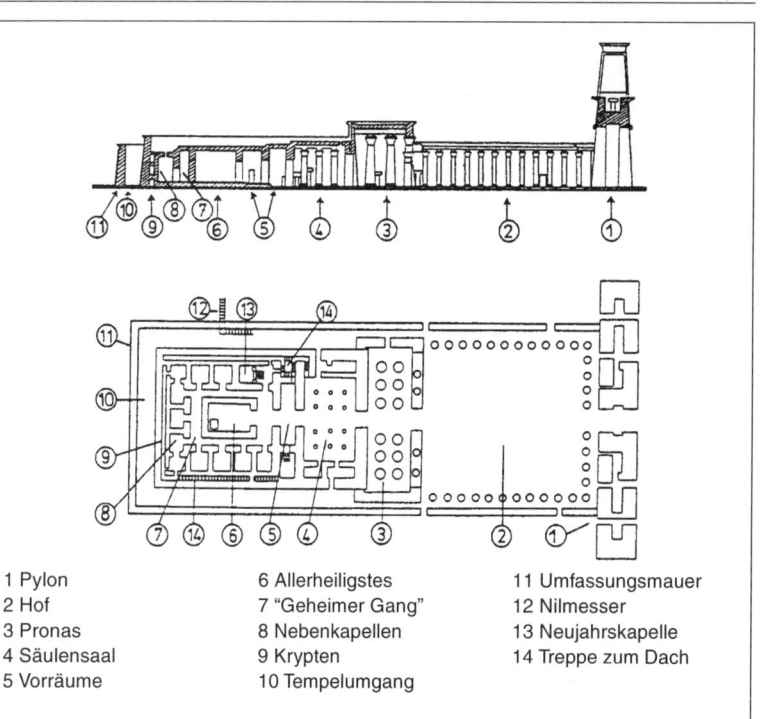

1 Pylon
2 Hof
3 Pronas
4 Säulensaal
5 Vorräume
6 Allerheiligstes
7 "Geheimer Gang"
8 Nebenkapellen
9 Krypten
10 Tempelumgang
11 Umfassungsmauer
12 Nilmesser
13 Neujahrskapelle
14 Treppe zum Dach

Tempelarchitektur am Beispiel des Horus Tempels von Edfu

3. Kairo: Das Auf und Ab einer tausendjährigen Stadt

3.1 Geschichten zu Kairos Geschichte

Die Geschichte Kairos liest sich wie ein Krimi, ein amerikanischer Thriller könnte spannender nicht sein. Sie ist - wie auch unsere Vorgeschichte - eine einzige Abfolge von Mord und Totschlag, von Gewalt und Korruption, prosperierender Höhepunkte und tiefstem Fall. Wer die Geschichten der Rechtlosigkeit und Willkür nachliest, kann kaum an den Wandel glauben, den wir alle erleben und dem wir auch Sicherheit beim Reisen verdanken. So wurde noch Belzoni von einem Schwerthieb ernstlich verletzt, weil er nicht schnell genug den "Wegbereitern" einer in Kairo ausreitenden Dame auswich.

Wir wollen die Vergangenheit dieser Stadt etwas nüchterner und nur in den wesentlichen Zügen, die zum Verständnis notwendig sind, verfolgen, d.h. die sich in der Stadtgeschichte quasi architektonisch niedergeschlagen haben. Eigentlich beginnt sie in irgendeiner unbekannten Vorzeit, in der vermutlich Perser eine Siedlung am östlichen Nilufer errichteten, die später unter Augustus zur Festung namens Babylon ausgebaut wurde - heute das koptische Alt-Kairo - und eine strategisch wichtige Rolle am Eingang zum Nildelta spielte. Direkt an ihren Mauern floß der Nil vorbei (heute gute 200 Meter entfernt), Hafenanlagen, Docks und eine Anlage zur Messung des Nil-Wasserstandes (Nilometer) gehörten zu den technischen Einrichtungen, mit denen unter anderem auch die hier stationierte römische Legion - eine der drei über Ägypten wachenden Legionen - versorgt wurde.

Der fast siebenhundertjährigen römischen Herrschaft setzten bis dahin weltgeschichtlich unbekannte Eroberer ein Ende: Die Nachfolger Mohammeds - die Kalifen - begannen, die neue Religion mit großem Eifer und nicht ohne Selbstzweck auch in Nordafrika zu verbreiten.

So hatte es Amr Ibn el Ass, der vom Kalifen Omar ausgesandte Eroberer, 640 nC auf die Festung Babylon abgesehen. Erst als die Byzantiner nach siebenmonatiger Belagerung im April 641 kapitulierten, setzte Amr von Süden her auf die Hauptstadt Alexandria an und eroberte auch sie.

In seinem Heerlager neben der Feste Babylon hatte Amr einen Gebetsplatz eingerichtet, aus dem sich die nach ihm benannte, heute wiederhergestellte Moschee entwickelte, und bald enstand um sie herum eine Stadt, die Medinet el Fustat genannt wurde.

Die Dynastie der nach dem Kalifen Omar benannten Omaijaden konnte sich bis 750 behaupten und hatte in dieser Zeit auch Ägypten fest im Griff. El Fustat entwickelte sich bis etwa zur Jahrtau-

3. Kairo: Das Auf und Ab einer tausendjährigen Stadt

sendwende zu einer der größten damals bekannten Städte mit vermutlich 500 000 Einwohnern, größer als Bagdad und Konstantinopel. Den Bewohnern ging es gegen Ende des 10. Jahrhunderts so gut, daß sie sich beim Kalifen beklagten, sie fänden keine Armen mehr, an die sie Almosen verteilen könnten. 1138 richtete ein Erdbeben große Zerstörungen an; doch das Aus für Fustat kam 1168, als man die Stadt nicht in die Hände der anrückenden Kreuzritter fallen lassen wollte und sie an allen Ecken anzündete. Das Feuer soll 54 Tage lang gewütet haben.

Doch zurück zu den Anfängen der islamischen Geschichte Ägyptens. In Bagdad übernahmen 750 die Abbasiden die Macht und schickten Gouverneure nach Ägypten, in 118 Jahren Herrschaft nicht weniger als 68. Den offenbar immer schwächer werdenden Einfluß Bagdads nahm der erst 33 Jahre alte Gouverneur Ibn Tulun - Sohn eines aus Buchara stammenden Türken - zum Anlaß, sich selbständig zu machen und eine eigene Dynastie am Nil zu installieren. Ibn Tulun baute sich eine neue Hauptstadt unweit - nördlich - von El Fustat, die er El Qatai nannte. Dort ließ er die nach ihm benannte und noch heute in ihrer schlichten Schönheit erhaltene Moschee errichten. 905 zerschlugen die Abbasiden Ibn Tuluns Dynastie und übernahmen die Macht. Sie plünderten die zugehörige Stadt, nur die Moschee blieb erhalten.

969 setzte sich ein Türke, der "Ichschide" aus dem gleichnamigen Ort in Mittelasien, gegen die Abbasiden durch und holte sich eine vorwiegend aus Mamluken türkischer Abstammung bestehende Leibgarde von 8000 Mann ins Land. Dies war der Beginn einer immerhin 900 Jahre langen Institution in Ägypten, die wechselnden Einfluß auf die Geschicke des Landes nahm.

Zunächst jedoch traten von Westen her - aus einer geographisch ungewohnten Richtung - die Fatimiden von 969 bis 1171 auf die Bühne des wechselvollen Schauspiels. Sie waren Schiiten, die das Kalifat nicht anerkannten, sondern sich auf Mohammeds Tochter Fatima und deren ermordeten Mann Ali beriefen. Sie eroberten von ihrem Stammland Tunesien aus fast im Handstreich ganz Nordafrika und führten wie überall, so auch in Ägypten, sofort die schiitische Richtung des Islam ein.

Darüber hinaus fiel den Fatimiiden eine historische Tat zu: Sie verschmähten Fustat und gründeten statt dessen ein Stück nördlich 969 eine neue Hauptstadt, die sie El Qahira ("Eroberer") nannten, das heutige Kairo. Die von ihnen erbaute Al-Azhar-Moschee sollte bis auf unsere Tage großen Einfluß auf den Islam behalten.

Der riesige Palast, den der erste Kalif namens Muizz hatte bauen lassen, bedeckte ungefähr die Fläche des heutigen Khan el Khalili Bazars. In den folgenden 200 Jahren der fatimidischen Herrschaft entstanden etwa 20 000 höfische Gebäude im Palastbereich, in denen 30 000 Menschen in verschwenderischer Pracht lebten, wie ein persischer Reisender damals berichtete. Den Höhepunkt an Macht und Reichtum erreichte der Sohn El Aziz. Doch dessen Sohn El Hakim - er errichtete u.a. die gleichnamige Moschee - herrschte mit Mord und barbarischen Strafen in einer Art religiösem Wahn, bis er schließlich selbst ermordet wurde. Ein

3.1 Geschichten zu Kairos Geschichte

Gefolgsmann flüchtete in den Libanon und gründete die auch heute noch aktive Sekte der Drusen. Erst unter dem Enkel von El Hakim, El Mustansir, erholte sich das Land und erlebte in dessen 60jährigen Herrschaft - der längsten eines islamischen Herrschers überhaupt - eine neue Blüte.

Nach dieser Epoche folgte erneuter Verfall und schließlich eine Hungersnot, bei der Kannibalismus stattfand, nachdem alle Katzen, Hunde und Esel verzehrt waren. Schließlich setzte sich Badr, Sklave unter dem Kalifen El Mustansir, als Wesir durch, ließ neue Stadtmauern und die noch heute erhaltenen Stadttore Bab El Nasr, Bab El Futuh und Bab Zuwela errichten.

Die Wirren nach dem Untergang der Fatimiden-Dynastie nutzte ein syrischer Kurde namens Salah el Din - bekannt als Saladin - sich in Ägypten eine Basis zu schaffen: Er war von Bagdad ausgeschickt worden, um Ordnung zu schaffen, ergriff aber bald selbst die Macht und gründete eine eigene Dynastie, die der Aijubiden, die von 1171 bis 1250 an der Macht bleiben sollte. Saladin führte mit großer Anstrengung die sunnitische Glaubensrichtung wieder ein, besiegte die Kreuzritter und stabilisierte das Land erneut. Sein monumentalstes Denkmal setzte er sich mit dem Bau der Zitadelle und dem zugehörigen Aquädukt. Darüber hinaus führte er die Madrasa-Moscheen ein, die gleichzeitig dem Studium und der Lehre des Glaubens dienten. Sie prägen das Stadtbild noch heute.

Der Tod des letzten Aijubiden-Herrschers, El Salih, spielte vorübergehend dessen armenischer Konkubine Shagarat el Durr ("Perlen-Zweig") die Macht in die Hände - doch eine Frau als Herrscher war undenkbar, sie wurde gezwungen, einen Mamluken-Führer zu heiraten, den sie bald von ihren Eunuchen ertränken ließ. Das war zuviel: Wenige Tage später wurde sie selbst gefangengesetzt und mit Badeschuhen erschlagen. Die Reste ihres Mausoleums sind noch ganz in der Nähe des Khan el Khalili Bazars zu sehen.

Jetzt übernahmen die Mamluken endgültig die Macht. Sie waren meist als "Ungläubige" in nicht-islamischen Ländern geboren, gerieten als Sklaven in den Dienst eines Sultans und wurden zur militärischen Elite erzogen. Sie bildeten im Laufe der Zeit eine Art Staat im Staate und beanspruchten nun endgültig die Führung, und zwar zunächst die Bahri Mamluken, die aus den Kasernen am Fluß ("Bahri") stammten. Dennoch lebten sie gefährlich, Machtkämpfe um Tod und Leben waren an der Tagesordnung, die durchschnittliche Regierungszeit von rund fünf Jahren pro Sultan sagt alles.

1260 setzte sich Beybar durch, der im Ural geboren war und damals "nur" 20 Pfund gekostet hatte, weil er auf einem Auge blind war. Ihm gelang es, die Mongolen, die bereits Bagdad und damit das Kalifat zerstört hatten und nun zum Sturm auf Ägypten ansetzten, zu vertreiben und das Reich bis Aleppo auszudehnen. Seine für das Land größte Tat war jedoch, daß er den letzten Abkömmling des abbasidischen Kalifats nach Kairo holte und ihn mit allem Prunk - allerdings machtlos - einsetzte. Damit hatte er Ägypten die geistige Vorherrschaft über die Muslime gesichert. 1277 starb Beybar durch ein Giftgemisch, mit dem er eigentlich einen Rivalen umbringen wollte.

3. Kairo: Das Auf und Ab einer tausendjährigen Stadt

Die jeweiligen Nachfolger der Mamluken-Sultane eroberten ihren Platz fast ausschließlich durch Intrigen und brutalen Kampf und blieben meist auch nur so lange an der Macht bzw. am Leben, wie sie dieses Spiel beherrschten. Einer der wenigen Sultane, der sein Amt weitervererben konnte, war Qalaun. Von ihm stammt die Qalaun Madrasa, der er ein Hospital angliederte, das damals weit bekannt war und von dem noch heute Teile vorhanden sind.

Dem Enkel Qalauns, El Nasir, gelang nach mörderischem Kampf die Eroberung des Sultanats. Durch den Ausbau des Handels mit Indien und China konnte er ungeheure Reichtümer anhäufen. Er baute u.a. die Moschee in der Zitadelle und eine Madrasa im Souk el Nahassin. Viele Stücke des Islamischen Museums stammen aus seinem Besitz.

Nach dem Tod El Nasirs herrschte wieder Kampf, nur wenige Sultane konnten sich länger an der Macht halten. Einer von ihnen war Sultan Hassan, der 1356–1359 die nach ihm benannte Moschee erbauen ließ, das wohl imposanteste Bauwerk der Mamluken.

1382 entrissen Mamluken, die in der Zitadelle stationiert waren - daher Burgi-Mamluken - den Bahri-Mamluken endgültig die Macht. Es waren Tscherkessen, die kaum weniger Willkür walten ließen als ihre Kollegen aus den Kasernen am Fluß. Aber sie verteidigten das Land erfolgreich gegen die Mongolen-Stürme unter Timur, darüber hinaus waren sie fromme Muslime, die viele Moscheen und Grabmäler errichten ließen und das Stadtbild Kairos prägten. So die Moschee des Barquq und die des Bars Bey in der Nähe des Khan el Khalili Bazars oder die Moschee des Muayyad am Bab El Zuwela.

Machtkämpfe, Korruption und die Entdeckung des Seewegs nach Indien und damit der Verlust einträglichsten Handels ruinierten das Land. Der letzte große Sultan war El Guri, ein ehemaliger Sklave, der im Alter von 60 Jahren die Macht übernahm und die Ordnung ein letztes Mal wiederherstellte. Er baute Moschee und Madrasa an der Sharia Al Azhar, die, hervorragend restauriert, das Bild dieser Gegend prägen. El Guri erlag 1516 während der fatalen Schlacht gegen die Osmanen bei Aleppo einem Gehirnschlag.

Seinem Nachfolger Tuman Bey gelang es nicht, die Türken unter Selim I aus Ägypten fern zu halten. Im Januar 1517 eroberten sie Kairo, ließen Tuman Bey am Bab Zuwela aufhängen und brachten die Mamluken um, die sie gefangengenommen hatten. Zwar war die direkte Macht der Mamluken jetzt gebrochen, doch sie behielten weiterhin den dominierenden Einfluß in Ägypten. Die Hohe Pforte in Konstantinopel setzte einen Pascha als Regenten in Ägypten ein, aber er mußte sich häufig genug die Macht mit den Mamluken-Führern teilen. Ägypten sank zu einer bedeutungslosen Provinz des osmanischen Reiches herab.

Die Paschas der Hohen Pforte glänzten selten als Persönlichkeiten, meistens waren sie nur zu fügsame Werkzeuge in den Händen derjenigen, die an den Schalthebeln der Macht saßen. Einige waren ausgemachte Sadisten, so Ali Pascha, der um das Jahr 1600 regierte und sein Vergnügen darin sah, bei jedem seiner Ausritte mindestens zehn Personen den Kopf zu spalten. Oder Hassan Pascha (1630):

3.1 Geschichten zu Kairos Geschichte

er brachte innerhalb eines Jahres etwa 12 000 Menschen um, indem er bei seinen Ausritten Menschenansammlungen dadurch zerstreute, daß er jeden Erreichbaren mit seinem Schwert durchbohrte.

Der Verschleiß an Paschas war gewaltig, im Durchschnitt regierten sie nur jeweils drei Jahre lang. Aber viel schlimmer noch litt die Bevölkerung, die am Ende der Epoche nur noch zwei Millionen zählte, im Gegensatz zu acht Millionen zu römischer Zeit.

1798 bereitete Napoleon der osmanischen Herrschaft ein vorläufiges Ende. Seine kurze Regentschaft brachte dem Land völlig neue Impulse und machte Europa auf die historischen Schätze am Nil aufmerksam, der Grundstein für die Ägytologie wurde gelegt. Die Hohe Pforte versuchte mit Hilfe der Engländer und eines albanischen Heerführers namens Mohammed Ali die Macht zurückzugewinnen. 1801 wurden die Franzosen vertrieben, aber die Engländer blieben. 1805 wurde Mohammed Ali zum Pascha der Hohen Pforte ernannt, 1807 zogen nach mehreren Schlachten die Engländer ab.

1811 holte Mohammed Ali zu einem grausamen Schlag gegen die Mamluken aus: Er lud alle Führer - manche erst zwölf Jahre alt - zu einem festlichen Staatsbankett. In prächtigem Zug ritten 474 Fürsten durch eine enge Felsschlucht zur Zitadelle. Kaum hatte der letzte Bey die Schwelle erreicht, schlossen sich die Tore und Hekkenschützen eröffneten ein gnadenloses Feuer. Alle Mamluken wurden niedergemacht, wenn nicht sofort erschossen, dann in grausamen Metzeleien. Ihre Paläste und Häuser wurden ausgeraubt und die Provinzgouverneure angewiesen, in ihrem Bereich ähnlich zu verfahren. Die Clique der Mamluken war quasi von einem zum anderen Tag ausgelöscht worden. Die damalige Welt war erschüttert, doch Mohammed Ali hatte ein Feudalsystem endgültig zerschlagen, das jahrhundertelang Einfluß ausgeübt hatte, mehr unselig und grausam als zum Nutzen des Landes.

Mohammed Ali krempelte Ägypten um. Er war Analphabet, aber klug und energisch. Er setzte Landreformen durch, baute weitläufige Bewässerungssysteme und u.a. die "Barrages du Nil" unweit von Kairo. Begierig nahm er jede technische Neuerung aus Europa an, viele seiner europäischen Berater wurden zu Beys erhoben und führten ein luxuriöses Leben in Kairo.

In verschiedenen Feldzügen gegen die Hohe Pforte erreichte Mohammed Ali schließlich 1839 weitgehende Unabhängigkeit gegen jährliche Tributzahlungen. Er starb 1849 in geistiger Umnachtung, ein Jahr zuvor hatte sein Sohn Ibrahim die Regentschaft übernommen. Dem folgte 1849-1854 Abbas I, dann bis 1863 Said. Er setzte eine erneute Industrialisierungskampagne in Bewegung und begann mit dem Bau des Suezkanals.

1863 übernahm Ismail die Regierung. Im Hinblick auf die Einweihung des Suezkanals im November 1869 trieb er besonders den Ausbau und die Verschönerung von Kairo voran. Neue Straßen und Stadtteile wurden gebaut, die Esbekiya-Gärten angelegt und ein Opernhaus errichtet. Allerdings mußte der Suezkanal mit der Oper Rigoletto eingeweiht werden, weil Verdi mit der bestellten Aida nicht fertig geworden war.

Ismail verschuldete das Land völlig. Frühkapitalistische Zinsdiktate europäi-

3. Kairo: Das Auf und Ab einer tausendjährigen Stadt

scher Banken mit bis zu 25% Zinsen rissen immer tiefere Löcher in die Staatskassen, so daß die Gläubigermächte 1879 den Rücktritt Ismails erzwangen und seinen Sohn Taufiq als ihr williges Kontrollinstrument über Ägyptens Kassen einsetzten. Die harten Sparmaßnahmen führten zu immer stärkeren Unruhen und Haß auf die Fremden im Land, so daß 1882 die Engländer Ägypten erneut eroberten. Sie setzten Taufiq nicht ab, kontrollierten aber das Land durch eigene Statthalter auf entscheidenden Posten. Erst 1924 lockerten sie dieses System und gestanden Ägypten innenpolitische Freiheiten zu.

Nach dem Tod von König Fuad I war 1937 dessen Sohn Faruk auf den Thron gekommen. Faruk beschäftigte sich hauptsächlich als Playboy. Er wurde nach dem Staatsstreich der Offiziere unter Abdel Nasser am 26. Juli 1952 abgesetzt. An diesen Tag, den Geburtstag der Republik, erinnern in Kairo die gleichnamige Straße und Brücke über den Nil.

Abdel Nasser verstaatlichte 1956 die Suez-Kanalgesellschaft. Formal war Ägypten seit dem Einfall Alexanders des Großen 332 vC zum ersten Mal wieder völlig unabhängig. Nassers größte Niederlage wurde dann der verlorene Sechs-Tage-Krieg 1967 gegen Israel.

Auch die Innenpolitik Nassers hatte viele Licht- und Schattenseiten. In starker Anlehnung an die Sowjetunion sozialisierte er das Land und schaffte damit viele wirtschaftliche Ungerechtigkeiten des Feudalsystems ab. Andererseits überzog er Ägypten mit einer ungeheuren Last an Bürokratie, die auch heute noch unbesiegbar scheint. Nasser starb 1970, Anwar Sadat übernahm die Regierung. Mit seinen Teilsiegen über Israel im Sinai-Krieg 1973 gab er der Armee das verlorene Selbstvertrauen zurück. Sadat liberalisierte Nassers Wirtschaftspolitik und öffnete Ägypten wieder für den Westen. Sein Frieden mit Israel und - nach muslimischer Ansicht - dekadente westliche Einflüsse führten zu seiner Ermordung durch fundamentalistische Fanatiker im Oktober 1981.

Die wirtschaftliche Öffnung unter Sadat und seinem Nachfolger Hosni Mubarak veränderte das Stadtbild Kairos im Zentrum, vor allem aber in den Außenbezirken. Fast von Tag zu Tag entstanden neue Gebäude, dehnte sich die Stadt in alle Himmelsrichtungen aus. Vorstädte wie Nasr City oder der Gürtel der Trabantenstädte um Kairo herum ermöglichten das explosionsartige Wachstum auf 15 Millionen Menschen (oder mehr) in dieser Megapolis - an deren Eroberung wir uns machen wollen.

3.2 Islamische Architektur

Die islamische Religion soll das gesamte Leben, auch den Alltag umfassen. Es konnte daher nicht ausbleiben, daß auch die Architektur islamischer Länder sich so entwickelte, wie sie ihrem Glauben am besten dienen konnte.

Kairo ist eins der größten Open-air-Museen der Welt für islamische Architektur. Wenn auch sehr viel verfallen ist, so kann sich dennoch das Auge des Nicht-Fachmanns an den Schönheiten großartiger Bauwerke erfreuen. Die folgende Kurzbe-

3.2 Islamische Architektur

schreibung der typischen Gebäude soll Ihnen die notwendige Hintergrundinformation zum Verständnis dieser steinernen Zeugen bieten.

Moschee

Die erste Moschee war der Hof von Mohammeds Haus in Medina: Ein offener, von der Außenwelt etwas abgeschlossener Platz, in dem sich die Gläubigen versammeln und ihre Gebete sprechen konnten. Aus diesen Anfängen entwickelte sich die sog. Freitags-Moschee - Gami -, ein großer ummauerter Hof mit Arkadengängen an allen Seiten. In Richtung Mekka (Qibla) sind diese Arkaden zu einer Halle erweitert. Eine solche, nach drei Seiten geschlossene und nur auf der vierten sich zum Hof hin öffnende Halle nennt man *Liwan*.

In die nach Mekka gerichtete Wand, in Ägypten natürlich immer die Ostwand, ist der *Mirhab,* die Gebetsnische, eingelassen, in größeren Moscheen gibt es manchmal mehrere Mirhabs. Besonders die Mamluken legten viel Wert auf fein gearbeitete Mirhabs, sie bestehen meist aus Marmor mit kunstvollen Intarsienarbeiten. Ganz in der Nähe steht meist der Minbar, zu dem eine Treppe hinaufführt und der als Kanzel für den Immam, den Vorbeter, dient. Auch auf die künstlerische Ausgestaltung des Minbars wird großer Wert gelegt. In einigen Moscheen findet man noch die *Dikka,* eine auf Pfosten oder Säulen stehende Tribüne, auf der Gehilfen des Immam die Gebetshaltungen vorführen.

Zu jeder Moschee gehört mindestens ein *Minarett.* Architektonisch hat es sich aus dem quadratischen Turm syrischer Kirchen entwickelt. Besonders unter den

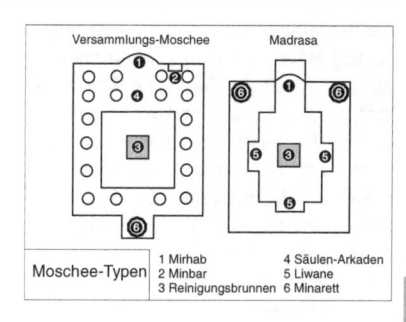

Moschee-Typen
1 Mirhab
2 Minbar
3 Reinigungsbrunnen
4 Säulen-Arkaden
5 Liwane
6 Minarett

Mamluken fand es einen krönenden Abschluß als ein schlanker, in den Himmel strebender Turm, der in eine Galerie ausläuft und mit einer Kuppel überdeckt ist.

Der *Muezzin* ist der Gebetsrufer, der früher das zu jeder Moschee gehörende Minarett bestieg und von oben den für die islamische Welt so typischen Gebetsruf sang. Heutzutage bleibt er unten und läßt eine plärrende Lautsprecheranlage erschallen.

Madrasa

Die Errichtung der theologischen Schule, *Madrasa* genannt, geht auf Saladin zurück. Er wollte die von seinen fatimidischen Vorgängern hinterlassenen schiitischen Moslems zum rechten sunnitischen Glauben zurückbekehren und vereinte die theologische Ausbildung mit der Möglichkeit zum Gebet.

Die Grundform der Madrasa stammt aus dem schiitischen Iran: Vier Hallen (Liwane) stehen sich kreuzförmig gegenüber, im Zentrum einen offen oder mit Holzbalken oder einer Kuppel überdeckten Platz lassend. Der östliche Liwan ist meist tiefer gestaffelt, an seiner Außenwand ist der Mirhab, die Gebetsnische eingelassen. Jeder der vier Liwane ist ei-

3. Kairo: Das Auf und Ab einer tausendjährigen Stadt

ner der orthodoxen Glaubensrichtungen - Schafi, Maliki, Hanafi und Hanabali - gewidmet. Meist gehören eine Bibliothek, weitere Unterrichtsräume und Laboratorien zur Madrasa, häufig wohnen auch Lehrer und Schüler innerhalb des Komplexes. Ein typisches und besonders imposantes Beispiel ist die Sultan Hassan Madrasa-Moschee.

Unter den Bahri-Mamluken wurden die westlichen und östlichen Liwane stark verkleinert, die zentrale Halle überdacht. Es entstand ein mehr rechteckiges Gebäude. Eins der schönsten Beispiele dieses Typs ist die Madrasa von Qaytbay.

Mausoleum

Die islamischen Mausoleen, *Qubba* genannt, sind meist einer Moschee angeschlossen, d.h., ein Sarkophag - manchmal auch mehrere - steht in einer Nebenhalle. Oder es ist umgekehrt, die jedem Mausoleum angeschlossene Moschee hat sich bei den Gläubigen zu einem so beliebten Gebetsplatz entwickelt, daß die Idee des Mausoleums in den Hintergrund tritt.

Sebil Kuttab

Unter den Mamluken kam die Mode auf, öffentliche Wasserstellen zu stiften, an die eine Koranschule für Knaben angeschlossen war. Meist ist die Wasserstelle im Erdgeschoß, die Koranschule darüber untergebracht. Diese Wasserstellen hatten in einem heißen Land natürlich eine sehr wichtige Funktion, sie waren zudem Kommunikationsorte höchsten Ranges für die Bevölkerung. Die wenigsten dieser Wasserstellen verfügten über eigene Brunnen, sie wurden meist von Wasserträgern nachgefüllt. Sehenswert ist das Sebil Kuttab von Abd el Rahman Katkhuda an der Sharia Muizz Li Din Allah (siehe Seite 146).

Wakala oder Khan

Kaufleute früherer Zeiten reisten nicht mit Prospekten, sondern gleich mit der Ware. Daher benötigten sie Unterkünfte, in denen sie ihre Ware anbieten und gleichzeitig auch übernachten konnten. Die *Wakala* ist meist ein mehrstöckiges Gebäude mit rechteckigem Grundriß, das einen großen, nach außen geschützten Innenhof umschließt. Im Hof konnten die Lasttiere entladen und in den ebenerdigen Unterkünften untergebracht werden. Dort wurden zum Teil auch Waren gelagert. Die Wohn- und Geschäftsräume lagen in den Stockwerken darüber, während meist ganz oben holzvergitterte Fenster auf die Wohngemächer der mitreisenden Frauen deuten. Ein typisches Beispiel ist die restaurierte Wakala el Guri in der Nähe der Al Azhar Moschee.

Privathäuser

Muslimische Häuser müssen nach außen möglichst abgeschlossen sein, damit sich die Damen im Inneren unverschleiert bewegen können. Aber auch sie wollen herausschauen, daher wurden sehr schöne Holzgitter - *Mashrabiya* - vor den wenigen Fensteröffnungen geschaffen, die den Einblick verbieten, den Ausblick jedoch ermöglichen. Neben der Privatsphäre sollen sie Kühle schaffen, die durch geschickte Ventilation, hohe Räume und Springbrunnen erreicht wurde. Ein aufschlußreiches Beispiel ist das Gayer-Anderson-Haus neben der Ibn Tulun Moschee.

Der Mirhab der Sultan Hassan Moschee ist besonders prächtig gestaltet

3.3 Koptische Kirchen

Die ältern koptischen Kirchen gehen in ihrer grundsätzlichen Struktur auf die römische Basilika zurück, für die allerdings auch eine gewisse Parallele in altägyptischer Architektur zu finden ist (z.B. Hypostyl im Karnak-Tempel), daher heißt sie allgemein Basilika. Sie ist in der Regel ein rechteckiges Gebäude, dessen Achse in Ost-West-Richtung zeigt. Der Eingang liegt im Westen und führt in einen Vorraum, Narthex genannt. Es folgt das Mittelschiff, zu dessen beiden Seiten sich durch Säulen abgetrennte, niedrigere Seitenschiffe anschließen. Das südliche Seitenschiff ist Frauen vorbehalten, das nördliche den Männern, es können dort aber auch Frauen Platz nehmen. Die Säulen sind durch Bögen miteinander verbunden. Das Dach liegt häufig auf roh behauenen Balken.

Die kultischen Handlungen werden im Sanktuar oder Allerheiligsten vorgenommen. Dieser erhöht liegende Bereich wird durch eine Zwischenwand (*Ikonostasis* oder *Haikal*), die mit Einlegearbeiten aus Zedernholz und Elfenbein häufig sehr kunstvoll verziert und mit Ikonen geschmück ist, vom Mittelschiff abgetrennt. Im Sanktuar stehen meist drei Altäre für die sieben täglichen Gottesdienste.

4. In Kairo zurechtkommen

4.1 Topographie und Hauptstraßen der Stadt

Kairo zu verstehen, sich im Gewirr von Gassen, Gängen, Straßen, Hochstraßen und Brücken zurechtzufinden, ist keine leichte Aufgabe. Will man nicht wie ein blindes Huhn herumirren, sollte man sich ein paar Minuten Zeit nehmen und sich in die Topographie der Stadt hineindenken.

Der Insel Roda gegenüber, zwischen Nil und den Mokattam-Hügeln am Ostufer des Tals entwickelte sich aus einem Zeltlager *(Fustat)* des arabischen Eroberungsheeres 641 eine Stadt, die sich bald ausdehnte und unter den Fatimiden 969 Hauptstadt namens el Qahira (die Siegreiche) wurde. Von Fustat sind nur noch ein paar Ruinen übriggeblieben. Westlich anschließend liegt Alt-Kairo, der älteste Stadtteil, der hauptsächlich von Kopten bewohnt wird.

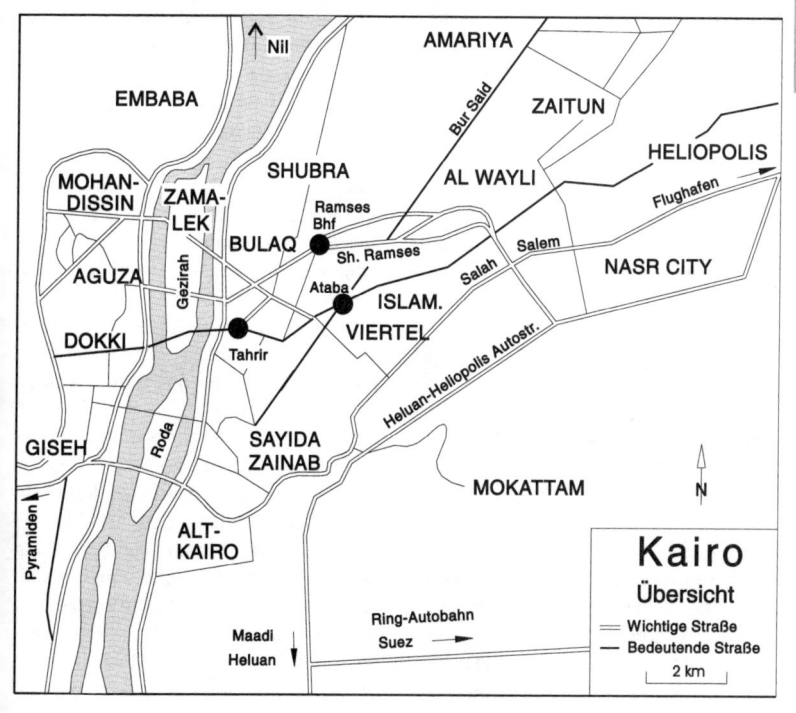

Straßennetz

4. In Kairo zurechtkommen

Die Stadt wuchs bis in die neuere Zeit am Ostufer nach Norden. So liegen die Residenzen all der glanzvollen islamischen Herrscher ein Stück nördlich Alt-Kairos. Dieses, *Islamisches Kairo* genannte Gebiet, zieht sich bis zu den Resten der ehemals nördlichen Stadtmauer an der Hakim-Moschee hin; es lehnt sich im Osten an die Mokattam-Hügel, erreicht aber das Nilufer im Westen nicht.

Im ehemaligen "Freigelände" zwischen Ostufer und dem islamischen Teil entstand schließlich das moderne Stadtzentrum. Verkehrsmittelpunkt ist der Midan Tahrir ("Tachrier" gesprochen), ein Platz, auf den sechs Straßen zulaufen, an dem der wichtigste innerstädtische Busbahnhof und an dessen Peripherie das weltbekannte Ägyptische Museum, Bürohochhäuser und das Nile Hilton Hotel liegen. Im Dreieck zwischen Tahrir, dem Midan Ataba und dem ein Stück nördlich gelegenen Hauptbahnhof (*Ramsis Station*) finden Sie das moderne Einkaufsviertel für den gehobenen Konsumenten.

Am Nilufer verläuft die Corniche, eine im Verkehr erstickende ehemalige Prachtstraße mit u.a. Hotels (Semiramis, die beiden Hiltons etc.) und Botschaften. Auf der anderen Seite des Nils liegen im Norden die neueren Stadtteile bzw. Wohnviertel Zamalek und Mohandissin, südöstlich davon Dokki mit der Kairo-Universität und dem Zoo. Südwestlich schließt sich Giseh an, offiziell eine selbständige Stadt mit ca. 2,5 Millionen Einwohnern, zu der die Pyramiden am westlichen Wüstenrand gehören, in praxi jedoch ist sie fest mit Kairo verwachsen.

Neben diesen, zum eigentlichen Kerngebiet Kairos zählenden Vierteln sind noch zu erwähnen: die im Nordosten liegende Vorstadt Heliopolis (in pharaonischer Zeit bereits besiedelt) mit dem internationalen Flughafen, im Südosten die Vorstadt Maadi, ein teures Pflaster, wo viele Ausländer leben und ein Stück weiter südlich das noch ältere Heluan.

Das Straßennetz Kairos

Das Fortbewegen in Kairo hat - leider - sehr viele Schattenseiten. Die Stadt wurde für etwa 2 Millionen Einwohner geplant, 1976 lebten etwa 5,1 Millionen im Großraum Kairo, 1993 ca. 18 Millionen und jährlich nimmt ihre Zahl um ca. 500 000 zu. Diese Massen müssen sich in der Stadt bewegen, die wenigsten per Auto, die meisten, nämlich täglich über 4 Millionen (!) in Bussen, etwa 400 000 per Straßenbahn, 100 000 per Heluan-Vorort/U-Bahn und etwa 35 000 mit Nilschiffen. Die U-Bahn soll im Endausbau den Oberflächenverkehr um 1 Million Passagiere entlasten.

Gut ausgebaute Umgehungsstraßen in unserem Sinne gibt es in Kairo fast nicht. Alle Straßen führen hinein in den Flaschenhals und irgendwie wieder hinaus: Die Straße nach Oberägypten, zwei Verbindungen nach Alexandria, je eine autobahnähnlich ausgebaute Strecke nach Suez und Ismailiya - um nur die wichtigsten zu nennen.

Eine, wenn auch nur bedingte Umgehungsfunktion, mag man der von den Pyramiden und damit der Wüstenstraße von Alexandria herführenden Sharia El Ahram (Pyramid Road) zusprechen, die Giseh durchschneidet und über die südlichste der Kairoer Nilbrücken auf die breit angelegte Sharia Salah Salim führt. Diese wiederum umgeht die Zitadelle östlich und endet als Sharia El Uruba in gerader

Das Straßennetz Kairos

Linie am Flughafen in Heliopolis. Zuvor zweigen, über einige Kreuzungen hinweg, die Straßen nach Suez und Ismailiya ab. Doch erwarten Sie nicht, auf dieser Strecke besonders schnell die Stadt von den Pyramiden her umgehen zu können, es gibt im engeren Stadtgebiet einige Kreuzungen und Engpässe, deren Überwindung viel Zeit und Geduld kostet.

Eine weitere, als Schnellstraßen-Tangente angelegte innerstädtische Umgehung führt, von Suez kommend, Richtung Zitadelle, biegt dort leicht links ab, läßt El Fustat rechts liegen und umgeht Maadi ebenso wie Heluan, um schließlich am Ostufer auf die Niluferstraße zu münden.

Doch es besteht Hoffnung. Eine **Ringautobahn** - die nicht geschlossen sein wird - um Kairo herum ist im Bau. Sie wird an der Wüstenautobahn nach Alexandria beginnen, die Deltastraße, dann die Straße nach Ismailiya, danach die Autobahn nach Suez kreuzen und im weiten Bogen nördlich von Maadi (dieses Stück ist bereits fertig) auf den Nil zuführen und ihn per neuer Brücke überqueren. Enden soll sie schließlich an der Fayum-Straße.

Wichtige innerstädtische Verbindungen sind auch die Straßen zu beiden Seiten des Nils. Die östliche, die *Corniche el Nil,* nimmt im Norden den Verkehr vom Delta und von Alexandria her auf und verläuft häufig kreuzungsfrei und vierspurig immer am Nil entlang, quer durch die Stadt, Richtung Heluan. Ihr Gegenüber am Westufer ist die *Sharia El Nil,* die ebenfalls von Norden her in die Stadt führt, aber an der El Gala Brücke am Südende der Gezira-Insel den Verkehr an die um einen Block vom Nilufer entfernte Sharia El Giseh abgibt. Erst südlich der El Giseh Brücke wird der Nil wieder erreicht.

Der Nil, der die westlichen Stadtteile vom größeren östlichen Gebiet trennt, kann nur auf fünf Brücken überquert werden. Ihnen kommt fast eine Schlüsselfunktion zu. Eine der wichtigsten ist die *6.October Brücke.* Gespeist von einer vom Ramsis-Bahnhof kommenden Hochstraße und einer Auffahrt vom Tahrir, führt sie über die Sportanlagen der Insel Gezira hinweg nach Dokki und dort noch kreuzungsfrei über einige Straßen. Ihre westliche Abfahrt endet am Landwirtschaftsmuseum und zielt in Nordwestrichtung direkt nach Mohandissin. Die Verlängerung auf der anderen Seite ist die Sharia Ramsis, die verhältnismäßig gut ausgebaut am Ramsis-Bahnhof vorbei stadtauswärts verläuft und schließlich auf die Sharia Salah Salim trifft.

Südlich der 6.October Brücke überspannt die *El Tahrir Brücke* den Nil bis zur Insel Gezira, dann verläuft die Straße ein Stück auf der Insel und findet über die *El Gala Brücke* Anschluß ans Westufer. Diese Strecke nimmt viel Verkehr vom Midan Tahrir, an dem sie eigentlich beginnt, in Richtung Dokki oder Giseh auf.

Die Insel Roda dient zwei Brücken als Stützpunkt: der *El Gamma Brücke* im Norden und der *El Giseh Brücke* im Süden. Die letztere stellt ein wichtiges Verbindungsglied zwischen der Pyramid Road und der Sharia Salah Salim dar.

Weniger bedeutend für den Touristen ist die *26.July Brücke,* die nördlichste der über die Insel Gezira führenden Brücken. Die gleichnamige Straße beginnt an den Ezbekiya-Gärten (Nähe Midan Ataba), durchquert die Stadtteile Bulaq, Zamalek und mündet in die sechsspurige Gamniat el Doval el Arabiya im Wohnviertel Mohandissin.

4. In Kairo zurechtkommen

4.2 Kairo für Autofahrer

Fürchten Sie sich nicht!
Kairo überrumpelt den ordnungsliebenden Mitteleuropäer mit dem chaotischsten Verkehr der Welt - umgekehrt wird ein Ägypter über die Sturheit unseres Verkehrssystems nur den Kopf schütteln können. Dennoch, haben Sie keine Angst, sich in Kairo ans Steuer zu setzen. Denn jeder Verkehrsteilnehmer ist ständig darauf gefaßt, daß sich alle um ihn herum jederzeit alles erlauben: plötzlich ausscheren, abbiegen, bremsen, wenden, stehenbleiben, mitten auf der Fahrbahn parken etc. Das alles geschieht hautnah, weil keine Chance des Vorwärtskommens ungenutzt bleiben darf.

Diese extrem flexible Verkehrsabwicklung ist nur möglich, weil sie sich in der Praxis durch keine oder nur wenige Regeln einengen läßt; wichtig ist allein, auf den verstopften Straßen voranzukommen und sich nicht durch abstrakte Gesetze behindern zu lassen.

Allerdings bemüht sich die Obrigkeit neuerdings um mehr Ordnung im Straßenverkehr: Ampeln wurden angeblich mit Rotlichtblitzanlagen ausgerüstet, Parksünder werden tatsächlich manchmal abgeschleppt - auch in Ägypten scheinen die großzügigen Verkehrsregeln zu Ende zu gehen.

Es ist erstaunlich, wie schnell man sich - mit etwas gutem Willen und ohne die Idee, in Kairo mitteleuropäisches Verkehrsverhalten einführen zu wollen - in dieses System integriert. Mir selbst macht es ausgesprochen Spaß, in dem Getümmel mitzumischen - und nach der Rückkehr nach Deutschland fällt es um so schwerer, all die Regeln hier wieder einhalten zu müssen: Bei Rot halten, links statt rechts überholen, seinen Frust nicht herauszuhupen etc.

Ein Problem ist das **Parken**. Noch scheint es, daß jeder sein Auto stehen läßt, wo immer es ihm einfällt. An vielen Straßen hüten selbsternannte Parkwächter den arg begrenzten Raum. Häufig kann man - wenn nichts Wertvolles im Wagen liegt - Auto samt Schlüssel hinterlassen, und der gute Mann wird es in die erste freiwerdende Lücke bugsieren. Auch wenn Sie einen Platz gefunden haben, lassen Sie den Wagen ohne Bremse stehen, damit er hin- und hergeschoben werden kann.

In der Innenstadt gibt es nur wenige **öffentliche Parkflächen** bzw. -häuser. Hier die uns bekannten: Unter der 6.October Brückenabfahrt zum Tahrir; dort können auch Wohnmobile problemlos von der Höhe her parken. Hinter dem Nile Hilton geht es nur gegen kräftiges Bakschisch an die Parkwächter, es gibt relativ wenig Platz und daher lange Wartezeiten. Ganz in der Nähe des Midan Tahrir können Sie Ihr Auto in einem relativ neuen Parkhaus unterbringen: Fahren Sie in die Sharia Talaat Harb und die zweite Kreuzung rechts (dort liegt der Eingang zum Filfila Restaurant) und rechts die nächste schmale Straße namens Mustafa Abou Heif, dort links etwa in der Mitte zur Sharia El Bustan. Zusätzlich finden Sie am Midan Opera zwei Parkhäuser. Auch im Ramsis Bahnhof kann man parken: Gleich links neben dem Haupteingang (mit Blick hinein) liegt die Einfahrt.

Welcome, welcome", ruft der freundliche Barbier am Bab el Nasr

Ein moderner Brunnen – Sabil – neben der Hussein Moschee

Die Sultan Hassan Moschee lädt zum Verweilen ein

Kairo...

...ist voller Kontraste

Manchmal kommt noch die alte Wahrsagerin ins einst berühmte Cafe Fishawi

Nur der junge Mann erinnert an unser Jahrhundert

Im Islamischen Viertel Kairos ist Betrieb in allen Gassen

4.3 Kairo für Fußgänger

Fußgänger in Kairo zu sein hat etwas mit Überlebenskunst zu tun: Da jeder motorisierte Verkehrsteilnehmer den jeweils Schwächeren aussticht, ist der am Ende der Kette laufende Fußgänger der Dumme - in Kairo lernt auch der Faulste, um sein Leben zu rennen. Trotzdem sollten Sie auf Spaziergänge vor allem in den Souks nicht verzichten, nur als Fußgänger mit Muße werden Sie Blicke hinter die Kulissen werfen können.

Vielleicht noch eine Information: Wenn Sie über die abgasbelastete Luft in Kairo klagen, so sollten Sie wissen, daß die Bleibelastung in Berlin bzw. London angeblich doppelt so hoch ist...

Kairos Busse

Kairo verfügt über ein dichtes Netz verbeulter, lärmender, blaue Abgasschwaden ausstoßender Busse. Die meisten hängen schräg nach rechts, weil sich an den Türen Menschentrauben festklammern. Das Busvergnügen kostet zwischen mindestens 25 Piaster. Diesen Betrag nach Möglichkeit passend in der Hand halten, denn der Schaffner ist meist knapp an Wechselgeld.

Achten Sie auf Ihre Wertsachen, es soll professionelle Taschendiebe geben, die sich auf Touristen in Bussen spezialisiert haben. Frauen sollten Busse meiden und statt dessen Minibusse vorziehen, weil Touristinnen-Grapschen beliebt ist und von allen Kreisen geübt wird. Man steigt hinten im Bus ein und vorn aus; der Kampf nach vorn ist notwendig, außerdem ist dort meist ein Hauch mehr an Platz. Bleiben Sie in Türnähe und verteidigen Sie diesen Platz mit aller Standhaftigkeit, denn rauszukommen ist manchmal schwieriger als hinein.

Die Liniennummern der rotweißen öffentlichen Busse stehen oberhalb der Windschutzscheibe und neben der vorderen Tür; allerdings in arabischen Ziffern. Die Haltestellen sind mit einer im Original roten Stange und, falls noch lesbar, einem Schild der haltenden Busnummer und meist einer Traube Wartender gekennzeichnet. Die meisten Busse verkehren von 6 bis 24 Uhr, während Ramadan bis 2 Uhr nachts.

Die wichtigsten **Busbahnhöfe** sind:

- **Midan Tahrir:** Mit insgesamt drei verschiedenen Haltestellen: Buslinien mit Endstation halten im überdeckten Busbahnhof hinter dem Nile Hilton Hotel, durchfahrende Busse nach Osten bzw. Westen in der Sharia Tahrir nahe dem Mogamma Gebäude, durchfahrende Linien in südlicher Fahrtrichtung in der Sharia Qasr El Aini, nahe der Amerikanischen Universität.
- **Midan Abd El Minin Riyad:** Unter der Hochstraßenbrücke nahe dem Ramsis Hilton Hotel entstand ein neuer Busbahnhof, der teils den Verkehr vom Midan Tahrir aufnimmt.
- **Midan Ramsis:** Endstation direkt vor dem Bahnhof, durchfahrende Linien vom Midan Tahrir halten in der Sharia Ramsis, zum Tahrir unter der Hochstraße in der Sharia Galaa, zum Midan Ataba in der Sharia Gumhuriyya.
- **Midan Ataba/Sharia 26.July:** Auch hier wieder etwas verwirrend: Busse aus und in den Westen wenden in den

4. In Kairo zurechtkommen

Ezbekiya Gärten, eine weitere Haltestelle ist im Parkhaus; die Richtung Midan Tahrir wird an der Ecke Sharia Abd El Aziz bedient (wegen der U-Bahnbauten möglicherweise andere Haltepunkte).
Vor allem zu den Hauptverkehrszeiten herrscht hautnahes Gedränge. Jemand sagte: "Wenn du wissen willst, was Lebenskampf ist, dann fahre mit einem Omnibus in Kairo."
Aus den mehr als 200 Buslinien haben wir eine Auswahl der für Fußgänger interessanten Linien zusammengestellt. Die Abkürzungen bedeuten: Md = Midan (Platz), Sh = Sharia (Straße).

Buslinien in Kairo

Fahrtstrecke (meist nur Teil der Strecke) — Liniennummer

Fahrtstrecke	Liniennummer
Md Abbasiya - Khan el Khalili Bazar (und weiter)	64
Md Abbasiya - 6.Oct. Brücke - Mit Uqba- Dokki - DEO - Giseh	800
Md Ataba - Abdin Palast - Amr Moschee	93
Md Ataba - Flughafen	410
Md Ataba - Abbasiya - **Heliopolis**	50
Md Ataba - Md Tahrir - Universität - **Md Giseh**	10
Md Ataba - Zitadelle - **Mokattam**	401
Md Ataba - Md Tahrir **Md Ataba**	99
Md Giseh - Abou el Houl (**Sphinx, Pyramide**)	3
Khan Khalili - Maadi	704
Maadi - Pyramiden	901
Md Ramsis- Md Tahrir - **Dokki**	810
Md Ramsis - Md Tahrir - **Maadi**	412
Md Ramsis - Md Tahrir - Maadi - **Heluan**	431
Md Ramsis - Md Tahrir - **Mokattam**	407
Md Ramsis - Md Tahrir - **Zamalek**	23
Md Ramsis - Zamalek - **Pyramiden**	30
Md Ramsis - **Zitadelle**	160
Md Tahrir - Corniche el Nil	26, 222, 432, 433
Md Tahrir (Nähe Ramsis Hilton) - Md Ramsis - **Flughafen** (Terminal 1)	400
Md Tahrir - Md Ramsis - Md Abbasiya - Flughafen (Terminal 2)	449
Md Tahrir - Md Ramsis - Md Abbasiya - **Heliopolis**	500
Md Tahrir - Md Ramsis - Md Roxy - Heliopolis	510, 512
Md Tahrir - Md Ramsis - Md Abbasiya - **Sinai-Terminal**	350
Md Tahrir - Md Ramsis - Md Abbasiya - Sinai-Terminal	611
Md Tahrir - Dorf Nazlit El Saman (**Sphinx, Pyramiden**)	913
Md Tahrir (Mogamma-Gebäude) - Manial - Pyramiden, Haltest. Mena House	8
Md Tahrir (Mogamma-Gebäude) - Manial - Pyramiden.	900
Md Tahrir - Md Giseh - Pyramiden	903
Md Tahrir - **Md Giseh** (Sh El Rabi el Gizi, Anschluß nach Badrachen)	110
Md Tahrir - Dokki - **Deutsche Ev. Oberschule** (DEO) - Um el Masriyn	100

Minibusse sind bequemer

Md Tahrir - Sh Sudan - **Md Libanon** (Mohandissin)	99
Md Tahrir - **Islamisches Museum**	75
Md Tahrir - **Khan el Khalili Bazar** (und weiter)	66
Md Tahrir - **Amr Moschee** (Nähe Alt-Kairo)	92
Md Tahrir - **Maadi**	409
Md Tahrir (Mogamma-Gebäude) - Sayida Zeinab - **Ibn-Tulun-Moschee - Zitadelle**	174
Md Tahrir - Sultan Hassan Moschee - Zitadelle	54
Md Tahrir (Mogamma-Gebäude) - Südliche **Totenstadt**	82
Md Tahrir - **Barrages du Nil** (linkes Ufer)	214
Md Tahrir - Barrages du Nil (rechtes Ufer)	210

Arabische Zahlen	0 1 2 3 4 5 6 7 8 9 10
	٠ ١ ٢ ٣ ٤ ٥ ٦ ٧ ٨ ٩ ١٠

Minibusse sind bequemer

Eine hervorragende Alternative zum normalen Bus sind die etwas teureren Minibusse, die tollkühn durch die Stadt rasen und eins der schnellsten oberirdischen Verkehrsmittel sind. Da nur (in der Regel) Sitzplätze verkauft werden, können Frauen wesentlich "unberührter" vorwärtskommen. Der Fahrpreis beträgt normal 50 Pt, die Busse fahren allerdings an den Endpunkten erst los, wenn alle Plätze besetzt sind.

Daneben gibt es diverse Strecken, die von privaten Minibussen versorgt werden, z.B. auf der Pyramid Road durch VW-Transporter aller Altersklassen. Man winkt die Busse an und nennt sein Fahrziel, wenn die Richtung stimmt und Platz ist, steigt man zu und zahlt zwischen 25 und 50 Pt.

Man kann z.B. vom Midan Tahrir (vor Mogamma) zu den Pyramiden, nach Heliopolis oder von der Sharia Qasr El Aini Richtung Maadi/Heluan fahren. Allerdings sind diese Busse meist total überfüllt.

Minibuslinien in Kairo

Linie Fahrtstrecke (meist nur Teil der Strecke)	Liniennummer
Md Abbasiya - El Tagnid - **Ain Shams**	31
Md Abbasiya - Md Higaz **(Heliopolis)** - Abbasiya Dairi	30
Md Ataba - Md Abbasiya - Roxy **(Heliopolis)**	25
Md Ataba - **Al Azhar Moschee** - Hay Ashir	33
Md Ataba - **Dokki** - Umm El Masriyn	84
Md Ataba - Hadaik El Kubba - Imarat Osman **(Nasr** City)	41
Md Ataba - Md Abbasiya - Nasr City	34
Md Ataba - Md Orabi - **Md Ahmed Helmi** - Shubra El Chaima	8
Md Ataba - Md Tahrir - **Insel Roda**	59
Md Ataba - Sharia 26.July - **Zamalek**	8
Md Ataba - Sayida Zainab - **Amr-Moschee (Alt-Kairo)**	53
Md Ataba - **Sayida Zeinab** - Dar El Salam	56

4. In Kairo zurechtkommen

Md Ataba - **Sharia 26.July** - Bulaq El Dakrour... 76
Md Ataba - **Sharia Bur Said** - El Zawiya El Hamra 37
Md Ataba - **Zitadelle** - Basatin (südl. Totenstadt) 57
Md Ramsis - Manial-Palast - Dar EllTaawun... 58
Md Ramsis - Sharia 26.July - **Zamalek** 47
Md Ramsis - Sharia 26.July - **Md Lebanon** (Mohandissin) 72
Md Tahrir - Md Ramsis - Roxy - **Flughafen** (Terminal 1) 27
Md Tahrir - Dokki - **Pyramiden,** Hotel Mena House (Linie zu einer Neubausiedlung verlängert, an Kreuzung Menahouse Hotel aussteigen) 83
Md Tahrir - Bab el Wazir (**Zitadelle/Hassan Moschee**) 45
Md Tahrir - **Md Abbasiya** - Rabia El Adawiya - Hayy Sadis 32
Md Tahrir - Md Abbasiya (**Sinai Terminal**) - Roxy (Heliopolis)............... 24
Md Tahrir - Sayida Zainab - **Zitadelle** **54**
Md Tahrir - Sayida Zainab - **Ibn-Tulun-Moschee** - Zitadelle 46

Die Metro, Kairos U-Bahn

Im Herbst 1987 wurde die von den Franzosen erbaute Metro eröffnet, die erste U-Bahn auf afrikanischem Boden. Sie verbindet die schon existierenden Vorortbahnen von Heluan im Süden durch die Stadt mit der Bahn nach El Marq im Norden. Diese Strecken wurden überholt und für das Metro-System ausgebaut. 1996 kam ein erstes Teilstück der Linie 2 hinzu, das derzeit von Shoubra El Kheima nach Mubarak führt und später nach Giseh verlängert wird.

Von Süden kommend verschwindet die Linie 1 der Metro im innerstädtischen Bereich bei der Station Saad Zaghlul (Nähe Sharia Qasr El Aini, Parlament) in der Erde. Die nächste Station heißt Anwar el Sadat und liegt unter dem Midan Tahrir, danach folgt die Station Gamal Abdel Nasser an der Straßenkreuzung Sharia 26.July/Sharia Ramsis, dann die Station Ahmed Orabi an der Kreuzung Sharia Orabi/Sharia Ramsis und schließlich die Station Hosny Mubarak unter dem Midan Ramsis vor dem Ramsis-Bahnhof, dann geht's wieder ans Tageslicht.

Die Folge der Stationen - die arabisch und englisch ausgeschildert sind - ist im "Metro-Kasten" aufgeführt. Oberirdisch weisen Schilder, auf denen ein rotes **M** in achteckigem Stern und der arabische Schriftzug für Metro steht, auf das neue Verkehrsmittel hin. **Wichtig:** Heben Sie das Ticket bis zum Aussteigen auf, Sie benötigen es für die Ausgangssperre (französisches System).

Die Züge fahren in wenigen Minuten Abstand, im innerstädtischen Bereich kosten Tickets mindestens 50 Pt, dafür kann man acht Stationen fahren. Achten Sie darauf, daß Ihr Ticket die gesamte Fahrstrecke deckt, andernfalls kommen Sie nicht bzw. nur gegen LE 20 Strafe aus dem Bahnhof.

Die Ticketverkäufer am Midan Tahrir leiden unter chronischem Wechselgeldmangel, wer die 50 Pt nicht passend hat, ist seine Pfundnote los. Nur während der Stoßzeiten von etwa 8 bis 9.30, mittags um 14 Uhr und nachmittags von etwa 15 bis 16.30 Uhr sind die Züge brechend voll. **Für alleinreisende Frauen** ist der erste Wagen reserviert; sie können aber auch

Die Straßenbahn

Stationen der Metro-Linie 1 von Süd nach Nord
(Schreibweise wie auf den Schildern angegeben)

Helwan	El Zahra	Manshiyet El Sadr
Ain Helwan	Mar Girgis	Kobri El Kobba
Wadi Hof	El Malek El Salah	Hammamat El Kobba
Helwan	El Sayeda Zeinab	Saray El Kobba
El Maasara	Saad Zaghloul	Hadayek El Zeytoun
Tura El Esment	Sadat	Helmiyet El Zeytoun
Kozzika	Nasser	El Matariya
Tura El Balad	Orabi	Ein Shams
Sakanat El Maadi	Mubarak (umsteigen)	Ezbet El Nakhl
El Maadi	Ramsis	El Marg
Hadayek El Maadi	Ghamra	
Der El Salaam	El Demerdash	

andere Wagen benutzen. Längerer Aufenthalt im Bahnhof ist verboten, der nächste einlaufende Zug muß genommen werden.

Die **Heliopolis-Linie,** eine Schnellbahn auf zum Teil eigenem Gleiskörper, ist im nächsten Abschnitt erwähnt.

Die Straßenbahn

Rumpelnde, um Kurven quietschende Straßenbahnen gehören auch zum Bild der Innenstadt. Sie betätigen sich eher als Verkehrshindernis und sind wegen ihres Schneckentempos selten überfüllt. Machen Sie sich trotzdem das Vergnügen einer Reise mit der Rumpelbahn (Fahrpreis 10 - 25 Pt): Die "Schnecke" entwickelt manchmal ein atemberaubendes Tempo, die wenigen Passagiere werden bei den schlimmsten Stößen auf den Holzsitzen herumgeschleudert, während der Schaffner gelangweilt in der Nase bohrt.

Wegen der Metro-Bauarbeiten stimmen die im folgenden angegebenen Linien nur bedingt; außerdem soll es nicht numerierte, nur farblich gekennzeichnete Linien geben. Auch fahren einige Linien offenbar auf anderer Strecke zurück, am besten Sie fragen den Schaffner nach der Linie zu Ihrem Fahrziel. Es ist schwierig, die derzeitige Streckenführung herauszufinden, daher nur die ehemals gültige:

- ◆ 4 Midan Saiyida Zeinab - Bab El Luc - Midan Ataba - Midan Ramsis
- ◆ 13 Midan Ramsis - Midan Ataba - Midan Salah El Din (Zitadelle) - Südl. Totenstadt
- ◆ 15 Midan Saiyida Zeinab - Sharia Bur Said - Matariya
- ◆ 18 Ataba - Abbasiya
- ◆ 22 Midan Saiyida Zeinab - Sharia Bur Said - Mid. El Geish - Abbasiya

Als weitere Schienenverbindung, die mit den oben genannten Straßenbahnen nicht viel gemeinsam hat, ist die **Heliopolis-Linie** zu nennen, die aus drei Linien besteht und eher eine Schnellbahn ist. Sie startet am Midan Abd el Monim Riad, der hinter dem Ägyptischen Museum quasi unter dem Hochstraßen-Gewirr liegt, fährt zum Ramsis-Bahnhof und von dort auf eigenem Gleiskörper neben der Metro weiter. Die Linien steuern, nach-

4. In Kairo zurechtkommen

dem sie Zentral-Heliopolis (Roxy und Sharia Al Ahram) hinter sich haben, unterschiedliche Ziele an: zur Sharia El Mouzha (rote Linie), bzw. nach Mirghani (gelbe Linie) und nach Higazi/Abdel Aziz Fahmy (türkis).

Motorboot-Liniendienst

Für 25 Pt Fahrpreis befördern blaue Linienschiffe täglich 35 000 Leute auf dem Nil. Die Haltestellen (großes weißes Schild mit blauer Schrift am blauen Anleger) liegen:
- Rechtes Nilufer nördlich der 6.October Brücke beim Ramsis Hilton
- Linkes Nilufer in Dokki Nähe der Universität nördlich der El Gamma Brücke
- Insel Roda, südlich der El Gamma Brücke
- Insel Roda, südlich der Giseh Brücke
- Linkes Nilufer in Giseh südlich der El Giseh Brücke
- Rechtes Nilufer Alt-Kairo (etwas südlich gegenüber dem Nilometer)

Die Fahrzeit über die gesamte Strecke beträgt ca. 35 bis 40 Minuten. Letzte Abfahrt von Alt-Kairo nach Norden um 16 Uhr (wenn Sie dieses Boot verpassen: einige Buslinien, deren Haltestelle neben der Bootsanlegestelle ist, fahren zum Midan Tahrir). Freitags stellen die Motorboote gegen Mittag ihren Dienst ein. Achtung: Manche der regulären letzten Boote fahren nachmittags nur bis Giseh. Von der Anlegestelle an der Embaba-Eisenbahnbrücke fahren auch Boote zu den Barrages du Nil ab (siehe Seite 189).

Taxi

Taxifahrten sind, verglichen mit deutschen Preisen, spottbillig. Für die hiesige Grundgebühr fährt man in Kairo durch zwei Stadtteile, z.B. vom Midan Tahrir über den Nil nach Mohandissin.

Wer günstig fahren will, kennt den Preis für die Strecke im voraus, hat passendes Geld bereit, zahlt kommentarlos beim Aussteigen und läßt sich auf weiteres Feilschen nicht ein. Für den ersten Kilometer sollte man ca. LE 1 rechnen, jeder weitere km bis zu LE 0,50. Mit etwa LE 4 bis 6 kann man im Stadtzentrum zurechtkommen, z.B. die Strecken Midan Tahrir - Khan el Khalili oder Zitadelle abfahren. Die Fahrt Midan Tahrir - Pyramiden kostet ca. LE 10 - 15, Midan Tahrir - Sinai Terminal LE 3 bis 4 (diese Preisangaben beziehen sich jeweils auf den Fahrgast, also nicht auf den gesamten Wagen). Der Taxameter alter Prägung, falls überhaupt eingeschaltet, zeigt meist sehr viel weniger an; denn die offiziellen Gebühren liegen weit unter dem aktuellen Niveau. Es sollen neue korrekte Taxameter eingeführt werden; ob sie dann wirklich funktionieren, sei dahingestellt. Vielleicht zahlen Sie auch nach Zeitverbrauch: Ein Ägypter empfiehlt pro 10 Minuten Fahrt LE 2 bis 2,50.

Es gibt keine (oder nur wenige) Taxi-Standplätze wie bei uns; man stellt sich möglichst dicht an den Straßenrand und versucht, durch Winken auf sich aufmerksam zu machen. Sobald sich ein Taxi interessiert nähert, rufen Sie Ihr Fahrtziel (möglichst bekannte Straße oder Stadtteil) dem Fahrer zu. Wenn dies an seiner Strecke liegt, nimmt er sie mit. Angesichts größerer Gewinnspanne halten Taxis bevorzugt bei Fremden.

Wichtig für Billig-Mitfahrer ist, möglichst die schwarzweißen, meist japanischen/südkoreanischen Taximodelle anzuwinken; zwar sprechen deren Fahrer selten englisch, aber sie sind meist mit dem Preis zufrieden. Wenn der Fahrer Phantasiepreise für das angegebene Ziel nennt, dann lassen Sie ihn sofort anhalten, steigen Sie kommentarlos aus, das nächste Taxi kommt vermutlich nur einen Augenblick später, selbst nachts. Unterwegs nehmen die Fahrer zusätzliche Fahrgäste auf, das ist üblich.

Doch bei dem verständlichen Wunsch, nicht vom Taxifahrer übers Ohr gehauen zu werden, sollte der Fahrgast auch an den Mann/Familienvater hinter dem Steuer denken: Sein durchschnittlicher Tagesverdienst liegt nach allen Abzügen bei LE 10 - 15. Wer würde sich in Deutschland für diesen Hungerlohn einen Tag lang durch Abgasschwaden quälen?

Klagen werden über die Taxifahrer vor dem Ramsis-Bahnhof laut. Dort scheinen Schlepper dafür zu sorgen, daß die Preise hochgehalten werden. Daher am besten den Vorplatz verlassen und ein Taxi aus dem fließenden Verkehr anwinken.

An Plätzen mit touristischen Attraktionen oder vor Hotels stehen häufig etwas vornehmere Taxis (bevorzugte Marke: Peugeot) herum. Sie sind meist doppelt so teuer wie die Klapperkisten, die Fahrer sprechen aber häufig etwas englisch. Diese Wagen können Sie auch für Fahrten ins Fayum oder nach Sakkara anheuern. Vereinbaren Sie aber unbedingt vorher Preis, Fahrtroute, Dauer und eventuelle Sonderleistungen eindeutig und genau. Gehen Sie davon aus, daß Sie dem Fahrer unterwegs ausgeliefert sind, und daß er diese Situation u.U. zum Erpressen höherer Preise nutzen wird. Zahlen Sie erst nach der Rückkehr.

Wenn Sie in aller Herrgottsfrühe zum Flughafen müssen und kein Risiko eingehen wollen, können Sie bei *Misr Travel Limousine* (Tel 2856721) eine Limousine bestellen, die (angeblich) zuverlässig und pünktlich zu festgesetztem Preis (mindestens LE 50 plus 5%) vor der Tür steht.

Für längere Strecken außerhalb Kairos (z.B. Sakkara, Fayum) sind **Sammeltaxis** eine gute Alternative zu Bussen oder normalen Taxis. Von Kairo aus können Sie in jede Richtung mit diesen (meistens Peugeot-Limousinen) fahren, die allerdings erst dann starten, wenn alle Plätze besetzt sind. Abfahrtplätze finden Sie in der Nähe des Ramsis-Bahnhofs und des Midan Giseh.

Fahrrad
Besonders mutige Besucher können sich ein Fahrrad leihen (ca. LE 3 pro 6 Std) bei Fahrradhändlern in der Sharia Rushdy (Zentrum: vom Midan Mustafa Kamel in Sharia Mohammed Farid, erste größere Querstraße, bei der National Bank) oder in Zamalek bei Hannafi Mohammed Moussa, 8 El Said el Bakri.

4.4 Nützliche Adressen, Souvenirs, Shopping

Diplomatische Vertretungen
- **Botschaft der Bundesrepublik Deutschland,** 8, Sharia Hassan Sabry, Kairo-Zamalek, Tel 341 0015, 341 0017, Geschäftszeiten Mo-Fr 9 -11
- **Generalkonsulat Alexandria,** 5, Sharia El Mina, Rushdi, Tel 545 7025
- **Botschaft der Republik Österreich,** 5, Sharia Wissa Wassef/Corner Sharia El Nile (südlich neben der Universitäts-Brük-

4. In Kairo zurechtkommen

ke Kubri el Gama), Kairo - Dokki, Tel 570 2975
- **Schweizerische Botschaft,** 10, Sharia Abdel Khalek Sarwat, Kairo, Tel 575 8133
- **Botschaft des Königreichs Jordanien,** 6, Sharia Gohaina, Dokki (2 Blöcke hinter Sheraton)

Wichtige Behörden und Institutionen

- **Touristen-Information:** Hauptbüro 5, Sharia Adly, Tel 391 3454; Öffnungszeiten 9 bis 20 Uhr (wenden Sie sich an Mr. Ayman Youssef, der sich sehr gut auskennt und sehr hilfsbereit ist, z.B. auch bei Beschaffung von Tickets für ausgebuchte Züge; leider nur nachmittags am Di, Mi, Fr anwesend). Weitere Büros finden Sie in beiden Flughafenterminals, im Hauptbahnhof und an der Pyramid Road Nähe Mena House Hotel.
- **Paßbüro** (Registration): Mogamma-Gebäude, Midan Tahrir
- **Touristenpolizei:** 5, Sharia Adly, Tel 126 / 92 60 205, in Giseh gegenüber Mena House Hotel
- **Polizei:** Tel 122 Notruf 757987, 760785, 930900, 922
- **Cairo Traffic Department** (Verkehrsfragen): Ende der Sharia 26.July am Midan Opera, links nach den Bushaltestellen
- **Youth Hostel Office:** 1, Sharia Ibrahim, Garden City
- **Staatliches ägyptisches Verkehrsbüro:** Misr Travel Tower, Midan Abbasiya, Tel 82 02 83
- **Antiquities Office:** 4d, Sharia Fakhri Abdelnour, Abbasiya (direkt hinter Misr Travel Tower).
- **Tasrih-Ausstellung:** Military Intelligence, Group 26, Sharia Manshia el Bakry, Heliopolis
- **Telephon** (Auslandsgespräche) und Telegramme mit 24 Std-Service: Central Telephone and Telegraph Office, Sharia Adly, Md Tahrir. Sharia Ramsis und Sharia El Alfy (siehe auch Seite 50)
- **Hauptpost:** Midan Ataba
- **Goethe-Institut:** 5, Sharia Abdel Salam Aref (Nähe Tahrir), Tel 575 9877
- **Deutsche Evangelische Oberschule** (DEO), 6, Sharia El Dokki, Dokki
- **Deutsche Schule der Borromäerinnen,** 8, Sharia Muhammad Mahmoud, Bab el Louk
- **Deutsches Archäologisches Institut:** 31, Sharia Abou el Feda, Zamalek
- **Deutscher Akademischer Austauschdienst:** 11, Sharia Slah Ayoub, Zamalek
- **Österreichisches Archäologisches Institut:** 6A Sharia Ism. Muhammad, Zamalek
- **Österreichisches Kulturinstitut:** 1103, Corniche el Nil, Garden City
- **Schweizer Institut für Ägyptische Bauforschung:** 13, Sharia El Shaer Aziz Abaza, Zamalek
- **Pro Helvetia,** Schweizer Kulturinstitut, c/o Schweizer Botschaft, 10, Sharia Abdel Khalek Sarwat
- **Schweizerverein Kairo:** Villa Pax, Sharia El Salam, Embaba
- **American University in Cairo** (AUC), Public Relation Office, Hauptgebäude Sharia Sheikh Rihan (Nähe Tahrir)

Fluggesellschaften

- **Egypt Air,** Sharia Adly, Tel 390 2444, 390 0999; Reservation/Confirmation: 392 9785, 392 9787; Flugh. 244 1460 (Alex. 482 5937, Assuan 322 400, Hurghada 40 788, Luxor 224 139); weitere Büros in vielen Stadtteilen

- **Air Sinai,** Nile Hilton, "Rückgebäude" zum Midan Tahrir (hier finden Sie auch Reisebüros und andere Fluggesellschaften)
- **Austrian Airlines / Swiss Air,** 22 Qasr El Nil, Tel 393 7955, 392 1522 (Reserv.)
- **Lufthansa,** Sharia El Sheikh el Marssafi, Zamalek, Tel 342 0471-6; Flughafen Terminal 2 417 2951
- **Malev,** 12 Sharia Talaat Harb, Tel 574 4959

Banken

- **American Express,** 15, Sharia Qasr El Nil, POB 2160, Tel 574 3383 (täglich 8.30-16.30 U); Büros auch in den großen Hotels Kairos, im Winter Palace Hotel in Luxor und Old Cataract Hotel in Assuan
- **Citibank,** 4, Sharia Ahmed Pascha, Garden City
- **Misr America International Bank,** 8, Sharia Ibrahim Neguib, Garden City
- **Commerzbank,** Qasr el Nil
- **Deutsche Bank,** 23 Qasr el Nil;
- **Dresdner Bank,** 33 Qasr el Nil
- **Swiss Bank Corporation,** 3, Sharia Ahmed Nessim, Giseh

Kirchen

- Koptisch: **St. Markus Kathedrale,** 222, Sharia Ramsis, mit englischsprachigen Messen
- Katholisch (deutschsprachig): **Kirche der Hl. Familie,** 55 Road 15, Maadi (samstags deutsch); Kapelle der Borromäerinnen, 8, Sharia Muhammad Mahmoud, Bab el Louk
- Protestantisch: **Deutsche Evangelische Kirche,** 32, Sharia El Galaa, Boulak; Schweizerische Evangelische Kirche, 39, Sharia 26.July

Medizinische Versorgung
Allgemeinärzte:

- **Dr. Abelrahman Dusoki** (Internist, deutschsprachig, Schularzt der DEO), 8, Sharia Murad, Giseh, Tel 572 9960
- **Dr. Monika Ismael** (deutsche Allgemein- u. Kinderchirurgin), Child Health Institute, 14, Sharia Okasha, Dokki, Tel 348 4497, priv. 341 105
- **Frau Dr. Mona Abu-Zekry,** 7, Sharia El Zouhour, Mohandissin, Tel 360 0101 (auch privat)
- **Frau Dr. Vicicevic-Salama** (deutschsprachig), 5, Road 296, Maadi, Tel 353 9858

Hals-Nasen-Ohren-Arzt:

- **Dr. Abdelaziz Attia** (deutschsprachig), 139a Sharia Tahrir, Dokki, Tel 349 3513,

Augenarzt:

- **Dr. Hassan El Samra** (deutschsprachig), 19, Sharia Wezara El Zerai, Dokki, Tel 719 816

Gynäkologen:

- **Frau Dr. Samira El Mallah,** (deutschsprachig), 21, Sharia El Kalifa El Maamoun, Roxy Heliopolis, Tel. 291 8030,
- **Dr. Sherif Hamza** (deutschsprachig), 53, Sharia El Zahraa, Mohandissin, Tel 348 3424, privat Tel 342 1101

Urologe:

- **Dr. Hesham El Din Mustafa** (Assistent Dr. Samir spr. deutsch), über Shaalan Surgicenter, Mohandessin, Tel 360 3293

Zahnärzte:

- **Dr. Wafik Mahrous** (deutschsprachig), Ärztehaus 9. Str., Maadi, Tel 350 2323
- **Dr. Bahira Wefky** (deutschsprig), 3A Midan Tahrir, Asstra Building 4th Floor, Apt. 14, Tel 354 3482

Krankenhäuser
Bei Behandlung im privaten Krankenhaus wird meist Vorschußzahlung verlangt.

4. In Kairo zurechtkommen

- **Anglo-American Hospital,** Tel 3406162, direkt neben dem Cairo Tower
- **As Salam Hospital, 3, Sharia Syria, Mohandissin,** Tel 342 2780
  Corniche el Nil, Maadi, Tel 363 8050
- **As Salam International Hospital,** Corniche el Nil, Maadi, Tel 363 8050
- **Arab Contractors Medical Centre,** 33, Sharia Gabal El Akhdar, Nasr City, Tel 283 0000
- **Cairo Medical Center,** Midan Roxy, Heliopolis, Tel 258 1003
- **El Fayrouz Hospital,** 25, Midan El Sahada, Dokki, Tel 360 0015 (Vertragskrankenhaus der DEO)
- **Misr International Hospital,** 12, Sharia El Saraya, Dokki (Nähe Midan Saad El Aly), Tel 360 8261
- **Erste Hilfe bei Vergiftungen: El Shams Universitätsklinik,** Heliopolis, Tel 828 212, 24 Std Service, Dr. Bahira Fahim oder Dr. Nefertiri
- **Krankenwagentransport:** Tel 770 018 (Sharia Ramsis), 720 123 (Giseh), 350 2873 (Maadi), 244 4327 (Heliopolis), kann sehr lange dauern, daher Taxi nehmen, wenn es geht!

Tierarzt, Tiermedizin:

- **Dr. Albert Hanna,** 2/3, Sharia Ramsis, Tel 935 163

Apotheken:

- **Attaba Pharmacy,** 17 Midan Attaba, Tel 910 831
- **ZECCINI,** 21 Sharia Adli (Nähe Tourist Information)
- Abul Ezz, 49 Qasr el Aini, Tel 843 772
  Gumhouria, Sharia Ramsis / 26.July
  Tel 743 369
- **Seif,** 76 Qasr el Aini, Tel 354 2678
- **Essam,** 101 Road 9, Maadi, Tel 350 4126

Reiseagenturen, Reiseführer

Am Ramsis-Bahnhof stehen einige sog. Tour Operators, die sehr preiswerte Minibus-Reisen z.B. nach Sakkara, aber auch nach Oberägypten oder in andere Gegenden anbieten. Wenn man das Selbstorganisieren satt hat und mit recht fragendem Gesicht dort herumläuft, wird man meist von den Leuten angesprochen, auch Rezeptionisten von Billighotels kennen diese Touren.

- **ACACIA Travel,** 27, Sharia Lebanon, Mohandissin (ein "Ableger" von MAX Rent a Car), spezialisiert auf Wüstentouren (fragen Sie nach Supriya Chawla)
- **Blue Sky Travel,** 14, Sharia Champollion (Zentrum), Tel 574 2201, besorgen Einzelplätze auf Nilkreuzfahrern (Büros in Luxor, Assuan, Hurghada)
- **De Catro Tours,** 12, Sharia Talaat Harb, gegenüber Felfela Restaurant; guter Service, günstige Preise
- **Deutsch-Arabische Handelskammer,** 3, Sharia Abu el Feda, Zamalek; die Handelskammer betreibt auch ein Reisebüro, in dem eventuell preiswerte Flüge zu bekommen sind
- **EASTMAR,** 13, Sharia Qasr El Nil (Nähe Tahrir), Tel 753 216, auf Nilkreuzfahrten spezialisiert
- **ETAMS TOURS,** 99, Sharia Ramsis, Tel 745721; spezialisiert auf Touren für **Behinderte** (entsprechende Fahrzeuge vorhanden)
- **Hamis Travel,** Dr. Abou Shadi, Ramsis Station (im Gebäude der Schlafwagenreservierung), Tel 5749275, spezialisiert auf organisierte Touren für Individual-Traveller. So kennen Dr. Shadi und seine deutschsprechende Frau (Holländerin) das Eisenbahnreservierungssystem und

- können angeblich auch bei ausgebuchten Zügen Karten besorgen.
- **MISR Trave**l, 1, Sharia Talaat Harb, gut englisch- auch deutschsprachiges Personal
- **PAN ARAB TOURS,** Alma Nagub, 55, Sharia Gumhuriyya, Tel 902 133, deutschsprachiges Personal
- **Spring Tours,** 3, Sharia El Said el Bakry, Zamalek, Tel 341 5972 /75. Wir haben sehr gute Erfahrungen mit der Hilfsbereitschaft und Effektivität dieser Leute gemacht.
- **Thomas Cook,** 17 Sharia Mahmoud Bassiouny, Tel 574 3955
- **Ashraf Kamal,** 52, Sharia El Zahara (Dokki), Tel 361 1195, bietet häufig gelobte Minibus-Touren nach Sakkara, ins Fayum oder zu anderen Zielen an.
- Ein gut deutschsprechender **Kairo-Füh - rer** ist Ahmed Elshebokshi, 29, Sharia Abbasiya, Tel 252 7950.
- **ZEKRI TOURS,** 14, Sharia El Khateb, Dokki, Tel 348 2923 arrangiert Jeeptouren ins Fayum, zu den Oasen oder zum Sinai
- Als **Sprachlehrer** arabisch/deutsch kann Amr Kassem, Tel Kairo 2820685 empfohlen werden
- Weitere Reisebüros finden Sie in der Broschüre "Cairo by Night and Day".

Mietwagen

Es gibt eine Menge Verleihfirmen in Kairo, wir bringen hier nur eine Auswahl. Lesen Sie hierzu auch die allgemeinen Informationen ab Seite 41.

- **AVIS:** 16, Sharia Mamaal El Sokkar, Garden City, Tel 354 7400
  Hotel Meridien, Tel 84 5444; Nile Hilton Hotel, Tel 74 0777; Sheraton Hotel, Tel 98 3000; Airport, Tel 96 3270
- **BUDGET:** 5, Sharia El Makrazi, Zamalek, Tel 340 0070
  Airport Tel 66 7711, Heliopolis Tel 66 6027, Zamalek Tel 80 0070,
- **ELITE,** 18, Sharia Syria, Mohandessin, Tel 360 9976
- **EUROPCAR** (früher MAX Rent a Car), 27, Sharia Lebanon, Mohandissin, Tel 347 4712, 345 1022 (von Lesern mehrfach empfohlen), führt auch Allradfahrzeuge (Jeep CJ8, Lada)
- **HAFEZ** Co, 4 (A), Sharia Haroun, Dokki, Tel 348 6652, 360 0542
- **HERTZ:** Hauptbüro Sharia Nabatat, Tel 229 48; Airport, Büro im Ramsis Hilton
- **RAWAS,** 4, Midan Tahran, Mosadek, Dokki, Tel: 349 5313
- **T.C.S**., 11, Sharia El Messaha, Dokki, Tel 349 9363

Souvenirs

Passen Sie beim Souvenirkauf stets auf, daß Sie nicht übers Ohr gehauen werden, vor allem von fliegenden Händlern. Nach dem Kauf entpuppt sich dann der schöne Edelstein als Plastik, das Leder als Kunststoff und das Silber als poliertes Blech. Beliebt ist auch nachgemachtes Pharaonisches, das ganz Naiven als echt (und teuer), dem Normalverbraucher aber zumindest als handgemachte Basaltskulptur angedreht wird; bei genauem Hinsehen entdeckt man dann die Bläschen im Polyester.

Schlepper, aber auch Reiseagenturen oder Busunternehmer erhalten Provisionen für die Käufer, die sie in entsprechende Geschäfte schaffen; die Provision wird natürlich auf den Verkaufspreis geschlagen.

Silber und Gold werden nach Tagespreisen verkauft; lassen Sie sich den ak-

4. In Kairo zurechtkommen

tuellen Preis von Ihrem Hotelrezeptionisten aus ägyptischen Zeitungen ermitteln. Die Edelmetalle selbst dürften kaum billiger als auf dem Weltmarkt sein (als Anhalt: Ende 1996 etwa LE 35 pro Gramm Gold). Wesentlich billiger allerdings sind die Gold- und Silberschmiede: Je mehr handwerkliche Kunst im Schmuckstück steckt, um so preiswerter können Sie es in Ägypten erwerben - falls Sie dem Händler gewachsen sind.

Papyrusbilder sind ein beliebtes Souvenir. Doch hier gibt es viele Fälschungen, die auf Extrakt aus Bananenblättern gemalt sind. Falsches Papyrus erkennt man daran, daß es beim Knicken an z.B. einer Ecke bricht bzw. brüchig wird, während echtes Papyrus unverändert bleibt. Echtes Papyrus ist kaum unter LE 30 zu kaufen. Blankes Papyruspapier (z.B. DIN-A3 Größe LE 10) kann man selbst bemalen und dann verschenken. Empfohlen wird häufig das Delta Papyrus Center, 21 Sharia Ghouria, 3. Stock; der Besitzer Said hat recht gute Kenntnisse - aber lassen Sie sich nicht übervorteilen. Oder: Tut Ankh Amon Pyprus Factory, 3, Sharia Talaat Harb (links neben Air India); Papyri werden hier bemalt, Kontakt zu malenden Kunststudenten.

Die am besten verarbeiteten **Leinentaschen** zu fairen Preisen gibt's bei Yosri M. Ouf, zwischen Bab Zuwela und Eingangstor zum überdachten "Zeltmacher-Bazar", gegenüber der Sali Talai Moschee, der letzte kleine Laden rechts. Fertig auch auf Bestellung innerhalb von zwei bis drei Tagen. - Im überdachten Bazar residieren einige Lederhändler.

Mit **Parfümessenzen** - die Ihnen ständig in aufdringlichster Weise angeboten werden - wird viel Schindluder getrieben; fast immer erhalten Sie irgendetwas, aber keine echte Essenz. Ein üblicher Trick ist das Versetzen mit Speiseöl: Tropfen Sie einen Tropfen in ein Glas Wasser, wenn kein Ölfilm erscheint, halten Sie wohl tatsächlich Parfüm, jedenfalls kein Öl in der Hand. Außerdem sollten Sie erst kaufen, wenn Sie den Duft einer Probe nach ca. zwei Stunden noch riechen können. Seien Sie besonders kritisch z.B. im *Palace of Thousand Flowers Parfumes* in der Sharia Qasr El Nil - und in allen anderen Shops, die Sie zum Parfümkauf drängen.

Messing-Türschilder, Stempel, Visitenkarten etc. bieten viele kleine Shops in der Sharia Qala (früher Mohammed Ali), die zur Zitadelle führt. Hier gibt es auch preiswerte Musikinstrumente, arabische wie importierte; typisch ist die Gegend um die Nr. 160.

Weitere Messingwaren im Khan el Khalili Bazar, z.B. bei Hassan Mohammed Said, 99, Sharia Muezz Li Din Allah.

Wer Transportkapazität für relativ ungewöhnliche **Ton- und Keramikerzeugnisse** hat, kann in der Sharia Mari Girgis in Altkairo für wenig Geld schöne Mitbringsel erwerben.

Preiswerte Kleidung wird in Kairos einziger Fußgängerzone zwischen Sharia Khalek Sarwat und Qasr el Nil angeboten. Hosen, Hemden etc. können Sie sich in Assuan innerhalb kurzer Zeit schneidern lassen (siehe Seite 255). Große Auswahl an bestickten Beduinenwesten gibt es in Luxor.

Maßgeschneiderte Galabeyas kann man sich in einer kleinen Seitengasse der Sharia Muezz Li-Din etwa gegenüber der Fakhami-Moschee machen lassen.

Bauchtanzzubehör gibt es bei Al-Wihalah-Mahmoud Abd El Ghaffar, 73 Sha-

Shopping im Duty-Free

ria Gawhar el Qayid oder bei HABERDASHERY, 73 Sharia Muski (Parallelstraße der Sharia Al Azhar), allerdings in einer Seitengasse; fachkundiger Besitzer.

Musikkassetten mit ägyptischer Musik konservieren allgegenwärtige akustische Eindrücke; fragen Sie nach der berühmtesten Sängerin Om Kassum oder dem Sänger Abdel Halim Hafez.

Ausgefallenes können Sie vielleicht auch auf auf dem **sudanesischen Flohmarkt** am Ataba-Parkhaus finden.

Bilder moderner ägyptischer Maler gibt es in der Wakalat el Guri. Z.B. verkauft der Maler Ragheb Eskander, der gut deutsch spricht und an vielen Ausstellungen in Europa teilnahm, Bilder in seinem Atelier.

In den folgenden Shops können Sie **ausgefallenere und anspruchsvollere Souvenirs** zu entsprechenden Preisen kaufen:

- **SENOUHI,** 54, Sharia Abdel Khalek Sarwat (Nähe Midan Opera), 5. Stock, erlesenes Angebot, alt und neu: Gefäße aus Silber, Kupfer, Messing, Keramik, Handgewebtes, Bücher, Stiche, Schmuck, Batiken, Wisa Wassef-Produkte; traditionsbewußt
- **AL AIN GALERY,** 73, Sharia El Hussein, Dokki, (Nähe Shooting Club) - hochwertiges Kunsthandwerk in weitestem Sinn: Schmuck, Beduinenstickereien, Messing, Klein-Möbel, Keramik
- **Shahira Mehrez,** 12, Sharia Abi Emama, Dokki (Nähe Sheraton) 6. Stock, traditionelle Kleider (alt und neu), Fayum-Keramik, Schmuck, Stickereien; edel, teuer
- **Gallery Morgana,** 57 Maadi Road No. 9, Maadi, eine kunsthandwerklich orientierte Verkaufs-Galerie mit Produkten speziell aus den Oasen (es gibt in derselben Straße noch ein weiteres Morgana, allerdings nicht gut)
- **ATLAS,** im Khan el Khalili, schneidert aus großem, schönem Stoff-Angebot auf Bestellung hochwertige Kleidung; teuer
- Der gesamte **Khan el Khalili Bazar** liegt Ihnen natürlich zum Souvenirkauf zu Füßen, vielleicht ziehen Sie aber noch die Teppichknüpfkünste des Wissa Wassef (Seite 185) und das Weberdorf Kerkdasa (Seite 184) in Betracht
- Oder etwas ungewöhnliche, aber sehr natürliche Souvenirs: **Heilkräuter und Gewürze**. Das angeblich größte Angebot - vier Stockwerke, eigene Gärten - hat das 1885 gegründete Harraz Herb Shop, 39, Sharia Ahmed Maher. In der Sharia Muezz Li-Din Illah, nahe der Ecke mit der Sharia Muski (gegenüber Ashraf-Barsbay-Moschee) am Khan el Khalili Bazar, finden Sie den Laden von Khedr al Attar; werfen Sie beim Bazarbesuch unbedingt einen Blick hinein, Augen und Nase werden sich freuen

Shopping im Duty-Free

Innerhalb von 30 Tagen nach der Ankunft läßt Ägypten noch Einkauf in Duty-Free-Shops der **Egypt Free Shops Company** in der Stadt zu, z.B. in 19, Sharia Talaat Harb, 17, Sharia Gumhuriyya und im Sheraton Hotel. Notwendig sind - neben Geld - Paß und Flugticket.

Supermärkte

- **Alfa,** Dokki, Sharia El Nil, Nähe El Gamma Brücke (kurz nach der Brücke links, unten Bank, im selben Haus ist die Österreichische Botschaft), sehr gut sortiert (gut per Nilboot erreichbar, zwei Stationen südlich des Hilton aussteigen)

4. In Kairo zurechtkommen

- **Cash and Carry,** Midan Lebnan, Mohandissin (10 - 15, 17 - 22 Uhr), gute Auswahl an Europäischem
- **Maxim,** 28, Sharia Syria, Mohandissin (9.30 - 19 Uhr, täglich)
- **Saudi,** Sharia El Missaha, Dokki (9.30 - 21.30 Uhr)
- **Sunny,** Sharia Gamit Al-Dawal Al Abyya, Zamalek; dieses, als derzeit besten Supermarkt gepriesene Kaufparadies nach westlichem Geschmack, finden Sie vom Zentrum kommend auf der Sharia 26.July über den Nil fahrend im zweiten Kreisel rechts
- **Capri,** Sharia Abbas El Aqad, Nasr City
- **TAMCO-MARKET** in Maadi gegenüber Maadi-Hotel; gute Auswahl für Europäer (im Vorort Maadi leben viele)

Bekannte Frischmärkte

- **Ataba Markt,** am Midan Ataba, (Fleisch und Fisch)
- **Bab el Louk Markt,** am Midan el Falaki (Gemüse, Obst)
- **Taufikiya Markt,** am Midan el Orabi
- Jeweils donnerstags verkauft die **Sekem Farm** vor der Deutschen Botschaft Graubrot, Käse, Quark, Milchprodukte, Honig

Lebensmittel

- In den staatlich kontrollierten **ALRAHAM** - Läden sind Lebensmittel gut und billiger als auf den Märkten, allerdings beschränkte Auswahl

Bäckereien

- **Groppi,** Midan Talaat Harb (Cafe, Kuchen)
- **Semiramis,** 72 Kasr el Aini
- **Thomas,** 23, Sharia Adly
- **Simonds,** 112, Sharia 26.July, Zamalek
- Hotel-Bäckereien mit Kuchen, Brötchen und dunklen Broten: Marrirott (gutes Schwarzbrot), Meridien, Nile Hilton, Sheraton, Semiramis, President (braunes Brot); Vollkornbrot in den Hotels Jolie Ville, Meridien Heliopolis, Mövenpick Airport, Sheraton, El Salam

Alkohol

- **Christos Orphanides** (Wein und Bier), 23, Sharia 26.July (vom Ezbekiya kurz vor Sharia Ramsis rechts), in der Nähe der Kreuzung Sharia 26.July/Talaat Harb gibt es weitere Geschäfte mit Alkoholverkauf, z.B. ägyptischen Wein links neben dem Rivoli Kino

Blumen

Als Gastgeschenk für Einladungen z.B:
- **Fleurop,** Sharia 26.July, Zamalek, gegenüber von Tankstelle am Midan Orabi, in der Sharia Zaky

Einige Kaufhäuser

- **Chalons,** Sharia Qasr El Nil
- **Chemla**, Sharia 26.July
- **Cicurel,** Sharia 26.July
- **Hannaux,** Sharia Muhammad Bassiyuny
- **Omar Effendi,** Sharia Talaat Harb

Bücher

- **Lehnert & Landrock,** 44, Sharia Sherif, sher gut sortiert, deutschsprachige Ägyptenliteratur, Karten; ein weiterer Laden im Komplex des Ägyptischen Museums
- **American University Cairo Press,** 11 Qasr el Aini (Nähe Tahrir)
- **Anglo Egyptian Bookshop** (englisch), 165, Sharia Muhammad Bey Farid
- Außerdem Buchläden in den internationalen Hotels
- Gute Auswahl fremdsprachiger Zeitschriften, auch deutsche Regionalzeitungen, vor dem Cafe Groppi am Midan Talaat Harb

Musikinstrumente

- Zahlreiche Shops für Flöten, Trommeln, Lauten etc.in der Sharia El Quala (ehemals Sharia Mohammed Ali)

Kunstgalerien, Theater, Kino

Foto (Entwicklung von Filmen, teilweise auch Reparaturen)
- **Actina,** 4 Talaat Harb (wird empfohlen)
- **Kodak,** 20, Sharia Adly, Kodak Passage (1 Std-Filmentwicklung, gutes Ergebnis)
- **Agfa** (eigener Laden), Sharia Abd el Hamid Sayed, Seitenstraße der Talaat Harb.
- **Bedewi,** 34, Sharia Adly (macht auch Farbabzüge)
- **Khatchig Voukoufian,** 27, Sharia Abdel Khalek Sarwat

Gaskartuschen
- Gaskartuschen gibt es bei Borletti (Mo-Fr 10-16), Sharia Irabi (vom Midan Taufiq in Richtung Sharia Ramsis, 7. Geschäft links) oder im Haus der Österreichischen Botschaft in Dokki (neben Giseh-Brücke)

Kunstgalerien, Theater, Kino

Kunstinteressierte können in Kairo eine Reihe von Galerien besuchen:
- **AIDA,** Km 6, Sakkara Road, Giseh, Tel 358141. Kunstgalerie und Restaurant *Can Zaman* im Haus von Mahmoud Sadek und seiner Frau Aida Ayoub. Sehr exklusiv; Innendekoration in hervorragendem islamischen Design.
- **Akhnaton-Gallery,** Sharia Mahed el Swissry, Ecke Sharia 26.July, Zamalek. In einer alten Villa direkt am Nil Ausstellungen moderner ägyptischer Kunst oder auch ausländische Ausstellungen.
- **Egyptian Centre for International Cultural Cooperation,** 11, Sharia Shagaret el Dorr, Ecke Sharia 26.July, Zamalek. Dieses Zentrum besitzt zwar auch eine Galerie, dient aber mehr dem internationalen Austausch: Arabische Sprachkurse, ägyptische Filme mit englischen Untertiteln, Volksmusikabende etc.
- **Center For Art and Life,** Manisterli Palace, 2, Sharia Malek el Salah, neben dem Nilometer an der Spitze der Insel Roda. Kunsthandwerk - Keramik, Textilien, Batik, Bilder etc. - von der pharaonischen Zeit bis zur Gegenwart. Auch Kaufmöglichkeit, geöffnet 9 - 15 Uhr, außer Fr und Sa.
- **Dr. Ragab - Gallery for Modern Egyptian Art,** 3 Nile Avenue (Papyrus Institut auf dem Nil in der Nähe des Sheraton). Wechselnde Ausstellungen moderner ägyptischer Künstler.
- **Galerie im Goethe-Institut,** 5, Sharia Abdel Salam Aref. In der 1989 wiedereröffneten Galerie finden Ausstellungen deutscher und ägyptischer Künstler statt.
- **CAIRO-BERLIN,** 17, Sharia Youssef el Gindi, in der Nähe von Bab el Luk Parkhaus, die deutsche Inhaberin Renate Jordan Keo hat sich zur Aufgabe gemacht, deutsche und ägyptische moderne Kunst anzubieten.
- **CAIRO ATELIER,** 2, Sharia Karim al Dawla (Querstraße Sharia Bassiyuny, Nähe Ägypt. Museum), Ausstellungen junger Künstler, aber auch Lesungen, Filmvorführungen, Kunstdiskussionen; im kleinen Garten kann man ausruhen und etwas trinken
- Das **Museum of Modern Egyptian Art** neben der neuen Oper soll hier noch einmal erwähnt werden, siehe Seite 131.

Im Magazin CAIRO TODAY und in der EGYPTIAN GAZETTE können Sie aktuelle Informationen zu Ausstellungen etc. nachlesen.

Nicht entgehen wird Ihnen die **Kino**reklame. Wenn Sie von den ägyptischen Filmen auch kein Wort verstehen, so werden Sie dennoch die meistens sehr einfache Handlung eines Films nachempfinden können; Filme bieten einen guten

4. In Kairo zurechtkommen

Blick hinter die Traum- und Wunschkulisse des Landes, aus dem sie stammen.

Die Vorstellungen beginnen meist um 15.30, 18.30 und 20.30 Uhr, Karten sollten vorab gekauft werden. Für Europäer mag ein Open-air-Kino interessant sein, z.B. im Gezira Sportclub auf der Gezira-Insel oder das Sphinx, Midan 26.July.

Deutsche oder deutschsprachige Filme bietet häufig das Goethe Institut an, in anderen Kulturzentren gibt es ebenfalls Filmprogramme. Westliche Filme kann man im Metro Kino oder im Ramsis Hilton Kino anschauen.

Aber vielleicht haben Sie mehr Interesse an Theater und denken an einen **Theaterbesuch:**

- **Um-Kulthum-Theater (Balloon Theater)**, Sharia El Nil (südlich der 26. July Brücke), Agouza: Folklore, arabische Stücke, ägyptischer Volkstanz der bekannten Reda Gruppe; beliebtestes Theater Kairos (Kasse ab 10, Vorführungen ab 20 Uhr)
- **Zaki-Tolaimat-Theater,** Midan Ataba: Arabische Avantgarde
- **Gumhuriyya Theater,** 12, Sharia Gumhuriyya: Ausländische Bühnen, aber auch Arabic Music Troupe
- **Sayyid Derwish Concert Hall,** Sharia Gamal el Din el Afghani, arabische Musikgruppen, Kairo Symphonie Orchester
- **KAIRO OPERA:** Im neuerbauten Opernhaus auf der Insel Gezira gibt es eine große Opernbühne, vier Kinosäle und einen Musiksaal. Kartenvorbestellung 10 bis 13 und 17 bis 20 Uhr unter Tel 342 0598, 34 2061 oder 34 2063. Jacket- und Krawattenzwang für den Besuch von Vorführungen (werden dort verliehen)
- Vielleicht ist Ihnen auch der **Ägyptische Staatszirkus** einen Besuch wert. Sein Stammquartier liegt an der Corniche gleich nördlich der 26.July Brücke
- Auch das **Cairo Puppet Theatre** (Oktober bis Mai) kann sehr unterhaltsam sein - vielleicht mehr wegen der jungen Besucher als wegen der eigentlichen Vorführung; denn hier ist der Fremde völlige Nebensache, er hat Muße, die aufgeregten Kinder zu beobachten und zu fotografieren
- Die **Ägyptische Nationalbibliothek, Darb El Kutub,** stellt mittelalterliche Meisterwerke des islamischen Schrifttums, u.a. auch persische Miniaturen aus. Der Ausstellungsraum liegt gegenüber dem Eingang, leider gibt es nur Erklärungen in arabischer Schrift. Die Darb el Kutub (9 bis 15 Uhr, Eintritt frei) liegt an der Corniche el Nil nördlich der 26.July Brücke
- **Cooki Park,** Sharia Eryani, Giseh, hinter Jolie Ville Hotel (Alex.-Road), eine Art Kirmes-Park mit Karussels etc.
- **Merryland Park,** Sharia Hegaz, Roxi, Heliopolis: Familienausflugsziel mit kleinem Zoo, Spielplätzen, Booten, Nachtclub

Nightlife

Im Gegensatz zu anderen arabischen Ländern bietet Ägypten ein reges Nachtleben. Als größte Attraktion (besonders für die orthodoxen arabischen Nachbarländer) gilt der Bauchtanz. Eine solche Veranstaltung wird mit anderen Varieté-Einlagen angereichert, wir haben uns köstlich amüsiert. Es lohnt sich, eine Show zu besuchen. An der Pyramid Road finden Sie eine ganze Reihe von Nightclubs mit "Oriental and Belly Dance", außerdem bieten alle internationalen Hotels in ihren Nachtbars Bauchtanz und ähnliche Shows. Da die wirklich guten Stars hauptsächlich in diesen Hotels auftreten,

Nightlife

lohnt sich die Mehrausgabe gegenüber einer mittelmäßigen Veranstaltung. Bekannte Tänzerinnen sind u.a. Fifi Abadou, Soher Zaki, Sahar Hamdi, Nagwa Fouad. Die mittelmäßigen Shows sind während der Woche wegen Besuchermangels noch weniger als mittelmäßig, man sollte sie nur am Wochenende besuchen.

Gutes Essen und ein Getränk zu LE 55 pP im **KASR EL NIL** gegenüber dem Hilton auf der Insel Gezira am Nilufer (gute Show ab 23 Uhr). Oder im **NEW ARIZONA** (nur arabisch beschriftet), 6, Sharia Muhammad Bey el Alfi, Nähe Nordende Sharia Talaat Harb (auch negative Kritik: "Ältliche Damen tänzelten lustlos zur lustlos spielenden Band..."); besser scheint es im **PALMYRA,** Sharia 26.July zu sein. Immer wieder gelobt: Das **RAMSIS HILTON** mit gutem Bauchtanz um 20 Uhr, verbunden mit einem obligatorischen, aber guten und teuren Dinner.

Mit der **NILE CRUISE ORGANISATION** kann man sowohl Tages- als auch Abendtouren auf dem Nil unternehmen. Abends sehr schöner Blick auf die erleuchtete Stadt, gute ägyptische Atmosphäre, Musik und Bauchtanz.

Wirklich sehenswerte Derwisch-Tänze finden Mittwoch- und Samstagabend ab 20.30 Uhr in der El-Guri-Moschee (siehe Seite 154 und Plan vom Khan el Khalili Bazar) statt; der Andrang ist groß, besser eine Stunde als eine halbe vor Beginn dort sein.

Eine Kneipe mit Restaurant und Alkoholausschank, in der auch Prominente verkehren: **ZIKRY,** 16B Sharia 26.July, Hinterhof. In dieser Gegend - südliche Seite der Sharia 26.July zwischen Sharia Sherif und Sharia Muhammad Fuad - gibt es diverse Nachtclubs, auch mit Bauchtanz ab 22 Uhr. In Kairo lebende Ausländer frequentieren gern **DEALS,** Sharia al Sayyid al Bakri, Zamalek (nördliche Paralellstraße zur Sharia 26.July).

Eine ganze Reihe von **Discos** warten auf Publikum (die meisten allerdings in den Internationalen Hotels). Hier ein paar Adressen für Discos, Bars und Pubs:

- **AFTER EIGHT,** 6, Sharia Qasr El Nil
- **ATLANTIS,** Shepheard Hotel, Corniche, Garden City
- **AUDIO 9,** Wahba Building, 33, Sharia Qasr El Nil, günstig im Hotelbereich gelegen
- **B'S CORNER,** 22, Sharia Taha Husayn, Zamalek, Video-Bar, beliebter Treffpunkt der Ausländer in Kairo. Im selben Gebäude ist auch das Restaurant EL CAPO
- **CASANOVA,** Disco im El Borg Hotel, Saraya El Gezira, Gezira
- **CLUB MED DISCO,** Manial Palace Hotel, Insel Rhoda
- **DISCO HORIS,** im Hotel Horis, 5, Sharia 26.July, Nähe Midan Opera im 15. Stock im Freien, eher langweilig, aber toller Blick auf Kairo
- **FOUR CORNERS,** 2, Sharia Hassan Sabri, Zamalek, eine "IN-Kneipe" mit zwei Restaurants, Bar und Disco
- **JACKIE'S,** Nile Hilton Hotel, Corniche; eine der besten Discos, aber teuer
- **B's CORNER,** 22 Sahrai El Hijaz, Zamalek, Video-Bar, beliebter Ausländer-Treff
- **LE CAMELEON,** Disco im Safir Hotel, Midan El Messaha, Dokki
- **MERYLAND,** Sharia Hegaz, Heliopolis, bekannter Nachtklub vornehmlich mit asiatischen Tänzern
- **PUB 28,** Sharia Sharagat el Dur, Nähe General Hotel, Zamalek, bekanntes Gay-Lokal

4. In Kairo zurechtkommen

- **SULTANA,** Semiramis Hotel, Corniche
- **TAMANGO,** Atlas Zamalek Hotel, Sharia Gameat el Dowwal el Arabia, Mohandessin; preiswertere und populäre Disco
- **TAVERNE DU CHAMPS DE MARS,** im Nile Hilton Hotel, teuer, Gay-Treffpunkt
- **XOTI,** 44, Sharia Mohy el Din Abou el Ezz, Dokki; "In-Kneipe"

Wenn Sie Ihr Geld am **Roulette**-Tisch loswerden wollen, so können Sie dies sehr leicht im Nile Hilton, Marriott und Sheraton Hotel.

Sport

Wer in Kairo nicht auf sportliche Aktivitäten verzichten will, kann in einem der Sportclubs eine temporäre Mitgliedschaft erwerben und dann die angebotenen Möglichkeiten nutzen.

Am meisten bietet der Gezira-Sporting-Club auf der Insel Gezira mit 20 Tennisplätzen, 18-Loch-Golfplatz, Bowling, Squash, Schwimmbad, Sauna, Reiten etc; Eintritt für Tagesgäste LE 10, Poolbenutzung nur für Mitglieder. Im Al Qahira Sport Club, gegenüber der neuen Oper auf der Insel Gezira, können Sie gegen LE 5 pro Tag Tennis, Fußball, Squash, Volleyball spielen. Andere Sportclubs gibt es in Heliopolis und Maadi. Ein weiterer Sportclub mit Golfplatz wird vom Oberoi Mena House Hotel in Giseh unterhalten (auch z.B. Tennis und Schwimmen).

Der Sakkara Country Club (rechts ab von der Sakkara Road etwa in Höhe der Abusir Pyramiden) bietet - neben sauberen Hotelzimmern - jede Menge sportlicher Aktivitäten: Schwimmen, Golf, Tennis, Reiten.

Reiten ist relativ preiswert. Entweder handeln Sie mit den Leuten, die Ihnen in der Nähe der Pyramiden ohnehin ein Pferd aufdrängen wollen, oder Sie gehen zu einem der renommierten Ställe ganz in der Nähe des Sphinx. Dort sind die bekannten Ställe "AA" und "MG" ausgeschildert, die im übrigen auch Reitunterricht anbieten oder Pferde für den Ritt nach Sakkara vermieten. Die Pferde sind so billig, weil das Angebot - etwa 2000 Pferde - bei weitem die Nachfrage übersteigt. Neben den Besitzern haben vor allem die Pferde darunter zu leiden.

Vormittags kann man das *Ägyptische National Gestüt El Zahra* mit seinen Araberpferden anschauen. Es liegt in der Nähe des El Shams Club in Heliopolis.

Ein paar Tips zur Wahl des Pferdes: Schauen Sie, daß das Tier keine Blutflecken bzw. Narben hat, daß das Maul nicht vom Vorgänger blutig gerissen wurde und unter dem Sattel keine wundgescheuerten Stellen sind. Fragen Sie nach einem ruhigen Pferd. Für längere Ritte sollten man eine weiche lange Hose tragen, damit man an den Beinen nicht aufscheuert. Nicht zuletzt: sich dick mit Sonnencreme einschmieren.

4.5 Restaurants

Wir haben versucht, eine gewisse geographische Zuordnung von Kairos Restaurants zu treffen, damit Ihnen auch aus diesem Blickwinkel die Entscheidung leichter fällt. Doch ist uns klar, daß wir nur einen kleinen Ausschnitt aus der Fülle von Restaurants und Cafés auflisten konnten.

Internationale Küche (auch ägyptisch)

Wer luxuriös und ein wenig ausgefallen dinieren mag, kann dies auf dem Restaurantschiff M/S SCARABE (gehört zur Hotelkette Sofitel) jeweils um 18, 20 oder 22 Uhr zu ca. LE 80 tun und beim Speisen die nächtliche Skyline an sich vorbeiziehen lassen.

Internationale Küche (auch ägyptisch)
Zentrum:

- **ARABESQUE,** 6, Sharia Qasr El Nil, nahe Midan Tahrir; gutes Lokal mit arabischer und französischer Küche in geschmackvoller Atmosphäre und mit entsprechenden Preisen; angeschlossen ist eine Galerie mit Exponaten zeitgenössischer Künstler
- **CAIRO TOWER,** Aussicht bestens; Menüs (LE 16) meist schlecht, ungepflegt; besseres Essen gibt es im **Restaurant - schiff EL SAFINA,** das quasi am Fuß des Towers am Ufer ankert
- **CAROLL,** 12, Sharia Qasr El Nil; wird als sehr gutes internationales Restaurant gelobt, teuer
- **EXCELSIOR,** Sharia Talaat Harb; Weißwein, Stella-Bier, Essen relativ gut, Take-away-food, mittlere Preislage
- **EVERGREEN,** 10, Sharia Talaat Harb, Neubau im Hinterhof; Pizza, Pasta, Stella Bier, relativ ruhig, relativ teuer, Terrasse
- **FATARI EL TAHRIR,** Midan Falaky (Nähe Midan Tahrir); sehr gute Pizza, ägyptische Snacks, preiswert und sauber
- **FU CHING,** 28 Talaat Harb; gute Auswahl nordchinesischer Küche
- **GROPPI RESTAURANT,** Midan Talaat Harb; bekannter Treffpunkt, Essen sehr mäßig, schlechter Service
- **KATCHO'Z 417,** World Trade Center, 1191 Corniche el Nil; eins der exquisiten, aber teuersten Restaurants in Kairo, hauptsächlich Geschäftsleute
- **KOWLOON,** im Cleopatra-Hotel, Sharia Bustan Nähe Midan Tahrir; gute chinesische Küche, sehr sauber und gemütlich, freundlicher Service
- **LA CHESA,** 21, Sharia Adly; excellentes Swissair-Restaurant, freundlicher Service, hervorragendes Essen, gutes Frühstücksbuffet, nicht billig, Creditcard, internationale Zeitungen
- **LA PALME D'OR,** Meridien Hotel; 1. Stock, Garden City; gute französische Küche, schöner Nil-Blick, teuer
- **LE GRILLON,** 8 Qasr El Nil; sehr hübsches Restaurant mit "französischer" Küche, diese allerdings sehr abgewandelt und weniger schmackhaft
- **MAYFLOWER INN,** 82 Abdel Aziz el Saoud, Corniche, Manial; direkt am Nil, europäische und arabische Küche
- **NILE HILTON**; **Frühstücksbar,** IBIS-Café, Restaurants, hervorragende Küche, empfehlenswerte Abend-Buffets; besonders im Ramadan hervorragende ägyptische Gerichte, Preise angemessen bis teuer, Touristen-Treffpunkt. Im italienischen Restaurant **DA MARIO** u.a. gute Pizzas, auch Wein, zu akzeptablen Preisen. Mittags im zugehörigen Außenrestaurant Kushari und andere ägyptische Spezialitäten. **HILTON SNACK,** ägyptisches und internationales Fast Food, gut
- **PATISSERIE** (und/oder **FATARI**) **EL TAHRIR,** 50 m vom Midan Tahrir in südlicher Richtung auf der rechten Seite; sehr gute ägyptische Pfannkuchen und Pizza
- **PEKING,** 14 Saraya el Ezbekeya Nähe Kino Diana; gute chinesische Küche, auch Take-away-food
- **REX,** 33, Sharia Abdel Khaled Sarwat; gut und preiswert

4. In Kairo zurechtkommen

- **SWISS CHALET BAR-B-Q,** 3 Ahmed Nessim; Spezialität Hühnchen auf Holzkohle gegrillt und Steaks

Heliopolis:

- **ANDALUSIA,** 8 Ghernata, Granada City; Heliopolis
- **CHAMPS-ELYSEES,** 19A Osman Ibn Affan, M. Salah el Din, Heliopolis; gutes Essen zu angemessenen Preisen
- **GOURMET SHOP im Mövenpick-Hotel,** El Hurriya, Cairo Airport; gute Bäckerei, die auch dunkles Brot verkauft
- **PASTRY SHOP,** im Le Baron Hotel, Sharia Maahad el Sahara; guter Kuchen, Gebäck

Westlich des Zentrums:

- **ANDREA,** am Maryutia Kanal in Giseh, stadtauswärts auf der Pyramidenstraße an der Kreuzung der Sakkara Straße rechts ab (ausgeschildert); sehr bekanntes und beliebtes Gartenrestaurant mit hervorragenden Brathühnchen und ägyptischen Spezialitäten, Familienrestaurant, empfehlenswert
- **CHILI'S,** Sharia El Themar, Nähe Mustafa Mahmoud Moschee, Mohandessin; gutes amerikanisch-mexikanisches Restaurant, nicht billig
- **CHRISTO,** gegenüber Mena House Hotel; ausgezeichnetes Fischrestaurant, große Auswahl von frischem Fisch, relativ teuer
- **CLOCHE D'OR,** 3, Sharia Abou El Feda, (Nähe Pizza Hut), Zamalek; gute internationale und arabische Küche, teuer, angeblich das beste Restaurant westlich des Nils
- **FLYING FISH,** 166 Sharia El Nil, Agouza; sehr gutes Fischrestaurant, aber auch Kofta und Kebabs, gute Atmosphäre, nicht billig

- **KHAN EL KHALILI,** im Mena-House Hotel, Pyramid-Road; sehr empfehlenswerter Coffee Shop; sehr gut mit Superblick auf Pyramiden. Im MOGHUL ROOM wird indische Küche in Moghul-Atmosphäre serviert, teuer
- **KANDAHAR,** 3 Sharia Gameat el Dowal el Arabia, Mohandessin; gutes indisches Restaurant mit Tandoori und Curries
- **LA FARNESIA im Hotel FORTE GRAND PYRAMIDS,** Alexandria Desert Road, Giseh, hervorragendes italienisches Restaurant, nicht billig
- **LA PACHA 1901,** ein Restaurantschiff, Sharia Gezirah in Zamalek etwa gegenüber dem TV-Gebäude; insgesamt sorgen neun Restaurants und Pubs für das Wohl der Gäste, d.h. für jeden Geschmack ist etwas geboten, nicht billig
- **MANIAL PALACE,** (Club Med), Roda Island; sauber, gut, nicht billig; im hübschen Palast-Garten
- **SEAHORSE,** direkt am Nil auf dem Weg nach Maadi; überdachtes Gartenrestaurant, großes Fischangebot, unsauber
- **STEAK CORNER,** 8 Midan Amman, Dokki; gute, preiswerte Steaks
- **TAJ MAHAL,** 5, Sharia Lebanon, Mohandessin (Schwester-Restaurant in Maadi: **BUKHARA,** 43, Sharia Misr Heluan); gutes indisches Restaurant mit indischem Koch, auch für vegetarische Gerichte bekannt, nicht zu teuer, Take-away-food
- **THE FARM,** 23 Maryutia; (von der Pyramidenstraße abzweigen, ausgeschildert) ländliches Lokal, Spezialität: gegrilltes Lamm
- **THE NILE PHARAO,** Giseh, 31, Sharia El Nil; schwimmendes Restaurant mit arabischer und internationaler Küche, Bauchtanz, empfehlenswert, Reservierung notwendig

Im typischen ägyptischen Restaurant stehen die Wasserpfeifen immer griffbereit

4. In Kairo zurechtkommen

- **TIKKA CHICKEN,** Mohandissin neben Wimpy; sehr gutes Huhn und Salatbuffet
- **TIROL,** Mohandissin, 38, Sharia Guezirat El Arab; österreichische und deutsche Spezialitäten vom Chef Alois Gartner zubereitet, "urgemütlich"
- **TOKYO,** Zamalek, erste Parallelstraße zur Sharia 26.July; japanisches Restaurant, teuer, hat nachgelassen

Ägyptische Küche
Zentrum:

- ABOU SHAKRA, 69, Sharia Qasr el Aini; bekanntes Spezialitätenrestaurant für Kofta und Kebab, viele leckere Vorspeisen, trotz relativ geringer Auswahl empfehlenswert. Die Filiale in Nr. 17, Sharia Gamit el Dawal el Arabiya (Mohandissin) ist ein "In-Restaurant" der Upper Class mit sehr gutem Essen, aufmerksamer Bedienung
- **AL DOMIATI,** Midan el Falaki; Foul
- **ALFI BEY,** Sharia Alfi (Nähe Midan Orabi; neben Nachtclub Scherazade), eher sterile Atmosphäre, brauchbare ägyptische Gerichte, gutes Lamm, freundlich, sauber, sieht nobel aus, ist aber preiswert
- **COIN KEBAB,** 28, Sharia Talaat Harb; Kebab, Kofta, Huhn, einfache Umgebung
- **EL GUESH,** Midan Falaky; sehr gut, teuer, unfreundlicher Service
- **EL HATTI,** 8 Midan Halim, Sharia 26.July; gutes Kofta und Kebab
- **EL TABIE,** 31, Sharia Orabi, zwischen Midan el Taufikia und Sharia Ramsis; "mensa-ähnlich", angeblich gutes Foul und sehr gutes Filafil, sehr preiswert
- **FATARANE EL TAHRIR,** Sharia Tahrir, Nähe von Midan Tahrir; Feteer-Spezialist
- **FILFILA** (auch **FELFELA**), 15, Sharia Hoda Shaarawy, südl. des Midan Talaat Harb; *das* "Touristenrestaurant" mit ägyptischer Küche, durchaus empfehlenswert, bedingt sauber, bekannt für viele Foul-Arten und gute Vorspeisen; Preise halten sich in Grenzen. Zum Felfela gehört eine Art Schnellimbiß (Eingang Sharia Talaat Harb) mit preiswertem Take-away-food, Portionen eher spärlich. Ein weiteres Filfila gibt es am Midan Ahmed Orabi, das wesentlich weniger von Touristen heimgesucht wird, ebenfalls als Uferrestaurant an der Corniche in Maadi sowie an der Straße nach Alexandria Nähe Mena House Hotel
- **ODEON PALACE HOTEL,** Sharia Abd el Hamid, Seitenstraße der Sharia Talaat Harb; Dachterrassen-Restaurant im 10. Stock, internationale und ägyptische Gerichte, relativ preiswert, Treffpunkt ägyptischer Künstler und Journalisten
- **ZEINA,** 152, Sharia Talaat Harb (gegenüber Einmündung Sharia Adly); gute ägyptische Küche, sauber, eher teuer, man wird zur Eile getrieben, unfreundlich

Westlich des Zentrums:

- **BAWADI-Restaurant,** Dokki, Messaha Square; arabisch/libanesische Küche, (auch gute Take-away-food), empfehlenswert
- **NIRVANA,** 142, Sharia El Haram; preiswerte europäische und arabische Küche
- **CASINO DES PIGEONS,** Giseh, südl. von Kubri Abbas am Nilufer; Spezialität: gegrillte Täubchen
- **CASINO QASR EL NIL,** gegenüber Kairo Tower auf der Insel Gezira, direkt am Nilufer; teuer, aber nicht sonderlich gut
- **FILFILA EL AHRAM,** Sharia Ahmed Orabi, Mohandissin; touristisch, gut
- **FLYING FISH,** 166, Sharia El Nil, Agouza; hervorragende Bedienung, sehr gute Fischgerichte wie auch andere arabische Gerichte, nicht billig

- **PAPILLON,** Sharia 26.July, Zamalek, gegenüber Sporting Club; hervorragende arabische Küche, Bier und Wein, relativ teuer
- **RADWAN,** Midan Dokki, Sharia Dokki Ecke Sharia Tahrir; im 1. Stock, gutes Kebab, preiswert
- **SAKKARA NEST,** etwas außerhalb an der Straße nach Sakkara; typisches Familienausflugsziel im Grünen
- **SUN-SET,** Sharia El Nil, Dokki; direkt am Nil, mit sehr angenehmer Atmosphäre, gutes Kebab, sehr preiswert

Khan el Khalili:
- **AL DAHAN,** 4 Khan el Khalili (direkt neben El Hussein Hotel); Kofta und Kebab, einfach, nicht sehr sauber
- **CHICKEN HOUSE,** Sharia Muski kurz vor Midan Hussein am Khan el Khalili Bazar; gut und preiswert
- **EGYPTIAN PANCAKE,** Midan Hussein am Khan el Khalili Bazar; preiswerte und gute Pfannkuchen, gute Pizza
- **NAGIB MAHFUS RESTAURANT** und **COFFEESHOP** (gehört zum MENA HOUSE Oberoi; mittags häufig ausgebucht, Vorbestellung nötig), direkt im Khan el Khalili Bazar an der Hauptgasse Sekket el Badistan. Sehr geschmackvoll ausgestattetes "Nobel"-Kaffeehaus im islamischen Stil; gute orientalische Gerichte, freundlicher Service. Ab 20 Uhr ägyptisch-musikalische Untermalung, ab 22 Uhr mit Gesang. Das zugehörige
- **KHAN EL KHALILI RESTAURANT** bietet gutes Essen, sauber, stilvoll, freundliche Bedienung, Preise angemessen

Schnellimbisse, Garküchen
Zentrum:
- **AMERICAN FRIED CHICKEN,** 8, Sharia Hoda Shaarwy; auch gute Pizza
- **DOMIATI,** Midan el Falaki/Sharia Tahrir; sehr gute kleine ägyptische Gerichte, preiswert
- **FATARANE EL TAHRIR,** Sharia El Tahrir, 2 Blocks vom Tahrir; gute ägyptische Fleisch- oder Gemüsepastetchen
- **FILFILA** (Fast-Food-Abteilung), Sharia Talaat Harb
- **IZAEVITCH,** Midan Tahrir, Sharia Talaat Harb; Sandwiches, Salate
- **McDONALD, KENTUCKY FRIED CHIKKEN** und **PIZZA HUT** sind in der Sharia Muhammad Mahmud (südlich vom Tahrir abgehend) zu finden
- **PIZZA HUT,** Midan Tahrir, gute Lasagne und Pizzas
- **TAKE AWAY,** 1, Sharia Amrica el Latineya, Garden City
- **WIMPY,** 26, Sharia Sherif, Immobilia-Building, Sharia Talaat Harb und Sharia Hoda Sharawi (Nähe Midan Falaki)

Westlich des Zentrums:
- **KENTUCKY FRIED CHICKEN,** El Batal Ahmed Aaziz, Mohandissin; 93, Road 9, Maadi; gute Hamburger, Salat-Bar reichlich
- **MAISON THOMAS,** Sharia 26.July, Zamalek; gute Pizza, Sandwich, relativ teuer
- **PIZZA HUT,** 64, Sharia Mosadak, Dokki; Midan Mesaha, Dokki; Sharia Abu El Feda, Zamalek; 37, Sharia Giza, Giseh

---

Schreiben Sie uns bitte, Wenn Ihnen Änderungen gegenüber diesem Buch oder Neuerungen auffallen

4. In Kairo zurechtkommen

- **WIMPY**, Sharia Gamiat el Doval el Arabia, Mohandissin; 6A Ismail Muhammad, Zamalek; 8, Sharia Mourad, Giseh
- **ZAMALEK RESTAURANT**, Sharia 26.July, gleich hinter Sharia Hassan Sabri; mehr Schnellimbiß als Restaurant, Filafil

Teehäuser und Cafés
Zentrum

- **BRAZILIAN COFFEE SHOP**, 38, Sharia Talaat Harb und 12, Sharia 26.July
- **CRISTAL**, Sharia Talaat Harb, Nähe Tahrir; weit weniger frequentiert als das nahegelegene Groppi
- **EL ABD Konditorei**, 25, Sharia Talaat Harb; sehr guter ägyptischer Kuchen und sehr gutes Gebäck, besser als Groppi
- **FISHAWI**, Midan Hussein/Khan El Khalili (enge Parallelgasse hinter Senussi Teahouse); "altehrwürdiges", stimmungsvollstes, verstaubtes Café und Teehaus, in dem sich Intellektuelle trafen/treffen - werfen Sie wenigstens einen Blick ins Café und in seine vergilbten Spiegel
- **GROPPI**, Midan Talaat Harb/Sharia Qasr El Nil; große Auswahl an Kuchen und Süßigkeiten; das Groppi - einst eine Institution - hatte lange Zeit nachgelassen, scheint wieder besser zu werden.
- **GROPPI GARDEN**, 2, Sharia Abdel Khalek Sarwat; hier sitzt man in weinumrankten Gartenlauben
- **L'AMERICAINE**, Sharia Talaat Harb/Sharia 26.July; guter Kaffee, Torten, Snacks, Eis und Getränke
- **RHAGHADAN**, 25, Sharia Adly; hervorragende ägyptische Kuchen und Kekse
- **SENUSSI TEAHOUSE**, Khan el Khalili Bazar, gegenüber Hussein-Moschee; guter Platz zum Entspannen nach einem Khan el Khalili-Bummel, Vorsicht: Kellner sind auf Nepp aus
- **ZAINA**, Sharia Talaat Harb 34; sehr gutes Frühstückscafé, preiswert

Außerhalb des Zentrums

- **CASINO EL VIRGINIAN**, Medinet el Mokattam; Getränke und Snacks auf Terrasse mit guter Aussicht über die Stadt
- **SWISSAIR COFFEESHOP (LE CHALET)**, El Nasr Building, Sharia Shahid Abdel Hady Salah Abdullah/Sharia El Nil, Giseh; Kuchen nach Schweizer Art und Käsespezialitäten

5. Kairo kennenlernen

5.1 Ein paar Informationen vorab

KAIRO KENNENLERNEN - das ist eine Monate währende Entdeckungsreise. Doch Touristen steht normalerweise nicht soviel Zeit zur Verfügung, sie müssen sich auf wenig, viel zu wenig beschränken. Die folgenden Informationen sollen Ihnen die Auswahl erleichtern helfen. Dabei beschränken wir uns jeweils auf eine Übersicht bzw. Einführung. Es geht mehr darum, Ihnen das Einleben, das Hineingleiten in das Abenteuer Kairo zu erleichtern.

Noch ein paar Tips:

Sollten Sie noch keinen Stadtplan besitzen, so ist es ratsam, sich für die kommenden Unternehmungen zumindest einen Plan - falls vorhanden - bei der **Tourist Information,** (8.30-19) 5 Sharia Adly, zu besorgen (die Stadtpläne in diesem Führer sind nur als Überblick gedacht). Oder schauen Sie in Kairos Buchhandlungen beziehungsweise in Hotelshops nach neueren Stadtplänen. Falls Sie ganz genau Bescheid wissen wollen, nehmen Sie den 150 Seiten dicken *Streetfinder CAIRO A TO Z*. Vielleicht wollen Sie sich nach anstrengender Besichtigungsarbeit zwischendurch mal gepflegt erholen: Im Hotel Bel Air am Mokattam kann man einen Bungalow für 4 bis 6 Personen am **Swimmingpool** für einen Tag zu LE 40 mieten und relaxen, LE 8 kostet die Poolbenutzung im Hotel Fontana, Midan Ramsis. Auch im Meridien Hotel können Sie gegen LE 53 in den Pool springen, im Cairo Sheraton zu US$ 58. Im Hotel Atlas-Zamalek in Mohandissin kostet die Poolbenutzung LE 30 für Nicht-Gäste. Die wohl schönsten Swimmingpools Kairos finden Sie im Hotel Forte Grand Pyramids, Alexandria Desert Road, Giseh (bei der Abzweigung zum Fayum): Sechs Becken unterschiedlicher Tiefe mit Blick auf die Pyramiden (Benutzung bei Miete eines Tageszimmers).

Die Spätnachmittags- oder Nachtstimmung können Sie auch als besonderes Erlebnis auf dem Wasser genießen, indem Sie per Feluke auf dem Nilabschnitt der Stadt kreuzen; Kosten etwa LE 15 bis 20 pro Stunde für das Boot.

Bei Ihren Spaziergängen werden Ihnen sicher unförmige Eselskarren begegnen, randvoll mit Müll beladen und von Kindern gelenkt. Auch diese sog. **Zabbalin** sind ein Mosaiksteinchen im Bild Kairos. Es handelt sich um Kopten, die einst als Arbeitslose aus Mittelägypten, vornehmlich aus Assiut, nach Kairo zogen und keine andere Arbeit fanden, als den Dreck anderer Leute zu beseitigen. Sie schaffen gegen geringes Entgelt die Abfälle der Geschäfte, Restaurants und vieler Bürger auf die Müllhalden.

Dort sortieren sie den Unrat per Hand und verwerten ihn soweit wie möglich. Den größten Teil der organischen Rückstände bekommen die von den Zabbalin gehaltenen Schweine. Andere Abfälle gehen in die Hände von spezialisierten Alt-

Interessant

5. Kairo kennenlernen

warenhändlern, den Moalems. Insgesamt leben etwa 50 000 Menschen in sieben Siedlungen hauptsächlich am Ostrand von Kairo. Sie hausen in primitiven Hütten inmitten der Müllberge - ein Los, das die ägyptische Gesellschaft kaum als besondere Tragik wahrnimmt.

Dieses System funktionierte jahrzehntelang perfekt, heute kommen die Zabbalin mit ihren etwa 1700 Eselskarren beim Müllabfahren nicht mehr nach, aber auch die städtische Müllabfuhr schafft die Aufgabe nicht, trotz modernerem Gerät und zu vierfach höheren Kosten. Vor den Häusern, die keinerlei Müllentsorgung haben, wachsen die Abfallberge zwangsläufig gen Himmel.

Zur Klarstellung: Die im folgenden verwendeten Straßennamen sind aus pragmatischen Gründen weitestgehend identisch mit denen im Falk-Plan *Kairo*.

INTERESSANTES
Nachfolgend haben wir die interessanten Sehenswürdigkeiten Kairos für Ihren Überblick zusammengefaßt:

MODERNES KAIRO
*****Ägyptisches Museum**, berühmtestes Museum über die Pharaonenzeit mit mehr als 100 000 Funden, u.a. Grabschatz des Tutanchamun
****Insel Gezira** mit **Kairo Tower** (guter Aus- und Überblick), **Andalusischen und Tahrir-Gärten**
***Geschäftszentrum Taufikiya** nördlich des Midan Tahrir
Landwirtschaftsmuseum (in Dokki) mit Gebrauchsgegenständen des täglichen Lebens seit den ersten Pharaonen
Botanischer und Zoologischer Garten

> **Müll, ein altes Problem**
> *"Die Vorstädte liegen zum Teil hinter Hügeln aus Abfall, die täglich wachsen, und in ihrer Nähe beleidigen zahlreiche Misthaufen und Gräber gleichzeitig Nase und Auge. In den engen Straßen im Stadtinnern wirbelt die Menschenmenge, wirbeln Kamele, Esel und Hunde, die sich in ihnen drängen, lästigen Staub auf. Oft sprengen die Hausbesitzer vor ihrem Eingang, dann folgt auf den Staub Schlamm und Fäulnisgeruch."* (Constantin Francois Chasseboeuf de Volney, 1780)

ISLAMISCHES KAIRO
*****Souks und Märkte,** insbesondere beiderseits der Sharia El Azhar (u.a. der **Khan el Khalili Bazar**)
*****Gayer-Anderson-Museum,** ein im alten Stil restauriertes Wohnhaus direkt an der Ibn Tulun Moschee
****Islamisches Museum** mit hervorragenden Exponaten
****Ibn Tulun Moschee,** altes und ausgewogenes islamisches Bauwerk
****Zitadelle** u.a. mit ****Mohammed-Ali-Moschee** ("Alabaster-Moschee"), Palast Mohammed Alis, ***Nasir-Moschee,** Militärmuseum und herrlichem Ausblick
****Sultan Hassan Moschee,** eins der Meisterwerke islamischer Architektur
****Beyt el Suhaimi Palast,** stimmungsvoller Ex-Palast eines Sheikhs
****El Azhar Moschee,** einflußreichste Moschee und Institution mit ältester Universität des Islam
****Mausoleum-Sabil-Kuttab** und **Moschee von El Guri**; vor allem das Mausoleum ist sehenswert

INTERESSANTES

**Kalaun Mausoleum und Madrasa, interessanter Komplex mit schönen Mashrabien und Dekorationen
El Hakim Moschee, renoviert, daneben die beiden nördlichen ***Stadttore Bab el Futuh und **Bab el Nasr**
Totenstädte, Kairos Friedhöfe mit einer Vielzahl von Kuppelgewölben, besonders sehenswert die Mausoleen von ****Sultan Barquq, **Sultan Ashraf Qaytbay (nördliche Totenstadt) und ****Immam el Shafi** (südliche Totenstadt).
*Rahman Katkuda Brunnenhaus (Sabil Kuttab), gut restauriert
*Ak Sunqur Moschee, die wegen ihrer glasierten persischen Fliesen auch **Blaue Moschee** genannt wird
*Hussein Moschee mit dem Kopf des Enkels des Propheten als Reliquie (beliebte Moschee für die täglichen Gebete)
*Qajmas el Ishaqi Moschee mit sehr schöner Innendekoration
*Er Rifai Moschee, ("Schwester" der Sultan-Hassan-Moschee) mit vielen Stilelementen aus der islamischen Vergangenheit
Beshtak Palast, typischer Palast für ehemals gehobene Verhältnisse
Muayad Moschee mit dem Bronzetor der Sultan-Hassan-Moschee und baumbestandenem Innenhof
Wakalat El Guri, sehr gut restaurierte ehemalige Karawanserei
Pharaonic Village, ein auf einer Nilinsel nachgebautes pharaonisches Dorf

ALT-KAIRO, INSEL RODA
Alt-Kairo, der älteste Stadtteil, ist wegen seiner koptischen Kirchen - besonders El Moallaka und St. Sergius -, des ****Koptischen Museums und seiner engen Gassen einen Besuch wert

Manial-Palast (Insel Roda), etwas überprächtiges Gebäude aus dem 19. Jhd mit schönem Garten und Jagdmuseum
*Nilometer (Insel Roda), der viele Jahrhunderte zur Bestimmung des Wasserstandes diente und eindrucksvoll zeigt, wie hoch die Fluten stiegen
Amr-Moschee, die älteste Moschee Kairos
Fustat, spärliche Ruinen einer einstmals blühenden Stadt

UMGEBUNG von KAIRO
***Pyramiden von Giseh, seit alters her zu den Weltwundern zählend; am besten erhaltene Pyramiden
***Nekropole von Sakkara mit der Stufenpyramide des Djoser, vielen interessanten Gräbern und den Resten der im Fruchtland gelegenen ersten Hauptstadt **Memphis**
*Pyramide von Medum, 80 km südlich von Kairo, bekannt wegen der abgerutschten Seitenverkleidungen
Pyramiden von Abou Sir (stark zerfallen) und von **Dashur**
Heliopolis, nordöstlich gelegener Vorort, eine Anfang des Jahrhunderts geplante Reißbrett-Stadt in der Wüste mit Atmosphäre
Heluan, einstige Kurstadt, heute Schlaf- und Industriestadt (Observatorium, Wachsfigurenkabinett)
Barrages du Nil, Staudämme aus Mohammed Alis Zeiten, beliebtes Ausflugsziel der Bevölkerung Kairos

Kommen Sie mit in ein Riesenlabyrinth, das überquillt von Lärm, Menschen, Autos, Dreck, in dem neben Hochhäusern das Leben in pharaonisch geprägten Lehmhütten wie vor Jahrtausenden (scheinbar) dahinplätschert, dessen durch und durch orientalische Bazare (meist Souk genannt) alle Wohlgerüche des Orients verströmen und dessen chronische Verkehrsstaus zusammen mit allen anderen Luftverpestern den Himmel verdüstern. Und dennoch: wenn Schaf- oder Ziegenherden durch eine der Hauptstraßen getrieben werden oder wenn nachts das Glockengebimmel von ein paar daherziehenden Kamelen an Ihr Ohr dringt, wenn im Bazar Pfefferschwaden die Nase reizen oder der Bazari zu einem Glas Tee im Dämmerlicht drängt, dann ist das Orient in all seiner phantastischen und sympathischen Vielfalt.

Die Lobeshymne auf Kairo soll Ihnen den "Einstieg" erleichtern helfen; denn viele Touristen schrecken entsetzt vor dem vermeintlichen (und tatsächlichen) Chaos zurück, trauen sich kaum einen eigenen Schritt. Aber erst wenn Sie allein oder zu zweit durch die Straßen wandern, werden Sie das echte Kairo erleben können. Noch bessere Eindrücke gewinnen Sie in Gegenden, die nicht so stark von Touristen frequentiert werden.

5.2 Modernes Kairo

Stadtzentrum

Das moderne Leben pulsiert im Stadtzentrum mit seinen Geschäftsstraßen, Bürohäusern, Banken. Die *City* breitet sich vom Midan Tahrir mit der Sharia **Talaat Harb** nach Norden aus, südlich liegt die *Garden City* mit (ehemals) vornehmen Wohnpalästen, Botschaften und Hotels. Ein wichtiger Knoten ist der **Midan Talaat Harb,** der von der Geschäfts- und Bankenstraße Qasr El Nil und der Sharia Muhammad Bassiyuny gekreuzt wird. Ein spitzwinkeliges Gebäude an diesem Platz beherbergt das Café Groppi, ein bekannter Treffpunkt.

Das Shopping-Leben im modernen Kairo spielt sich im wesentlichen in dieser Gegend, im Dreieck zwischen Midan Talaat Harb, der Sharia Kasr el Nil, der Sharia Gumhuriyya, der Sharia 26.July und Talaat Harb ab. Besonders in der Sharia Talaat Harb und der Sharia Kasr el Nil (bis zum Midan Mustafa Kamil) drängen sich am frühen Abend die Fußgänger, stehen die Parkplatzsucher in einer einzigen Schlange. Es ist wirklich interessant, abends hier zu bummeln, entweder selbst zu kaufen oder den Ägyptern beim Shopping zuzuschauen. Wenn man es bis etwa 22 Uhr aushält, kann man anschließend in der Gegend des Midan Orabi in einen der Nachtclubs (siehe Seite 113) gehen und den Ausflug mit einer Bauchtanzaufführung beschließen.

Der **Midan Tahrir** (der offiziell *Midan Anwar el Sadat* wie die Metro-Station heißt), der *Platz der Befreiung,* ist eine Art Institution in Kairo, sechs Straßen spukken allen Verkehr auf dieses Areal, Massen von Fußgängern - meist um ihr Leben rennend - überqueren die Straßenzüge, obwohl der Metro-Bahnhof sicheres Unterqueren ermöglicht.

Das eigentlich sehr große Areal des Midan Tahrir wird durch den Verkehrskreisel im Südosten deutlich unterteilt, schräg gegenüber soll ein ziemlich einfallsloser Springbrunnen ein Gegengewicht setzen. Die Ostseite flankieren im wesentlichen Geschäftshäuser mit ihren häßli-

Stadtzentrum

chen Leuchtreklameaufbauten, im Norden setzt der ockerfarbene Kuppelbau des Ägyptischen Museums einen deutlichen Akzent, zum Westen schließt das Nile Hilton Hotel den Platz zum Nil hin ab, in Richtung Süden folgen das ehemalige Gebäude der Arabischen Liga, das Außenministerium, das Mogamma-Haus mit Verwaltungsstellen (z.B. Visum-Verlängerung für Touristen) und - etwas entfernter - das Hotel Semiramis-Interconti. Der Gebäudekomplex östlich der Einmündung der Sharia Qasr el Aini ist die Amerikanische Universität. Zwischendrin finden noch Busbahnhöfe und natürlich eine Menge von Geschäften und Restaurants Platz.

Achtung: Am Midan Tahrir, in der Sharia Talaat Harb und anderen Straßen sind **Schlepper** sehr geschickt auf ahnungslose Touristen aus. Meist sprechen Sie ein paar Sätze deutsch und verwickeln den höflichen Zuhörer in ein Gespräch. Die Freundschaft endet schließlich in einem Parfüm-Shop, dessen Preise um den Faktor 10 überhöht sind (als Anhaltspunkt: 1 ml Parfümessenz sollte ca. LE 1 bis 2 kosten). Aber es geht nicht nur um Parfüm, andere versuchen, Ihnen überteuerte Ausflüge z.B. nach Sakkara oder sonstwohin anzudrehen oder sich Ihnen den ganzen Tag über als freundschaftlicher Führer anzudienen und am Ende ein saftiges Honorar zu verlangen. Pferdedroschkenfahrten sind nicht das größte Vergnügen in Kairos Verkehrsgewühl; heben Sie sich diesen Spaß für Luxor, Esna, Edfu oder Assuan Aufschlag.

Das **Nile Hilton Hotel** ist eine Drehscheibe für Touristen wie auch für viele Ägypter. Es entstand 1959 in den fast puritanischen, nach Moskau ausgerichteten Zeiten unter Nasser. Damals wurde es von dem mehr kosmopolitischen Teil der Bevölkerung gern als eins der wenigen Fenster Richtung Westen genutzt. Trotz des Menschenumschlagplatzes findet man in dem eher unansehnlichen Bau mit seinen Restaurants doch meist eine ruhige Ecke. Das Frühstücksbuffet (bis 11 Uhr) ist wegen seiner Fülle schon fast eine Legende. Vor einigen Jahren wurde als Schwester-Hotel das Ramsis Hilton gleich nördlich der 6.October Brücke in den Himmel geklotzt, ebenfalls kein Architektur-Denkmal. Im obersten, dem 30. Stockwerk offeriert die nach Westen gelegene Bar *Windows on the World* (die kurz vor Sonnenuntergang öffnet; Mindestverzehr LE 36 pP), Snacks, Drinks und einen berauschenden Ausblick auf einen Ausschnitt der ägyptischen Welt: über den Nil, die westlichen Stadtteile bis hin zu den Pyramiden und - je nach Dunst bzw. Smog - über sie hinweg in die westliche Wüste. Wer den typischen englischen "Sun Downer" Drink liebt, findet hier oben einen der besten Plätze der Stadt. Außerdem kann man mit Glück und etwas Bakschisch noch eine Treppe höher auf das Dach steigen und gute Fotos machen.

Eine ganz andere Atmosphäre vermittelt das Mogamma-Gebäude am südlichen Midan Tahrir. Früher gab es einen guten Vorwand, die Arbeitsweise der ägyptischen Bürokratie hautnah zu erleben, wenn man die obligatorische Registrierung dort selbst vornahm. Heute könnte man das Visum velängern lassen, um einen Blick in die Ameisenburg alptraumhafter Bürokratie zu werfen. Schauen Sie am Weg zu den Schaltern in die Büros, in denen sich meist mehrere Mitarbeiter einen Schreibtisch teilen müssen,

5. Kairo kennenlernen

und in den, wie einen riesigen Papierkorb genutzten Innenhof. Europäische Büromenschen werden nach diesen Einblicken gern wieder an den eigenen Arbeitsplatz zurückkehren.

Sollten Sie etwas mehr Zeit haben, so könnten Sie der **American University of Cairo** (AUC) an der Südostecke des Midan Tahrir einen Besuch abstatten. Dort finden häufig auch für Fremde interessante Vorträge oder Theateraufführungen statt. Informationen im Public-Relation-Office, Eingang Sharia Sheikh Rihan (Querstraße der parallel zum Nil verlaufenden Sharia Qasr el Aini, an der auch das Parlamentsgebäude liegt). Im Bookshop der AUC finden Sie jede Menge Literatur, vor allem alle Bücher, Karten etc., die von der American University in Cairo Press herausgegeben werden. Ein Besuch des Bookshop ist lohnend, wenn Sie z.B. an weitergehender Literatur über Ägypten interessiert sind. Im Café/Mensa läßt sich's z.B. gut frühstücken und mit Studenten in Kontakt kommen. Bei einer Tasse Tee können Sie die Studenten beobachten, die sich frei und ungezwungen verhalten wie auf jedem Campus eines westlichen Landes, obwohl auch hier einige verschleierte Mädchen von den strengen islamischen Vorstellungen künden.

Im nächsten Block der Sharia Qasr El Aini ist das Haus der sehr betagten Geologischen Gesellschaft von einer Polizei- oder Militärkaserne vereinnahmt worden. Das interessante **Geologische Museum,** das einst hier verstaubte, ist an die Corniche Nr. 2-4 in der Gegend von Alt-Kairo verlegt worden, Eingang Atar el Nabi (Nähe Metro-Station Zahra). Es beherbergt beeindruckende Tertiär-Fauna, Meteoriten, Minerale etc.

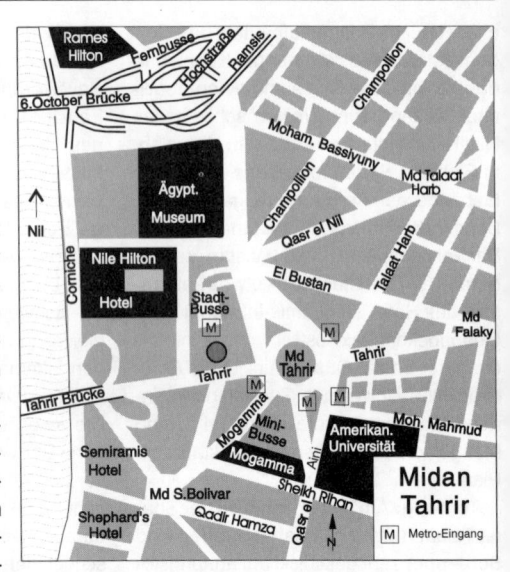

Ein sehenswerter Fokussierungspunkt des täglichen ägyptischen Lebens ist der unweit gelegene **Bab el Luk Markt** zwischen Midan Falaki und Midan Bab el Luk in der Verlängerung der Sharia el Tahrir. Er läßt sich sehr leicht ausfindig machen, in dem Sie vom Midan Tahrir nur ca. 5 Minuten stadteinwärts bis zur häßlichen Eisengestell-Fußgängerbrücke gehen, dort liegt er rechts, nur an unscheinbaren Eingängen zu erkennen. Allerdings ist der Bab el Luk Markt ein bißchen verkommen. Weitere typische Märkte sind der Ataba Markt (siehe Beschreibung weiter unten) und der El Taufiq Markt in der Nähe des Midan Orabi.

Stadtzentrum

Doch jetzt wollen wir uns vom Midan Tahrir und seiner Umgebung lösen und uns auf der Sharia **Talaat Harb** stadt einwärts auf den Weg machen. Bald stoßen wir auf den Midan Talaat Harb, ein wichtiger Knoten, der von der Geschäfts- und Bankenstraße Qasr el Nil, der Sharia Talaat Harb und der Sharia Mohammed Bassioni gekreuzt wird. Im spitzwinkeligen Gebäude zwischen den letztgenannten Straßen ist das Café "Groppi" untergebracht, in dem man sich bei gutem Kuchen gern mit Freunden trifft. Auf dem Bürgersteig daneben ein gut bestückter Zeitungsstand (neben Egyptian Gazette auch Süddeutsche Zeitung, Welt, FAZ).

Wenn Sie nun die Sharia Talaat Harb hinaufwandern und in die Sharia Adly rechts einbiegen (an der Ecke ein guter Softdrink-Laden mit frischgepreßten Fruchtsäften), werden Sie im letzten Block vor dem Opernplatz links das Tourist-Information-Office (Haus Nr. 5) mit seinen meist freundlichen Auskunfts-Damen aber wenig Informationsmaterial finden. Genau gegenüber führt ein Eingang in das "Garden Groppi". In diesem Zweigbetrieb des Groppi vom Midan Talaat Harb sitzt man unter ein paar Bäumen im Freien und kann sich ausruhen. Hier treffen sich gern ältere Männer, um über bessere Zeiten zu palavern, auch gibt es eine Toilette.

Folgen Sie weiterhin der Sharia Adly, Sie landen auf dem **Midan Opera**. Das zugehörige Opernhaus brannte 1971 aus. Es war 1869 nach nur 6 Monaten Bauzeit zur Eröffnung des Suezkanals und zur (nicht stattgefundenen) Uraufführung von Verdis Oper Aida eingeweiht worden. Über viele Jahrzehnte galt es als bedeutender Bestandteil des kulturellen und gesellschaftlichen Lebens. Heute steht ein Parkhaus an seiner Stelle, ein Neubau wurde 1988 auf der Insel Gezira (siehe Seite 131) eingeweiht. Um den Platz gibt es eine ganze Reihe von Textilgeschäften und Schneiderwerkstätten: Wenn Sie auf die Schnelle eine neue Hose brauchen, dann lassen Sie hier maßschneidern.

Vor dem unübersehbaren "Midan Opera Office Building" steht eine Reiter-Statue des Ibrahim Pascha. Diese Gegend war übrigens das Stadtzentrum bis etwa in die 50er Jahre, als es sich mehr und mehr zum Midan Tahrir und Nil verlagerte. Damals gaben hier Hotels wie Shepard's, das bei den Unruhen im Februar 1952 in Flammen aufging, den Ton an. Auch heute noch zehren Hotels der Umgebung wie das "Victoria" vom ehemaligen Ruhm.

Gleich hinter dem Midan Opera und noch im Auffahr-Rampenbereich der Sharia Al Azhar treffen Sie auf den **Midan Ataba** mit der **Hauptpost** (Sa-Do 8-15, Fr 8-13), dem Postmuseum und der Hauptfeuerwache. Postlagernde Sendungen gibt es auf der rechten Postgebäudeseite (Schild "Correspondence Delivery" über dem Eingang), Einschreiben werden nur im Paketpostamt (links auf der gegenüberliegenden Straßenseite) angenommen. An einem der Schalter können Sammler Briefmarken kaufen; "alle erdenklichen Marken ohne Umstände", schreibt ein begeisterter Briefmarkenfreund. Philatelisten dürften am Postmuseum interessiert sein, das im zweiten Stockwerk der Hauptpost untergebracht ist.

Der eigentliche Midan Ataba wird von den Hochstraßen "in den Schatten ge-

5. Kairo kennenlernen

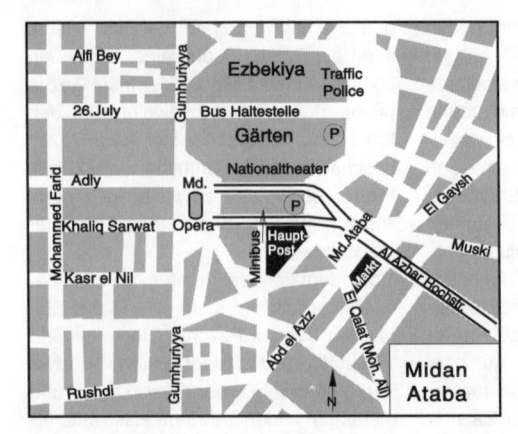

stellt", Omnibus- und Straßenbahnhaltestellen erzeugen Hektik und Lärm.

Wenn Sie von der Feuerwache aus die Sharia el Qala (mit Straßenbahnschienen) überqueren, treffen Sie gegenüber auf den überdachten **Ataba-Markt,** der sich zwischen dieser und der Sharia el Azhar ausbreitet. Dieser sehr lebendig wirkende Markt versorgt die ägyptische Hausfrau mit allem, was die tägliche Küche an Frischem verlangt. Hier gibt es allerlei für uns Ungewohntes, nicht nur an Obst und Gemüse. Uns fiel einmal eine Taubenverkäuferin auf, die ihre Täubchen mästete, indem sie eine Handvoll Futter aus einem Blecheimer in ihren Mund schob. Dann setzte sie Taube für Taube mit aufgerissenem Schnabel an ihre Lippen und pustete ihr eine jeweils wohldosierte Ladung Futter in den Schlund. Der Grund: Die Täubchen sind so jung, daß sie weder fressen noch davonfliegen können; die Verkäuferin ahmt das Füttern durch die Tauberneltern nach.

Etwas weiter östlich durchschneidet die **Sharia Bur Said** das Häusermeer, die erst Ende des letzten Jahrhunderts dadurch entstand, daß der *Khaliq el Misr Kanal* zugeschüttet und damit eine neue Verkehrsachse geschaffen wurde. Dieser Kanal und die heutige Sharia Bur Said bildeten die Grenze der von den Fatimiden gegründeten Altstadt, dort zog sich auch die westliche Stadtmauer entlang, die heute verschwunden ist. Der Kanal wurde übrigens während des Niedrigwassers des Nils durch einen Damm vom Fluß abgetrennt. Bei einem bestimmten Hochwasserpegel riß man den Damm mit einer großen Zeremonie ein, weite Gebiete versanken dann in den fruchtbaren Fluten.

Jetzt gehen Sie am besten bis zur Post zurück, überqueren den quirligen Midan Ataba und flüchten sich in die **Ezbekiya Gärten** (derzeit leider eine häßliche U-Bahnbaustelle). Bis zur Mitte des 19. Jahrhunderts dehnte sich hier der Ezbekiya-See aus, ein für Kairo typischer Teich, der sich bei der Nilflut mit Wasser füllte und dann im Winter langsam austrocknete. Um diesen kleinen See herum waren unter den Osmanen herrliche Paläste entstanden, häufig wurden illuminierte Wasserfeste mit bunten Booten veranstaltet. Schließlich schüttete man den See zu, 1870 legten französische Architekten Gartenanlagen mit exotischen Gewächsen an.

Die Gärten werden von der Sharia 26.July durchchnitten, an der eine sehr quirlige Bushaltestelle liegt. Hier breiteten einst Wanderbuchhändler ihre Schätze aus, heute sind sie weitgehend von Ramschhändlern verdrängt.

Stadtzentrum

Im Komplex zwischen Opera-Parkhaus und der Sharia 26.July finden Sie das **Nationaltheater** und das **Cairo Puppet Theatre.** Biertrinker können sich über eine gemütliche Kneipe - eine Rarität in Kairo - gegenüber der Traffic Police direkt vor Beginn der Arkaden (grüner, schmaler Türladen) freuen.

Sie könnten nun auf der Sharia Gumhuriyya (sie begrenzt die Gärten im Westen) nach Süden bis zum Midan el Gumhuriyya wandern. Von hier könnten Sie z.B. die Sharia Abd el Aziz zurückgehen, bis Sie auf die Sharia Gumhuriyya stoßen, dieser links bis zum Midan el Gumhuriyya folgen und damit im eigentlichen Regierungsviertel landen. Links liegt der **Abdin Palast** aus dem 19. Jhd, der heute, als Sitz des Staatspräsidenten, offiziellen Anlässen dient und nicht zugänglich ist. Wenn Sie der Palast nicht interessiert, schlendern Sie vom Midan Ataba einfach Richtung Midan Tahrir zurück, unterwegs gibt es viel tägliches Leben zu sehen.

Interessanter ist jedoch, der Sharia Gumhuriyya nach Norden zu folgen, sie endet am **Midan Ramsis**. Dieser Platz stellt einen ähnlich wichtigen Knotenpunkt wie der Midan Tahrir dar. Zentrales Bauwerk ist der **Hauptbahnhof** - *Ramsis Bahnhof* -, an den sich nördlich der Vorortbahnhof für Heliopolis namens Pt. Limoun anschließt. Seinen Namen verdankt er der Ramses-Statue, die einst groß und einsam den Platz beherrschte. Heute enden die Fahrbahnen der Ramsis-Hochstraße respektlos zu ihren Füßen bzw. stellen sie buchstäblich in den Schatten. Gleich rechts in der Bahnhofshalle ist ein Postamt zum Briefmarkenkaufen (mehr Details zum Bahnhof siehe Seite 284). Unter dem Bahnhofsvorplatz liegt die Metro-Station Mubarak, hinter dem Hauptbahnhof warten Fernbusse auf Fahrgäste.

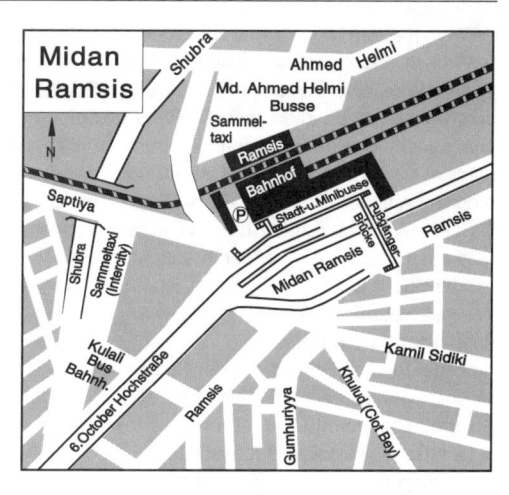

Am Nordende des Bahnhofgebäudes liegt das zumindest für Bahn-Fans und Nostalgiker sehenswerte **Eisenbahnmuseum,** das bereits 1933 eröffnet wurde (8-13, LE 0,50) und heute fast charmant verstaubt-veraltet ist. Attraktion ist eine von Stephenson in England gebaute Lokomotive, deren Kohle-Tender sich der Khedive Ismail zum kleinen Salon ausbauen ließ. Mit diesem prunkvoll verzierten Gefährt bereiste er sein Reich. Nicht uninteressant dürfte auch eine Darstellung über den Transport einer Monumentalstatue in pharaonischen Zeiten sein. - Hinter dem Bahnhof, auf dem **Midan Ahmed Helmi,** fahren viele Überlandbusse ab.

5. Kairo kennenlernen

Wenn Sie zum Midan Tahrir zurückkehren wollen, so steigen Sie am einfachsten in die Metro ein. Allerdings können Sie von hier aus einen interessanten Abstecher zum modernen koptischen Zentrum mit dem Neubau der **Marcus Kathedrale** machen. Am besten nehmen Sie ein Taxi. Ca. 2 - 3 km auf der Sharia Ramsis stadtauswärts, kurz nach der Kreuzung mit der Sharia Bur Said (Fly-Over), ist auf der linken Straßenseite die riesige Betonkuppel der Marcus Kathedrale - das künftig bedeutendste Gotteshaus der Kopten - nicht zu übersehen. Die Kathedrale soll die größte christliche Kirche auf afrikanischem Boden sein. Die Gebeine des Heiligen Marcus - der christliche Missionar Ägyptens - wurden bei der Einweihung der Kathedrale 1968 aus Venedig hierher zurückgeführt.

Innerhalb eines Verwaltungskomplexes mit einer alten Basilika erhebt sich auf einem Grundriß von 100 x 150 m der mächtige, 1960 begonnene Bau mit seiner 41 m hohen Kuppel. Ein Besuch der Kathedrale ist beeindruckend, zum einen durch das imposante Bauwerk, zum andern durch den hier zur Schau gestellten Überlebenswillen der koptischen Gemeinschaft. Das nicht minder sehenswerte alte koptische Viertel namens Alt-Kairo ist ab Seite 178 beschrieben.

Insel Gezira - Zoo - Insel Roda

Ein Ausflug zur Insel Gezira (das arabische *Gezira* heißt Insel) bietet dreierlei: Bummel durch die etwas mageren Andalusischen Gärten, Einblick in die sportlichen Aktivitäten der Ägypter und Ausblick vom ***Kairo Tower** (LE 14; darauf achten, daß auch ein gültiges Ticket verkauft wurde). Von oben gewinnen Sie einen vortrefflichen Überblick über die Stadt und ihre Lage am Nil, besonders schön ist die Sonnenuntergangsstimmung. Wenn Sie oben speisen wollen, müssen Sie bereits unten am Eingang Gutscheine kaufen, das Restaurant soll nicht gut sein, eher miserabel (kalkulieren Sie besonders bei Sonnenuntergang lange Wartezeiten ein).

Der Turm steht am Rand der Sportplätze, die meist dem Gezira Sporting Club gehören und auf denen vor allem gegen Abend eifrig trainiert wird. Im Postamt, links vom Aufgang, kann man telefonieren, links vom Tower ist ein Kartentelefon. Unweit vom Tower sind Restaurantschiffe am Nilufer vertäut, die sich als beliebter Treffpunkt der Ägypter entwickelten; bekannte Sängerinnen und Sänger treten während der Mahlzeiten auf.

Gegenüber dem Eingang zum Gezira Sporting Club (Nähe Deutsche Botschaft), 1, Sharia el Sheikh el Masrafi, liegt ein exquisiter, kleiner islamischer Palast (1927 für einen Ururenkel des Khediven Ibrahim gebaut), der das **Mahmoud Khalil Museum** enthielt. Die Sammlung mit einer hervorragenden Kollektion impressionistischer Maler wie van Gogh, Renoir, Gaugin ist in das ursprüngliche Haus von Mahmoud Khalil in Saria el Giseh, Nähe Sheraton Hotel, verlegt worden, allerdings ist das alte Gebäude auch ohne die Galerie einen Blick wert.

Jetzt sind Sie bereits im Herzen von Zamalek gelandet, einem ehemals recht feudalen Wohnviertel auf der Insel Gezira, in dessen Straßen Sie manche vornehme alte Villa oder moderne Botschaftsgebäude betrachten können. Noch heute besitzt Zamalek Anziehungskraft für die gehobene Mittelschicht, wie

Insel Gezira - Zoo - Insel Roda

die Boutiquen an der Sharia 26.July zeigen. Aber auch die Diplomaten fanden Gefallen an dieser Gegend, denn die meisten Botschaften siedelten sich hier an. Sollten Sie zur Deutschen Botschaft kommen, dann werfen Sie einen Blick in den **Gabalaya Aquarium Park,** Eingang Sharia Hassan Sabri (der Park gegenüber der Botschaft). Er bietet in labyrinthartige Grotten gehauene Aquarien mit Nilfischen. Die angeblich von Ismail im 19. Jhd angelegte Anlage ist gepflegt (9-15.30; LE 0,50). Wenn Sie durch ein pulsierendes Einkaufsgebiet bummeln wollen, dann sollten Sie von hier aus ein Taxi in die Gegend der Sharia 26.July mit Boutiquen und Geschäften nehmen.

Für einen weiteren Abstecher sollten Sie zum linken Nilufer über die 6.October Brücke fahren. Praktisch an deren Ende finden Sie das **Landwirtschaftsmuseum** (Di-Do, Sa 9-14, LE 0,15). Im ersten Gebäude wird das Landleben mit seinen Gebrauchsgegenständen zur Pharaonenzeit - von Broten bis zu Tiermumien - dokumentiert, im zweiten sind Alltagsszenen, Nilbarken und Tiere zu sehen; im dritten ist der Feldanbau mit Schwerpunkt bei Getreide, Baumwolle und Zuckerrohr dargestellt.

Wenn Sie auf die Insel Gezira zurückkehren und ein Stück weiter nach Süden wandern, so läßt sich das an der nördlichen Seite der Sharia Tahrir liegende neue **Opernhaus** nicht übersehen. Es ist ein Geschenk der japanischen Regierung an Ägypten. Das 1988 eingeweihte Bauwerk ist einer fatimidischen Burg nachempfunden und bietet neben der Oper mit 1200 Plätzen in weiteren Sälen Kino, Musik- und Unterrichtsräumen Platz (Kartenvorverkauf 10-13, 17-20).

Meist sind an der Abendkasse noch Plätze zu bekommen, die Preise liegen zwischen LE 5 und LE 30, eventuell auch LE 50. Wenn gute Plätze leer bleiben, lassen die Platzanweiser ganz offiziell von den billigeren dorthin aufrücken. - Das Ganze hat allerdings einen Haken: "Full dress", d.h. Krawatte, Jackett und lange Hose sind für Männer obligatorisch, bei Damen bleiben die Übergänge zwischen Jeans und Nerz fließend. Man kann auch das Opernhaus zu LE 5 pP mit englischsprachiger Führung besichtigen, ein durchaus lohnenswerter Einblick.

Das **Museum of Modern Egyptian Art** (11-14, 17-21; LE 10), das früher in Dokki zu Hause war, ist in das neue Kunstmuseum umgezogen, das im Komplex der Oper entstand. In drei Stockwerken sind Gemälde, Grafiken, Zeichnungen und Keramiken ausgestellt, vor dem Museum stehen 60 Skulpturen. Vorhanden war hier bereits das kleine **National Museum for Civilization** und das **Planetarium.** Sehenswert ist übrigens auch das kleine Museum des Bildhauers Mahmoud Moktar an der Sharia Tahrir, der Eingang liegt kurz vor der Galaa Brücke. Hier finden Sie über 100 Arbeiten des Bildhauers, der moderne Kunst in Ägypten einführte.

Wenn Sie jetzt den Nil westwärts überqueren und vom Sheraton Hotel aus der Sharia Dokki nach Süden folgen, stoßen Sie direkt auf den **Botanischen Garten** und den **Zoo** (LE 0,10), der immerhin der größte Afrikas und mit den Tierarten dieses Kontinents bevölkert ist. Sicher entspricht der Zoo nicht gerade den Vorstellungen deutscher Tierschützer, aber die Ägypter bemühen sich redlich, den hier eingesperrten Tieren das Leben erträglich zu gestalten. Daß die Tierhaltung in

5. Kairo kennenlernen

vielen Fällen nicht artengerecht ist - Löwen sind z.T. in wohnzimmergroßen Käfigen eingekerkert -, geht auf die Gründerzeit des Zoos zurück; seither fehlten die Mittel für eine durchgreifende Renovierung.

Doch der Zoo hat auch seine positiven Schattenseiten, im wörtlichen Sinn: Die weit ausladenden Baumgruppen spenden kühlen Schatten, ein Spaziergang kann Erholung oder Abwechslung bieten. Denn der Zoo ist vor allem freitags ein beliebtes Picknick-Ausflugsgebiet der Kairener, Familien lagern in den Grünflächen, Kinder spielen und Radios plärren. Star des Zoos ist ein 130 Jahre alter Andenkondor. Weit weniger Betrieb herrscht im angrenzenden Botanischen Garten, der mit weitläufigen Rasenflächen angenehme Erholungsplätze unter schattigen Bäumen bietet.

Ein Stück weiter südlich treffen Sie auf den **Midan Giseh,** der, von einer Hochbrücke ("Fly-Over") verdunkelt, ein wichtiger Verkehrsknoten ist: Nach Süden geht es auf die oberägyptische Niltalstraße, nach Westen auf der breit ausgebauten Pyramid Road (Sharia El Haram) zu den Pyramiden und weiter nach Alexandria.

Vom Zoo zurück zum Stadtzentrum gibt es den direkten Weg, aber wenn Sie noch Lust haben, legen Sie einen kleinen Umweg über die Insel Roda ein.

An der Südspitze der Insel Roda liegt der 715 erbaute ***Nilometer** (9-15, LE 3), ein seit dem Assuan-Stausee außer Interesse geratenes, durchaus sehenswertes Bauwerk. Früher konnte aus dem Höchststand einer Überflutung der Ertrag der nächsten Ernte geschätzt werden; heute läßt die Meßlatte nur noch ahnen, welch ungeheure Unterschiede die Wasserstände erreichten. Gerade dieser, so ins Auge springende Unterschied macht den Besuch des Nilometers wert.

Im Komplex des Nilometers steht der zumindest ehemals prächtige Palast des Manisterli, um 1850 Innenminister. Derzeit werden die Gebäude restauriert, nach Fertigstellung soll dort anstelle des bisherigen Center of Art and Life ein Center of Making Art untergebracht werden. Werfen Sie auch bereits zuvor einen Blick in die schön dekorierten Palastgebäude.

Von hier aus führt eine Fußgängerbrücke ans westliche Ufer, d.h. quasi direkt Richtung Alt-Kairo (siehe Seite 178). Es lohnt sich also, einen Besuch Alt-Kairos mit Roda zu verbinden.

Mehr im Norden der Insel liegt der **Manial-Palast** mit angeschlossenem Jagdmuseum (9-14, LE 3), den Mohammed Ali, ein Bruder des Königs Fuad, zu Beginn des 20. Jhd erbauen ließ und dessen Garten mit alten indischen Banyan-Bäumen leider zum allergrößten Teil vom Club Mediterranée okkupiert wird. Neben dem Jagdmuseum können Sie die königliche Residenz, den Thronsaal und ein Museum mit persischen Miniaturen, Möbeln, Teppichen etc. besichtigen.

Ägyptisches Museum

Jetzt sollten Sie an einen Besuch des ***Ägyptischen Museums denken (So-Do 9-16.45, Fr 13.30-16; LE 20; Fotografierlaubnis - kein Blitz erlaubt - LE 10; Video LE 100; Pharaonen-Mumiensaal LE 60). Es ist überfüllt mit Exponaten (Neubau geplant), daher soll im folgenden kurz ein Hinweis auf den Standort der Stücke gegeben werden, die besonders sehenswert und ein *Muß* sind, falls man nur we-

Ägyptisches Museum

nig Zeit hat. Vorsicht vor Parfümladen-Schleppern: Sie erzählen, das Museum sei erst später für Individualtouristen geöffnet oder ähnliche Phantasie-Stories und daß man am besten die Zeit bis dahin beim Tee (im Parfüm-Shop) verbringen würde.

An den Kiosken am Eingang sind ausführliche und bebilderte Führer erhältlich, am Ticketoffice der *Guide to the Egyptian Museum,* der auf 390 Seiten die Exponate mit kurzer Erläuterung auflistet. Dem historisch Interessierten sei geraten, sich bereits zu Hause den hervorragend aufgemachten offiziellen Katalog zu kaufen (siehe Seite 26) und sich schon vor dem Besuch so zu informieren, daß er sich dann auf die für ihn wichtigen Stücke konzentrieren kann.

Ansonsten ist zu empfehlen, die Besichtigung auf mehrere Tage zu verteilen, z.B. vor und nach einem Oberägyptenbesuch zu legen. Die Touristenmassen führen zur Überfüllung, ja fast zum Kollaps des Museums. Der Mittag und spätere Nachmittag scheinen noch brauchbare Besuchszeiten zu sein, weil dann die meisten Gruppen anderen Programmen nachzuhetzen haben - das ist aber keine sichere Regel! Auch sonntags ist das Museum stark überfüllt.

An dieser Stelle möchten wir noch auf unseren Tonführer *ÄGYPTEN: Kairo* und Sakkara aufmerksam machen, der Sie per Walkman mit fundierten Erklärungen durch das Museum führt (siehe Seite 26).

Trotz der Überfülle erschließen sich die Bestände recht gut, wenn man sich vorher über das System der Ausstellungen informiert. Das Erdgeschoß ist chronologisch angeordnet, im Obergeschoß sind die Stücke thematisch gruppiert. Man

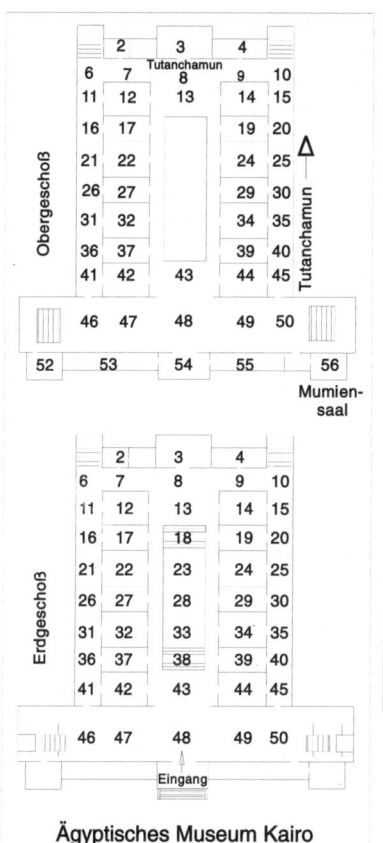

Ägyptisches Museum Kairo

sollte hier auch abseits der Touristenströme in abgelegenen Galerien stöbern, überhaupt auf Entdeckungstour gehen. Ein Rundgang durch das Ägyptische Museum kann so spannend wie eine Ägyptenreise sein, und man wird bei jedem Besuch wiederum Neues entdecken.

1994 wurde der Mumiensaal des Museums wiedereröffnet. Präsident Sadat hatte ihn 1980 schließen lassen, um die

5. Kairo kennenlernen

Ruhe der Toten nicht zu stören und die empfindlichen Gebilde vor endgültiger Zerstörung durch Pilze und Bakterien zu bewahren. Dies soll in Zukunft durch technische Maßnahmen verhindert werden. Die Toten liegen in Glassärgen, die - mit Edelgas gefüllt - die Mumien vor weiterem Zerfall schützen sollen. Der Weg zum Mumiensaal (Nr. 56, Obergeschoß) führt durch eine informierende Galerie, im Saal sind die Mumien von elf Pharaonen, u.a. Sethos I, Tuthmosis IV, Ramses II, zu sehen. Die Glassärge sind U-förmig parallel zu den Wänden aufgestellt. Nur Ramses II mit seinem scharfen Profil und den rotbraunen Haaren liegt im schützenden Glassarg im eigenen Steinsarkophag in der Mitte des Raumes. Die Toten sollen tatsächlich ruhen, daher werden die Besucher um Ruhe gebeten; der Raum ist völlig abgedunkelt, nur die Mumien werden durch Lichtspots beleuchtet.

In der folgenden Liste ist nach der Raumnummer jeweils auf das oder die wichtigen Stücke, die meist (mehrsprachig) beschriftet sind, hingewiesen.

ERDGESCHOSS

43: Mittelraum gegenüber Eingang - gelegentlich wechselnde Präsentation wichtiger Frühzeitobjekte, Djoser-Statue
47: Mykerinos-Triaden
41: Pastenreliefs Nefer-maat
42: Chefren mit Falke, Dorfschulze (Kaaper), Schreiber
32: Plastik AR: Rahotep und Nofret, Zwerg Seneb, Ti, Kupferstatue König Pepi und Sohn, Malerei Gänse von Medum
31: Statuenpaar Ranofer
26: Statue Mentuhotep II
22: MR-Plastik, darunter Statuen Sesostris I (lebensgroß)
16: Mähnensphingen Amenemhet III
12: 18. Dynastie-Raum: Hatschepsut, Puntreliefs, Senenmut, Amenophis-Sohn des Hapu, Kapelle mit Hathor-Kuh aus Der el Bahri
11: Mähnensphinx der Hatschepsut, Statue Thutmosis III
7: Sphingen Hatschepsut
3: Amarna: Kolossalstatuen Echnatons, Malereien aus dem Palast, Köpfe der Nofretete und Prinzessinnen, Königssarg
10: Kolossalfigur Ramses II
14: Ramessidenraum: Statuen von Sethos I, Ramses II, Reliefs
25: Kopf des Taharqa, 25. Dynastie
24: Plastik und Reliefs der 25. (Kuschitenzeit) und 26. (Saitenzeit) Dynastie
40: Objekte der meroitischen Kultur
44: Objekte der X-Group (4.-6. Jhd nC): Kronen und Schmuck aus Silber, Pferdegeschirre (Bestattung), Waffen
49: Spätzeitsärge

Mittelhalle
18: Kolossalfigur Amenophis und Teje
28: Palastfußboden aus Amarna
33: mehrere Särge aus dem Tal der Könige

OBERGESCHOSS

45,40,35,30,25,20,15,10,9,8,7,3: Grabschatz des Tutanchamun; Goldmaske und Sarkophage in Raum 3
2: Links Grabausstattung Hetep-heres, Mutter des Cheops, rechts zwei kleine Räume Grabschatz Tanis (3. Zwischenzeit, Silbersärge, Goldmasken, Schmuck)
17: Funde aus dem Grab des Sennedjem
27: Modelle aus dem MR aus dem Grab des Meketre
37: Modellgruppen, 2 Soldatengruppen
42,43: Frühzeit
56: Mumiensaal mit elf Pharaonen-Mumien, u.a. Ramses II

48: Särge der Königinnen Kawit und Ashai, 11. Dynastie, kleine Pretiosen-Vitrine, u.a. Miniaturbild Cheops, davor in mehreren Vitrinen wechselnde Ausstellung neuester Grabungsfunde
29: Papyri
24: Ostraka ("Schmierzettel" und Skizzen)
19: Götterbronzen
14: Mumienportraits
13: Grabschatz von Yuya und Tuya (Tejes Eltern) aus dem Tal der Könige.

5.3 Islamisches Kairo

Khan el Khalili Bazar und umliegende Souks

Zu den üblichen touristischen Pflichtübungen gehört der Khan el Khalili Bazar, den Sie trotz aller Kritik nicht aus Ihrem Programm streichen sollten. Denn nach dem zweiten oder dritten Besuch schaut man hinter die Kitsch-Kulissen, dann offenbart der Markt sein sympathisches Gesicht. Hier können Sie mit etwas Gespür unter all dem Ramsch auch heute noch Kostbarkeiten finden. Freilich dürfen Sie sich nicht im Glauben wiegen, daß auch nur einer der Händler ihre Finanzkraft unterschätzt. Wenn Sie Allerweltsdinge wie Wasserpfeifen o. ä. kaufen wollen, bekommen Sie diese außerhalb des Khan el Khalili vielleicht zum halben Preis.

Noch ein **wichtiger Hinweis:** Der **Khan el Khalili Bazar** ist sonntags praktisch völlig, freitags zumindest während der Gebetszeiten teilweise geschlossen. Das Leben im Bazar beginnt kaum vor 10 bis 10.30 Uhr und endet gegen 19 Uhr.

Doch nun wollen wir uns endlich auf den Weg machen. Vom Tahrir nehmen Sie entweder ein Taxi oder z.B. den Minibus Nr. 77. Vom Midan Ataba aus können Sie der von einer kühnen Hochbrückenkonstruktion zusätzlich verunzierten Sharia Al Azhar entweder zu Fuß folgen oder Sie springen auf einen der stadtauswärts fahrenden Busse. Ein ganzes Stück nach der Kreuzung mit der Sharia Port Said und kurz hinter dem Ende der Hochstraße werden Sie eine grüne Fußgängerbrücke über die Sharia el Azhar sehen, steigen Sie dort aus.

Als viel interessantere Alternative zur Sharia el Azhar bietet sich eine Wanderung durch ihre nördliche Parallelstraße Sharia el Muski (deren Verlängerung offiziell Sharia Gohar el Quaid heißt) vom Midan Ataba aus an. Früher war diese Straße eine der Hauptverkehrsadern durch das Islamische Kairo. Sie führt durch lokale Souks, in denen es wirklich alles fürs tägliche ägyptische Leben gibt. Hierher strömen die Bewohner von weit und breit

Schreiben Sie uns bitte, wenn Sie Änderungen gegenüber diesem Text feststellen.

5. Kairo kennenlernen

Zeichenerklärung für beide Pläne
1. Bab el Futuh
2. Bab el Nasr
3. Hakim Moschee
4. Beyt el Suhaimi Palast
5. Khanqah Baybars el Gashankir
6. El Aqmar Moschee
7. Musafirkhana Palast
8. Sabil-Kuttab des Katkhuda
9. Beshtak Palast
10. Mithgal Moschee
11. Barquq Mausoleum
12. Nasir Moschee
13. Kalaun Komplex
13a. Saleh Nageh Ad Din Ayub Mausoleum
14. Saalih Ayub Madrasa
15. Hussein Moschee
16. Mutharar Moschee
17. Ashraf Barsbay Madrasa
18. Al Azhar Moschee
19. Wakalat El Guri
20. El Guri Moschee und Mausoleum
21. Gamal el Dahabi Palast
22. Fakahani Moschee
23. Muayad Moschee
24. Bab Zuwela
25. Zeltmacher-Bazar
26. Salih Talai Moschee
27. Mahmud el Kurdi Moschee
28. Imal el Yusufi Madrasa
29. Ishaqi Moschee
30. Mihmandar Moschee
31. Mardani Moschee
32. Bayt el Razzaz Palast
33. Ak Sunkur Moschee
34. Gani Bak Madrasa
35. Ganim el Bahlwan Moschee
36. Barmaq Moschee
37. Aytmish el Bagasi Moschee
38. Bab Magak el Silahdar
39. Ilgay el Yusufi Madrasa
40. Muayad Maristan
41. Madrasa des Amir
42. Er Rifai Moschee
43. Sultan Hassan Moschee

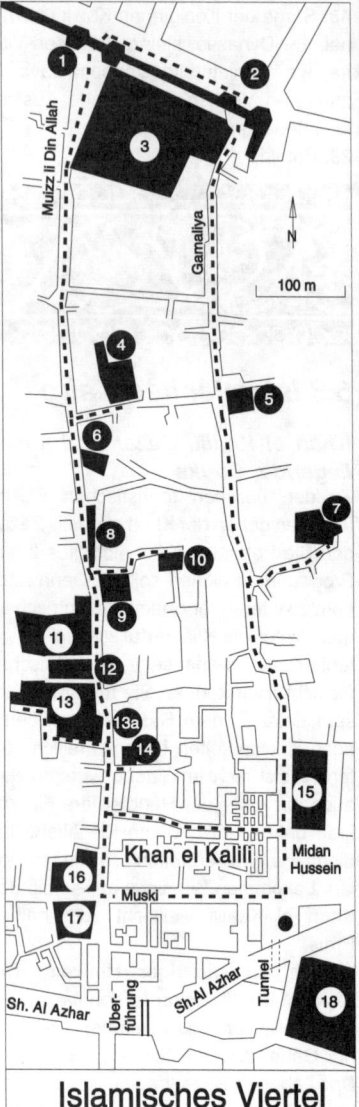

Islamisches Viertel Nördlicher Teil

Khan el Khalili Bazar und umliegende Souks

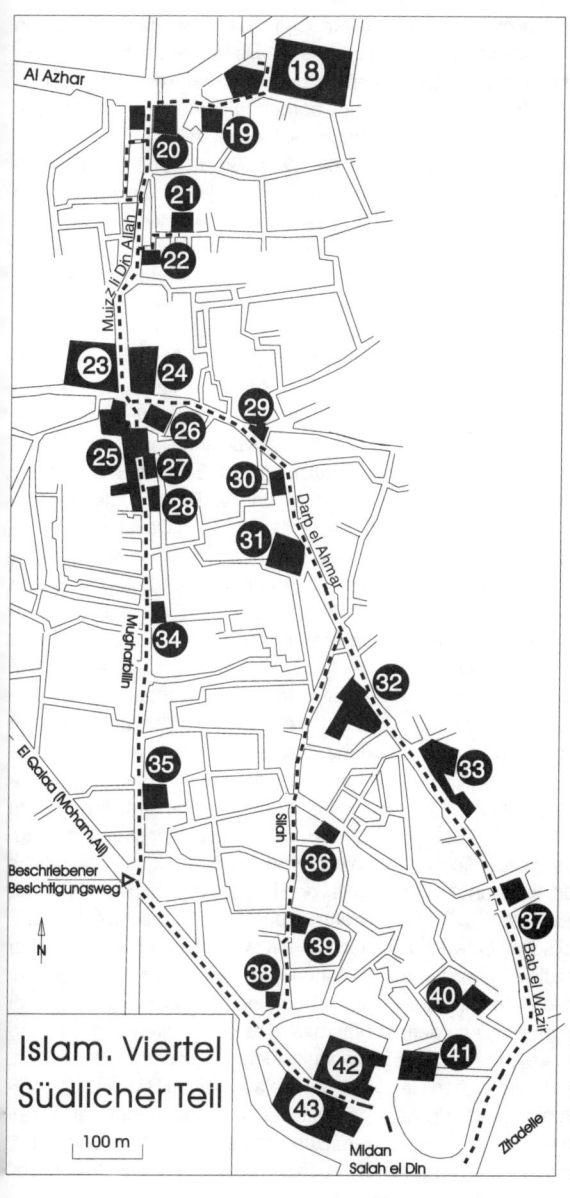

Islam. Viertel Südlicher Teil

100 m

zum Einkauf. Besonders in der Nähe des Midan Ataba herrscht häufig ein unglaubliches, schier erdrückendes Gedränge. Doch keine Angst, hier geht es zwar hautnah zu, aber hier feiern Angebot und Nachfrage Orgien - vom Spottbilligstangebot des "billigen Jakob" über vergoldete Sitzgarnituren bis zum zentnerschweren Kronleuchter findet sich in der Sharia el Muski alles, was eine ägyptische Familie gebrauchen könnte oder sich aufschwatzen läßt. Die Sharia el Muski steigt leicht bergan, durchschneidet den Khan el Khalili Bazar und endet am Midan Hussein, dem großen Platz vor der Hussein Moschee.

Doch zurück zum erstbeschriebenen Weg durch die Sharia el Azhar und der unübersehbaren Fußgängerbrücke: Überqueren Sie diese und gehen Sie auf der anderen (linken) Straßenseite noch über die erste Kreuzung

Kairo-Tour

5. Kairo kennenlernen

mit Autoverkehr (Sharia Muizz li Din Allah) zurück und biegen Sie danach in die erste enge Gasse rechts ab. Nach wenigen Schritten verebbt der Verkehrslärm, Sie hören das Klappern von Nähmaschinen oder das Feilschen um Kleider und Stoffe. Hierher verirren sich schon seltener hastige Touristen.

> **Gedränge gab es schon immmer..**
> *"In den Straßen, in denen man die beiden Seitenmauern beinahe mit dem Ellenbogen streift, gallopieren Esel, Saphis laufen vor einem trabenden Reiter her und schlagen mit der Karbatsche in die Menge, Kamele bewegen sich in langer Reihe vorwärts, beladen mit Bausteinen oder Balken, die quergelegt sind, sodaß sie die Passanten zu zermalmen oder zu durchbohren drohen..."* (J.J. Ampere, 1844)
> *"Die arabischen Kutschenfahrer sind tollkühn und dickköpfig und schlagen sich wie wild durch die Menge, während ein 'Sais' oder Läufer mit einem langen Stock bewaffnet vorauseilt, um den Weg für das Gefährt freizumachen".* (M.I. Whatley, 1863)

Gehen Sie geradeaus bis zur nächsten (engen) Kreuzung, dort links und dann wieder rechts einbiegen, bald wird Ihnen der Geruch von orientalischen Gewürzen in die Nase stechen und die ungewohnten Schleimhäute reizen: Sie stehen im jahrhundertealten Gewürzmarkt. An dem kleinen Platz können Sie rechts Gewürzmühlen beobachten, die Müller haben - je nach Auftrag - die Farbe ihres Mahlguts angenommen. Die Gasse endet an der Sharia Muski - siehe die Bemerkungen weiter oben. Sollten Sie den "Einstieg" in die enge Gasse verpaßt haben, so können Sie auch der Sharia el Azhar noch ein Stück bergab folgen und in die schmale Straße einbiegen, die spitzwinklig einmündet. Wenn Sie diese dann durchwandern, wird sich bald der Gewürz-Reiz in Ihrer Nase melden, biegen Sie dann rechts ein, um die laut dröhnenden Gewürzmühlen zu sehen und sich von dem feinen Staub ähnlich wie von Schnupftabak reizen zu lassen.

Gehen Sie die Sharia Muski zur Fortsetzung des Spaziergangs vom Gewürzmarkt aus bergauf bis zur nächsten Kreuzung mit Autoverkehr. Das ist nur ein kurzes Stück, die Straße heißt Sharia Muizz li Din Allah und ist die alte, unter den Fatimiden - damals noch Qasaba genannt - angelegte Nord-Süd-Achse der heutigen Altstadt. An der rechten Ecke der Sharia Muski steht die 1425 von Sultan Ashraf Barsbay erbaute Madrasa. Sultan Barsbay hatte den Gewürzhandel verstaatlicht und nutzte das hohe Steueraufkommen aus diesem Zweig unter anderem zum Bau religiöser Monumente (sein Mausoleum in der nördlichen Totenstadt ist unbedingt einen Besuch wert, siehe Seite 176). Barsbay baute hier Madrasa, Mausoleum und ein Sebil Kuttab, das gleich links vom Eingang zu sehen ist: Unten der Brunnen, oben die Koranschule. Im Korridor zur Madrasa verbirgt ein Holzgitter (Mashrabiya) den Wasserbehälter für den Brunnen. Im Nordwest-Liwan der Madrasa sind die Decken und die marmorverkleideten Böden sehenswert. Werfen Sie auch einen Blick auf den Mirhab mit seinen schönen Intarsien-Arbeiten. Das Minarett läßt sich besteigen (LE 3), oben schweift der Blick direkt über den

Khan el Khalili Bazar und umliegende Souks

Khan el Khalili Bazar

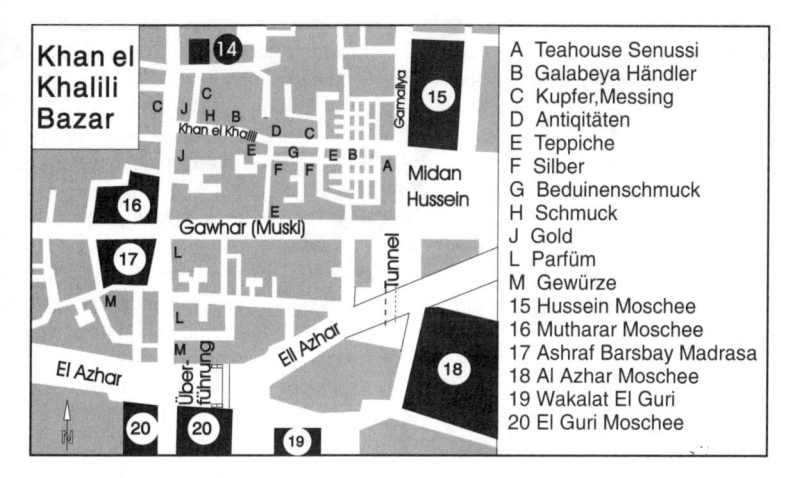

- A Teahouse Senussi
- B Galabeya Händler
- C Kupfer, Messing
- D Antiqitäten
- E Teppiche
- F Silber
- G Beduinenschmuck
- H Schmuck
- J Gold
- L Parfüm
- M Gewürze
- 15 Hussein Moschee
- 16 Mutharar Moschee
- 17 Ashraf Barsbay Madrasa
- 18 Al Azhar Moschee
- 19 Wakalat El Guri
- 20 El Guri Moschee

Khan el Kalili Bazar (und das Gerümpel auf den Dächern).

Sie sollten hier links in die Sharia Muizz li Din Allah einbiegen, an der sich zunächst Goldschmuck-Händler niedergelassen haben und die bald den Souk der Kupferschmiede (Souk el Nahasin) durchquert.

Wenn Sie aber der nächsten, rechts abzweigenden Gasse - Achtung, der Eingang ist schmal und leicht zu übersehen - unverzagt folgen, werden Sie im Herzen des *****Khan el Khalili Bazar** landen. Dieser Bazar mit seinen zahllosen, häufig winzigen Läden ist *die* Shopping-Adresse schlechthin für Touristen, die orientalische Souvenirs nach Hause schleppen wollen, er ist einer der bekanntesten Bazare Nordafrikas. Noch dazu hat er Tradition: 1382 wurde an dieser Stelle von Jarkas el Khalili, Stallmeister des Sultan Barquq, eine Karawanserei (Khan) gegründet, in der vor allem fremde Kaufleute - Perser, Armenier, Juden - ihre Waren anbieten konnten. Reste der ehemaligen Karawanserei sind noch heute in der Nähe der Polizeistation an der Gasse, die von der Hussein Moschee nach Westen führt, zu sehen. Im übrigen beherbergte der Khan el Khalili Bazar noch vor gut hundert Jahren einen der bekanntesten Sklavenmärkte Nordafrikas.

Heute ist der Khan el Khalili Bazar für den flüchtigen Besucher eine einzige Nepp-Falle. Wenn Sie allerdings an mehr als dem üblichen Touristenkitsch interessiert sind, dann müssen Sie sich Zeit nehmen, viel Tee trinken und sich dem orientalischen Handel und Wandel anpassen. Dann öffnet der eine oder andere Bazari auch mal die Schublade, in der er die besseren Stücke für interessierte Kunden aufbewahrt.

Doch es bleibt kein Zweifel, der Khan el Khalili hat sich voll auf Touristen eingestellt, das unverfälschtere und stimmungsvollere Bild orientalischen Handels

5. Kairo kennenlernen

und Wandels findet man in den umliegenden Souks.

Zur Orientierung ein paar Preisbeispiele: Galabeyas (ägyptischer "Kaftan") ab LE 15 - 20, Wasserpfeifen ab LE 20, Leinenrucksäcke mit Applikationen ab LE 10. Ein Tip: Wenn Sie Gold kaufen wollen, bestehen Sie darauf, daß die Händler elektronische Waagen verwenden, den mechanischen ist nicht immer zu trauen. Im Herzen des Khan el Khalili, an der Hauptgasse, hat die Oberoi-Kette ein Café *NAGIB MAHFUS* nach dem Namen des Literatur-Nobelpreisträgers und daneben ein entsprechend feudales, gut eingerichtetes Restaurant (MIndestverzehr LE 5) eröffnet.

Der Khan el Khalili besteht aus einem Gewirr schummriger, gegen die Hitze überdachter Gassen. Lassen Sie sich einfach treiben, biegen Sie mal rechts, mal links ein. Sie brauchen keine Sorge zu haben, die Richtung zu verlieren: Die Gegend steigt sanft an, wenn Sie sich zum Schluß Ihrer Entdeckungsreise in die höher gelegenen Regionen begeben, stoßen Sie unweigerlich auf das Ende des Bazars und an die Mauern der Hussein Moschee am gleichnamigen Platz.

Schräg gegenüber der Hussein Moschee in dem Eckhaus mit den zum Platz zeigenden Arkaden lädt das Teahouse Senussi oder eins seiner Nachbarn zu einer Verschnaufpause ein: Beim (hier relativ teuren, daher feilschen!) Tee kann man ungestört dem ameisenhaften Treiben zuschauen oder, freitags gegen Mittag, vom ersten Stock die vielen Gläubigen beobachten, die wegen Platzmangels vor den Toren der Moschee beten.

Auch vom Restaurant des El Hussein Hotels im 4. Stock können Sie den Platz gut überblicken.

Im übrigen können Sie in diesem Gebäudekomplex eine brauchbare **Toilette** finden: durch die neunte Arkade (davorstehend, von links gezählt), Herren gehen gegenüber dem Laden mit dem Schild "Bazar East Khan Oriental Souvenirs" eine Treppe hinunter, Damen müssen noch ein paar zusätzliche Schritte einlegen: weiter in die nächste Quergasse links, erste Gasse rechts, dort gleich links.

In der schummrigen Quergasse hinter dem Senussi liegt das ehemals unter Künstlern und Intellektuellen bekannte Teahouse Fishawi. Es erinnert mit seinen heruntergekommenen Polsterstühlen, den verstaubten Bildern und erblindeten Spiegeln an bessere Zeiten. Dieses Café war über zweihundert Jahre im Besitz der Familie Fishawi und entwickelte sich vor allem in unserem Jahrhundert zu einer Institution in Kairo, in der sich nicht nur Könige, Intelektuelle und Politiker ins Gästebuch eintrugen, sondern auch Ausländer wie Jean-Paul Sartre schlürften ihren Tee in den Stuben. Doch heute ist es nahezu vollständig in den Sog des Tourismus geraten. Sollten sich Einheimische in diese Gegend verirren, so wird häufig das Klappern des beliebten Tricktrack-Brettspiels das Hupkonzert der Sharia el Azhar übertönen.

Die ***Hussein Moschee** ist eine der beliebtesten Moscheen Kairos, in der großen Versammlungshalle murmeln fromme Männer Gebete, im Seitentrakt steht der schön verzierte Sarkophag mit dem

Nördliches Islamisches Viertel

Kopf Husseins (diese Reliquie wird noch an sechs weiteren Orten aufbewahrt und verehrt). Hussein - der vierte und letzte der orthodoxen Kalifen - war der Sohn Alis und dieser wiederum der Schwiegersohn des Propheten. Er wurde 680 in der Schlacht von Kerbala im Iraq getötet. Bei diesem Streit spalteten sich die Schiiten von den Sunniten; die Schiiten gedenken jährlich des Todes von Hussein mit blutiger Selbstkasteiung.

Während der Regentschaft der schiitischen Fatimiden wurde 1153 der Kopf Husseins nach Kairo gebracht und in einer eigens errichteten Moschee aufgebahrt. Von diesem frühen Bauwerk ist fast nichts erhalten. Die jetzige riesige Bethalle wurde 1864-1873 in typisch türkischem Stil erbaut.

Obwohl die Moschee einen stark schiitischen Hintergrund hat, ist sie bei den sunnitischen Ägyptern zu einer Art Institution geworden. An hohen Feiertagen fahren hier die Mercedes-Staatskarossen mit Präsident und Ministern vor, während des Ramadan ist sie nachts (erlebenswerter) Mittelpunkt von Festlichkeiten, die in Zelten ringsum stattfinden. Freitags faßt sie gewöhnlich nicht den Ansturm der Gläubigen, daher werden auf dem Vorplatz Gebets-Matten ausgebreitet.

Weil es sich hier um eine Art heiligen Platz mit einer Reliquie handelt, sind Ungläubige, d.h. Touristen nicht gern - eigentlich sehr ungern, zumindest freitags - gesehen oder es wird ihnen sehr strikt der Zutritt verwehrt, Frauen müssen angemessen gekleidet sein, sie sollten in jedem Fall den Seiteneingang benutzen. Angeblich ist das ziemlich baufällige südwestliche Minarett gegen LE 1 mit Führer besteigbar.

Nördliches Islamisches Viertel

Zur besseren Übersicht haben wir bei den folgenden Sehenswürdigkeiten jeweils die in den Plänen Seite 137 angegebenen Nummern dem Namen in eckigen Klammern vorangestellt.

Wenn Sie gestärkt aus dem Teahouse Senussi heraustreten, sich nach links (Norden) wenden und der Straße - deren Namen Sharia El Gamaliya dem Viertel den Namen gab und der nirgends zu finden ist - zwischen Hussein Moschee und dem Khan el Khalili Bazar folgen, treffen Sie schließlich nach 15 - 20 Minuten (ohne Besichtigungen) auf die Stadtmauer.

Doch zunächst steht Ihnen ein sehr aufschlußreicher Weg durch das tägliche Leben im manchmal mittelalterlichen, stellenweise auch neuzeitlichen islamischen Kairo bevor. Die enge Straße - eine der Haupt-Querverbindungen zwischen den ehemaligen Stadtmauern - verläuft zunächst an der hohen Außenmauer der Hussein-Moschee entlang. Die links abzweigenden Gassen führen in Außenbereiche des Khan el Khalili Bazars; aber dies sind schon touristische Randzonen, hier dominiert bald das normale tägliche Leben des Islamischen Viertels. Sollten Sie einen Friseurstuhl als Souvenir mit nach Hause nehmen wollen, so finden Sie gerade hier das entsprechende Angebot.

Die Straße verschiebt sich mit Hilfe einiger Kurven ein Stück nach Westen und verläuft dann wieder einigermaßen geradeaus. An der zweiten Querstraße, (an der Ecke steht eine Moschee) sollten Sie rechts und wenige Schritte weiter halblinks in die Gasse Darb el Tablawi abbiegen. Folgen Sie diesem Sträßlein, das

5. Kairo kennenlernen

ein typisches Beispiel für eine "Shilla" ist, eine Gasse, in der jeder jeden kennt und die jeder gegen Eindringlinge in den Sozialbereich verteidigt. Die "Verkehrsfläche" der Gasse gehört den Kindern, sie spielen Fußball oder helfen den Erwachsenen. Aber nicht nur Kinder, auch Schafe oder Ziegen, selbst Kühe müssen sich mit den Autos in die Verkehrsfläche teilen.

Schließlich kommen Sie an einer Mauer mit sorgfältig behauenen Steinen vorbei, an der Schafe und Ziegen Quartier bezogen haben. Sie gehört zum [7] ***Musafirkhana-Palast**. Dieser Palast wurde im 18. Jhd von einem reichen Kaufmann im Mamluken-Stil errichtet, später aber von der königlichen Familie übernommen und ausgebaut. In seinen Gemäuern erblickte der Khedive Ismail das Licht der Welt, später wurde das Gebäude als ein königliches Gästehaus (Musafirkhana) benutzt. Obwohl der Palast inzwischen teilrenoviert ist, werden Sie viele Stützen für das morsche Gebälk und gespaltene Wände entdecken - ein Zeichen dafür, daß in Kairo auch früher nicht allzu sorgfältig gebaut wurde.

In einigen (wenigen) Räumen haben sich Künstler Ateliers eingerichtet, diese Idee scheint aber nicht allzu viel Anklang gefunden zu haben. Erstaunlich, denn der Palast ist eine wirkliche Oase der Ruhe in Kairos lärmerfüllten Gassen. Heute dient er noch einem ägyptischen Künstler als Domizil.

Große helle Innenhöfe künden von ehemaligem Reichtum, ebenso die noch teilweise gut erhaltenen Holzdecken mit ihren Schnitzereien. Eine nicht alltägliche, allerdings im alten Kairo sehr übliche Airconditioning-Anlage ist auch zu bewundern, wenn man ganz nach oben auf eins der Dächer steigt: ein großer Luft-Trichter ("Wind-Fang") sammelt den von Norden blasenden Wind und leitet ihn nach unten in die Räume. Nach der Besichtigung muß man die kleine Gasse wieder zurück zur Sharia Gamaliya gehen.

Ein kurzes Stück weiter steht auf der rechten Seite eine große Moschee. Es ist das 1310 errichtete **Kloster und Mausoleum (Khanqah) Beybars el Gashankir**, ein nur ein Jahr regierender und dann von seinem Nachfolger exekutierter Sultan, der während seines Aufstiegs eine Zeit lang Vorschmecker - Gashankir - war. Ein Blick in das älteste Sufi-Kloster Kairos lohnt sich: Das Schriftband am recht schönen Eingang zeigt eine leere Stelle, dort wurde der Name Beybars el Ganshakir auf Geheiß seines Nachfolgers entfernt. Das Grabmal selbst wird durch einen fein gearbeiteten Holzschirm abgegrenzt, zwischen den beiden Liwanen sind die Mönchszellen angeordnet. Im 14. Jhd lebten hier bis zu 400 Sufis (muslimische Mystiker).

Gleich an der nächsten Straßenecke nutzen fleißige Kistenbauer den Schatten unter einem großen Baum (und Teile des Moschee-Dachs als Lager) und hämmern wie wild Obstkisten zusammen. Die Straßenfabrik mit ihren freundlichen Arbeitern ist einen anerkennenden Blick wert.

Die Sharia Gamaliya zieht sich noch ein Stück hin, nach der nächsten Kreuzung rechts erkennt man eine alte Fassade. Sie gehört zur 1673 errichteten Wakala und Sebil des Oda Bashi, die größtenteils erhalten und bewohnt ist. Schräg gegenüber (nach der nächsten Kreuzung links) lag die Wakala des Amir Qausum (1330),

Nördliches Islamisches Viertel

von der nur der Eingang erhalten blieb. Einen etwas besseren Eindruck macht die letzte der Wakalas direkt links vor dem Bab el Nasr, 1481 von Sultan Qaytbay errichtet. Auf dem großen Hof im Innern wurden die Tiere entladen und die Waren in ebenerdigen Räumen gelagert, darüber wohnten die Kaufleute (am besten erhaltenes Beispiel ist die Wakala El Guri in der Nähe der Al Azhar Moschee). Die Nähe der drei Wakalas zu den nördlichen Stadttoren kommt nicht von ungefähr, denn ab dem Mittelalter wurden die Waren, die über das Rote Meer verschifft worden waren, in Suez auf Kamele verladen und per Landtransport nach Kairo geschafft.

Die Straße führt jetzt durch das gut erhaltene "Stadttor des Sieges", das [2] *Bab el Nasr. Dieses wie auch das gleich nebenan liegende Schwestertor *Bab el Futuh (Tor der Eroberung) wurde 1087 von den Fatimiden unter dem Armenier Badr el Gamali gebaut, um sowohl die Hakim Moschee in die ummauerte Stadt einzubeziehen als auch vorhandene Lehmziegelbefestigungen zu ersetzen. Es handelt sich um eins der bemerkenswertesten Stücke islamischer Militär-Architektur. Die soliden Steine sind z.T. pharaonischen Ursprungs aus Memphis, wie ein Nilpferd-Relief an der Treppe des Bab el Futuh beweist. Beide Tore sind jeweils von stabilen Türmen flankiert, zwischen denen sich die Verteidiger in voller Deckung bewegen konnten. Ursprünglich lag übrigens das Niveau der umgebenden Straßen wesentlich tiefer als heute, der Graben auf der Außenseite demonstriert dies deutlich.

Dieser Teil der Stadtmauer zwischen den Toren kann besichtigt werden. Fragen Sie am Eingang der El Hakim Moschee, dort verkauft man Ihnen das Ticket (LE 3; nehmen Sie für die dunklen Räume eine Taschenlampe mit). Beim **sehr lohnenswerten Spaziergang** auf und innerhalb der Umwallung sieht man Gewölbe, Kasematten und Folterkammern. Von oben blicken Sie über die Dächer hinweg, in den Innenhof der El Hakim Moschee und auf der gegenüberliegenden Seite in die Bretterbehausungen auf den Gräbern des gleich anschließenden Friedhofs.

In der Nähe der Stadttore, jenseits der Stadtmauer in der Haret Elbeerkedar, liegen **Glasbläsereien,** die Sie wie folgt finden können: Sie gehen aus dem Bab el Futuh hinaus, überqueren die Hauptstraße, biegen gleich dahinter in die erste schmale Quergasse rechts ab, ein paar Schritte weiter in die erste Straße links. Am Ende der leicht ansteigenden Gasse liegen die "glas factories", in denen Sie den Glasbläsern bei der Arbeit zuschauen und das Produkt der Arbeit relativ preiswert erwerben können. Aber auch hier scheinen Marktkonzentrationen stattzufinden. 1996 war nur mehr eine Glas Factory zu finden (nach dem links angebrachten Schild noch ca. 20 m).

Ein anderer, psychisch etwas anstrengender Spaziergang führt von den Stadttoren aus in die gleich anschließende **Totenstadt**. Hier herrscht - wie an vielen anderen Stellen Kairos - Armut. Als Besucher kommt man sich mehr als ein Voyeur der Armut vor, denn die Leute leben nach unserer Definition tatsächlich auf dem Friedhof. In Wirklichkeit mögen viele besser dran sein als die Leute, die sich in dunkle Mietverließe quetschen müssen.

Traditionelle Grabwächter wohnen seit Generationen mitsamt ihren Familien auf

5. Kairo kennenlernen

den Friedhöfen. Ihr Beruf ist heute um so wichtiger, denn es kann in Kairo sehr schnell passieren, daß eine länger unbesuchte Grabanlage von Fremden okkupiert wird. Doch viele der ummauerten Grundstücke sind auch heute noch in Funktion befindliche Gräber. Die Gebäude innerhalb der Mauern dienen der Unterkunft der Familienangehörigen während der jährlichen Feste auf den Friedhöfen - während der übrigen Zeiten stellen sie natürlich eine günstige Wohngelegenheit dar.

Die Gräber selbst sind meist von einem senkrecht in die Tiefe führenden Stollen aus horizontal in die Erde gegraben, in diese schmalen Höhlen wird der Leichnam hineingeschoben. Der nach unten führende Stollen ist mit einer dicken Platte verschlossen (siehe auch Seite 171).

Wenn Sie also aus einem der Stadttore herauskommend, nach rechts auf der stark befahrenen Straße hinaufgehen und irgendwann nach links in die Gräberstadt abbiegen, dann sollten Sie auf manchmal nicht allzu freundlichen Empfang vorbereitet sein. Sind Sie daher vorsichtig und halten Sie Ihre Neugierde in Grenzen.

Für den Rückweg sollten Sie die vom Bab el Futuh stadteinwärts führende Sharia Muizz li Din Allah wählen. Diese Straße, im mittelalterlichen Kairo als Qasaba - Haupt- oder Hochstraße - bekannt, zieht sich unter verschiedenen Namen von Nord nach Süd quer durch die ganze Altstadt. Sie beginnt hier und endete früher in El Fustat.

Gleich nach dem Bab el Futuh dehnen sich links neben Ihnen die Mauern der 990-1013 erbauten, wie eine Trutzburg wirkenden [3] **El Hakim Moschee** (LE 3) aus. Bahnen Sie sich einen Weg durch den Zwiebel- und Knoblauchmarkt (je nach Saison auch anderes) vor ihrem Eingang. Das recht klar gegliederte, vor allem wegen seiner Größe imposante Bauwerk wurde unter dem Fatimiden El Aziz begonnen und von seinem religiösexzentrischen Sohn El Hakim bi-Amr Allah (wörtlich "Herrscher durch Gottes Befehl") fertiggestellt. Vorbild in Größe und Stil war offenbar die Ibn Tulun Moschee, allerdings ist der Eingang monumentaler. Ein fünfschiffiger Liwan mit dem Mirhab weist nach Osten in Richtung Mekka, die übrigen Liwane sind zweischiffig. Die beiden sehr schönen Minarette an den Enden der Westwand wurden mit einer Verstärkung im Basisbereich versehen, nachdem sie bei einem Erdbeben 1303 beschädigt worden waren. Die Moschee ist erst vor kurzem renoviert worden, nachdem sie über die Jahrhunderte einiges mitgemacht hatte: Gefangenenlager für Kreuzfahrer, Stallungen unter Saladin, Versorgungslager napoleonischer Truppen und Schule während der Nasser-Zeit.

Nun beginnt der Rückweg Richtung Sharia Al Azhar. Sie können natürlich auch hier ein Taxi anhalten und sich zu einer Erholungspause ins Hotel fahren lassen und den Spaziergang später fortsetzen. Doch verzichten sollten Sie darauf nicht, denn der Weg zurück in das Herz der alten Stadt birgt einige Überraschungen.

Der Beginn unseres Weges ist nicht sonderlich aufregend, doch biegen Sie unbedingt in die zweite Gasse links (Haret ed Darb el Asfar) ab, ca. 50 m weiter finden Sie links in der Hausnummer 19 das [4]**Beyt el Suhaimi** (8-16 LE 1), den ehemaligen Palast des Stadtteil-

Innenhof im Beyt el Suhaimi Palast

5. Kairo kennenlernen

Scheichs aus dem 17. Jhd, dessen grüner Innenhof eine sehr erholsame Oase im Trubel der Umgebung ist. Hier finden Sie ein im Original vollständig erhaltenes Domizil, zum Teil noch mit den Einrichtungsgegenständen des Besitzers - im Grunde ein wesentlich authentischeres Beispiel der Vergangenheit als das Gayer-Anderson-Haus mit seinen unterschiedlichen Sammlungen.

Obwohl das Haus derzeit renoviert wird, wollen wir nicht auf die Beschreibung verzichten: Gleich hinter der schweren Eingangstür steht die Bank für den Türwächter, nach wenigen Schritten im Halbdunkel blickt man auf den grünen Innenhof mit einer schattenspendenden Palme inmitten von Rabatten und Sträuchern, stilvolle holzvergitterte Fenster (Mashrabien) ermöglichten den Damen des Hauses den Blick ins Grüne. Dieser Innenhof hatte früher klimatisierende Wirkung für das ganze Haus. Er war aber auch Lebensbereich.

Im überdeckten Raum gegenüber dem Eingang - wo auch heute noch Bänke stehen - unterhielt sich der Hausherr mit Geschäftsfreunden und wickelte dort auch Geschäfte ab. Freunde dagegen empfing er meist am kühleren Abend in der Loggia über dem Eingang. Dieser, "Maqad" genannte Raum war in allen wohlhabenden Häusern im kühleren Nordteil untergebracht.

In der Nordwestecke führt eine Tür zum "Manadara", der sehr stimmungsvollen großen Empfangshalle mit Springbrunnen, Marmorverkleidungen und schönen Einlege-Arbeiten. Hier rezitierten Koranvorbeter oder es fanden auch sehr weltliche Empfänge mit üppigen Tafeln, Musikern und Tänzerinnen statt.

Vom Mandara steigt man eine Treppe hinauf in den Harem, das Reich der Damen, das von keinem Fremden betreten werden durfte. Auch hier gibt es außerordentlich reich dekorierte Räume - und wieder holzvergitterte Fenster, die den Blick auf die Männerwelt freigaben, ohne daß umgekehrt Einblick in die Haremsgemächer möglich war.

Zurück zur zuvor verlassenen Hauptstraße. Im nächsten Block kommen Sie links an der *Moschee von El Aqmar vorbei, die als ein gutes Beispiel der fatimidischen Architektur gilt und die einstmals die Nordostecke des großen (östlichen) fatimidischen Palastes markierte. Sie wurde 1121-1125 erbaut und gilt als die erste Moschee, deren Eingang sich nicht an der Hauptachse Richtung Mekka orientiert, sondern sich dem Verlauf der Straße anpaßt. Auch ist sie die erste Moschee Kairos mit einer reich verzierten Außenfassade. Nach der kürzlich abgeschlossenen Restaurierung ist sie unbedingt einen Besuch wert.

Am Ende des nächsten Blocks wird Ihnen ein spitzwinkliges Haus auffallen, dessen Stirnseite mit sehr hübschem Holzgitterwerk geschmückt ist. Dieses [8] *Sebil Kuttab von Rahman Katkuda ("Brunnenhaus") aus dem Jahr 1744 gehört eigentlich zu den Schmuckstücken des Islamischen Kairo. Es wurde Anfang der 80er Jahre unter Mithilfe des Deutschen Archäologischen Instituts (DAI) renoviert. Wenn Sie es besichtigen wollen, so finden Sie den Mann mit dem Schlüssel meist im nebenan liegenden Beshtak-Palast oder am Kalaun Mausoleum. Er führt im Erdgeschoß vor, wie die Leute damals ein Trinkgefäß durchs Gitterwerk zum Füllen ans Wasserbecken reichten.

Dekorative Elemente der El Aqmar Moschee

5. Kairo kennenlernen

Gehen Sie auch in den oberen Raum hinauf mit einer recht schönen Decke und gutem Ausblick in die umliegenden Gassen. Das direkt nach Norden anschließende Gebäude ist übrigens ein "Appartement Haus", Baujahr 1300.

Weiter auf der Hauptstraße liegt gleich links der **Beshtak Palast,** der von 1982-1985 ebenfalls unter Mithilfe des DAI renoviert wurde und der ganz sicher sehenswert ist. Der Palast war ursprünglich fünf Stockwerke hoch, die alle mit fließendem Wasser ausgestattet waren. Der Erbauer Al Din Beshtak ließ 1335 eine Reihe älterer Bauten abreißen, um Platz für seinen überdimensionierten Palast zu schaffen. Eine ebenfalls im Weg stehende Moschee bezog er kurzerhand ins Gebäude ein.

Heute betritt man die immer noch beeindruckenden Überreste des Beshtak Palastes durch einen Seiteneingang von der schmalen, links abzweigenden Gasse aus. Eine Treppe führt in die große Empfangshalle, deren schöne Zedernholz-Kassettendecke gute drei Stockwerke höher ist. In der Mitte der Halle erfrischte einst ein kunstvoller Marmor-Springbrunnen die Atmosphäre, Musikanten und Tänzerinnen sollen ihren Teil dazu beigetragen haben, die Gäste zu unterhalten.

Von oben herab konnten die Haremsdamen des Hauses durch Holzgitter auf das Treiben in der Halle unbemerkt herunterschauen oder in der Halle selbst durch Gitter zur Straße das dortige Leben beobachten. Beides ist auch heute noch nachvollziehbar, der Ausblick jedoch weit nüchterner als zu Zeiten von TausendundeinerNacht. Gehen Sie ganz hinauf bis aufs Dach, von oben bietet sich ein guter Ausblick über die Dächer und Minarette der Umgebung.

Mittelalterlicher Luxus

Die Reichen im mittelalterlichen Kairo ließen ihre Paläste meist ungemein prunkvoll ausstatten. Die Wände waren mit Stuckornamenten, Mosaiken und Malereien dekoriert, in eingelassenen Nischen standen Nippesfiguren, Porzellangeschirr oder andere, teure Dekorationsgegenstände. Entlang der Wände waren mit Kissen ausgelegte Bänke angebracht, in den Haupträumen plätscherte ein Springbrunnen, um Kühle zu verbreiten. Anstelle von Schränken dienten kupferbeschlagene Truhen als Aufbewahrungsort. Es gab Destillationsapparate zur Wasserentkeimung, in vielen Badezimmern sogar fließendes warmes und kaltes Wasser.

Über den Sultanspalast schreibt ein Zeitgenosse: *"Die Ausstattung der Räume sind das reichste, was man sich vorstellen kann. Sowohl die Wände als auch die Fußböden sind gänzlich mit den verschiedenartigsten polierten Steinintarsien aus weißem, schwarzem oder rotem Marmor, aus Serpentin (Schlangenstein), Porphyr, Kornalin und anderen erlesenen Steinen in verschiedenen Farbtönen verziert Man kostet im Voraus die Wonnen des Paradieses."*

Wenn Sie der kleinen Seitengasse (durch die Sie zum Hintereingang des Beshtak Palastes fanden) folgen, so werden Sie links das etwas unter Straßenniveau geratene Grabmal des Heiligen **Scheich Sinan** sehen. Am Ende der

Nördliches Islamisches Viertel

Gasse überspannt rechts die **Moschee des Amirs Mithgal** einen Fußweg; der Amir war Chef der Eunuchen unter Sultan Shaban von 1361-1374. Diese Moschee wurde ebenfalls unter Mithilfe des DAI renoviert. Sehenswert ist der schöne, aus grauem und rotem Marmor errichtete Mirhab.

Zurück auf die Hauptstraße. Hier beginnt eigentlich der ehemals prächtigste Teil der Qasaba, der Hauptstraße durch das mittelalterliche Kairo. Denn hier standen sich während der Fatimidenzeit der östliche und der westliche Palast gegenüber, spätere Generationen wollten gerade hier mit großartigen Bauwerken glänzen. Von beiden Palästen ist übrigens außer einigen schönen Holzschnitzereien im Islamischen Museum nichts übrig geblieben.

Gegenüber dem Beshtak Palast können Sie einen Blick auf die **Madrasa** des **El Kamil Aijub** werfen, eins der sehr wenigen Relikte aus der kurzen Aijubiden-Epoche. Doch gleich nebenan sehen Sie gewaltige Mauern aufsteigen, in die sich gleich drei bekannte Bauwerke teilen. Das erste ist die [11] **Moschee und Madrasa von Barquq** (LE 3), 1384-1386 erbaut. Die Machtergreifung von Barquq - eines usprünglich aus Kaukasien stammenden Sklaven - verlief nicht gerade sanft, vielleicht baute er daher eine um so größere Madrasa (und eins der schönsten Grabmäler in der nördlichen Totenstadt, siehe Seite 174). Ein monumentaler Torbogen aus weißem und schwarzem Marmor mit Bronzetoren führt in einen Korridor mit anschließendem Hof. Besonders lohnt ein Blick in den rechts liegenden Haupt-Liwan, der ungeheuer massig wirkt und dessen sehr gut restaurierte Decke mit ihren vergoldeten Facetten von vier pharaonischen Porphyr-Säulen getragen wird.

Gleich anschließend stoßen Sie auf einen ungewöhnlichen Moschee-Eingang, er ist gotisch. Es handelt sich um [12] **Mausoleum und Madrasa von Al Nasir Mohammed** (1296-1304 erbaut), einem Sohn von Qalaun (siehe nächste Moschee). Er regierte - mit zwei Unterbrechungen - 30 Jahre lang während der Hochblüte der Mamluken-Ära, baute etwa 30 Moscheen und das Aquädukt vom Nil zur Zitadelle. Das gotische Eingangsportal ist ein Beutestück von der Kreuzfahrerkirche von Akkon, das von Nasirs Bruder El Ashraf als Sieges-Demonstration über die Franken abmontiert und nach Kairo transportiert wurde. Der hinter dem Portal liegende Eingangsbereich wurde unter Mithilfe des DAI restauriert (schöne Decke), mehr ist eigentlich nicht zu sehen. Bemerkenswert ist noch das Minarett mit außergewöhnlich feinen Stuckverzierungen.

Doch der wirklich dominierende Komplex dieser Gegend ist der des gleich anschließenden [13] ****Kalaun Mausoleums** mit Madrasa und Hospital. Kalaun (zu deutsch "Ente") war ein erfolgreicher Mamluken-Sultan, der sowohl die Mongolen als auch die Kreuzritter in Schach hielt und eine Dynastie gründete, die immerhin drei Generationen lang an der Macht blieb. In den 1284 erbauten Komplex integrierte er ein für die damalige Zeit

5. Kairo kennenlernen

sehr ungewöhnliches Bauwerk, ein Hospital (Maristan). Von ihm blieben praktisch nur Ruinen übrig. Aber auch heute noch wird eine Augenklinik unterhalten, die im rückwärtigen Bereich liegt (Zugang gleich nach dem Komplex rechts entlang der schattigen Baumallee).

Das ursprüngliche Hospital - das vom heutigen Haupteingang des Kalaun-Komplexes her betreten wurde - war in Kreuzform mit vier Liwan-Hallen und anschließenden Krankensälen angelegt. In jedem dieser Liwane wurden bestimmte Krankheiten behandelt: Fieber, Augenkrankheiten, Magen/Darm erkrankungen und ein Operations-Liwan. Dieses Hospital war aus medizinischer und auch sozialer Sicht eine Weltberühmtheit seiner Zeit. Es stand allen Patienten offen, die sogar durch Geschichtenerzähler und Musikanten unterhalten wurden.

Damals mischten sich Patienten, Besucher und Betende im Korridor, der von der bronzebeschlagenen Eingangstür des Kalaun-Komplexes (gleich neben der Nasir Moschee) zur Madrasa, zum Mausoleum und zum Hospital führte. Heute gehört er nur mehr den Betenden.

Versäumen Sie auf keinen Fall einen Blick in den Kalaun-Komplex. Durch die erste Tür links im Korridor betritt man die Madrasa. Sie ist rechteckig angelegt und endet jeweils in einem Liwan. Bemerkenswert ist der östliche, nach Mekka ausgerichtete Liwan, der mit Stuckarbeiten reich verziert ist und mit seinen drei Gängen und klassischen Säulen an sein Vorbild, eine syrische Basilika, erinnert. Derzeit werden auch hier die starken Erdbebenschäden beseitigt.

Die zweite Tür rechts öffnet sich zum Mausoleum (LE 3). Diesen Eingang ziert ein schöner stuckverzierter Bogen. Die Mausoleumshalle selbst überrascht durch ihre ungewöhnliche Höhe und ihren in ein Quadrat gelegten oktagonalen Grundriß sowie die antiken Rosengranitsäulen. Glasmosaikfenster werfen bunte Strahlenzüge in das Dämmerlicht der riesigen Halle. Die Wände im unteren Bereich schmücken sich mit feinsten Marmor-Einlege-Arbeiten, die schier endlose Arabesken und Schriftzüge darstellen, die Holz- Kassettendecke ist bemalt. Der Sarkophag (eigentlich Kenotaph) ist durch eins der schönsten (und das flächenmäßig größte) Mashrabien (Holzgitterwerk) Kairos vom Eingangsbereich abgetrennt. Ein interessantes Detail: Anhand der Fensteröffnungen läßt sich erkennen, daß die Wand zur Straße unterschiedlich dick ist. Damit wurde im Innenraum die Ausrichtung des Mirhab (schöne Marmor-Mosaike) nach Mekka erreicht und außen die Anbindung an die vorhandene Straße.

Sie sollten nicht versäumen, auf das Dach und das Minarett hinaufzusteigen; von oben bietet sich ein eindrucksvoller Ausblick, der Mausoleumswärter weist den Weg. Das Minarett selbst geht auf syrische und andalusische Einflüsse zurück, was besonders in den Stuckverzierungen des oberen Stockwerks zum Ausdruck kommt.

Gegenüber der Kalaun Moschee wurde das [13a] **Mausoleum des Saleh Nageh Ad Din Ayub** (LE 3) unter Mithilfe des DAI restauriert. Es zählt von seiner Stimmung und Einrichtung her sicher zu den Kleinodien des Islamischen Kairo. Versäumen Sie auf keinen Fall den Besuch, falls geschlossen, ist der Wärter der Kalaun Moschee zuständig. Von den Bauten auf un-

Nördliches Islamisches Viertel

serem Rundgang gibt dieses Mausoleum noch den besten Eindruck der islamischen Baukunst. Denn zum einen wurde hier sehr sorgfältig der Originalzustand wiederhergestellt, zum andern funktioniert hier (noch) die Beleuchtung, die viele Details des Bauwerks wirklich erstrahlen läßt. Nicht zuletzt wurde viel Kunstsinn und Geschmack in die Restaurierungsarbeiten investiert, Schautafeln erklären Details.

Sie könnten in der vor der Kalaun Moschee abzweigenden Gasse das ehemalige Haus des **Utman Katkuda** besichtigen, das als schönes Beispiel der ottomanischen "Wohnlandschaften" gilt, leider ist es wegen Baufälligkeit geschlossen. Das Eckgebäude dieser Gasse ist übrigens ein Sebil Kuttab, das zu Ehren von Ismail Pascha, Mohammed Alis jüngstem Sohn, nach Vorbildern Istanbuls entstand.

Wenn Sie einen Block weitergehen und in die folgende Querstraße links einbiegen, so stoßen Sie auf die Ruinen von **Madrasa** und **Mausoleum** des **Negm al Din al Salih Aijub** (1242-1250 errichtet). Außer dem Minarett und einer von kleinen Shops verdeckten Fassade ist nichts geblieben. Doch das Gebäude war historisch in mehrfacher Hinsicht interessant. Al Salih Aijub war der letzte Regent aus Saladins Dynastie, in seiner Madrasa wurden alle vier orthodoxen Riten des Islam gelehrt. Später interpretierten diese Lehrer Urteile niederer Gerichte, daraus entwickelte sich eine Art oberster Gerichtshof der Mamluken. Der Platz vor diesem Gericht hatte zentrale Bedeutung für Kairo. Al Salih Aijub starb kurz vor der Schlacht von Mansura gegen die Kreuzritter, seine Frau Shagarat el Durr ließ nebenan ein Mausoleum für ihren Mann bauen. Diese erste Verbindung von Madrasa und Mausoleum schuf ein Vorbild für viele Generationen.

Shagarat el Durr hatte den Tod des Herrschers geheimgehalten, um den Ausgang der Schlacht nicht negativ zu beeinflussen. Sie herrschte bald offen und ließ sich zur Sultanin ausrufen. Das wiederum ging gegen die Ehre der Fürsten, sie zwangen die Sultanin, den Kommandanten Aybek zum Gemahl zu nehmen. Aybek stammte aus der Provinz Kiptschak im Ural und war ursprünglich Sklave von Salih Aijub, wurde aber freigelassen und stieg zum Kommandanten auf. Er wurde per Heirat der erste in der langen Reihe der Mamlukenherrscher. Als Aybek sich eine weitere Frau nehmen wollte, ließ Sharagat el Durr ihn von ihren Eunuchen im Bad ertränken. Daraufhin setzten die anderen Mamlukenfürsten die Sultanin gefangen und ließen sie von den Sklavinnen der geschiedenen Frau Aybeks mit hölzernen Badeschuhen erschlagen.

Nach diesem Ausflug in die abwechslungsreiche Geschichte der unmittelbaren Umgebung kehren wir erneut auf die Hauptstraße zurück. Dieser Bereich gehört zum Souk el Nahasin, dem Gebiet der Kupferschmiede, wie sich unschwer an den Auslagen der Shops und den kurzbehosten, mit Kupferkesseln behangenen Touristen erkennen läßt.

Die nächste Gassen links führt direkt in den Khan el Khalili Bazar, wie wir uns vom Beginn des Ausflugs ins Islamische Kairo erinnern.

Doch lassen Sie uns noch ein paar Schritte geradeaus weitergehen. Die jetzt folgende Querstraße ist die Sharia El

5. Kairo kennenlernen

Muski, ihr folgen wir nach Osten (links) und gönnen uns nach diesem langen Spaziergang in einem der Teehäuser am Midan Hussein eine Pause (sobald Sie auf den Midan Hussein stoßen, links halten). Sollte Ihnen nach mehr als einer Tasse Tee gelüsten, so wäre das Hotel und Restaurant (oberstes Stockwerk, guter Ausblick) El Hussein eine brauchbare Adresse (Eingang noch in der Sharia El Muski links kurz vor dem Platz).

Beim Tee können Sie über das Leben vor etwa 900 Jahren in der unmittelbaren Umgebung nachdenken: Unter der Herrschaft des Kalifen Muizz entstand in dieser Gegend der sog. Große Palast, der bis zum 11. Jhd ständig durch neue Paläste erweitert wurde. Sie trugen Namen wie "Perlen-Pavilion" oder "Pavilion der Gazellen". Sie waren verschwenderisch ausgestattet, durch unterirdische Gänge miteinander verbunden und enthielten Wasserbekken, die nicht zuletzt als Löschwasserreservoir angelegt waren. Gegen Ende der fatimidischen Herrschaft lebten und wirkten hier schließlich 12 000 Diener und die gleiche Anzahl an Sklavinnen.

Zentrales Islamisches Viertel

Wenn Sie Lust haben, kann es im Islamischen Viertel weitergehen. Der folgende Spaziergang ist nicht allzu lang, doch aufschlußreich und interessant.

Sie verlassen den Midan Hussein Richtung Sharia Al Azhar, die Sie durch einen Fußgängertunnel unterqueren. Auf der anderen Seite laufen Sie links direkt in die **El Azhar Moschee (Eintritt LE 3; Frauen müssen ein Kopftuch tragen). Sie ist als einer der intellektuellen Mittelpunkte in der gesamten islamischen Welt bekannt und anerkannt. Leider finden derzeit umfangreiche Restaurierungsarbeiten statt, so daß der eigentliche Eindruck ziemlich stark beeinträchtigt wird.

970 von dem fatimidischen Eroberer Gawhar gegründet, wurde ihr wenige Jahre später eine Madrasa angegliedert, um die ägyptischen Sunniten im schiitischen Denken zu unterweisen. Bereits 1005 bestimmte El Hakim, daß auch naturwissenschaftliche Fächer in den Lehrplan aufgenommen wurden. Damit ist die Al Azhar die älteste (mindestens jedoch zweitälteste) Universität der Welt.

Heute werden als Hauptfächer Theologie, Islamisches Recht und Arabisch, als Nebenfächer Geschichte, Geographie, Mathematik, Chemie, Biologie und Astronomie gelehrt. Die durchschnittliche Studienzeit beträgt 15 Jahre, die Studienbewerber werden schon in frühester Jugend, u.a. nach ihrer Religiosität, ausgewählt, wobei ein wichtiges Kriterium eine streng islamische Einstellung der Väter ist.

Als Rektor der Universität fungiert der Immam (Vorbeter der Moschee), der gleichzeitig Vizepräsident des Staates ist; woran der Einfluß der Institution Al Azhar gemessen werden kann. Wenn auch heute bei weitem nicht mehr alle 90 000 Studenten (zusammen mit den neun Außenstellen in ganz Ägypten) in der großen

Zentrales Islamisches Viertel

Gebetshalle der Al Azhar - in Gruppen um den Lehrer lagernd - unterrichtet werden können, so ist die Moschee dennoch das Zentrum der Uni geblieben. In den 30er Jahren entstand hinter der El Azhar ein großer Universitätskomplex mit modernen Hörsälen, Laboratorien etc. 1950 wurde im Osten der Moschee eine Aula mit 4000 Plätzen und ein weiteres Gebäude für die juristische Fakultät errichtet.

Die tausend Jahre Geschichte sind nicht spurlos an der Moschee vorbeigegangen. Im Laufe der Zeit haben Um- und Anbauten die Originale überdeckt oder verdrängt, so daß es sogar für Kenner schwer ist, die einzelnen Bereiche korrekt zuzuordnen. Dennoch wirkt dieses Konglomerat an Bauten harmonisch, majestätisch, fern vom Lärm der Außenwelt. Der Eingang führt heute durch das **Tor der Barbiere,** so genannt nach den Friseuren, die früher den Studenten den Schädel kahlschnitten (derzeit wurde wegen der Renovierungsarbeiten der Eingang ein Tor nach rechts verlegt). Links liegt die Madrasa El Akbughawija, die jetzt als Bibliothek genutzt wird, rechts die Madrasa El Taibarsija, die 1309 erbaut wurde und den Mirhab aus der Gründerzeit beherbergt. Dieser Mirhab gilt als ein ganz besonderes Juwel; leider sind beide Madrasas nur mit besonderer Genehmigung zugänglich.

Das Tor der Barbiere öffnet sich - nach einem Korridor - in den großen Innenhof, dessen Dimensionen noch dem Originalplan entsprechen. Drei Liwane, deren Decken von z.T. antiken Säulen getragen werden, umgrenzen den Innenhof. Im 80 x 50 Meter großen Ostliwan - dem Eingang gegenüberliegend - dominieren acht Reihen mit insgesamt 140 Marmorsäulen, von denen etwa hundert aus pharaonischen Quellen stammen. Der schöne, stuckverzierte Haupt-Mirhab - noch aus der Gründerzeit stammend - im Zentrum des Liwans erreicht nicht wie üblich die Abschlußwand, da diese im Laufe der Jahrhunderte weiter nach außen versetzt wurde. Dieser Liwan ist Betsaal und Auditorium der Universität zugleich.

Lassen Sie sich irgendwo auf dem Teppich nieder, der Verkehrslärm verstummt, bald werden Sie nur noch das Murmeln der Studenten hören, und tausend Jahre Geschichte werden wach. Gerade die Al Azhar Moschee reizt zum Nachdenken und Philosophieren: Ist sie nicht das Pendant zum christlichen Peters-Dom, der in die strenge Hirarchie des Vatikan eingegliedert ist? Hat die Institution der Moschee als genereller Versammlungsort nicht einen wichtigen Anstoß zur islamischen Renaissance gegeben?

Die Al Azhar Moschee besitzt drei Minarette, von denen sowohl das El Guri- als auch das Qaytbay-Minarett gegen ein Bakschisch bestiegen werden kann, der Ausblick über die Umgebung und die Studentenquartiere ist beeindruckend. Beim Dekan der Universität (gegenüber der Moschee) gibt es deutschsprachige Literatur über den Islam.

Aus der El Azhar Moschee gehen Sie links, dann gleich an der nächsten Ecke rechts in die nächste Gasse am Obst- und Gemüsemarkt vorbei und kehren im nächsten Block in die **Wakalat el Guri** (LE 3) ein, die am besten erhaltene ehemalige Karawanserei. Sie dient heute als Begegnungsstätte und Ausstellungsgalerie für das Kunsthandwerk. Früher herrschte hier reges Treiben und Handeln: Die durchreisenden Händler stellten in den

5. Kairo kennenlernen

Ställen im Erdgeschoß ihre Kamele und Pferde ein, in den Stockwerken darüber fanden sie Platz für ihre Waren und zum Übernachten. Den schönen Holzgitterfenstern nach zu urteilen, wurden im obersten Stock die Damen untergebracht, die dann durch die Gitter unerkannt dem Geschäftsgebaren der Männer zuschauen konnten.

Gehen Sie weiter in Richtung der Fußgängerbrücke, biegen Sie jedoch links in die nur noch optische Verlängerung der Sharia Muizz li Din Allah ein; denn diese ehemalige Hauptstraße ist durch das Ende der Hochstraße und die hohe Mittelabsperrung praktisch unterbrochen. Gleich die beiden ersten Gebäude rechts und links der Straße sind sehr dominant und wirken als eine Art harmonischer Einlaß in diesen Teil der Qasaba, der ehemaligen Hauptverkehrsverbindung. Rechts liegt die **Madrasa von Sultan el Guri,** links sein ****Mausoleum-Sebil-Kuttab** (1503-1505 erbaut). Die Madrasa wurde beim Erdbeben sehr stark beschädigt, die derzeitigen Restaurierungsarbeiten dürften wohl noch einige Zeit andauern. Das Gebäude ist sehr ausgewogen in Kreuzform angelegt, es erfordert aber weniger Aufmerksamkeit. Vielleicht wäre - nach Wiederherstellung - eine Exkursion auf Dach und Minarett eine Überlegung wert: Wegen des Ausblicks und der Erkenntnis, daß das rotweiße Schachbrettmuster des Minaretts lediglich aufgemalt ist.

Das Mausoleum auf der linken Straßenseite sollten Sie auf gar keinen Fall auslassen. Gleich rechts der Eingangstür betreten Sie die für El Guri geplante letzte Ruhestätte, in der sein Leichnam jedoch nicht bestattet wurde, weil er in einer Schlacht gegen die ottomanischen Türken bei Aleppo verlorenging. Heute ist der Gesamtkomplex eine Nachbarschaftseinrichtung des umliegenden Viertels, in der vor allem Erwachsenenbildung betrieben wird. Der Mausoleumsraum dient als Bibliothek - sehr ehrwürdig und mit fein restaurierten Wänden. Ungewöhnlich sind die Stuck-Arabesken oberhalb des Marmorsockels. Die ursprüngliche Kuppel existiert nicht mehr.

Links des Vorraums betreten Sie die ehemalige Koranschule mit einem Mirhab, die seit der Restaurierung als Theatersaal benutzt wird. Auf den gepolsterten Stühlen läßt sich gut ausruhen; hier sollte man etwas verweilen und dabei die wunderschönen Holzarbeiten und die Decke bewundern. Dieser Raum gehört nach unserem Eindruck zu den am stimmungsvollsten renovierten der islamischen Epoche in Kairo, seine Eleganz spiegelt Reichtum und Pracht vor 500 Jahren wider. Der Theatersaal wird u.a. jeweils mittwochs und samstags ab 20.30 Uhr für atemberaubende Derwisch-Tänze genutzt (siehe auch Seite 113).

Beim Hinausgehen sollten Sie sich einen Augenblick lang vorstellen, daß früher die Straße zwischen den beiden Guri-Bauwerken überdacht war und daß hier die Seidenhändler ihre Ware aufbauten und lautstark verhökerten. Wenn Sie auf dem Weiterweg gleich in die nächste schmale Gasse rechts einbiegen, empfängt Sie dort ein kleiner Gewürzmarkt.

Doch zurück zur Hauptstraße, in der es allerdings auch Interessantes zu sehen gibt wie etwa den Herrn, der - ungefähr nach der ersten Hälfte der Straße links - getrocknete Tiere feilbietet; nicht unähnlich einem afrikanischen Fetischhändler.

Sultan El Guri hinterließ drei sehenswerte Bauwerke; hier ein Blick auf die Madrasa

5. Kairo kennenlernen

Wenn Sie Zeit haben, so biegen Sie in die kleine Gasse ein, die links vor der ersten Moschee ("Fakahani", d.h. Frucht-Händler-Moschee) abzweigt. Die Gasse führt bald links um eine Ecke, biegen Sie die nächste Gasse gleich wieder rechts ab. Nur ein kurzes Stück weiter sehen Sie links ein typisches altes Gebäude: Es handelt sich um das **Wohnhaus von Gamal el Din el Dhabai**, einem reichen Goldhändler im 17. Jhd. Es wird heute von der Ägyptischen Altertümerverwaltung genutzt. Der Blick auf den grünen Innenhof mit seinem Brunnen und die schönen Holzgitterfenster ist eine wohltuende Abwechslung.

Danach zurück zur ewig überfüllten Hauptstraße und links (südlich) weiter. In einer leichten Kurve wird links das Sebil-Kuttab von Tusun Pascha (1820) von kleinen Shops fast verdeckt. Unsere Straße mündet nach wenigen Minuten in das Stadttor **Bab Zuwela,** das die südliche Stadtmauer verschloß und das als eins der fatimidischen Stadttore 1092 errichtet wurde. Die alte fatimidische Stadtmauer läßt sich noch ca. 100 Meter nach Osten verfolgen. Um dieses Tor ranken sich eine Menge Geschichten.

So startete hier während der Mamluken-Epoche der Prozessionszug, der das neue Tuch (Kiswa) nach Mekka brachte, mit dem die Kaaba bedeckt wird. Häufig war das Tor beliebter Exekutionsplatz mit allen möglichen Arten der Beförderung vom Leben zum Tode. Am Ost-Turm hängen noch Gewichte, die mittelalterlichen Sportlern zum Training dienten. Sein volkstümlicher Name lautet eigentlich Bab el Mitwalli nach einem lokalen Heiligen, der hier lebte und viele Wunder wirkte.

Rechts vor dem Tor steht die sehenswerte **Muayyad Moschee** (LE 3) aus dem 15. Jhd, in deren Portal die berühmten Bronzetüren der Sultan Hassan Moschee gesetzt wurden. Sie besitzt einen großen, baumbestandenen Innenhof, der mit seinem Vogelgezwitscher ein angenehmes Kontrastprogramm zum Straßenlärm bietet. Hier kann man sich ungestört ausruhen und versuchen, ein wenig von der kontemplativen Stimmung einer Moschee einzufangen. Der Erbauer Sultan El Muayyad saß übrigens einst an dieser Stelle in einem Gefängnis, in dem er von Fliegen und Flöhen schrecklich heimgesucht wurde. Er schwor, falls er herauskäme, eine Moschee und Madrasa statt dessen errichten zu lassen. Die Madrasa wurde zu ihrer Zeit eine berühmte Institution, nicht zuletzt wegen ihrer umfangreichen Bibliothek. Die Minarette, die auf dem Bab Zuwela stehen, können von der Moschee her bestiegen werden (guter Ausblick). Auch hier hat das Erdbeben starke Schäden angerichtet, die wohl bald behoben sein werden; derzeit reduziert der Bauschutt die Stimmung.

Südliches Islamisches Viertel: Zentraler Bereich

Am Bab Zuwela verzweigen sich unsere Spazierwege, sowohl geradeaus als auch nach links führen Straßen zur Zitadelle. Es lohnt sich, zunächst den Spaziergang vom Bab Zuwela aus geradeaus weiter auf der zentralen Straße, der historischen Qasaba, fortzusetzen.

Gleich rechts am gegenüberliegenden schmalen Platz haben Händler von **aparten Leinentaschen** ihre Produkte ausgebreitet, hier findet man recht schöne Stücke als Souvenir (oder zum Tragen der un-

Südliches Islamisches Viertel: Zentraler Bereich

terwegs erstandenen Schätze). Die Moschee auf der linken Seite wurde 1160 von **Salih Talai** errichtet. Sie ist die letzte der fatimidischen Epoche, sie besticht durch ihre Schlichtheit. Ihr Niveau liegt inzwischen unterhalb dem der Straße, die im Laufe der Jahrhunderte aufgeschüttet wurde. Die Händler an der Straßenseite und links der Moschee haben sich auf Kleinvieh spezialisiert, das an Ort und Stelle geschlachtet und - zur Freude der streunenden Katzen und Hunde - auch gleich ausgenommen wird. Ein Blick in den um die Moschee laufenden, von morastigem Wasser teilweise gefüllten und mit Abfällen überhäuften Graben zeigt die Sorglosigkeit der Ägypter gegenüber dem allgegenwärtigen Dreck ihrer Umwelt.

Der Weiterweg läßt dieses Gefühl streckenweise wieder vergessen, denn hier gibt es im Zeltmacher-(Kiyamiyya)-Bazar bunte, teilweise sehr geschmackvolle Stoff-Applikationen zu kaufen. Gleich außerhalb des kurzen, überdachten Straßenstücks kommt die Sorglosigkeit wieder zu Tage. Rechts führt ein schmaler Weg in einen "Handwerkerhof", althergebracht und nur mit ein paar neuen Maschinen angereichert. Vor allem bieten die Schreiner- bzw. Holzsägewerkstätten eine Horrorvorstellung von Arbeitsbedingungen: Die Luft ist geschwängert von Sägemehl-Staub, man glaubt, in den Hallen auf der Stelle ersticken zu müssen. Die Arbeiter machen einen quicklebendigen Eindruck und begrüßen den Fremden mit freundlichem Hallo. Dieses "Ensemble" wurde wie auch der überdachte Zeltmacher-Bazar 1650 von Ridwan Bey errichtet. Nur an der Südfront zeugen noch ein paar alte Loggias vom ehrwürdigen Alter. Dort saßen abends die Handwerker und diskutierten den Lauf ihrer Welt.

Sie sollten dieser mit Souks gesäumten Straße bis zur Sultan Hassan Moschee folgen, unterwegs werden Sie das tägliche Leben Kairos finden. Zunächst könnte man nach dem überdachten Stück gleich links der Straße einen Blick auf die **Moschee Mahmud el Kurdi** aus dem Jahr 1395 und nur etwa 70 m weiter die **Madrasa von Imal el Yusufi** (1392) werfen. Wenn Sie weiterbummeln, schauen Sie hin und wieder zurück in Richtung Bab Zuwela, je nach Lichteinfall und Betrieb in der Sharia Muizz li Din Allah ergeben sich recht malerische Bilder.

Bald verbreitert sich die Straße etwas, und dieser zusätzliche Platz wird gleich von einer Menge Händlern genutzt: Hier kauft die Hausfrau für die tägliche Versorgung ein, allerhand Reparatur-Shops bieten ihre Dienste an und natürlich findet man Kaffeehäuser, in denen Männer Wasserpfeife rauchen oder sich mit Brettspielen die so reichlich vorhandene Zeit vertreiben. In einer der rechts abzweigenden Querstraßen gibt es Marktstände mit Gemüse und Kräutern. Die links sich erhebende Madrasa wurde 1426 von **Sultan Amir Gani Bak** errichtet, der unter Sultan Barsbay in steiler Karriere aufstieg und sich so viele Feinde erwarb, daß er bereits mit 25 Jahren vergiftet wurde.

Bald fällt Ihnen links die mit schönen Stuckverzierungen versehene Kuppel der **Ganim el Bahlawan Moschee** auf, die sehr dominant das Bild der Straße beherrscht. Das Innere ist stark heruntergekommen, es lohnt nicht, die Schuhe auszuziehen und einen Blick hineinzuwerfen. Nur ein kurzes Stück weiter treffen Sie auf

Kairo-Tour

5. Kairo kennenlernen

die Sharia Mohammed Ali (heute Sharia El Qala), die ihr Namensgeber als Verbindungsstraße zwischen Zitadelle und Midan Ataba in die Altstadtsubstanz "hacken" ließ und die auch heute noch eine der Hauptstraßen dieses Viertels ist.

Jetzt können Sie dieser sehr frequentierten Straße bis zur Sultan Hassan Moschee folgen oder Sie heben sich diesen Leckerbissen für später auf und kehren kreuz und quer durch die kleinen Gassen, die seitlich der eben durchwanderten Sharia Muizz li Din Allah liegen, zum Bab Zuwela zurück. Gerade diese Seitengassen sind voll täglichen Arbeitslebens der hier wohnenden Menschen. Bei dem Spaziergang werden Sie von mittelalterlichen Eindrücken ins 20. Jahrhundert und wieder zurück gerissen. Auch sollten Sie keine Sorge haben sich zu verirren, wenn Sie sich unsicher fühlen, fragen Sie die Leute z.B. nach Bab Zuwela oder besser nach Bab Mitwali, es wird sich immer jemand finden, der Ihnen Auskunft gibt oder Sie vorsichtshalber gleich so weit begleitet, bis kein Verirren mehr möglich ist.

Südöstliches Islamisches Viertel

Ein anderer Spaziergang beginnt wieder am Bab Zuwela, führt uns aber in die südöstlicheren Gebiete des mittelalterlichen Kairo. Wenn Sie sich nun hinter dem Bab Zuwela links halten und der Sharia Darb el Akmar folgen, werden Sie nach einem etwas längeren Spaziergang ebenfalls die Zitadelle erreichen. Diese Straße führt ständig leicht bergan, sie hat eine Menge Verkehr zu bewältigen, Verstopfungen sind an der Tagesordnung. Schon bald erblicken Sie quasi frontal die schöne Fassade der ***Qajmas el Ishaqi Moschee,** die inmitten einer Y-förmigen Straßengabelung 1480-1481 errichtet wurde. Über die linke Gasse führt ein Übergang zum Sebil-Kuttab, der damals abgesetzt von der eigentlichen Moschee war. Besonders an heißen Tagen bietet eine Pause in dieser Moschee Abkühlung durch Ventilation, denn das nach allen Seiten frei stehende Gebäude besitzt eine gute Querlüftung.

Das Portal ist mit roten, weißen und schwarzen Marmor-Intarsien in Form einer Rosette geschmückt. Kurz hinter dem Eingang führt ein Korridor nach links in den Innenraum, der sowohl als Ventilations-Schacht als auch als Lichtquelle geplant war und den eine zweiflügelige Schiebetür (immerhin Baujahr 1480) verschließt. Der Grundriß des Bauwerks ist in Kreuzform ausgelegt, jedoch sind der Nord- und der Süd-Liwan zu Nischen zusammengeschmolzen. Im Innern fallen bunte Lichtbündel durch die Glasfenster, Marmor-Arabesken und umlaufende Spruchbänder schmücken die Wände. Der Aufgang zum Minbar ist mit schönen Holz-Intarsien verziert, auch der Mirhab ist einen Blick wert. Der Erbauer Qajmas el Ishaqi hatte hohe Posten unter Sultan Quait Bey inne; er starb in Syrien und ist auch dort beerdigt. Im Mausoleum (Zugang durch das südliche Portal des Ost-Liwans) ruht ein heiliger Scheich namens Abu Hurayba, nach dem die Moschee volkstümlich auch benannt wurde.

Bald folgen rechts zwei quasi aneinander gebaute Moscheen, wobei die zweite - die **Ahmad el Mihmandar Moschee** - 1324 errichtet wurde und zu den ältesten Bauwerken des Viertels zählt.

Einen wiederum recht guten Platz zum Ausruhen finden Sie im nächsten sakra-

Zeltmacher bei der Arbeit

5. Kairo kennenlernen

len Bauwerk rechts, der ***Altinbugha el Maridani Moschee**. Von der Straße her auffallend ist ihre in Zinnen auslaufende Außenmauer mit Nischen, Fenstern und einem umlaufenden Koran-Spruchband. Sie wurde 1339 errichtet, ungewöhnlich ist eine Holztrennwand zwischen dem offenen, baumbestandenen Innenhof und dem Ost-Liwan, der eigentlichen Gebetshalle. Diese, mit schönen geometrischen Mustern versehene Wand zieht sich über eine beachtliche Länge hin.

Die Straße steigt weiter bergan, das nächste historische Bauwerk auf der rechten Seite ist der **Palast des Bayt Ahmad Kakuda el Razzaz,** der von Sultan Qaytbay gebaut wurde, zu erkennen u. a. auch an den schönen Mashrabiya-Fenstern im zweiten Stockwerk. Das großflächige Bauwerk mit einstmals über 80 Räumen erstreckt sich bis zur Sharia Souk el Silah.

Gleich Wand an Wand mit dem Palast liegt die **Umm el Sultan Shaban Madrasa,** die der Sultan Shaban 1368 für seine Mutter (Umm) baute, während sie auf Pilgerfahrt war.

Gegenüber diesem Palast blieb praktisch nur die Fassade von Haus und Brunnen des Ibrahim Agha Mustahfizan erhalten, aber gleich nach der nächsten Querstraße namens Sekhet Darb el Kazzazin und gegenüber von Haus Nr. 40 finden Sie die ***Ak Sunqur Moschee,** die wegen ihrer blauen Schmuck-Fließen als "Blaue Moschee" bekannt und durchaus sehenswert ist. Man sollte aber nicht ein in Blau leuchtendes Gebäude erwarten; vielmehr liegt hier die Schönheit im Detail der Fayencen. Die Moschee wurde 1346 von dem Emir gleichen Namens erbaut, 1652-1654 von Ibrahim Agha Mustahfizan restauriert und mit den bewußten blauen Kacheln gefließt. Im offenen Innenhof stehen Bäume, in denen Vögel zwitschern - eins der so sympathischen Bilder in einigen Moscheen Kairos. Gleich links vom Eingang liegt das Grab des Sultans El Ashraf Kuchuk, der im zarten Alter von sechs Jahren für fünf Monate Sultan spielte, dann von seinem Bruder El Kamil Shaban abgelöst, in den Kerker der Zitadelle geworfen und drei Jahre später von eben diesem Bruder ermordet wurde.

Auf der rechten Seite des Innenhofs ist das mit blauen persischen Fayencen verkleidete Marmor-Grabmal Ibrahim Aghas zu sehen, im Süd-Liwan das Grab Ak Sunqurs. Die bekannte Ostwand der Moschee ist großflächig mit Fließen verkleidet, die - ähnlich wie das Ibrahim Agha Grab - zarte Pflanzen- und Blumenmuster im Grundton von blau und türkis darstellen. Diese Fliesen wurden speziell von den Ottomanen geliebt und gern in Kairos Privathäusern verwendet. Auch der Marmor-Mirhab ist sehenswert, der Marmor-Minbar ist das älteste, noch vorhandene Beispiel seiner Art.

Gleich anschließend an die Ak Sunqur Moschee lag einst das Haus von Ibrahim Agha, von dem nur noch Ruinen blieben. Ein paar Schritte weiter folgt auf der linken Seite Moschee und **Mausoleum von Khayrbak,** der als erster Vize-König Konstantinopels herrschte. Vorsichtshalber baute er bereits 1502 sein Mausoleum und erst 1520 die Moschee mit anschließendem Sebil. Für diese Bauten okkupierte er teilweise den Palastbereich von Alin Aq aus dem Jahr 1293, dessen imposante Ruinen sich an den Komplex anschließen. Alin Aq war unter Sultan Kalaun hoch aufgestiegen und konnte sich

Zitadelle

offenbar einen zumindest großen Palast leisten.

Noch einmal geht's ein Stück bergan, dann liegen an einer Gasse links wiederum zwei historische Bauwerke: Zunächst **Sebil-Kuttab-Mausoleum von Tarrabay el Sharifi,** das 1503-1504 erbaut wurde. Danach folgt die **Moschee von Aytmisch el Bagasi** aus dem Jahr 1383, die recht schlicht in Ausführung und Dekoration gehalten ist.

Die Straße steigt jetzt steil an, Kaffeehäuser und kleine Handwerksbetriebe säumen sie. Schließlich ändert sie ihren Namen in Sharia el Maghar. Kurz bevor sie gegenüber der Zitadellenmauer endet, zweigt rechts eine Gasse namens Sikkat el Gomi ab. Dort finden Sie auf der linken Seite die beeindruckenden Ruinen eines Maristan, eines mamlukischen Krankenhauses, das parallel zu dem von Kalaun den Bezirk der Zitadelle versorgte.

Falls Sie nicht zur Zitadelle hinaufgehen wollen, dann gehen Sie an deren Mauer entlang den Berg hinunter, bis Sie am Midan Salah el Din ein Taxi finden oder in einen Bus steigen können.

Zitadelle

Die **Zitadelle - jahrhundertelang und teilweise noch immer in der Hand der Militärs - wurde restauriert und erst 1983 in wesentlichen Teilen der Öffentlichkeit zugänglich gemacht. Zu sehen gibt es vielerlei in der Festung hoch über der Stadt: Da ist zunächst einmal der phantastische Ausblick auf die Stadt zu nennen, dann sind die Moscheen Mohammed Ali und El Nasir einen Besuch wert, weiterhin Mohammed Alis Gawhara Palast und sein Harem Palast, der heute (sinnigerweise) das Militär-Museum beherbergt, weiterhin ein Kutschen- und ein Polizeimuseum und schließlich der tiefe, per Wendeltreppe begehbare Josephs-Brunnen. Insgesamt sollten Sie sich etwa einen knappen halben Tag Zeit nehmen.

Die Zitadelle erreicht man als Fußgänger am besten von Midan Salah el Din (in der Nähe der Sultan Hassan Moschee) aus. Hier gibt es nur das geschlossene Tor Bab el Azab (das einst den Mamluken zum Verhängnis wurde); Sie müssen die Festung zum rückwärtigen Eingang hin nördlich umgehen. Wenden Sie sich also nach links und steigen Sie - immer parallel zur Festungsmauer - den Berg hinauf. Ein weiterer Eingang ist auf der Ostseite, dort zweigt von der Sharia Salah Salem eine Zufahrt zu diesem Einlaß ab.

Autofahrer können ebenfalls die Zitadelle links (westlich) umfahren und auf dem Parkplatz am Bab el Gedid parken. Alternativ: Die Sharia Salah Salem vom Nil her Richtung Mokattam nehmen und bald nach dem Fly-Over die steile Straße links den Hügel hinauf und am Bab el Gebel parken. Falls Sie sich nicht abzubiegen trauen, fahren Sie bis zum Polizisten an der Mokattam-Abzweigung und machen Sie dort einen U-Turn.

An den Eingängen ist Eintritt für die gesamte Zitadelle (9-17, LE 20) zu bezahlen, also nicht mehr für jedes einzelne Objekt. Vermeiden Sie den Besuch freitags und an Feiertagen, weil dann viele Ägypter hierherströmen, um innerhalb der Festungsmauern zu picknicken und die Museen zu besuchen. Dann ist Gedränge und vielfach nervige Anmache angesagt.

Salah el Din Ibn Aijub (kurz Saladin) war von Damaskus den Fatimiden als Helfer

5. Kairo kennenlernen

gegen die Kreuzritter geschickt worden. Anstatt nach dem Zurückschlagen der christlichen Heerscharen zurückzukehren, besann sich Saladin eines anderen und unterwarf schnell seine Gastgeber, die er schließlich auch noch von der schiitischen in die sunnitische Glaubensrichtung umdrehen mußte. Damit nicht genug, gründete er die Aijubiden-Dynastie, baute 1176 bis 1182 die Zitadelle hoch über dem Häusermeer von Kairo und erweiterte die Stadtmauern, die er im nördlichen Bereich bis etwa zum heutigen Ramsis-Bahnhof und südlich bis nach El Fustat verlängerte. Saladins Bruder und Nachfolger El Aldil befestigte die Zitadelle weiterhin, sein Neffe El Kamil verlegte im 13. Jhd endgültig auch die Residenz hinter ihre Mauern.

Im 14. Jhd beschäftigte sich Sultan el Nasir Muhammed mit größeren Um- und Neubauten, er konzentrierte die gesamte politische, militärische und administrative Macht in der Zitadelle und baute die nach ihm benannte Moschee. Schließlich riß Mohammed Ali im 19. Jhd fast alle Bauten seiner Vorgänger - so weit sie nicht ohnehin durch eine gewaltige Pulverexplosion im Jahr 1823 zerstört worden waren - nieder, baute seine Moschee und neue Paläste. Erst als Ismail 1874 in den neuen Abdin Palast im Zentrum Kairos umzog, gingen fast sieben Jahrhunderte politischer Macht in der Zitadelle zu Ende.

Sie betreten also ein Stück Erde, auf dem Geschichte in allen denkbaren Spielarten stattfand. Hier war zeitweise zumindest das Zentrum des Orients, immer aber das der leidgeprüften Nil-Oase. Hier fanden Intrigen und trickreichste Morde statt, vielleicht zur gleichen Zeit verzauberte Liebesnächte und Märchen aus TausendundeinerNacht. Hier inszenierte schließlich Mohammed Ali das Mamlukenmassaker, das sogar die damals gar nicht so zimperliche westliche Welt in heftige Erregung versetzte.

> **Mamluken-Massaker**
>
> *"In dem Augenblick, da der erste Teil des Zuges durch das Tor el Azab hindurch war, befahl Salech Odsch, das Tor zu schließen, und enthüllte seinen Soldaten die Verschwörung. Die wendeten sich unverzüglich gegen die Emire, die sich genau in dem engen Durchgang eingezwängt fanden, der zum Bab el Azab hinabführt. Als die Emire sich angegriffen sahen, wollten sie auf der Stelle umkehren, doch das gelang ihnen nicht. Denn einerseits versperrten die Pferde den Durchgang, andererseits schossen die Soldaten, die auf den Felsen und Mauern postiert waren, von hinten auf sie. In ihrer Bedrängnis und da sie sahen, daß eine Anzahl der Ihren schon gefallen war, stiegen die Emire von den Pferden. ... Doch in diesem Durcheinander wurden die meisten von ihnen getötet. Doch sobald die Soldaten (in der Stadt) Mohammed Alis die Neuigkeit erfuhren, fielen sie wie Heuschrecken über die Häuser der Emire und die Nachbarhäuser her, um zu plündern. Das geschah im Handumdrehen. Sie taten den Herrinnen Gewalt an und zerrten sie und die Frauen und die Sklavinnen hinter sich her, um ihren Schmuck und ihre Gewänder zu rauben. Mit einem Wort, sie ließen ihren Gelüsten freien Lauf."*
> (El Djabarti,1811)

Zitadelle

Mohammed Ali ließ die nach ihm benannte, allgemein als ****Alabaster Moschee** bekannte Moschee 1824-1848 von einem griechischen Architekten erbauen. Sie kann ihr Vorbild, die Blaue Moschee von Istanbul, nicht verleugnen. Obwohl sie stilistisch zumindest ein Unikat in Kairo, wenn nicht gar ein Fremdkörper ist, wurde sie - vielleicht gerade deswegen - mit ihren Bleistift-Minaretten und der Alabaster-Verkleidung zu einem Wahrzeichen der Stadt. Im Vorhof, der von Säulenreihen umgeben ist, dominiert ein Reinigungsbrunnen, die Uhr im Uhrenturm wurde Mohammed Ali vom französichen König Louis Philippe als Gegengeschenk gemacht für den Obelisken, der heute auf dem Place de la Concorde steht. Die eigentliche Gebetshalle beeindruckt durch ihre Ausmaße und Höhe, immerhin "schwebt" die Zentralkuppel 52 Meter über dem Boden. Noch weiter in den Himmel ragen mit 82 Metern die beiden schlanken Minarette. Mohammed Ali, der 1848 starb, fand in seiner Moschee seine letzte Ruhestätte. Sein Sarkophag aus weißem Marmor steht rechts vom Eingang hinter einem vergoldeten Bronzegitter.

Unvergeßlich wird der Ausblick sein, dem Sie sich von den Terrassengärten neben der Moschee unbedingt hingeben sollten: Direkt zu Ihren Füßen stehen die Moscheen Sultan Hassan und El Rifai wahrzeichengleich nebeneinander, dann folgt der Wald der Minarette des Islamischen Kairo, schon fast direkt dahinter die Hotel-Hochhausketten auf beiden Seiten des Nils und in der Ferne - wenn Ihnen der Smog gnädig gesinnt ist - markieren die Pyramiden von Giseh den Übergang des Fruchtlandes zur Wüste.

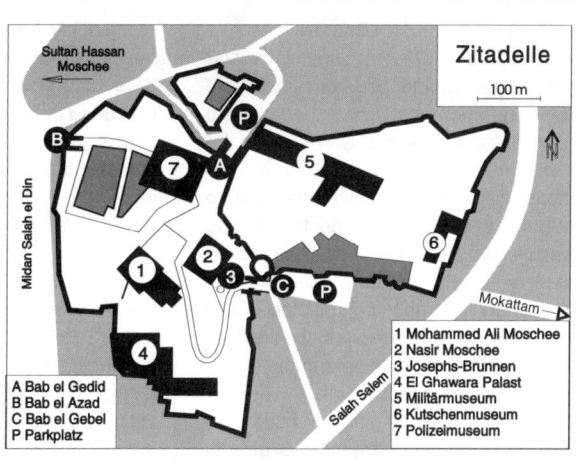

Östlich, fast gegenüber der Alabaster Moschee erhebt sich die ****El Nasir Moschee,** die von Sultan El Nasir Muhammed, dem größten Bauherrn der Bahri Mamluken Periode, 1318-1335 errichtet wurde und die über viele Jahrhunderte die Hauptmoschee der Zitadelle war. Auch sie ist gewaltig in ihren Dimensionen, kann sie doch 5000 Besuchern Platz bieten. Etwas ungewöhnlich sind die beiden Minaretts; das in der nordöstlichen Ecke wurde errichtet, um die Truppen in der nördlichen Garnison akustisch errei-

Bitte schreiben Sie uns, wenn Sie Änderungen gegenüber diesem Text feststellen

5. Kairo kennenlernen

chen zu können. Zum Bau der Moschee wurden antike Säulen verschiedenster Epochen verwendet, wie sich aus den unterschiedlichen Kapitellen und Basen leicht erkennen läßt. Die Wände im Innenraum sehen etwas nackt aus, weil der ottomanische Sultan Selim die gesamte Marmor-Verkleidung abmontieren und nach Istanbul schaffen ließ. Dieses Bauwerk gefiel uns von der Atmosphäre her besser als die Alabaster Moschee, zumal man hier eine ruhige, fast besinnliche Pause ohne viel Touristenrummel einlegen kann.

Ganz in der Nähe (südlich) finden Sie den 88 Meter tiefen **Josephs-Brunnen,** den Saladin z.T. von gefangenen Kreuzrittern bauen ließ. Der Brunnen erreicht das Grundwasser des Nil-Niveaus, ein sanft geneigter Pfad windet sich, nur durch eine dünne, mit Fenstern versehene Wand vom Schacht getrennt, nach unten. Auf der Höhe von 40 Metern war eine von Ochsen angetriebene Sakija (Göpelwerk) installiert, von dort wurde das Wasser durch ein weiteres Hebewerk ans Tageslicht befördert. Dieser Brunnen stellte die Versorgung der Zitadelle auch im Kriegsfall sicher, während das über Aquädukte herangeführte Wasser von jedem Feind abgegraben werden konnte.

Südlich der Alabaster-Moschee stehen die nach einem Brand im Jahr 1974 übriggebliebenen Teile des **Gawhara- oder Bijou-Palastes** von Mohammed Ali. Hier lebte der Schöpfer des neuen Ägypten, hier wartete er auch das von ihm befohlene Massaker an den Mamlukenfürsten ab, das unterhalb des Palastes seinen grauenvollen Verlauf nahm. Zumindest das heute gezeigte Interieur mutet uns etwas simpel an im Vergleich zu der Persönlichkeit, die hier einst einem gedemütigten Land Selbstbewußtsein zurückgab.

> **Touristen**
> "*...Und alles scheint in Mohammed Alis Moschee von unentweihbarem relgiösem Frieden umfangen - da plötzlich lärmende Unterhaltung in teutonischer Sprache, schallende Stimmen und Gelächter! Ist's glaublich, hier in nächster Nähe des großen Toten? Eine Horde Touristen erscheint, nach der neuesten Mode gekleidet. Ein Führer mit albernem Gesicht betet die Sehenswürdigkeiten her, mit schallender Stimme wie ein Ausrufer im Zirkus. Und eine der Besucherinnen lacht über die zu großen Überschuhe, in denen sie stolpert, lacht mit einfältigem, fortwährendem Kichern, wie eine glucksende Pute. Gibt es denn keinen Wächter, keine Polizei in dieser heiligen Moschee? ... In jeder beliebigen Kirche Europas, wo Gläubige knien und beten, möchte ich sehen, wie man mohammedanische Touristen empfinge, die - wenn dies überhaupt möglich ist - sich so aufführten wie diese Barbaren!*' (Pierre Loti, 1907)

Zwischen dem nördlichen, militärischen Teil der Zitadelle und dem südlichen mehr repräsentativ genutzten Bereich baute Mohammed Ali den **Haremspalast.** Heute finden Sie dort ein **Militärmuseum** mit Waffensammlungen der ägyptischen Geschichte, wobei Beutestücke aus den Kriegen mit den Israelis den chronologischen Abschluß bilden. Auch für Nicht-Waffen-Fanatiker ist dieses Museum einen Blick wert, weil die Palasträume zumeist original erhalten sind und die unverfälschten Decken einen Eindruck vom Prunk an Mohammed Alis Hof vermitteln. Sicher wird Ihnen das Café neben dem Militärmuseum auffallen, in dem man eine Pause einlegen kann (und eine Toilette findet).

Das **Kutschenmuseum,** das auch im nördlichen Bereich der Zitadelle liegt, erhielt die prächtigsten Gefährte aus dem ursprünglichen Kutschen-Museum in der Sharia 26.July (das dort in den ehemaligen königlichen Ställen untergebracht war - etwa 100 m rechts von der Corniche aus - und immer noch einige verstaubte Gefährte jener Zeit ausstellt).

Nördlich des Kutschenmuseums liegt die **Suleyman Pascha Moschee,** eine hübsche kleine Moschee im türkischen Stil. Gleich anschließend das Grab des Sidi Sarya, angeblich ein Gefährte des islamischen Ägypteneroberers Amr.

Direkt am Bab el Gedid wurde ein Polizeimuseum eingerichtet, das u.a. das Gefängniswesen im Spiegel der Entwicklung darstellt (rechts vom Eingang). Gipsfiguren schmachten bis in die Neuzeit dahin, während der moderne Gefangene eifrig lesend/lernend seiner Resozialisierung entgegenharrt. Eine einst hier betriebene Caféteria ist leider eingegangen.

Wenn Sie von der Zitadelle aus auf der Verlängerung der Sharia Salah Salem nach Südwesten Richtung Nil weiterfahren, werden Ihnen bald links hohe Mauern auffallen: dies ist das 1311 erbaute **Aquädukt,** auf dem Wasser zur Zitadelle befördert wurde. Es endet direkt an der Corniche in einem noch gut erhaltenen Bauwerk, in dem damals riesige Wasserräder das Wasser auf das Niveau des Aquädukts hoben.

Sultan Hassan Moschee, Rifai Moschee, Souk El Silah

Achtung: Eintrittskarten für die Sultan Hassan und die Rifai Moschee gibt es im Tickethäuschen im unteren Drittel des kleinen Parks.

Zu Füßen der Zitadelle liegt links an der Sharia Mohammed Ali (oder Sharia el Qala) - die in diesem Bereich Fußgängerzone ist - die 1356-1363 erbaute ****Sultan Hassan Moschee** (LE 12). Sie gilt als das hervorragendste Beispiel arabischer Moscheen-Baukunst; angeblich ließ der Sultan dem Architekten die Hand abschlagen, damit er nicht ein weiteres, ähnlich schönes Bauwerk zeichnen könne. Sultan Hassan war eher ein willensschwacher Sohn des eisernen Bauherrn El Nasir Muhammed. Die Gelder für den Bau der Moschee verdankte er der Pest des Jahres 1348, da viele Besitztümer Verstorbener der Staatskasse anheimfielen. Sultan Hassan erlebte übrigens die Fertigstellung seiner Moschee nicht mehr, er wurde 1361 von seinen Mamluken-Fürsten hingerichtet.

Die Sultan Hassan Moschee scheint von der Baumasse her alle Dimensionen zu sprengen, sie bedeckt fast 8000 Quadratmeter, ist 86 Meter hoch, die Längswand mißt gute 150 Meter. Durch Blendnischen mit Rundbogenfenstern werden die riesigen Wände geschickt unterteilt, sie wirken aber dadurch eher noch imposanter. Vom Grundriß her stellt die Mochsee ein unregelmäßiges Fünfeck dar, in das die kreuzförmige Madrasa mit den vier Liwanen eingebettet ist. Dieses gewaltige Bauwerk wirkt als eine Art Pendant zur Zitadelle - und zweimal wurde es auch als Wehrburg gegen die Inhaber der Zitadelle benutzt, 1391 von rebellieren-

5. Kairo kennenlernen

den Mamluken-Fürsten und 1517 als Zufluchtsort für den letzten Mamluken-Sultan Tumambay.

Auch die Minarette der Moschee haben ihre Geschichte. Ursprünglich waren vier geplant, doch als beim Bau von zwei Minaretten über dem Eingangsportal eins zusammenbrach und 300 Menschen erschlug, wurde auch das zweite abgebrochen. Heute beherrscht das mit 86 Metern extrem hohe Minarett an der Südwestecke das Gebäude, das kleinere an der Ostfassade fällt optisch nicht so sehr ins Gewicht.

Man betritt die Moschee durch ein überdimensionales Portal von 26 Metern Höhe, das mit Stalaktiten und einem schönen Gesims geschmückt ist. Bei genauem Hinsehen wird Ihnen auffallen, daß viele Details des Portals nur angefangen, aber nicht beendet wurden. Die Bronze-Torflügel ließ Sultan Muayyad entfernen und in seiner Moschee neben dem Bab Zuwela anbringen.

Der Weg führt weiter in ein Vestibül, von dort durch zwei Korridore in den Sahn (Innenhof), im Zentrum steht ein sehr hübscher Brunnen, der ursprünglich zur Erfrischung, aber nicht für Waschungen vorgesehen war. Der Haupt-Liwan - der östliche - liegt dem Korridor gegenüber, aus dem Sie in den Innenhof traten. Aus allen Bögen hängen Ketten herunter, an denen früher hunderte von Öllampen befestigt wurden, sicherlich ein stimmungsvolles Bild in der Dunkelheit. In der Mitte steht eine Art Plattform - Dikka - für Koranlesungen. An der Ostwand der Mirhab und daneben der Minbar, der einst ähnlich wie der in der Ak Sunqur Moschee dekoriert war. Die beiden Türen in der Ostwand führen in das Mausoleum, wobei die rechte Türe wegen ihrer Silber- und Gold-Intarsien besonders schön ist. Im Mausoleum - das von der großen, den Gesamtkomplex der Moschee überragenden Kuppel überwölbt wird - sind zwei Söhne Sultan Hassans bestattet, sein eigener Leichnam ging nach der Hinrichtung verloren.

Vom Innenhof führen seitlich neben den Liwanen Türen zu den vier, innerhalb der Moschee untergebrachten Madrasas für die vier orthodoxen islamischen Riten: Shafi, Hanafi, Hanbali und Maliki. Innerhalb jeder dieser Madrasa gibt es einen nach Osten weisenden Liwan und Wohnzellen für die Studenten in vier bis fünf Stockwerken. Die Hanafi Madrasa (Eingang rechts vom Haupt-Liwan) ist die sehenswerteste.

Genau gegenüber der Hassan Moschee stoßen Sie auf die *Er Rifai Moschee aus dem Jahr 1912, die am Ruhm der Nachbarin zu partizipieren versucht und von Fremdenführern gern als "Schwester" der Sultan Hassan Moschee genannt wird. In Wirklichkeit bildet sie lediglich eine Art städtebauliches Gegengewicht gegen die viel ältere "Schwester". Sie wurde von der Mutter des Khediven Ismail initiert, erhielt das Grab des lokalen Scheich-Heiligen Ali el Rifai und sollte als Grabmoschee der königlichen Familie dienen (nur Fuad und Faruk sind im Haupttrakt, die Stifterin, Ismail mit Familie und König Husayn Kamil sind im Nebentrakt an der Nordseite bestattet). Außerdem fand hier der persische Schah Reza Pahlawi eine vorläufige Ruhestätte.

Die Bauarbeiten begannen 1869, aufgrund von finanziellen Problemen und des Todes von sowohl der Stifterin als auch des Architekten ruhten ab 1880 alle Arbeiten und erst 1905 wurde erneut be-

Muayad-Moschee: Detail der aus der Sultan Hassan Moschee entfernten Tür

5. Kairo kennenlernen

gonnen. Da der Architekt keine Pläne für die Innendekoration hinterlassen hatte, nahm sich Max Herz Bey die schönsten Stücke aus Kairos Moscheen als Vorlagen - schon von daher ist die Moschee einen Besuch wert.

Nach Verlassen der Rifai Moschee gehen Sie durch den kleinen Park hinunter, gleich nach dem Park sollten Sie rechts abbiegen, wenn Sie der jetzt beschriebenen Strecke in den früheren Souk der Waffenschmiede mit einigen interessanten historischen Bauwerken folgen wollen.

Wir biegen in die erste links von der Umgehungsstraße abzweigende Gasse, in den *Souk el Silah* ein, in dem heute zwar keine Waffen mehr gehandelt werden, aber immer noch kleine Metall-Handwerksbetriebe zum Teil auf der Straße tätig sind. Als erstes sieht man gleich links nach der Kurve die Ruinen des Bab Mangak el Silahdar, das einstmals zum Palast des Mangak el Yusufi el Silahdar führte.

Nach einem kurzen Stück Weg liegt rechts die Madrasa des **Ilgay el Yusufi** aus dem Jahr 1373, aus der späten Bahri-Mamluken-Epoche, die schon wegen der Kuppel mit gedrehten Rippen auffällt. Auch hier ist an der Nordwestecke ein öffentlicher Brunnen (Sebil) angebaut, zum ersten Mal wurde hier der Platz darüber für eine Koranschule (Kuttab) genutzt. Dieses Ensemble wurde dann quasi Standard der Moscheebauten.

Keine 100 Meter entfernt treffen Sie rechts auf ein eigentlich wunderschönes **Sebil-Kuttab,** das von **Ruqayya Dudu,** der Tochter eines hohen Mamluken, im Jahr 1761 im ottomanischen Stil errichtet wurde. Leider ist das Bauwerk etwas heruntergekommen, dennoch vermittelt es vor allem durch seine Ornamente einen Eindruck seiner ehemaligen Schönheit.

Von hier aus stehen drei Möglichkeiten für den Weiterweg offen: Entweder folgen wir der Sharia el Silah bis sie auf die Darb el Ahmer trifft, oder wir biegen an der Kreuzung zuvor rechts ab und werfen - ebenfalls auf dem Weg zur Darb el Ahmer - einen Blick in die 1711 erbaute Moschee des Alti Barmaq, oder wir biegen links ab und stoßen - ein Stück bergab - auf die Sharia el Qala (ehemals Sharia Mohammed Ali) und gehen dann zurück zur Sultan Hassan Moschee.

Ibn Tulun Moschee, Gayer Anderson Haus

Wenn Sie von der Sultan Hassan Moschee zur Ibn Tulun Moschee gehen wollen, dann wandern Sie am besten den Fußgängerweg empor bis zum Midan Salah el Din (Richtung Zitadelle), biegen dort rechts und die dritte Straße wieder rechts ab und folgen ihr etwa 10 - 15 Minuten. Der Fußweg ist wegen der lärmigen Straße nicht besonders attraktiv, aber zu überstehen.

Das erste historische Bauwerk, das Ihnen schon bald auffallen wird, ist das **Sebil-Kuttab des Sultans Qaytbay** (links der Straße) aus dem Jahr 1479. Dies war das erste freistehende Sebil-Kuttab in Kairo. Es ist reich und sorgfältig dekoriert.

Etwas abwärts stehen sich zwei alte Gebäude gegenüber, es handelt sich um die Moschee (rechte Straßenseite) und die **Khanqah** (links) von **Amir Shaykhu,** 1349 und 1355 errichtet. Der Amir baute zuerst die Moschee, in der sich 20 Sufis (Mönche) niederließen, denen er später dann die Kanqah, das Kloster, und sein

Ibn Tulun Moschee, Gayer Anderson Haus

Mausoleum auf der anderen Straßenseite mit identischer Fassade bauen ließ. Die Moschee - eine typische Versammlungs-Moschee - bietet nicht allzu Überraschendes, aber mit einem grünen Baum im recht großen Innenhof doch etwas Abgeschiedenheit gegenüber dem Lärm der Straße. Die heute ziemlich heruntergekommene Kanqah beherbergte bis zu 700 Sufi Derwische, die in Zellen um einen Innenhof untergebracht waren. Das obere Stockwerk ist zugänglich und bietet einen guten Einblick in die Anlage. Nach der folgenden Kreuzung steht rechts der **Sebil von Umm Abbas** (1867), dann die Madrasa Taghri Bardi aus dem Jahr 1440 mit einer reich verzierten Marmorfassade.

Schon bald taucht links das absolut dominierende Mauerrechteck und das Minarett mit der Wendeltreppe der ****Ibn Tulun Moschee** (LE 0,50) auf. Sie hat den nachhaltigsten Eindruck auf uns gemacht. Bei der Betrachtung der großen, aber doch sehr klar gegliederten Baumasse spürt man, daß hier in erster Linie ein Platz zum Beten, zum Meditieren geschaffen werden sollte und - vielleicht - weniger ein Denkmal des Erbauers. Diese sehr alte Moschee Kairos (879 nC) und drittgrößte der Welt sollten Sie in jedem Fall in Ihren Besichtigungsplan aufnehmen.

Ahmed Ibn Tulun, Sohn eines türkischen Sklaven des Abbasiden-Kalifen el Mamun, wurde im Alter von 33 Jahren 868 vom Kalifen-Hof in Bagdad als Gouverneur nach El Fustat geschickt und schon zwei Jahre später zum Gouverneur des gesamten Landes ernannt. Kurz danach machte er sich unabhängig und gründete eine kurzlebige Dynastie (bis 905), die der Tuluniden, die dem Land Wohlstand und Glanz bescherte. Er verschmähte El Fustat und gründete nordöstlich davon auf dem Hügel Yaskhur eine neue, äußerst prächtige Hauptstadt namens El Qatai mit seiner Moschee als Mittelpunkt. Als schließlich 905 die Abbasiden das Land rückeroberten, machten sie El Qatai dem Erdboden gleich, ließen aber die Moschee unangetastet.

Die Ibn Tulun Moschee ist das älteste islamische Bauwerk Kairos, das im Originalzustand erhalten ist (die ältere Amr Moschee wurde viele Male umgebaut). Es handelt sich um eine klassische Portikus-Moschee mit vier Liwanen, wobei der nach Mekka weisende Ost-Liwan fünfschiffig angelegt ist, die anderen sind zweischiffig. Die Moschee ist mit einer zweiten Außenmauer versehen, wodurch ein umlaufender Außenhof zwischen den Mauern entsteht. Diese Konstruktion war wohl nicht so sehr dem Schutz gegen Feinde als viel mehr gegen die herandrängenden Läden der Bazaris und dem damit verbundenen Lärm vorgesehen. Die schmucklose Strenge der inneren Mauer wird von 128 Fenstern und 23 Toren - die sich gegenüberliegend in der Außenmauer wiederholen - gemildert.

Die Konstruktion der Liwane weist zwei neue Merkmale auf: Zum einen wurden keine Säulen als tragende Elemente verwendet, sondern gemauerte Ziegelpfeiler, die mit Putz überzogen und an den Ecken säulenartig geformt wurden. Zum anderen kommen hier zum ersten Mal leicht hufeisenförmige Spitzbogen in den Arkaden vor. Auch die Verzierungen wur-

5. Kairo kennenlernen

den mit mehr Liebe hergestellt und nicht wie üblich aus vorgeformten Gipsabgüssen zusammengesetzt, sondern in den frischen Putz hineingeschnitten. Die Kapitelle der Pfeiler sind mit Knospen und Blättern nach dem zeitgenössischen Geschmack verschönert, die Gewölbe zeigen erste Ansätze für Arabesken-Verzierungen. Ein Abschlußfries aus Sykomorenholz verläuft unterhalb der Decke über alle Joche, in ihm sind etwa sechs Prozent der Koran-Suren in kufischer Schrift eingeschnitzt - immerhin ein Band von knapp 2000 Meter Länge. Der Minbar ist ein hervorragendes Zeugnis der frühen Mamluken-Zeit, denn er stammt - wie auch der Reinigungsbrunnen in der Mitte des Innenhofes - vom ersten Restaurateur der Moschee im Jahr 1296, dem Sultan Husam el Din Lagin. Der Haupt-Mirhab in der Mitte der Ostwand ist Original, rechts daneben eine Tür, die Ibn Tulun als Privatzugang zur Moschee vorbehalten war.

Sehr ungewöhnlich ist auch das Minarett, das nach dem Vorbild des Original-Minaretts von Husam el Din Lagin offenbar neu aufgebaut wurde (wie aus verschiedenen Details hervorgeht). Ibn Tulun hatte wahrscheinlich das Minarett der Großen Moschee von Samarra, das wiederum von den Zigarrats in Mesopotamien inspiriert war, zum Vorbild genommen. Steigen Sie unbedingt hinauf, der Ausblick lohnt die geringe Anstrengung (Zugang im Bereich zwischen den Mauern, also direkt nach dem Tickethäuschen rechts gehen).

Wenn Sie die Moschee verlassen, vergessen Sie auf keinen Fall das rechts liegende *****Gayer Anderson Haus** oder Bayt el Kritliya (9-16; Fr 9-11,13.30-16; LE 5). Es handelt sich eigentlich um zwei alte arabische Häuser, die auf das frühe 17. Jhd zurückgehen. 1934 wurden sie in verwahrlostem Zustand vom Staat übernommen und dem britischen Armee-Arzt Gayer-Anderson, der als Sammler islamischer Kunst bekannt war, überlassen.

Gayer-Anderson faßte die Gebäude zu einem Doppelhaus zusammen, ließ sie renovieren und vor allem die Inneneinrichtung mit Originalelementen aus Abbruchhäusern so wiederherstellen, daß sie dem Stil eines vornehmen arabischen Hauses entsprachen. Allerdings stammt ein Teil der Möblierung aus islamischen Nachbarländern. Die einzelnen Räume und Einrichtungsgegenstände sind ausgeschildert, so daß man sich gut zurechtfinden kann. Nehmen Sie sich Zeit, besser Muße, für ein altes arabisches Haus. Hier können Sie den Komfort und den Luxus erleben, mit dem sich wohlhabende Bürger Kairos vor 300 Jahren umgaben. - Achtung: Üblicherweise wird man geführt; machen Sie Ihrem Führer deutlich klar, daß Sie das Museum in Ruhe anschauen wollen.

Gar nicht weit von der Ibn Tulun Moschee entfernt liegt die Moschee der **Sayyida Nefisa** am gleichnamigen Platz. Es ist etwas kompliziert, durch das Straßengewirr dorthin zu finden, nehmen Sie ein Taxi. Die Namensgeberin der Moschee war die Urenkelin von Hassan, dieser wiederum ein Enkel des Propheten Mohammed. Sayyida Nefisa bewirkte bereits während ihres Lebens Wunder, nach ihrem Tod 824 versuchten viele Anhänger, durch ein Grab in ihrer Nähe an ihrem Segen teilzuhaben, einige abbasidische Gräber sind hinter der Moschee noch vorhanden. Die heutige Moschee stammt aus dem Jahr 1897; interessant ist sie vor allem, weil sie eine beliebte Hochzeitsmoschee Kairos ist. Denn Sayyida Nefisa gehört zu den drei Stadtheiligen, um deren Segen nicht nur die Hochzeiter, sondern auch viele andere Besucher bitten.

Islamisches Museum

Das **Museum für Islamische Kunst (9-16, Fr 9-11, 13.30-16, LE 4) besitzt die umfassendste Sammlung islamischer Kunst der Welt. Wenn Sie sich an Dingen erfreuen können, die Menschen geschaffen haben, denen die Darstellung ihrer selbst aus religiösen Gründen untersagt ist und die sich daher auf Ornamente und Kalligraphie spezialisierten und in diesen Bereichen unübertroffene Meisterwerke hinterließen, dann dürfen Sie einen Besuch des Museums nicht versäumen. Es liegt am Midan Ahmed Maher, an dem sich die Sharia Port Said und die Sharia Mohammed Ali kreuzen. Die Sammlungen sind in insgesamt 23 Sälen untergebracht, die Säle 2 - 5 wurden den großen Kunstepochen des islamischen Ägypten gewidmet, die Exponate der anderen Säle beziehen sich jeweils auf ein bestimmtes Thema oder einen Ort, z.B. Holz-, Keramik- oder Metallarbeiten, Fayencen und Teppiche; im oberen Stockwerk ist eine schöne Textilsammlung zu betrachten. Die wichtigsten Themen der Säle:

1: Neuerwerbungen, wechselnde Ausstellungen
2: Omaijaden
3: Abbasiden und Tuliniden
4: Fatimiden
5: Mamluken
6: Holzarbeiten, darunter eine Tür der Al Azhar Moschee
7/8: Elfenbein- und Holzarbeiten (Ajubiden- und Mamlukenzeit)
9: Holz- und Metallarbeiten
10: Holzarbeiten, Inneneinrichtung eines Wohnraums
11: Metallarbeiten der Mamlukenzeit
12: Waffen
13: Fatimidische Fayencen, Gobelins
14: Ausländische Keramik
15: Keramik aus Fustat
16: Ausländische Keramik
17: Textilien, Keramik
18: Holzpanele, Friese, Keramik
19: Schreib- und Buchkunst, Waffen
20: Fayencen in türkisch-osmanischem Stil, Textilien
21: Glaswaren, Moscheelampen
22: Persische Keramik vom 8. - 16. Jhd
23: Wechselnde Ausstellungen

5.4 Die Totenstädte

Wenn anderswo die Muslims ihre Toten in der Erde verscharren und das Grab namenlos mit einem Stein bedecken, so folgen die Ägypter - Muselmanen wie Christen - häufig 5000 Jahre alten Bräuchen. Sie errichten Mausoleen und bleiben über diese Bauwerke mit ihren Toten stets verbunden. Im Laufe der Zeit entstanden ganze Stadtteile für die Toten, die sich völlig von unseren Friedhöfen unterscheiden. Hier hat der Verstorbene lediglich seinen Wohnsitz gewechselt, das Leben kann wie gewohnt weitergehen. Bereits Mamlukenherrscher wie die Sultane Barquq oder Barsbay ließen Wohnungen für die Bediensteten der Grab-Moscheen

5. Kairo kennenlernen

Nördliche Totenstadt

1 Sultan Inal
2 Sultan Barquq
3 Sultan Baybar
4 Sultan Qaytbay
5 Stadtmauer

Khan el Khalili

200 m

In Kairo haben die Lebenden ganze Totenstadt-Bezirke zurückerobert; angeblich leben 145 000 Menschen, die sonst keine Unterkunft fanden, auf den Friedhöfen. Wo immer eine Familiengruft nicht mehr beaufsichtigt wird, läßt man sich in den Innenhöfen nieder, respektiert aber weiterhin das eigentliche Grab, In den Fällen, in denen Anverwandte überraschend wieder auftauchen, macht man bei Festen bereitwillig Platz und begeht sie gemeinsam mit den Verwandten. Die Besiedlung hat schon soviel Tradition, daß die Stadtverwaltung Wasser- und Elektrizitätsversorgung auf den Friedhöfen installierte.

Fremden begegnet man in abgelegeneren Bereichen manchmal mit etwas Mißtrauen, zumindest sollten Sie sich darauf gefaßt machen, die Aufmerksamkeit von Kindern und Jugendlichen auf sich zu ziehen. Trotzdem lohnt ein Besuch, zum einen wegen des strekkenweise blühenden Lebens auf den Friedhöfen, zum anderen wegen einiger sehr sehenswerter Bauwerke.

Es gibt zwei große Nekropolen, die eine liegt südlich der Zitadelle, die andere nördlich, und zwar östlich der Sharia Salah Salem. Die interessantesten Gebäude finden Sie im nördlichen Gebiet, es ist auch etwas einfacher zu erreichen. Und hier sollten Sie nicht zu geizig sein mit der Zeit: Wählen Sie wegen der Lichtstimmung den späteren Nachmittag. Wenn Sie sich andererseits nicht mit etwas auf-

oder für Theologiestudenten um die Grabanlagen herum bauen.

Auch gab oder gibt es den Brauch, die Nacht von Donnerstag auf Freitag, besonders aber die vom 14. zum 15. des islamischen Monats Schaaban auf dem Familiengrab zu verbringen. Bei solchen Gelegenheiten herrscht reges Treiben mit fliegenden Händlern auf den Friedhöfen. Bei bestimmten Festen zieht die ganze Familie zur Familiengruft und veranstaltet dort ein üppiges Festessen zu Ehren der Verstorbenen.

Neben dem Mausoleum bestehen die eigentlichen Grabstätten meist aus einem ummauerten Hof, in dem ein mit Deckel verschlossener Schacht in die Familiengruft führt. Von diesem Schacht aus werden schmale waagerechte Stollen gegraben und nach dem Einbringen des Leichnams verschlossen. Ein Wärter, der traditionell im Friedhofsbereich mit seiner Familie lebt, beaufsichtigt meist mehrere Grabanlagen.

Leben zwischen den Gräbern

Kairo-Tour

5. Kairo kennenlernen

dringlichen Kindern herumärgern wollen, wäre die beste Besuchszeit der Vormittag (nicht freitags), wenn die Gören in der Schule sitzen. Man kann die drei sehenswertesten Mausoleen in etwa zwei Stunden besichtigen - eine gut investierte Zeit.

Totenfest
"Die Wohlhabenden bauen Häuser um ihre Familiengrüfte, in denen sie an hohen Festtagen weilen und der Toten gedenken. In dieser Nacht (Vollmondnacht des Totenfestes) saßen die schwarzen Frauen vielfach unverschleiert auf den Gräbern, damit sie von dem verstorbenen Gatten gut gesehen werden können, es ist das einzige Mal, daß das Ablegen des Schleiers außerhalb des Hauses von der Relgion gestattet wird. Die Gräber, die ja nur Mauerwerk sind, das niemals mit Blumen geschmückt wird, zeigen je einen Pfeiler am Kopf- und Fußende. Auf diesen Pfeilern lassen sich nachts die beiden Frage-Engel nieder, Munkar und Nakir, sie fragen dem Toten das Glaubensbekenntnis ab, das jeder Gläubige nach Mohammeds Gebot fünfmal am Tag in der Richtung nach Mekka sprechen muß, es besteht also keine Gefahr, daß der Tote es nicht kennt. Sollte er es aber dennoch nicht aufzusagen wissen, so kommt Iblis, der oberste Teufel, und wie es dem armen Toten dann ergeht, kann man sich denken...." Hans Bethge, 1926

Nördliche Totenstadt

Die Verlängerungen der Sharia el Azhar führt direkt in die nördliche Nekropole. Per Bus kommen Sie z.B. von der El Azhar Moschee bzw. dem Khan el Khalili Bazar nach nur zwei Stationen direkt zum Barquq Mausoleum. Viele Taxifahrer verstehen "Sultan Barquq" Mausoleum; falls nicht, lassen Sie sich auf der Sharia Salah Salem kurz vor dem Fly-over (dem ersten nach der Zitadelle) absetzen und gehen einfach zu dem größten der Bauwerke mit den beiden Minaretts hinüber. Als Autofahrer biegen Sie am Fly-over rechts ab, folgen der ersten Parallelstraße zur Salah Salem in Richtung Zitadelle, die Abzweigung zum Mausoleum ist nicht zu übersehen. Den Eingang finden Sie an der Südwestecke des Gebäudes.

Der **Mausoleumskomplex von Faraq Ibn Barquq** ist für uns eine der schönsten Grabmoscheen in Kairo. Ihr Besuch lohnt sich wirklich. Sie wurde 1400 bis 1411 von seinem Sohn Farag als Kanqah - Kloster und Mausoleum - gebaut. Schon von weitem fallen die Zwillingsminarette, die Zwillingskuppeln und schließlich die beiden gleichen Sebil-Kutabs jeweils an den Enden der langen Fassade auf. Vom Eingang führt der Weg zunächst in ein Vestibül, von dort nach links in einen Korridor, an dem links die Wirtschaftsräume lagen, rechts der Hof mit dem Reinigungsbrunnen. Der Korridor mündet in den Sahn, den großen Innenhof mit einem schönen, achteckigen Brunnen. Ein paar Bäume mildern die graue Strenge des Mauerwerks und tragen, besonders am späteren Nachmittag, sehr zur weltabgerückten Stimmung bei.

Die Liwane sind ein- oder zweischiffig, lediglich der Ost-Liwan ist dreischiffig angelegt. Hier steht ein wunderschöner Minbar. Das Eckquadrat zwischen Ost- und Nord-Liwan ist dem Mausoleum Barquqs vorbehalten, sein Sarkophag steht auf ei-

Sultan Ashraf Barsbay Mausoeleum, Holz- und Perlmutteinlegearbeiten des Minbars

5. Kairo kennenlernen

nem Sockel aus schwarzem und braunem Marmor. Der gegenüberliegende Eckbereich ist das Mausoleum für die drei Frauen Barquqs.

Die Kanqah-Funktion (Kloster mit Mausoleum) wird an den "Studierzimmern", die den Innenhof säumen, deutlich. In der Nordwestecke führt eine Treppe in die oberen Stockwerke mit weiteren Zellen für die Derwische. Von hier kann - und sollte - man weiter hinauf aufs Dach und weiter auf eins der Minarette steigen. Dabei läßt sich sowohl die leichte, fast gebrechliche Konstruktion dieser Türme bewundern als auch der weite Ausblick über die Gräberstadt und besonders über das nördliche Kairo.

Wenn Sie die Moschee verlassen, gehen Sie links die Gasse nach Süden, nach nur einem kurzen Stück fällt Ihnen auf der linken Seite ein langgestreckter Komplex auf. Hier ließ sich Sultan **Ashraf Barsbay** bestatten, der von 1422-1438 für Mamluken ungewöhnlich lange regierte. Auch dieses 1432 errichtete Bauwerk war ein Kanqah. Auffallend ist die schön dekorierte, übermächtige Kuppel. Im Innern finden Sie die wohl schönsten Dekorationen der Totenstädte, unter den Strohmatten auf dem Boden verbergen sich beachtenswerte Marmor-Mosaike. Der Minbar besteht aus Holz mit sehr feinen Elfenbein- und Perlmutt-Einlegearbeiten, er wird als der schönste in Kairo apostrophiert. Im Mausoleum - am nördlichen Ende des Komplexes - überrascht zunächst die unerwartete Höhe der Kuppel. Aber auch der Mirhab direkt hinter dem Sarkophag gehört zum Feinsten und sollte unbedingt beachtet werden.

Der Weg führt weiter nach Süden durch einen mit Wohnhäusern dicht bebauten Bereich des Nordfriedhofs. Kinder haben das allgegenwärtige "Hallo Mister, Bakschisch" auf der Zunge, die Erwachsenen "Welcome to Egypt". Lassen Sie sich nicht aus der Ruhe bringen, die Menschen sind freundlich. Die Straße macht ein paar leichte Windungen, plötzlich erkennen Sie rechts den stark zerfallenen Rab des Qaytbay, ein ehemaliger "Apartment-Block", der als eine Art Hotel für Reisende und damit als Einnahmequelle für die Moschee diente. Heute ist nur eine langgezogene Mauer geblieben, das Grundstück dahinter wird - wie könnte es anders sein - als Müllhalde benutzt. Nach dem Rab folgt ein hübscher überdachter Brunnen, dessen Tröge für Tiere vorgesehen waren.

Verweilen Sie jetzt ein wenig auf dem kleinen Platz vor dem ****Sultan Ashraf Qaytbay Mausoleum**. Dieses Bauwerk gehört zu den ausgewogensten der islamischen Grabbauten. In der Mitte befindet sich das schöne Portal mit einem Medaillon aus Metall, links der Sebil-Kuttab-Komplex mit dem Brunnen an der Straße und - im Stockwerk darüber - der Koranschule. Über diesen Bereich ragt von hinten her die Mausoleums-Kuppel ins Bild, sehr dominant und sehr schön mit Arabesken und, kontrastbetont, mit geometrischen Sternmustern geschmückt. Rechts vom Portal erhebt sich das Minarett, es gehört zu den architektonisch gelungensten der Epoche: Die kubische Basis geht über einen oktogonalen Abschnitt in einen eleganten zylindrischen Schaft über, der mit fein gearbeiteten Dekorationen versehen ist. Auch dieses Minarett ist ein guter Aussichtsplatz, besonders geeignet jedoch, um die Ornamente der Mausoleums-Kuppel aus der Nähe zu betrachten. Die in Kreuzform angelegte Madrasa hat einen lichtdurchfluteten (am späten Nachmittag), überdachten Innenhof mit einer wunderschönen Holzdecke, die man in Muße betrachten sollte. Hinter dem Ost-Liwan liegt das Mausoleum mit seiner erlesen schönen Kuppel von unerwarteter Höhe. Gegenüber dem Mirhab ist ein Stück Fels mit dem Fußabdruck Mohammeds eingemauert, das Qaytbay bei einer Pilgerfahrt nach Mekka erwarb.

Südliche Totenstadt

Die südliche Totenstadt wird von Touristen seltener besucht. Wir wollen uns auf das wirklich erlebenswerte Bauwerk, das **Mausoleum des **Immam el Shafi** beschränken, das etwa 2 km südlich des Midan Salah el Din an der Sharia Immam el Shafi liegt. Autofahrer unterqueren, vom Midan Salah el Din unterhalb der Zitadelle kommend, den Fly-over der Sharia Salah Salem und folgen den Straßenbahnschienen bis zu deren Ende und immer weiter geradeaus. Die riesige Kuppel des Mausoleums ist von weitem zu sehen, lange bevor sie - auf der rechten Straßenseite liegend - erreicht wird.

Fußgänger nehmen entweder ein Taxi oder folgen den Schienen der aufgelassenen Straßenbahnlinie 13 zu Fuß über die Endstation hinaus. Die Entfernung von der Kreuzung der Sharia Salah Salem bis zum Mausoleum beträgt ca. 1,5 km.

An einem kleinen Platz treffen Sie rechts auf das gewaltige Bauwerk, das als das größte freistehende islamische Mausoleum Ägyptens gilt. Es ist von der Größe her der Bedeutung des **Immam Shafi** durchaus angepaßt. Er war ein Nachkomme des Onkels des Propheten und daher schon von Geburt her ein wichtiger Mann. Er gründete den nach ihm benannten orthodoxen Ritus, der neben den drei anderen Riten in den meisten Madrasas gelehrt wird. Shafi kam zu Beginn des 9. Jhds nach Ägypten, wo er bis zu seinem Tod im Jahr 820 blieb. Zu seinen Ehren findet jeweils im 8. Monat des islamischen Jahres ab dem ersten Mittwoch ein großes, eine Woche dauerndes Fest (Mulid) in diesem Mausoleum statt. Wenn Sie zufällig zu dieser Zeit Kairo besuchen, so sollten Sie auf keinen Fall das Fest versäumen.

Der Immam Shafi gilt als einer größten muslimischen Heiligen. Ihm werden wunderwirkende Heilkräfte zugesprochen, Muslime aus ganz Ägypten und dem Ausland kommen zu seinem Mausoleum, umrunden betend sein Grab und hoffen auf Heilung von Krankheiten. Im Gegensatz zu den übrigen Mausoleen findet man an diesem Wallfahrtsort - in einem der wichtigsten islamischen Heiligtümer Ägyptens - stets Besucher. Wenn Sie es besichtigen, nehmen Sie daher Rücksicht auf die Gefühle der Muslims, vermeiden Sie Gebetszeiten für den Besuch. Frauen dürfen nicht den Haupteingang benutzen, sondern müssen am Haupteingang vorbei, rechts um die Ecke zum dortigen Seiteneingang gehen.

Das Mausoleum wurde erst 1211 von Saladins Neffen El Kamil wohl auch in der Absicht gebaut, nach der schiitischen Epoche ein Zeichen für die Sunniten Ägyptens zu setzen. Seither sind mehrere Um- und Anbauten vorgenommen worden. So auch die Kuppel des Mausoleums, die aus dem Jahr 1772 stammt und von der man nicht genau weiß, wie ähnlich sie dem Original ist. Sie besteht aus einer Holzkonstruktion, die mit Blei verkleidet ist. Auf der Spitze ist ein halbmondförmiges Boot aus Kupfer angebracht - quasi das Symbol des Mausoleums -, das mit Körnern als Vogelfutter gefüllt wird oder zumindest werden sollte.

Der Haupteingang führt zunächst in eine Moschee, die 1891 anstelle der ursprünglichen Madrasa errichtet wurde. Man geht dann in das Mausoleum, dessen weiter Raum von diffusem Licht durchdrungen wird. Der mit einer Teakholzschnitzerei bedeckte Kenotaph des Immam Shafi ist ein Meisterstück seiner Zeit. Daneben steht noch der Kenotaph des Abd el Hakim, in dessen Grab der Immam Shafi zunächst beerdigt war und außerdem der des Sultans El Kamil Aijub und dessen Mutter.

Nur ein kurzes Stück hinter dem Mausoleum des Immam Shafi erhebt sich ein Komplex mit fünf Kuppeln, der **Hosh el Basha** genannt wird und in dem die Mitglieder der Familie Mohammed Alis - außer ihm selbst - beerdigt sind. Hier liegen die Söhne seiner Lieblinsfrau, Tusun, Ismail und Ibrahim neben weiteren etwa 40 Mitgliedern der Familie, Dienern und hochrangigen Mitarbeitern. Die reich verzierten Kenotaphen rechtfertigen den kurzen Abstecher: Nach dem Shafi Mausoleum zweimal rechts, dann ist nach etwa 20 Metern rechts der Eingang.

5.5 Alt-Kairo und Umgebung

Babylon, der koptische Bezirk von Alt-Kairo

Das hauptsächlich von Kopten bewohnte **Alt-Kairo mit den Resten der römischen Festung Babylon und den schmalen, verwinkelten Gassen strahlt eine eigene Atmosphäre aus. Ein Bummel durch Babylon ist mit dem Besuch der ältesten Kirchen Kairos und des Koptischen Museums verbunden.

Es gibt ziemlich gesicherte historische Hinweise, daß die Römer sehr frühzeitig am Eingang zum Delta eine Legion stationierten und deren Lager bald befestigten. Trajan (98-117) und Arcadius (395-408) ließen diese Bastion, die Babylon genannt wurde, ausbauen und stärker befestigen. Babylon war der Schlüssel für den Besitz Äygptens, was sich deutlich während der arabischen Eroberung zeigte: Erst als diese Festung gefallen war, konnte das gesamte Land am Nil in Besitz genommen werden.

Das Fort lag ursprünglich direkt am Nil, es war vom Grundriß her ein Vieleck mit diversen halbrunden Bastionen. Die Westseite zog sich geradlinig am Nil entlang, sie hatte keine Bastionen, dafür aber die beiden noch erhaltenen Türme mit einer Zugbrücke. Noch heute sind die Reste des babylonischen Befestigungsbauwerks eines der besterhaltenen Beispiele für römische Militärbauten.

Zu erreichen ist Alt-Kairo am einfachsten mit der Metro-Heluan-Bahn (Haltestelle Mari Girgis) oder per Nilboot. Allerdings ist es für einen Kairo-Neuling etwas schwierig, den Weg durch die verwinkelten Gassen vom Nil nach Babylon zu finden (versuchen Sie, den Nil im Rücken haltend, geradeaus durchzukommen; es geht im Zickzack, fragen Sie nach Mar Girgis). Das Boot ist andererseits eine Al-

Babylon, der koptische Bezirk von Alt-Kairo

ternative für den Rückweg (letzte Abfahrt gegen 16 Uhr), weil es einfacher ist, sich zur *Corniche,* der Niluferstraße, durchzufragen.

Leider sind innerhalb der ummauerten Festung nur mehr die Kirchen (und natürlich die Souvenirshops) zugänglich, die eigentliche Atmosphäre des Viertels kann man kaum mehr erfassen. Vom Bahnhof her betritt man Alt-Kairo (8-17, LE 10) durch das erhaltene nördliche Tor (gegenüber der Bahnüberführung). Hat man die Festungsmauer durch ein kleines Tor hinter sich gelassen, zweigt in der anschließenden Gasse bald links ein Weg zum Kloster St. Georg ab, das noch bewohnt ist. An der nächsten Kreuzung führt links eine Gasse zur Kirche der Hl. Jungfrau (Qasirat el Rihan), die 1979 einem Feuer zum Opfer fiel, und zur Kirche St. Georg, die nach einem Brand im letzten Jahrhundert erneuert wurde.

Rechts und nach ein paar Schritten links finden Sie den tiefer als das Straßenniveau liegenden Eingang zur St. Sergius und Bacchus Kirche, der ältesten von Kairo. Sie ist den Märtyrersoldaten gleichen Namens geweiht, sie soll um die Wende vom 4. zum 5. Jhd gegründet worden sein. Bekannt ist sie vor allem wegen ihrer schönen Holz-Intarsien aus dem 12./13. Jhd auf der Abschlußwand zum Heikal, d.h. dem Sanktuarium mit den Altären. Die teils im Grundwasser stehende Krypta soll Maria

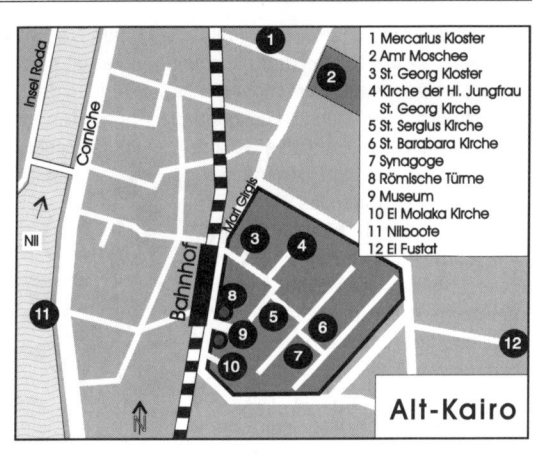

1 Mercarius Kloster
2 Amr Moschee
3 St. Georg Kloster
4 Kirche der Hl. Jungfrau
 St. Georg Kirche
5 St. Sergius Kirche
6 St. Barabara Kirche
7 Synagoge
8 Römische Türme
9 Museum
10 El Molaka Kirche
11 Nilboote
12 El Fustat

und Josef auf der Flucht nach Ägypten Schutz geboten haben.

Östlich der Sergius Kirche steht die St. Barbara Kirche, deren heutiger Bau aus dem 10. Jhd. stammt. Die Namensgeberin wurde von ihrem Vater wegen ihres Übertritts zum Christentum zu Tode gefoltert. Die Basilika soll einst die schönste in Ägypten gewesen sein. Nicht weit entfernt stößt man auf die Ben Ezra Synagoge, die zunächst als Kirche erbaut und im 12. Jhd. in eine Synagoge umgewandelt wurde. Sie ist gut restauriert worden. Ein weiteres, nicht koptisches Bauwerk ist übrigens die griechische Rundkirche, die sich gleich neben der Bahnlinie nördlich des römischen Nordturms erhebt.

Zum Besuch des Koptischen Museums und der hängenden Kirche muß man das "Kirchenviertel" wieder verlassen und an der Bahnlinie nach Süden bis zu den römischen Türmen gehen. Zwischen den Türmen hindurch stößt man auf einen kleinen Platz und auf den Museumseingang. Nur wenig südlich des Südturms und durch eine Verbindungstür von der

5. Kairo kennenlernen

"Caféteria" aus zu erreichen (falls geschlossen, zurück aus dem Turmeingang, dort links und erster Eingang links), "hängt" die auf das 4. Jhd zurückgehende **El Moallaka Kirche**, die oft erwähnte Attraktion. Sie wird "die Hängende" genannt, weil sie über das Südwest-Tor gebaut wurde und dort "hängt". Aber dieses Attribut sollte völlig unwichtig sein, die El Moallaka ist - für uns - die stimmungsvollste koptische Basilika in Alt-Kairo. Wenn sich am späteren Nachmittag das Licht in den Mosaikfenstern im Dachgewölbe bricht und eben jenen Zedernholz-Tonnengewölbe-Dachstuhl ausleuchtet und auch die Intarsienarbeiten im Kirchenschiff tiefer erstrahlen, dann kann man hier die abgeschiedene Stille einfangen und ein wenig meditieren - der sehr harmonisch wirkende Innenraum der El Moallaka verführt ganz einfach dazu. Aber auch Details wie die fein gearbeitete Abschlußwand zum Heikal (Sanktuar mit den Altären) und die beachtenswerte Kanzel mit ihren feinen Marmorsäulen bestimmen den Eindruck dieser altehrwürdigen Basilika. Die El Moallaka wurde im übrigen im 7. Jhd erbaut, von dem armenischen Statthalter Ali Ibn Jahja 840 zerstört und im 10. Jhd unter dem Patriarchen Alexander schließlich wieder aufgebaut.

Das ****Koptische Museum** (9-16, Fr 9-11, 13-16, LE 2) wurde wie ein koptisches Haus um einen rechteckigen Hof errichtet, viele Bauteile wie Türen und Fenster entstammen alten koptischen Gemäuern. Es besteht aus einem *Old Wing,* der seit dem Erdbeben leider gesperrt ist, und einem *New Wing.* Das sehenswerte Museum hat sehr viel Atmosphäre, es wurde Anfang der 80er Jahre vollkommen renoviert. Die meisten Stücke sind dreisprachig beschriftet. Im Shop neben der Kasse gibt es für den Interessierten einen sehr guten und detaillierten Führer (Gawdat Gabra: Cairo, the Coptic Museum & Old Churches, The Egyptian International Publishing Company; im Buchhandel in der Innenstadt wesentlich billiger als hier).

Beim Besuch sollten Sie auch öfters mal einen Blick nach oben werfen, denn die Decken vieler Räume entstammen alten Häusern und sind immer mit sehr schönen Intarsienarbeiten dekoriert. In den Räumen 1 bis 8 sind im wesentlichen Architekturfragmente (z.B. Säulen, Friese, Kapitele, Fenster oder Türstöcke) und auch Fresken aus koptischen Klöstern ausgestellt. In Raum 9 ist das große Fresko aus Umm el Bregaat (Fayum) beachtenswert: Rechts sind Adam und Eva nackt vor dem Fall, links verschämt nach dem Essen der verbotenen Frucht zu sehen. Im Obergeschoß geht es weiter im Raum 10 mit Manuskripten und Keramikfragmenten. Die Räume 11 und 12 enthalten im wesentlichen Textilien mit religiösen Darstellungen. Der Raum 13 ist Malereien und Elfenbeinschnitzereien vorbehalten, die z.T. auf das 2. und 3. Jhd zurückgehen. In den Räumen 14-16 finden Sie hauptsächlich Metallarbeiten wie Lampen, Waffen oder die vergoldete Krone eines Patriarchaten. Raum 17 überrascht mit Freskenfragmenten und Keramiken aus Nubien, Raum 18 mit Stein- und Marmorarbeiten aus den frühen christlchen Jahrhunderten. Die Räume 22-30 gehören zum *Old Wing,* sie sind derzeit nicht zugänglich.

Das heutige Verwaltungszentrum der koptischen Kirche mit der neuen Markus Kathedrale liegt im Stadtteil Abbasiya (siehe Seite 130).

Wenn Sie einen Abstecher in eine etwas ruhigere Gegend machen wollen, dann wäre vielleicht ein Spaziergang auf dem römisch-katholischen Friedhof gleich südlich der El Moallaka Kirche zu empfehlen. Viele französisch-arabische Namensverbindungen erinnern an frühere Zeiten.

Fustat

Gleich östlich der Ex-Festung Babylon stößt man auf **Fustat** (9-16, LE 3), den in Ruinen liegenden Ursprungsort von Kairo. Hier errichteten die auf die byzantinische Festung Babylon einstürmenden Araber unter Amr Ibn el Ass zunächst ein Zeltlager, aus dem sie auch nach der Eroberung der Festung - nach sieben Monaten - nicht auszogen. Später entstand anstelle der Zelte eine Stadt mit fünf- bis sechsstöckigen Häusern, Wasserversorgung und Kanalisation, die um die Jahrtausendwende größer und reicher war als Bagdad oder Damaskus, ja als die meisten europäischen Städte. Zumindest war sie wesentlich zivilisierter und sauberer: Zu einer Zeit, als in Europa tägliches Waschen Sünde und verpönt war und in der die Gassen der Städte mit Fäkalien und Abfall überhäuft waren und zum Himmel stanken, da verfügte Fustat über eine zentrale Wasserversorgung und über ein Abwassersystem, an das die Toiletten angeschlossen waren. Fustat verlosch im November 1168, als die Bewohner glaubten, sich nicht vor dem anrückenden Kreuzritterheer unter König Alamaric von Jerusalem retten zu können: Mit Lampenöl und Fackeln setzten sie ihre Stadt in Brand. Das Feuer wütete angeblich 60 Tage.

Heute haben sich auf und neben den spärlichen Ruinen von Fustat Töpfer niedergelassen, die in ihren Öfen alles verbrennen, was sich irgendwie verheizen läßt. Wer direkt rechts hinter der **Amr Moschee** den ausgetretenen Pfaden folgt und den Weg quer durch das Gebiet der Töpfer wählen würde, der würde durch Berge von Abfall stiefeln, müßte Wege nehmen, die als Toilette der Anwohner dienen und könnte den Gestank teilweise nachempfinden, der einst auch in Europa herrschte. Er würde schließlich, nachdem ihm der umherwirbelnde Staub und die schwarzen Rauchwolken der Brennöfen die Tränen in die Augen getrieben hätten, auf die Grundmauern jener einst blühenden Stadt stoßen.

Obwohl man versuchte, die Töpfer ins Wadi Digla auszuquartieren, sind viele hier geblieben, denen man das eine oder andere, manchmal auch ungewöhnliche Stück abkaufen kann. Auch am Straßenrand läßt sich das ein oder andere Stück der Gebrauchskunst erwerben. Ein Spaziergang durch das Gelände kann sich aus dieser Sicht lohnen, aber auch um die Arbeitsumstände und -methoden zu studieren. Da wird Lehm in großen, in den Boden eingelassenen Aushöhlungen gestampft und aufbereitet, die Männer stehen bis zu den Oberschenkeln in der feuchten Brühe. Die Töpferscheiben selbst scheinen Jahrzehnte alt zu sein. Wir beobachteten, wie die Brennöfen mit alten Batteriekästen beheizt wurden und

5. Kairo kennenlernen

sich tiefschwarze Rußwolken über die Umgebung legten - machen Sie sich also auf Schmutz gefaßt.

Doch der bessere und für Touristen einzige Weg zu den Ruinen von Fustat verläuft wie folgt: Vom Bahnhof Mari Girgis gehen Sie links an der hohen Mauer von Babylon entlang bis zur Ecke (dort kommt von links die Straße von der Amr Moschee), biegen rechts ab und gehen die an beiden Seiten vermauerte Straße entlang bis rechts eine breite, hinter Babylon verlaufende Straße einmündet. Etwa 50 m weiter ist links in der Mauer ein großes Eisentor, dort hineingehen und geradeaus auf eine kleine Baumgruppe mit Wärterhäuschen zuhalten. Der Wärter spricht die notwendigsten Worte englisch und führt Sie herum, mit besonderem Stolz auf Wasser- und Abwassersystem verweisend.

Amr Moschee

Am westlichen Rand des Ruinenfeldes liegt die Amr Moschee (LE 1), die von dem islamischen Eroberer Amr Ibn As vermutlich bereits im Jahr 641 gegründet wurde. Sie ist vom Ursprung her die älteste Moschee Kairos und war einst das Zentrum von Fustat. Allerdings stammt das heutige, ziemlich mächtige Bauwerk aus unterschiedlichen Epochen. Im 9. Jhd wurde das ursprüngliche Gebäude weitgehend durch ein größeres - etwa den heutigen Dimensionen entsprechend - ersetzt, im 18. Jhd fanden erhebliche Umbauten und vor einigen Jahren Restaurierungsarbeiten statt. Beim Besuch sollten Sie einen Blick auf das Grabmal des Abdallah werfen (in der hinteren linken Ecke), der ein Sohn des Amr war und dessen Haus - in dem er beerdigt worden war - bei der Erweiterung im 9. Jhd einfach in die Moschee integriert wurde.

Um die Amr Moschee ranken sich eine ganze Reihe von Geschichten - welch Wunder bei dem ehrwürdigen Alter und der historischen Bedeutung. So wird erzählt, daß Amr während des Baus den Propheten gebeten habe, eine Säule aus Mekka zu schicken. Worauf einer Säule befohlen wurde, nach Fustat zu fliegen. Trotz dreimaliger Aufforderung rührte sie sich nicht von der Stelle, dann schlug sie der Prophet mit der Peitsche, worauf sie davonsauste. Sie landete in der Amr Moschee, eine Ader verweist auf die Spur des Peitschenhiebes. Außerdem gibt es zwei Säulen, zwischen denen sich nur tugendhafte Menschen hindurchquetschen können.

Ganz in der Nähe liegt das koptische **Kloster des hl. Mercurius** (Deir Abu Seifein), ein Komplex mit drei alten koptischen Kirchen: Gehen Sie die Straße, die vom Eingang der Amr Moschee Richtung Eisenbahnlinie führt, bis fast zur Eisenbahn. Dort kommt von rechts die Sharia Aly Salem. Direkt an der Kreuzung sehen Sie die Kirchengebäude hinter hohen Mauern. Die drei Kirchen *Mercurius* (vom Eingang her die letzte), *Anba Shenuda* und *El Adra Damjirja* stammen nach Angaben auf der Beschilderung aus dem 4. Jhd, in der Literatur ist fast unisono vom 11. Jhd die Rede. Vor allem die Mercurius Kirche besitzt wertvolle alte Ikonen, wobei in der Anba Shenuda Kirche eine der schönsten Ikonen, ein Christus aus dem 16. Jhd, zu bewundern ist. Hinter dem Klosterkomplex (vom Eingang aus gesehen) liegen die christlichen Friedhöfe der koptischen, maronitischen, anglikanischen und protestantischen Kirche.

Brennöfen in El Fustat

5.6 Andere Attraktionen Kairos

Mokattam Berge

Von der Sharia Salah Salem zweigt in nördlicher Richtung hinter der Zitadelle eine Straße ab, die in Serpentinen auf die etwa 200 m hohen Mokattam-Berge hinaufführt. Am Rand des Steilabfalls liegen einige Restaurants. Die oben am Hügelrand entlang führende Straße bietet gute Ausblicke über Kairo, soweit der Smog dies zuläßt. Auch können Sie von dort den langen Weg des Pyramiden-Baumaterial verfolgen: In den Steinbrüchen zu Ihren Füßen wurden Verkleidungsplatten gebrochen, durchs Niltal transportiert, über den Nil übergesetzt und schließlich die Anhöhe zu den Pyramiden hinaufgeschafft.

Wer länger in Kairo bleibt, sollte nicht zuletzt zum Schnappen besserer Luft den Weg hinauf nicht scheuen, abends wird diese Erholung mit einem besonders schönen Blick über das Lichtermeer von Kairo belohnt. Auf halbem Aufstiegsweg kann man eine Verschnaufpause im Bell Air Hotel und Restaurant einlegen.

Weberdorf Kerkdasa

In Kerkdasa, einem kleinen Dorf an der nördlichen Peripherie von Kairo-Giseh, weben viele Familien Teppiche nach der Schule von Wissa Wassef (siehe Seite 185). Händler haben ein blühendes Geschäft daraus gemacht, die ganze Dorfstraße quillt über von Souvenirgeschäften.

Dorthin kommt man am besten von der Pyramid Road. Man zweigt kurz vor den Pyramiden an der Kreuzung mit dem Schild "Sakara" rechts auf die westliche Kanalseite ab (also von der Stadt aus den Kanal überfahren). Nach etwa 1 km erkennen Sie links das bekannte Restaurant Andrea, knapp 5 km weiter am Kanal liegt links das Dorf.

Die rechtwinklig vom Kanal nach Westen führende Straße ist mit Shops gesäumt, in denen nicht nur eine reichliche Auswahl z.T. hübscher und relativ preiswerter Teppiche zu finden ist, sondern auch andere Souvenirs (Lederarbeiten, Kupfer, Galabeyas, Beduinenkleider vom Sinai, etc). Hier lohnt übrigens das Feilschen besonders wegen des reichhaltigen, vergleichbaren Angebots. Im Dorf selbst kann man Weber (meist Kinder und junge Frauen) bei der Arbeit beobachten.

Kamelmarkt

Eigentlich eine sehr traurige Angelegenheit: Das Ziel eines gut vierwöchigen Kameltrecks vom Sudan bis nach Kairo ist - das Schlachthaus. Den letzten, eher qualvollen Zwischenstopp haben die Kamele auf einem tristen Marktplatz nördlich von Kairo einzulegen. Dort werden sie nach altarabischer Sitte jeweils freitags (Hauptmarkt) verschachert. Manche der stolzen Wüstentiere scheinen ihr Schicksal zu ahnen und brechen zu einem letzten Fluchtversuch aus; aber die Händler sind stets schneller und treiben die Ausreißer mit brutalen Schlägen zurück.

Leider ist der Markt von seinem, seit Menschengedenken traditionellen Standort im Vorort Embaba im Frühjahr 1995 nach **Barkash** in eine Gegend verlegt worden, die eher einer Verbannung gleichkommt: Fernab von Straßen und

Bahnverbindung an den Rand der Wüste. Der Ort Barkash (in der freytag-&-berndt-Karte als *Birqash* bezeichnet) liegt 24 km nördlich der Sakkara-Kreuzung der Pyramid Road. Wenn Sie also auf der Pyramid Road Richtung Pyramiden fahren, biegen Sie an der Kreuzung, an der nach links Sakkara ausgeschildert ist, nach rechts, aber auf die linke (westliche) Seite des Kanals ab, lassen nach gut 1 km das bekannte Restaurant Andrea links liegen und nach weiteren 5 km das Weberdorf Kerkdasa.

Folgen Sie dem Kanal noch 18 km nach Norden. Barkash liegt dort, wo rechter Hand etwas entfernt eine neue große Betonbrücke einen Kanal und die Eisenbahnlinie überspannt. Halten Sie sich hier halblinks bis die Straße nach ca. 700 m wieder auf einen Kanal stößt, auf dessen anderer Seite die Eisenbahnlinie verläuft. Links breitet sich der Ort Barkash aus. Fahren Sie am Kanal 4 km weiter bis rechts ein Schild zu einer Farm namens Nimos verweist, hier halblinks halten. Nach 2 km ist der triste, schattenlose Marktplatz erreicht.

Öffentliche Verkehrsmittel dürften zwar existieren, aber nur schwer für Ausländer zu finden sein. Wer es wagen will: Fragen Sie an der Sakkara-Kreuzung der Pyramid Road nach Norden fahrende Minibusse (auf der linken Kanalseite) nach "Barkash". Ab dort wird man wahrscheinlich nur per Sammeltaxi zum Markt weiterkommen. Fragen Sie unterwegs zunächst auch nach *Barkhash* und dann nach *Souk el Gimaal*. Eine Taxifahrt kostet etwa LE 70.

Der Marktplatz ist weitläufig ummauert, er liegt am Rand des Fruchtlandes an der beginnenden Wüste. Eine Abteilung ist den Alltagsbedürfnissen vorbehalten, die Kamelabteilung kostet LE 5 (Ausländer) Eintritt und überrascht durch die Vielzahl der Tiere, allerdings auch mit der Brutalität, mit der die Kamele hin und her getrieben oder verladen werden. Da der ursprünglich gleichzeitige Esel- und Pferdemarkt neuerdings samstags stattfindet, hat der Markt ohnehin an Attraktion verloren. Ein Besuch kann nur dem empfohlen werden, der sehr an solchen Veranstaltungen interessiert ist. Denn hier geht es mehr um die Menge an Kamelen, an Atmosphäre ist dieser Veranstaltung nahezu jeder übliche Landmarkt überlegen.

Werkstatt von Wissa Wassef

Die Teppichknüpfkunst war - wie die Papyrusherstellung - in Ägypten weitgehend verlorengegangen. 1939 gründete der Kunsterzieher Habib Gorgy eine Schule im Alt-Kairo-Viertel, in der er die alten Kenntnisse wiederbelebte. Sein Schwiegersohn Wissa Wassef zog 1952 in das Dorf Haraniya und ermunterte die Kinder von Fellachen, ihre Vorstellungswelt in die Teppiche einzuweben. Die herausgeforderte und zusätzlich geförderte Kreativität der Kinder führte zu phantastisch-naiven Kunstwerken, die sich zudem gut verkaufen ließen. Nachahmer bieten ihre - sichtbar schlechtere - Ware in den typischen Touristenläden an. Ein Besuch in der Original-Werkstatt lohnt sich, denn man kann in den Ausstellungsräumen einige der schönsten Stücke bewundern.

Man fährt auf der Pyramid Road bis zum vorletzten Kanal und biegt dort links ab auf die Straße nach Sakkara. 4 km entfernt liegt im Dorf Haraniya an der rechten Seite die unscheinbare Einfahrt zum

Haus des Wissa Wassef. Am besten der Ausschilderung *Salma Camp* folgen, dieser Campingplatz grenzt an das Wissa Wassef Grundstück.

Noch ein paar Worte zur Kinderarbeit: Auch wenn die Teppiche meist von fleißigen Kinderhänden geknüpft werden, so wäre es verkehrt, dieses Problem nur aus Sicht der reichen Industrieländer zu betrachten. In Ägypten gehört Arbeit der Kinder zum gewohnten Alltag, sei es auf dem Feld, in der väterlichen Werkstatt oder z.B. beim Teppichknüpfen. Unzweifelhaft streichen in den meisten Fällen die Carpet Schools den größten Profit ein, doch auch die Kinder profitieren, indem sie kunsthandwerklich ausgebildet werden und mit dem kargen Lohn zum Lebensunterhalt ihrer Familie beitragen. Es wäre fatal, wenn man deswegen keine Teppiche kaufen und damit den Kindern eine Chance verweigern würde. Die Lösung des Problems kann nur in der sozialen Entwicklung der ägyptischen Volkswirtschaft liegen, die es den Familien ermöglicht, auch ohne diese zusätzliche Einnahme auszukommen. Selbstverständlich muß sichergestellt sein, daß die Kinder trotz der Arbeit die Schule besuchen und daß sie fair entlohnt werden.

Pharaonic Village und Papyrus Institut

Dr. Ragab, Wiederentdecker der Papyrus-Herstellung, baut seit den 60er Jahren auf der Jacobs-Nil-Insel Papyrus an. Mitten in dieser Pflanzung errichtete er nach alten Vorbildern ein typisches Dorf aus pharaonischer Zeit. Dort versucht er, die alltäglichen Arbeiten jener Vergangenheit vorzuführen. Wenn auch das Ganze den Eindruck eines "pharaonischen Disneylandes" macht, so ist doch die Reise durch die Vergangenheit einigermaßen informativ - allerdings mit LE 40 pP auch sehr teuer (9-15). Immer mehr Leser beklagen die lustlosen Komparsen und die wenigen Vorführungen (..."wie Schaufensterpuppen in der Weihnachtszeit").

Die Rundfahrt per Boot durch papyrusgesäumte Kanäle passiert zunächst Götterstatuen, dann führen in handgewebte Originalkleidung gehüllte Komparsen das Landleben vor. Da wird gepflügt, gesät, geerntet und gedroschen, Brot gebacken, Feuer geschlagen und einiges mehr vorgeführt. Zum Schluß können Sie einen Tempel, das Haus einer reichen und einer armen Familie besuchen.

Wenn Sie die Zeitmaschine in die pharaonische Vergangenheit besteigen wollen, fahren Sie am Westufer nilaufwärts, ca. 2 bis 3 km südlich der Giseh-Brücke taucht links ein unübersehbares Schild *Pharaonic Village* auf. Vom Midan Tahrir können Sie Bus Nr. 107 oder 109 nehmen.

Das **Papyrus-Institut,** ein Hausboot, ankert in der Nähe des Sheraton Hotels und war der Ausgangspunkt von Dr. Ragabs Aktivitäten. Seit der Eröffnung des Pharaonic Island scheint es etwas ins Hintertreffen geraten zu sein. Sehenswert: Die Herstellung von "Papier" aus Papyruspflanzen, eine "Nacherfindung", die wiederum viele Nachahmer fand. Wenn Sie hier die Eintrittskarte für das Pharaonic Village kaufen, können Sie sich für LE 3 ein Geschenk aussuchen.

"Versteinerter Wald"

Dieser Ausflug könnte mit einem Besuch den Wadi Digla Canyon verbunden werden - einem tiefeingeschnittenen, landschaftlich schönen Wüstencanyon -, wenn nicht die Baumaßnahmen der Umgebung und ein großer Steinbruch die früher üblichen Wege quasi verschüttet hätten. Das Wadi liegt etwa 5 km südlich der Straße vor dem Versteinerten Wald.

Auch der Besuch des Versteinerten Waldes ist nur motorisierten Besuchern möglich. Man fährt am Mokattam auf die Schnellstraßentangente Richtung Heluan und biegt knapp 500 m nach dem Schild MOKATTAM links auf den Umgehungsring ab. Nach 8 km zweigt rechts eine Straße ins Wadi Digla ab, das nach 2 km erreicht ist, dort links halten. Nach ca. 10 km werden Ihnen links in hügeligem Gelände "Holzstücke" auffallen. Dort, gleich neben der Straße, erstreckt sich der **versteinerte Wald**. Überall ist der Boden mit versteinertem Holz-, manchmal ganzen Stammstücken, übersät.

Die Versteinerungen gehen auf das Oligozän (vor 38 - 26 Mio Jahren) zurück. Damals wuchsen hier dichte Wälder mit hohen Bäumen. Von Flüssen mitgerissene Stämme versanken in den Sedimenten, wo sie - je nach Umgebungsbedingungen - im Laufe von einigen hunderttausend Jahren versteinerten.

Heluan

Schwefelhaltige Quellen und gesunde Luft begründeten schon im Altertum den heilkräftigen Ruf von Heluan. Die Khediven Ismail und Taufik ließen fruchtbare Erde aus dem Delta heranschaffen und legten ein mondänes Heilbad mit schachbrettartigen Straßenzügen an. Im Laufe der letzten Jahrzehnte rückte die Industrie der Stadt immer näher, von der guten Luft blieb fast nichts.

Im Grunde bietet Heluan heute nicht mehr viel. Das alte Badehaus im maurischen Stil ist noch erhalten. Am einzigen japanischen Garten im Nahen Osten - außerordentlich fremd in diesem Wüstenland - hat der Zahn der Zeit schon arg genagt, die Buddha-Figuren schauen traurig in die Zukunft. Der Garten, der leider beispielhaft ist für nachlässige Pflege und Verfall, liegt ein paar Blocks östlich der Endstation der Metro Kairo - Heluan.

Etwa 1,5 km von der Endstation entfernt oder einen Bahnhof zuvor finden Sie an der Westseite dieser Linie ein kleines **Wachsmuseum** (9-17, LE 1) in einem Vergnügungspark. Hier sind Begebenheiten der ägyptischen Vergangenheit in etwas naiven Szenenfolgen dargestellt, von pharaonischer Geschichte bis hin zu Bildern aus dem täglichen Leben vor und nach der Nasser-Revolution.

Von Heluan fährt übrigens der Bus Nr. 441 zum Nil, von dort eine Fähre nach El Badrachein, von wo man per Mikrobus oder Taxi nach Sakkara kommen kann (siehe auch Seite 199).

Etwa 3 km nördlich von Heluan liegt das Wadi Hof, das wegen seiner landschaftlichen Schönheit und der nach Regenfällen reichen Vegetation bekannt ist. Am einfachsten läßt es sich auf einer etwa 5 km langen Piste erreichen, die vom Observatorium in Heluan in nordöstlicher Richtung bis an den Rand des Wadi führt. Ein anderer Weg zweigt etwa 7 km von

5. Kairo kennenlernen

Maadi entfernt links von der Straße nach Heluan ab. Nach weiteren, ziemlich schwierig zu findenden 9 km steht man am Talgrund des Wadi Hof.

Heliopolis und der Obelisk von Sesostris

Heliopolis, den meisten nur als Flughafen-Vorstadt von Kairo bekannt, blickt auf eine sehr lange Vergangenheit zurück. Der altägyptischen Mythologie zufolge lag hier der Ursprungsort des Pharaonentums, daher war es über lange Zeiten hinweg religiöses Zentrum. Heute kündet nur noch ein einsamer Obelisk des Sesostris I von der ehemaligen Bedeutung. Er steht inmitten von Feldern im Dorf Matariya am nordwestlichen Rand von Heliopolis. Zu erreichen mit Bus /50 zum Midan Hegaz, dort weiter mit Bus 55.

Aber Heliopolis hat einen interessanten neugeschichtlichen Hintergrund. Der Belgier Edouard Empain - vom armen Lehrersohn zum Multimillionär aufgestiegen - wollte zeigen, daß man auch in der Wüste Gärten anlegen kann und plante daher eine Oase im Norden Kairos. Ohne staatliche Hilfe begann er 1905 seine Idee in die Tat umzusetzen: Es entstand eine gut durchdachte Siedlung mit einer Kathedrale im Mittelpunkt, mit Moscheen, Klubs, Luna-Park und einem feudalen Hotel. Heliopolis kam bald an bei den Kairenern: Die Einwohnerzahl stieg von 1000 im Jahr 1909 auf 24 000 in 1928 und 200 000 in 1986. Bevorzugt besiedelt wurde und wird der inzwischen vom auswuchernden Kairo eingefangene Vorort von Freiberuflern, höheren Staatsangestellten und Europäern.

Fußgänger nehmen am besten den Minibus Nr. 24 vom Midan Tahrir oder die Nr. 25 vom Midan Ataba aus. Vom Midan Roxy führt die Sharia Ibrahim Laqqani ins ursprüngliche Zentrum von Heliopolis. Hier können Sie die alten Häuser oder moderne Boutiquen anschauen. Autofahrer halten sich auf der Sharia Salah Salem immer Richtung Flughafen und biegen vor der einzigen Unterführung bei der Ausschilderung *HELIOPOLIS* bzw. *ROXI SQ* rechts ab, überqueren die Sharia Salah Salem nach links und sind bald im Herzen von Heliopolis.

Eine weitere Attraktion in Heliopolis - vor allem für ägyptische Familien - ist der Merryland-Park am Ende der türkisen Straßenbahnlinie, dessen Seen und Wiesen vor allem freitags von Großfamilien gestürmt werden.

Baron Edouard Empain baute sich übrigens einen extravaganten Wohnpalast im Stile eines hinduistischen Tempels, der nur drei Blocks in Richtung Flughafen nach der oben angegebenen Unterführung auf der rechten Seite liegt. Leider ist das einst von grünen Gärten umgebene Gebäude - dessen Drehturm angeblich automatisch dem Sonnenstand folgte - völlig heruntergekommen, seit es in den 50er Jahren von der Familie des Barons verkauft wurde.

October War Panorama

Wenn Sie zurück zum Zentrum fahren, dann könnten Sie sich in Nasr City umschauen. Dort gibt es in der Nähe des Stadiums, Sharia Ismail el Fangary bzw. Sh. Nasr in El Nasr City, ein supermodernes internationales Konferenzzentrum - **Cairo International Conference Centre** - mit mehreren Sälen, Dolmetschereinrichtungen und Ausstellungshalle, umgeben von einem künstlichen See mit einer Art chinesischer Tempel.

Falls Ihnen mehr an Kriegerdenkmälern liegt, dann sollten Sie am **October War Panorama** Halt machen. Dieses, an den Oktober-Krieg 1973 gegen Israel erinnernde Denkmal wurde von Nordkoreanern errichtet. Im zylindrischen Hauptgebäude wird u.a. der Durchbruch durch die israelische Bar-Lev-Linie dargestellt. Die Vorführungen finden täglich außer dienstags um 9.30, 11, 12.30, 18 und 19.30 Uhr statt, allerdings mit nur arabischem Kommentar in den beiden Seitensälen, im Hauptsaal sind Kopfhörer mit deutscher Übersetzung erhältlich. Außerhalb des Hauptgebäudes sind Panzer, Flugzeuge und anderes Kriegsgerät ausgestellt.

Der Vollständigkeit halber soll hier noch auf den südöstlich von Heliopolis entstandenen neuen Stadtteil Medinet Nasr hingewiesen werden. Hochhaus-Blöcke dominieren in diesem Ex-Wüstengebiet. An der Sharia Abul Ataheya soll ein internationaler Garten entstehen, in dem Gäste aus aller Welt Bäume ihrer Heimat anpflanzen bzw. bereits angepflanzt haben.

Delta-Staudamm Barrages du Nil

1835 begann Mohammed Ali, am Eingang zum Delta Staudämme zur Regulierung der Nilfluten zu bauen, die nach knapp 20 Jahren und vielen Mißgeschicken fertiggestellt wurden; immerhin waren sie damals die größten Stauwerke weltweit. Im Laufe der Zeit mußten die Dämme mehrmals verstärkt werden, weil man die Unterspülung durch den Nil unterschätzt hatte.

Die Anlage wurde an der Stelle angelegt, an der sich der Nil in den Rosetta- und Danietta-Arm teilt. Die ursprünglichen Dämme sind 452 und 522 m lang, der Nil strömt durch insgesamt 132 Schleusentore. Sehr grotesk wirkt die in den Nil verpflanzte Ritterburgen-Architektur der Dammoberbauten, zumal zwischen den beiden Flußarmen schöne Gärten mit alten Banyan-Bäumen den Kontrast noch unterstreichen.

Am schönsten ist eine Segeltour per Feluke von Kairo aus zu dem etwa 20 km stromabwärts liegenden Damm, freitags und sonntags fährt ein Motorboot um 9 Uhr von der Maspero Station beim TV-Building (nebenan starten die Boote nach Alt-Kairo), ansonsten Bus Nr. 210 vom Tahrir (sehr voll). Per Auto bietet sich eine Rundfahrt an: Z.B. am rechten Nilufer auf der Delta-Straße flußabwärts bis Qalyub, dann über den Damm und auf der anderen Seite zurück.

Heute ist der Damm mit seiner Insel ein beliebtes Ausflugsziel. Besonders an Wochenenden strömen viele Familien und junge Leute aus Kairo hierher. Fahrradtouren sind neben dem obligaten Picknick auf der grünen Wiese offenbar der Höhepunkt des Freizeitvergnügens. So findet man diverse Fahrradverleiher, die Hunderte von Rädern scheinbar ohne recht funktionierende Bremsen ausleihen, oder aber die jungen Benutzer kennen dieses hilfreiche Zubehör noch nicht. Wir beobachteten rührend-hilflose Brems-Szenen, die meist in Bauchlandungen endeten. Hin und wieder keimte auch der Verdacht auf, daß diese Landungen nicht so ganz unbeabsichtigt abliefen, denn zu häufig fiel die auf der Zwischenstange mitreisende, eigentlich unberührbare Freundin zuunterst.

M . Hafez Co.
Experts in Cars Since 1957

Rental Cars

Since 1975
EGYPT

The Best Car Hire Advantage ...

The Smart Money Is On Hafez Co.

* The Choicest Cars At The Best Rates.
* Free Emergency Assistance Service.
* Special Discount For Long - Terms.
* Min - 20% Less for Same Cars Of Others.
* All Major Credit Cards Accepted.

VISA   AMERICAN EXPRESS   MasterCard   DINERS CLUB INTERNATIONAL

Count on us to keep you mobile

☎ 3600542 - 3486652

Address : 4(A) Haroun St., Dokki, Cairo   Fax : 3481105

6. Umgebung Kairos: Pyramiden und Fayum

6.1 Die Pyramiden

Hintergrund

Erst in jüngster Zeit hat sich die Erkenntnis durchgesetzt, daß die Pyramiden nicht das Produkt harter Sklavenarbeit waren, sondern daß sich viele Menschen zusammentaten, um in religiöser Inbrunst Sakralbauwerke zu schaffen - erste Vorbilder für Sakralbauten vieler Generationen in aller Welt. Darüber hinaus bestimmten mit großer Wahrscheinlichkeit auch innenpolitische Überlegungen die Monumentalität der Pyramiden.

Denn eine solche Baustelle mit Zehntausenden von Arbeitern bot die Gelegenheit, daß sich die Menschen aus den unterschiedlichsten Gebieten des Landes kennenlernten und positiv zusammenarbeiteten, um der großen Herausforderung gerecht werden zu können. Hinzu kam, daß die Niltal-Bewohner während der drei- bis viermonatigen Untätigkeit in den Zeiten der Nilüberflutung jetzt vollauf mit Steineschleppen beschäftigt waren und kaum Zeit fanden, politische Aktivitäten zu entfalten. Denn am Ende der Pyramidenzeit war der noch relativ junge ägyptische Staat ein hierarchisch gestuftes Gebilde mit einer überaus differenzierten Beamtenschaft; eine Entwicklung, die zumindest teilweise auf den Bau der Mammutprojekte zurückzuführen ist.

Sicher war es keine leichte Arbeit, 20 Tonnen schwere Steinquader in den Brüchen des Mokattam, Tura oder gar bei Assuan (Granit) mit den damaligen Werkzeugen zu brechen, sie anschließend auf Holzschlitten (zu jener Zeit war der Wagen den Ägyptern noch unbekannt) zum Nil, dann per Schiff nach Giseh und schließlich über aufgeschüttete Rampen bis zur Spitze der Pyramiden zu schaffen. Aber der Glaube, Stein für Stein für das Überleben des Volkes aufzuschichten, versetzte buchstäblich Berge und machte den Arbeitern die Last leichter. Herodot berichtet (3 Jahrtausende nach Entstehen), daß 100 000 Arbeiter mit dem Bau einer Pyramide beschäftigt gewesen seien. Moderne Berechnungen ergaben, daß es etwa 10 000 Menschen geschafft haben müßten.

Abgesehen von der organisatorischen und logistischen Leistung bewältigten die Erbauer technische Probleme wie die Nivellierung des Bodens zu einer absolut waagerechten Ebene, die exakte Ausrichtung der Cheopspyramide nach Norden (Fehler nur 5 Minuten, 30 Sekunden), Abweichungen in der Waagerechten zwischen den einzelnen Steinschichtungen von nur wenigen Zentimetern und schließlich die Tatsache, daß sich die vier Kanten tatsächlich gemeinsam in der Pyramidenspitze trafen - eine Abweichung dieser Linien um nur 2 Grad würde ein Auseinanderklaffen um 15 m (!) an der Spitze bewirkt haben.

Auch unter heutigen Verhältnissen wäre das Errichten einer solch großen Baumasse (die Cheopspyramide ist immer noch das größte Steinbauwerk der Erde) eine techni-

6. Umgebung von Kairo: Pyramiden und Fayum

sche Meisterleistung - um wieviel höher müssen wir diese Präzisionsbauwerke bewerten, wenn wir uns vorstellen, daß die Pyramiden in der Steinzeit mit Steinwerkzeugen errichtet wurden: Mit Dolerit-Hämmern, Quarzit-Poliersteinen und Bolzen aus Kiesel. Lediglich Beile und Sägen bestanden aus gehärtetem Kupfer. Als Transportmittel dienten von Ochsen bewegte Ziehschlitten, die über seitlich errichtete Ziegelrampen das Baumaterial nach oben transportierten.

Die Kaiserin Eugenie in Giseh

"Am linken Nilufer, der Insel Roda gegenüber, liegt das Dorf Giseh, wo sich gleichfalls ein vizekönigliches Schloß befindet. Dieses Giseh ist der Ausgangspunkt für den Besuch der Großen Pyramiden. Die schnurgerade Allee von Nilakazien, die man auf dem Wege dahin zurückzulegen hat, wurde seinerzeit von dem galanten Ex-Khediven Ismail Pascha einzig und allein der Kaiserin Eugenie zu Ehren angelegt. Damals war die Kaiserin noch die allgefeierte und allbeneidete Monarchin, deren Huld und Liebreiz auch den modernen Pharaonen bestrickt hatten. Gegen 30 000 arme Fellachen mußten in wenigen Wochen diese 4 km lange neue Fahrstraße abgraben, ebnen und mit Bäumen bepflanzen. Was der hübsche Weg an Schweißtropfen, vielleicht auch Blutstropfen, gekostet hat, ahnte die Kaiserin gewiß nicht, als sie bald darauf sechsspännig, mit goldbestickten keuchenden Läufern voraus, und gefolgt von einer schimmernden Kavalkade, in der alle Kostüme des Orients vertreten waren, über den glatten Wüstenkies dahinfuhr, an ihrer Seite der Prinz von Wales, ihr gegenüber der glückliche Khedive." Aleph. 1904

Die Pyramiden haben eine deutliche Entwicklung durchgemacht. Das erste Bauwerk dieser Art, die Stufenpyramide des Djoser in Sakkara, stellt eigentlich nur eine vergrößerte Form der vorher gebräuchlichen Mastaba (Bankgrab) dar. Bald wurden die Stufenabsätze verkleidet, und es entstand die reine Pyramidenform mit glattpolierten Außenwänden. Zwischen den Anfängen in Sakkara und dem Höhepunkt in Giseh liegen nur etwa zwei Jahrhunderte!

Aus der religiösen Bedeutung der Pyramide - dem toten Pharao (Gott) die Verbindung zwischen dem Reich der Lebenden im Osten und dem der Toten im Westen zu ermöglichen - entwickelte sich das typische Schema dieser Bauten. Ein Taltempel auf der Grenzlinie zwischen Frucht- und Ödland, mit dem Nil durch einen Kanal verbunden, diente den ersten religiösen Zeremonien und der Mumifizierung des toten Herrschers. Hier am Ende des Reichs der Lebenden endete auch die Trauerprozession. Die Mumie wurde dann auf einem überdachten Weg (Aufweg) zum direkt an der Pyramide liegenden Totentempel gebracht und schließlich in der im Westen (Reich der Toten) liegenden Sargkammer beigesetzt. Der Totentempel diente fortan den Priestern für die Totenriten.

Pyramiden von Giseh

Achtung: Die Pyramiden liegen direkt am Stadtrand, nicht mitten in der Wüste, wie raffinierte Taxifahrer glauben machen wollen!

Auf dem Weg vom Stadtzentrum aus tauchen die Pyramiden, sobald man den

Pyramiden von Giseh

Midan Giseh hinter sich gelassen hat und die Pyramid Road ein Stück gefahren ist, zunächst schemenhaft aus dem Dunst Kairos auf, bald wachsen sie in ihrer geometrisch klaren Form immer gewaltiger gegen den Horizont auf. Die Straße führt schnurgerade auf sie zu, erklimmt dann am Mena House Hotel den Steilabfall der Wüste zum Fruchtland.

Hier unten, am Mena House Hotel, ist Endstation der Buslinien 8, 900 (vom Midan Tahrir) und 30 (Midan Ramsis) oder der Minibuslinie 83 (Tahrir). Die Linie 913 endet im Dorf Nazlit El Saman am Sphinx etwa 500 m vom Taltempel entfernt mitten im Ort; sie eignet sich besonders für die Rückfahrt, weil man nicht zum Mena House Hotel zurückwandern muß. Da sie im Dorf startet, gibt es fast immer Platz für müde Wandersleute.

An der Auffahrt zu den Pyramiden bzw. am Parkplatz davor lauert eine Horde von Bakschischjägern: Dragomanen (Führer), Kamel- und Pferdevermieter, Souvenirverkäufer etc. Versuchen Sie, alle Leute energisch abzuwimmeln, Sie brauchen wirklich keinen einzigen. Passen Sie vor allem als Orient-Neuling auf, die Händler merken sofort Ihre Unerfahrenheit und "ziehen Sie bis auf die Unterhose aus", wie ein Leser schreibt. Nur zwei von vielen Tricks: Sie sollen sich auf dem sitzenden Kamel fotografieren lassen, plötzlich steht das Kamel auf und Sie kommen nicht mehr ohne saftiges Bakschisch herunter. Taxis werden bereits in der Mena-House-Gegend angehalten und den darin sitzenden Touristen klargemacht, man könne nur um die Pyramiden reiten - die Taxireise endet dann an einem der Reitställe.

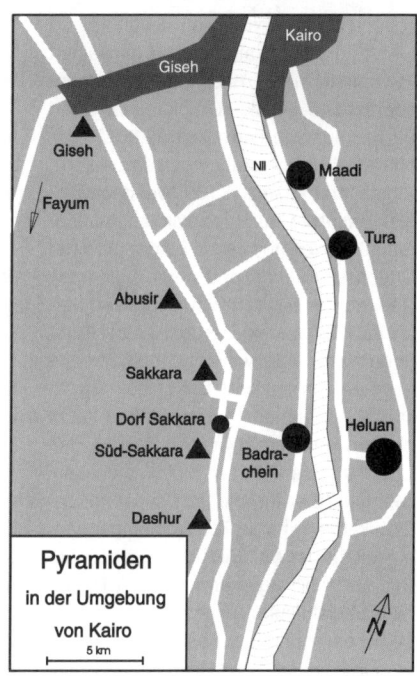

Fünftausend Jahre lang standen die Pyramiden einsam am Rand der Wüste, jedermann konnte sie - kostenlos - besichtigen, sie besteigen oder ganze Steine als Souvenir davontragen. Die Umweltbelastung des Großraums Kairo und der touristische Massenansturm der letzten Jahre setzen den Bauwerken, vor allem dem Sphinx, fast mehr zu als die lange Vergangenheit. Für die Zukunft ist geplant, immer nur das Innere einer Pyramide zur Besichtigung und auch nur für eine maximale Anzahl von Besuchern pro Tag freizugeben, um die tourismusbedingten Schäden zu minimieren.

6. Umgebung von Kairo: Pyramiden und Fayum

Der Pyramidenkomplex kostet LE 20 Eintritt, die Grabkammern der einzelnen Pyramiden und das Barkenmuseum ebenfalls je LE 20 (Grabkammern und Barkenmuseum sind nur bis 16.30 Uhr geöffnet), die Fotoerlaubnis gibt es zu LE 10, Videofilmen kostet LE 100. Wer den Komplex per Auto befahren will, zahlt LE 3. Eintrittskarten gibt es am Eingang bei der Cheops-Pyramide und beim Taltempel. Denken Sie bei den Eintrittspreisen daran, daß Sie Spitzenerzeugnisse der Kategorie Weltwunder vor sich haben: Die Einnahmen tragen zum Erhalt der ägyptischen Altertümer bei und dürften kaum die notwendigen Aufwendungen für den Unterhalt des Giseh-Komplexes decken. Nehmen Sie für die Besichtigung der Grabkammern eine Taschenlampe mit.

Freitags ist der Besucher-Betrieb höher, weil viele Ägypter den freien Tag für eine Besichtigung nutzen. Generell günstig ist ein sehr früher Besuch; dann ist die Gegend noch vergleichsweise menschenleer (erst ab ca. 9 Uhr machen sich die vielen selbsternannten Führer an die Arbeit), zusätzlich kann man den Sonnenaufgang mit den Pyramiden im Vordergrund erleben, falls die Sonne durch den Smog Kairos dringt. Allerdings wird das eigentliche Gelände erst um 8.30 geöffnet, bis dahin kann man sich außerhalb der Umzäunung (soweit vorhanden) aufhalten (wimmeln Sie Wichtigtuer, die Sie vertreiben wollen, einfach ab).

Sollten Sie den Wunsch nach einem Führer - Dragoman - nicht unterdrücken können, so nehmen Sie am besten einen lizensierten Mann, er muß sich mit einer Messingplakette ausweisen. Die Kenntnisse dieser Leute werden geprüft, dadurch haben Sie die Gewähr, mehr Fakten als Märchen aus Tausendundeiner-Nacht zu hören. Übrigens kommen die meisten Dragomanen aus Beduinen-Kreisen, die nach wie vor nicht allzu viel Achtung für die Arbeit der Fellachen aufbringen; ob sie allerdings bei der Plakkerei mit den Touristen das bessere Los gezogen haben, mag dahingestellt sein.

Für Unentwegte, die auf einen Kamelritt um die Pyramiden nicht verzichten wollen, ein Preishinweis: Eine Kamelstunde kostet ca. LE 15, obwohl häufig LE 30 am Beginn des Handels verlangt werden. Spät nachmittags sinken die Preise. Ein Kamelritt mag den Vorteil haben, daß man die Pyramiden aus einiger Distanz sieht und die Treiber die besten Fotoplätze kennen. In der Nähe der Pyramiden haben sich einige Reitställe angesiedelt, wer Interesse an größeren Reitausflügen hat, lese Seite 114 nach.

Doch zurück zu den Pyramiden selbst. Im Norden erhebt sich die **Cheops-Pyramide,** mit 137 m (ursprünglich einschließlich Verkleidung 147 m) die höchste und älteste der drei, daneben etwas erhöht gelegen die **Chephren-Pyramide,** 136 m hoch (früher 143 m), und im Süden die **Mykerinos-Pyramide** mit 62 m (früher 66 m). Neben der Mykerinos-Pyramide liegen noch drei unvollendete, kleinere Pyramiden, die der königlichen Familie zugedacht waren. Von allen zugehörigen Tempeln ist nur noch die Ruine des Taltempels der Chephren-Pyramide übriggeblieben, die vom weltberühmten Sphinx überragt wird.

Früher konnte man offiziell die Pyramiden besteigen, heute ist es zum Glück verboten, da immer mehr der Steine zerstört werden. Ganz abgesehen von den vielen Todesopfern und Verletzten dieser

Pyramiden von Giseh

Kletterpartien: Es sind zahllose vom Sand schlüpfrige, über 1 m hohe Stufen zu überwinden; einmal abgerutscht, findet man keinen Halt und stürzt unweigerlich nach unten in den Tod. Das Verbot ist also sinnvoll und man sollte sich - verantwortungsbewußt - daran halten, auch wenn man immer wieder von selbsternannten Führern angequatscht und zum Aufsteigen ermuntert wird. Wen die Polizei erwischt, der zahlt LE 200 Strafe.

Sie können eine oder zwei **Grabkammern** der Pyramiden besichtigen. Wenn überhaupt, dann lohnt sich die Grabkammer der Cheops-Pyramide am meisten; denn trotz aller Mühsal, schlechter Luft und dem Gedränge zeigen sich im Innern die Baumassen in ihren gewaltigen Ausmaßen mit am eindrucksvollsten. Vom heutigen Eingang führt der Weg zunächst nach unten, dann hinauf in die sog. *Große Halle* mit polierten und fast fugenlos aneinandergefügten Steinplatten, am Ende in die Grabkammer. Sie ist mit Granit verkleidet, die Decke wird von gewaltigen Granit-Monolithen gebildet. Etwas außerhalb der Mitte steht der leere Sarkophag. Eine weitere, ebenfalls leere Kammer wird über einen 106 Meter langen Gang in die Tiefe, teils kriechend, erreicht. Dort ist man ziemlich allein, weil nur wenige die Mühe auf sich nehmen. Der Wärter (Ghafir) zeigt gegen Bakschisch den Weg.

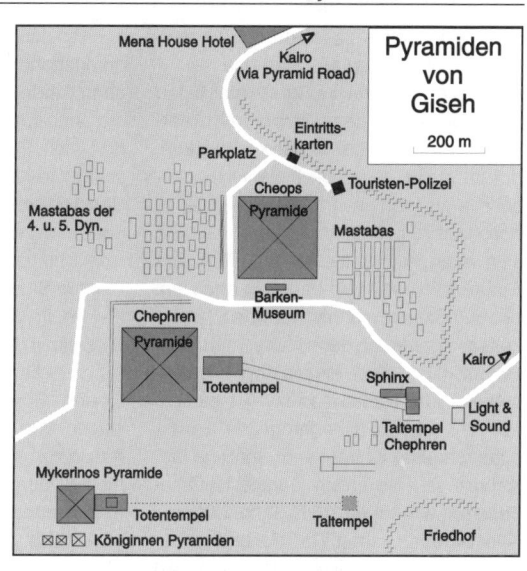

Ein wichtiger Hinweis: Die drangvolle Enge und die Hitze können Leute mit Engenangst (Klaustrophobie), Atemnot oder Kreislaufbeschwerden in ernste Gefahr bringen; besser: draußen bleiben.

An der Südseite der Cheops-Pyramide wird Ihnen ein aus der Form geratenes Betonbauwerk auffallen. Dort ist eine erst 1954 am selben Platz gefundene **Barke des Pharao** ausgestellt. Versäumen Sie trotz des zusätzlichen Eintritts den Besuch nicht. Das Boot hat die 4500 Jahre Lagerung nahezu unbeschädigt überstanden, sein Anblick ist überwältigend: Ohne jegliche metallischen Elemente zusammengefügt, übertrifft es die Größe heutiger Nil-Feluken bei weitem. Es führt sehr deutlich den hohen Stand der Handwerkskunst sowohl in Planung als auch in der Ausführung vor Augen. Ein zweites Boot wird trotz der Tatsache, daß Besucherstrom und Umweltverschmutzung

6. Umgebung von Kairo: Pyramiden und Fayum

dem ersten stark zusetzen, von japanischen Archäologen ausgegraben.

Von hier aus führt die Straße steil hinab zum Taltempel des Chephren. Unterwegs werden Sie den **Sphinx** entdecken, der im ersten Augenblick viel kleiner erscheint als man erwartet, obwohl er 20 m hoch und 75 m lang ist. Aber nehmen Sie sich auch hier Zeit, um den Blick des Sphinx in die zeitlose Ferne zu erfassen, erleben Sie ihn zu verschiedenen Tageszeiten; Sie werden dann immer mehr vom Rätsel im Ausdruck dieses Kopfes gefesselt werden. Nahm man bis vor kurzem an, daß Pharao Chephren den Sphinx schaffen ließ - er trägt sehr ähnliche Gesichtszüge - so sollen jüngste Untersuchungen ein um ca. 2500 Jahre höheres Alter ergeben haben. Das Rätsel der Statue, das für einige Generationen gelöst schien, ist damit um so rätselhafter geworden; welche Kultur schuf ihn und warum?

Auch ist der Sphinx nicht mehr der, der er einmal war: die Umweltprobleme haben ihm bis ins Innerste zugesetzt. Nur durch eine Renovierung, die Anfang der 90er Jahre begonnen wurde, konnte seine Lage - hoffentlich - vorläufig stabilisiert werden. Denn eine wesentliche Ursache des ständigen Verfalls sind die unkontrollierten Abwässer des nahen, 350 Jahre alten Dorfes Nazlit El Saman, d.h. der heute 250 000 Einwohner zählenden Stadt. Wissenschaftler möchten trotz begonnener Kanalisation das Dorf komplett verlegen, anders sei der Probleme nicht Herr zu werden. Die Bewohner, die vom Tourismus leben, sträuben sich mit Händen und Füßen dagegen.

Der **Taltempel** zeigt die meisterhafte Leistung der Steinmetze: es gibt keinen noch so dünnen Spalt zwischen den übermannshohen Granitplatten. Vom Eingang führte die Prozession für den verstorbenen König in einen Vorraum, von dort in die Pfeilerhalle mit ihren monolithischen Granitpfeilern und dann vorbei am Sphinx zum Totentempel. Im Tal- wie im Totentempel standen Statuen des Königs; aus dem Taltempel stammt das berühmte Sitzbild des Chephren mit dem Falken im Nacken (heute Ägyptisches Museum in Kairo).

Zu erwähnen ist noch das "**Light and Sound**" Spektakel (LE 33). Für manche Augen und Ohren geht es nur hart am Kitsch vorbei, bei manchen trifft es mitten hinein. Zumindest stehen die Pyramiden mal in anderem Licht da; wir haben es schließlich der Lichteffekte wegen nicht bereut. Die Schau wird überwiegend in englisch, montags und mittwochs (ändert sich häufig) jedoch auch in deutsch abgespielt. Erkundigen Sie sich in einem der großen Hotels nach Termin und Anfangszeit der gewünschten Sprache. Nehmen Sie eine warme Jacke und Mücken-Schutzmittel mit.

Wenn Sie die Show aus ungewöhnlicher Perspektive ohne Ton erleben wollen: Oberhalb des Friedhofs (südlich des Sphinx) ist ein guter Beobachtungsplatz. Sollten emsige Kartenverkäufer kommen - hier kostet die Show nichts. Mitsamt Ton und fast besser als von der Originaltribüne können Sie die Show vom Restaurant El Sharaghish erleben, das genau gegenüber dem Eingang zu Light and Sound liegt; der Aussichtsplatz auf der Dachterrasse kostet zusätzlich LE 5. Auch vom Restaurant am Pool im Mena House Hotel läßt sich die Show - tonlos - verfolgen.

Pyramiden von Abusir, Sonnen-Heiligtümer von Abu Gurob

Auf halber Strecke zwischen Giseh und Sakkara liegt das wenig besuchte, aber durchaus sehenswerte Pyramidenfeld von Abusir. Anfahrt per **Bus:** Vom Midan Tahrir mit Bus Nr. 8 bis zur Haltestelle Terat el Maroteiya, auf der gegenüberliegenden Straßenseite fahren Busse nach Abusir ab, dort durchfragen bzw. Beschreibung für Autofahrer folgen.

Anfahrt per **Auto:** Von der Pyramid Road auf die Sakkara-Straße abbiegen (1,4 km vom Mena House Hotel rechts), nach 14,5 km kurz nach dem Restaurant Sakkara rechts abbiegen, nach 1 km im Dorf Abusir vor einer Kanalbrücke rechts ab am Kanal entlang, nach 1,4 km links über den Kanal, 300 m weiter liegt das Pyramidenfeld. Das ist auch per Minibus möglich, ähnlich wie bei der Sakkara-Anfahrt weiter unten beschrieben; in diesem Fall lediglich einen Minibus suchen, der ins Dorf Abusir fährt.

Vom Ruinenfeld aus können Sie einen nicht uninteressanten, etwa einstündigen Spaziergang immer am Rand des Fruchtlandes entlang nach Süden nach Sakkara machen; allerdings müssen Sie dort an der Gesamtanlage vorbei zunächst zum Tickethäuschen gehen.

Abusir

Von Nord nach Süd liegen die **Pyramiden des Sahure, Neferirkare, Niusere und Raneferef** (letztere unvollendet). Die Pyramidenanlagen der 5. Dynastie sind in ihren Ausmaßen wesentlich bescheidener als die der 4. Dynastie, doch läßt sich hier das Grundprinzip des Pyramiden-Komplexes gut erkennen: Taltempel - heute nur noch wenige Blöcke, da schon im Fruchtlandbereich liegend - Aufweg, Totentempel und schließlich das Grab, die Pyramide.

Tal- und Totentempel waren mit sehr guten Reliefs geschmückt (heute vor allem in den Museen von Kairo und Berlin). Für die aufgehenden Wände wurde heller Kalkstein verwendet, für Säulen, Fundamente, Schwellen und Architrave wertvolles "farbiges" Steinmaterial wie Rosengranit und Basalt.

Tschechoslowakische Archäologen entdeckten im März 1989 im Gelände von Abusir den von Grabräubern geleerten Sarkophag von Udja Horesnet, der als Verräter in die altägyptische Geschichte einging. Er hatte den letzten ägyptischen Herrscher der 26. Dynastie, Psamtek III, an den Perserkönig Kambyses verraten.

Zwischen den Totentempeln der beiden nördlichen Pyramiden liegen Mastabas, deren größte die des **Ptah-schepses** ist. In dieser Grabanlage finden sich die frühesten Beispiele von Kapitellen in Lotosform.

Bei klarem Wetter sollte man den Weitblick genießen: im Norden erkennt man Giseh, im Süden zunächst Sakkara, dann sogar Dashur.

Abu Gurob

Nördlich von Abusir liegen die Sonnenheiligtümer der Könige Userkaf und Niusere (von Abusir aus von den Pyramiden zu sehen und in 20 Minuten zu Fuß zu erreichen). Das Sonnenheiligtum des Userkaf ist heute fast völlig zerstört, das des Niusere läßt die ursprüngliche Anlage noch gut erkennen. Sie weist Parallelen zum Pyramiden-Komplex auf: am Fruchtlandrand ein Eingangsbereich, der Tal-

6. Umgebung von Kairo: Pyramiden und Fayum

tempel, dem sich der Aufweg anschließt. Das eigentliche Sonnenheiligtum bestand aus einem großen offenen Hof mit einem überdimensionalen Altar aus Kalzit-Alabaster, der noch erhalten ist. Dahinter erhob sich auf einem Pyramidenstumpf ein gewaltiger aufgemauerter Obelisk, das Kultsymbol für den Sonnengott Re, dessen Verehrung in der 5. Dynastie einen ersten Höhepunkt erlebte. An den Hof schlossen sich beiderseits Magazine und Schlachthöfe an, die Opferbecken sind heute noch vorhanden.

Die Plattform des Obelisken konnte über einen mehrfach abgeknickten Gang erreicht werden - diesen Weg kann man heute noch nachvollziehen, während vom Obelisken selbst praktisch nichts mehr übriggeblieben ist.

In einer kleinen Kapelle im Hof und in einem geschlossenen Gang im Süden, der zu dem oben erwähnten Aufstieg führte, wurden überaus wichtige Reliefs gefunden, die zum einem das königliche Erneuerungsfest darstellen, zum anderen in der sog. Jahreszeitenkammer in Naturdarstellungen das Wirken des Sonnengottes schildern (heute in Kairo, Berlin und München).

Pyramiden von Sakkara, Memphis-Ruinen

Als am Ende des 4. Jahrtausends vC Ober- und Unterägypten zu einer politischen Einheit zusammenwuchsen, bildete sich an der natürlichen Nahtstelle zwischen Delta und Niltal die Stadt Memphis, die Waage der beiden Länder. Sie war die Hauptstadt Ägyptens in der Zeit des Alten Reiches, zeitweise auch im MR und NR. Auch in den Zeiten, als das politische Zentrum des Landes in Oberägypten oder im Delta lag, war Memphis stets eines der religiösen Zentren Ägyptens. Von der einst mit weißen Mauern umgebenen Pracht ist fast nichts geblieben, vieles versank im Nilschlamm, die meisten Bauwerke dienten als "Steinbruch" für die Umgebung, vornehmlich also für Kairo.

Im Westen von Memphis, dort wo das Reich der Toten beginnt, entstand die Nekropole der Stadt. In der Nähe des Dörfchens Sakkara erhebt sich als deutliches Wahrzeichen die Stufenpyramide des Djoser. Sie ist die erste Pyramide überhaupt und die erhabenste von den 15 Pyramiden der näheren Umgebung. Weiterhin zeugen eine unübersehbare Zahl von Mastabas - die Bankgräber der Würdenträger - von der Bedeutung dieser Stätte.

Etwas verwirrend für den Besucher ist die Tatsache, daß hier über mehrere Jahrtausende bis hin zur Perserzeit Tote bestattet wurden. Dennoch handelt es sich hauptsächlich um die Nekropole des AR, und aus dieser Epoche sind hier einige der interessantesten Dokumente zu finden. Betrachten Sie vor allem die Reliefs in den Gräbern als eine Art dokumentarisches Bilderbuch des AR, das viele Lebensbereiche des vor fünf Jahrtausenden existierenden Gemeinwesens detailliert schildert.

Wenn Sie eine "Sakkara-Privatführung" durch Ägyptologen haben möchten, sollten Sie unseren Tonführer Ägypten, Kairo kaufen, der Ihnen per Walkman interessante Bauwerke der Ruinenstätte erschließt, siehe Seite 26.

Anreise

Sakkara liegt nur 20 km südlich von Giseh. Von Kairo aus gibt es mehrere Möglichkeiten der Anreise:

Anreise

Eisenbahn (umständlichste Anreise):
Alle Züge nach Oberägypten passieren El Badrachen, wo man aussteigt und per Taxi nach Memphis und Sakkara gelangt (vorher erkundigen, ob der Zug auch in El Badrachen hält). Oder mit dem Minibus (10 Pt Fahrpreis) über Memphis zum Ort Sakkara fahren. Dort durch den Ort, am ersten Kanal rechts, nach ca. 25 Minuten Fußweg ist links das Gräberfeld erreicht.

Bus:
Auch per Bus ist die Anfahrt umständlich. Fahren Sie mit Bus Nr. 9 vom Tahrir bis zur Endstation, dort in ein **Sammeltaxi** nach El Badrachen (35 Pt) umsteigen und dann noch einmal ein Sammeltaxi nach Sakkara nehmen und schließlich noch gute 25 Minuten zu den Pyramiden laufen (siehe oben); zurück auf demselben Weg. Oder von der Universität mit Bus 121 nach Badrachen, dort mit Minibus nach Sakkara und zu den Pyramiden laufen. Diese Art der Anreise sollte mit etwa 1,5 bis 2 Stunden Dauer kalkuliert werden.

Alternative: Per Bus oder Minibus (82, 83) bis zur Abzweigung Sakkara Road der Pyramid Road fahren, dort in den Minibus Giseh/Abusir steigen und an der Endstation den Fahrer überreden, einen Abstecher nach Sakkara zu machen, oder ein Sammeltaxi nehmen oder am Kanal entlang etwa 30 bis 45 Minuten zu Fuß.

Beachten Sie bei allen Busfahrten, daß Sie von Sakkara auch wieder zurückkommen müssen: Taxifahrer wissen das und verlangen dann soviel, wie man sonst für eine Rundreise hätte ausgeben müssen. Hierzu eine Alternative: Mieten Sie sich gegen Abend ein Kamel oder Pferd und reiten Sie bis zum Dorf Abusir, von dort fährt ein Minibus zurück. Damit sind Sie unabhängig und können zudem die Sonnenuntergangsstimmung genießen.

Sammeltaxi/Taxi:
Von der Pyramid Road, Abzweigung Sakkara Road, die mit *SAKKARA* ausgeschildert ist, fahren Sammeltaxis nach El Badrachen. Wenn der Fahrer nicht zu einem Umweg zu den Ruinen bereit ist, muß man von der entsprechenden Kreuzung aus wohl gut 2 km marschieren. Man kann auch mit einer kleineren Gruppe ein Sammeltaxi für ca. LE 8 - 10 pP für die gesamte Rundreise mieten, der Taxifahrer wartet bei den jeweiligen Sehenswürdigkeiten.

Von der Kreuzung Pyramid Road/Sakkara Road fahren Sammeltaxis nach Abusir. Von dort oder der dortigen Pyramide aus kann man auch zu Fuß nach Sakkara marschieren, was mit Umweg zum Tickethäuschen angeblich in einer knappen Stunde zu schaffen ist. Allerdings braucht man dann für den Rückweg ein Taxi, oder man wandert ca. 2 km bis zur Kanalstraße.

Wenn Sie ein normales Taxi mieten, das nicht mehr als LE 50 bis 70 insgesamt kosten sollte, haben Sie den Vorteil, daß Sie definitiv wissen, wieder nach Kairo zurückzukommen. Ebenso werden sich Fahrer der Touristen-Taxis (Peugeot) über Ihre Wünsche freuen. Legen Sie aber vor Abfahrt Preis und Konditionen (Aufenthaltszeit etc.) fest. Durchaus sinnvoll ist es, einen Pauschal-Stundenpreis inklusive km-Kosten von z.B. LE 10 zu vereinbaren, dann ist man unabhängig bei den Besichtigungen. Wenn Sie zusätzlich die neu eröffneten Pyramiden von Dashur in diese Fahrt miteinbeziehen, dann wird das Taxi nicht allzu viel teurer.

6. Umgebung von Kairo: Pyramiden und Fayum

Eine ganze Reihe von Hotels bieten Taxifahrten an, die in der Regel sehr gelobt werden; z.B. Swiss Pension, Tulip und andere. Bei diesen Fahrten tragen zumindest indirekt die Hotels eine gewisse Verantwortung dafür, daß das Vereinbarte auch eingehalten wird. Oder Sie nehmen eine für Individualisten organisierte Tour, siehe weiter unten.

Auto:
Mehrere Straßen führen nach Sakkara, die schönste wird selten von Ausländern genutzt: Sie zweigt kurz vor dem Mena-House Hotel (7 km vom Midan Giseh) links ab und dient zunächst als Zufahrt zum Taltempel mit dem Sphinx. Man fährt aber geradeaus weiter, immer am Kanal entlang, kann unterwegs das Leben im Fruchtland sehen und trifft schließlich auf die Hauptstraße nach Sakkara.

Die Hauptstraße zweigt 6 km von Midan Giseh (als Landmarke dienen die Schilder SAKKARA und PENTA-Hotel) von der Pyramid Road nach Süden ab, sie ist relativ gut ausgebaut. Unterwegs passiert man das Städtchen Haraniya, in dem Wissa Wassef die Teppichknüpferei wieder entwickelte (siehe auch Seite 185), Teppiche dieser Art (aber nicht Qualität) können Sie in den Souvenir-Shops in den Dörfern an der Strecke kaufen.

Als uninteressanteste Anreisestrecke soll die Niluferstraße erwähnt werden, die man in El Badrachen nach Westen verläßt.

Reiten:
In Giseh drängen Kamel- und Pferdetreiber jedem Fremden Ritte nach Sakkara förmlich auf. Ein solcher Ritt wäre eigentlich die dem Anlaß und auch der Umgebung am besten angepaßte Reisemöglichkeit, zumal man auch noch die Pyramidenruinen von Abusir besuchen kann. Vorausgesetzt allerdings, man hält körperlich den langen Ritt durch und reitet in der Wüste und nicht auf schmalen Straßen vorbei an Abfallhaufen am Fruchtlandrand.

Das Reiten hat jedoch einen Haken: Die Reitstallbesitzer gehen sehr häufig mit ihren Tieren brutal um. Nehmen Sie daher nur gesunde, wundfreie Tiere, deren Haut vor allem unter dem Sattel heil und nicht durchgescheuert ist (siehe auch Seite 114). Als Kamel-Mieter sollten Sie sich nicht darauf einlassen, mit dem Führer für eine so lange Strecke auf einem Kamel zu sitzen, das wird unbequem und unangenehm, besonders wenn der "Driver" plötzlich sexuelle oder homosexuelle Anwandlungen zeigt.

Es empfiehlt sich, vor Besteigen des trabenden Untersatzes den Preis und die Konditionen fest auszuhandeln (z.B. kosten zwei Pferde mit Begleiter für den Tagesausflug zwischen LE 60 und 100, zwei Kamele mit Führer LE 30 bis 50 pro Tag). Für eine Strecke ist mit etwa 2 bis 3 Stunden zu rechnen, insgesamt etwa mit 10 Stunden. Uns sind Berichte bekannt, wonach die Treiber unterwegs den zuvor vereinbarten Preis mit der Drohung, die Fremden allein stehen zu lassen, rigoros in die Höhe trieben.

Dagegen kann man sich wohl nur schützen, indem man bei der ersten Kontaktaufnahme Bezahlung am Ende vereinbart oder in einer größeren Gruppe reitet. Es passiert auch immer wieder, daß die auf etwa halbem Weg liegende Pyramide von Abusir als die von Sakkara ausgegeben wird, um den Trip kurz zu gestalten; viel zu häufig fallen Unwissende auf diesen Trick herein.

Stimmungsvoll ist die Rückkehr am späten Nachmittag, also bei den Giseh-Pyramiden im Sonnenuntergangslicht ankommend. Verlangen Sie auch, daß der Treiber in Sakkara zunächst mit zum südlich gelegenen Tickethäuschen reitet, andernfalls haben Sie später den Ärger, Eintrittskarten besorgen zu müssen.

Organisierte Fahrten
Am Ramsis-Bahnhof stehen einige sog. Tour Operators, die sehr preiswerte Minibus-Reisen z.B. nach Sakkara, aber auch nach Oberägypten oder in andere Gegenden anbieten. Wenn man das Selbstorganisieren satt hat und mit fragendem Gesicht dort herumläuft, wird man meist von den Leuten angesprochen. Auch die Rezeptionisten von Billighotels (z.B. Lotus Hotel) kennen diese Tour Operators. Die Preise liegen bei LE 20 - 25 pP für den ungehetzten Tagestrip, Adressen siehe Seite 106. Außerdem bieten viele Reisebüros in Kairo organisierte Fahrten im vollklimatisierten Bus nach Sakkara/Memphis an, aktuelle Informationen z.B. bei MISR Travel.

Besichtigung Sakkaras

Die große Auswahl der zu besichtigenden Stätten (7.30-16.30; Sommer bis 17; LE 20; Fotoerlaubnis pro Sehenswürdigkeit LE 5) droht den Besucher zu erschlagen. Es ist wichtig, sich vorher in die historischen Zusammenhänge einzulesen und sich ein Bild von dem zu machen, was einen hier erwartet:

◆ die früheste Steinarchitektur
◆ der Übergang vom Bank-Grab (Mastaba) zur Pyramide
◆ weiterentwickelte Pyramiden
◆ Scheinbauten von Kapellen und Heiligtümern in ganz Ägypten (innerhalb der Umfassungsmauern der Djoser-Pyramide)
◆ Mastabas der hohen Beamten (Pyramiden waren den Pharaonen vorbehalten), die, reich verziert und ursprünglich mit allem "Lebensnotwenigen" ausgestattet, den alten Lebensstil nach dem Tode ermöglichen sollten
◆ Gräber der Beamten, die ähnlich wie die Scheinbauten den Grabherren wenigstens bildlich mit der verlassenen Umwelt umgeben und das Weiterleben nach dem Tod ermöglichen sollten
◆ die Begräbnisstätte der heiligen Stiere (Apis) des Gottes Ptah.

Das wichtigste und sehenswerteste Bauwerk ist die Pyramide des Djoser. Ganz Eilige sollten zusätzlich wenigstens die Gräber des Ti, Mereruka und Idut besichtigen (diese aber in Ruhe betrachten), wenn Zeit bleibt, einen Blick in die Persergräber, die Unas-Pyramide und das Serapeum werfen.

Ein Hinweis: Nehmen Sie vorsichtshalber eine lichtstarke **Taschenlampe** mit, zwar sind die meisten Gräber inzwischen "elektrifiziert", manchmal fällt der Strom mehr oder weniger zufällig zur Freude der Wärter aus.

Auch geben bakschischgierige Wärter manchmal vor, Gräber seien geschlossen, um dann gegen Extratrinkgeld den Eintritt doch zu ermöglichen. Die Entfernungen zwischen den einzelnen Stätten sind beachtlich, wer sich mit öffentlichen Verkehrsmitteln nach Sakkara begibt, sollte die zusätzlichen Wanderungen einkalkulieren, sowohl zeitlich als auch schweißtreibend. Wenn Sie sich am Ende der Besichtigungsstrapazen erfrischen wollen: Im *Sakkara Palm Club* - rechts an der Straße nach Kairo - gibt es einen gro-

6. Umgebung von Kairo: Pyramiden und Fayum

ßen Swimmingpool am teuren Restaurant.

Die bemerkenswertesten der vielen Sehenswürdigkeiten Sakkaras sind im folgenden kurz skizziert, jeweils örtlich zusammengefaßt (nicht immer sind alle zugänglich).

Bezirk der Djoser-Pyramide
***Stufenpyramide des Djoser**
(3. Dynastie)

Der Komplex der Djoser-Pyramide ist von größtem Interesse, weil hier der erste monumentale Steinbau überhaupt entstanden ist (vorher Ziegelarchitektur). Das eigentliche Grab, die Pyramide, ist umgeben von einer ganzen Reihe Bauten, die als Scheinarchitektur - nicht begehbar, innen massiv - dem verstorbenen König ins Jenseits mitgegeben wurde. Der Architekt dieser grandiosen Anlage ist bekannt: Imhotep, dem die "Erfindung" der Steinarchitektur zugeschrieben wurde, galt späteren Generationen als Weiser und wurde in der Spätzeit wie ein Gott verehrt (Heiligtum in Philae).

Der Bezirk ist von einem Mauergeviert von 277 m x 544 m umgeben (Nischenarchitektur). Der einzige Zugang liegt im Südosten, zunächst geht man durch eine Eingangshalle mit Pflanzensäulen und erreicht den offenen Hof vor der 62 m hohen Pyramide. Diese hat eine ziemlich komplizierte Baugeschichte: Ursprünglich als Mastaba begonnen, wurde sie mehrfach vergrößert, schließlich sechs Stufen aufeinandergesetzt; damit war die erste (Stufen-)Pyramide entstanden. Von der Hofseite aus sind die Vergößerungen deutlich zu erkennen.

Gehen Sie rechts an der Pyramide am *Haus des Südens* und dem *Haus des Nordens* vorbei, das Sie betreten können; allerdings endet der Gang nach wenigen Metern, dann folgt der massive Kern. Im Eingang sind Besucherinschriften aus der Ramessidenzeit nicht zu übersehen, vergleichbar den heutigen Touristen-Graffiti. Hinter der Pyramide (im Norden) liegen die Überreste des Totentempels, von dem aus ein Schacht hinunterführt zur Grabkammer und einem verzweigten Gangsystem (wegen Einsturzgefahr nicht zugänglich). Im Bereich des Totentempels steht eine kleine geschlossene Kapelle für eine Statue des Königs (hier nur die Kopie, Original im Museum in Kairo). Beim Rückweg nicht durch den Hof, sondern leicht links durch eine Reihe von Kapellen - wieder Scheinbauten - gehen.

Hier läßt sich der Übergang von der Lehmziegel- zur Steinarchitektur gut beobachten: Die geböschten Wände, die Hohlkehle, der Rundstab sind Elemente aus dem Lehmziegelbau, im Steinbau funktionslos und hier erstmalig als Schmuckform übernommen. Die Kapellen bilden Heiligtümer aus Ober- und Unterägypten nach und stehen wahrscheinlich in Verbindung mit dem königlichen Erneuerungsfest (Heb-Sed), das der Tote auch im Jenseits feiern sollte. Am Südende des offenen Hofes liegt quer das *Südgrab* (nicht zugänglich) mit einem unterirdischen Kammersystem für ein rituelles Begräbnis der königlichen Seele (Ka).

Für Sportler mag interessant sein, daß im Südhof wahrscheinlich die älteste Sportarena der Welt identifiziert wurde: Der Pharao rannte während des Heb-Sed-Festes mehrere Runden, nicht zuletzt, um seine Stärke zu demonstrieren. In (viel) späteren Dynastien wurden lange vor den Griechen sportliche Wettkämpfe ausgetragen, z.B. in der 26. Dynastie ein ca. 100-km-Lauf von Memphis ins Fayum und zurück.

* Mastaba des Wesirs Mechu (6. Dynastie)

Die Reliefs sind wegen der besonders gut erhaltenen Farben von Interesse, die Motive entsprechen der Themenvielfalt am Ende des AR: Fisch- und Vogelfang im Papyrusdickicht, Landwirtschafts- und Handwerkerszenen oder lange Reihen von Opferträgern.

**Mastaba der Prinzessin Idut (6. Dynastie)

In diesem Grab, das ursprünglich für einen Wesir namens Ihi bestimmt war, liegt der Schwerpunkt der Darstellung auf der Ausfahrt der Grabprinzessin ins Papyrusdickicht (Rudern, Fischen etc.).

* Persergräber (27. Dynastie)

25 m tiefe Schachtgräber, deren Wände z.T. mit feinsten Hieroglyphen und religiösen Darstellungen geschmückt sind.

**Unas-Pyramide (5. Dynastie)

In der Sarg- und Vorkammer dieser Pyramide vom Ende der 5. Dynastie finden sich erstmalig die sog. Pyramidentexte - eine Spruchsammlung aus älterer Zeit, die auf Rituale während der königlichen Bestattung anspielt. Die (hochinteressanten) Texte sollen dem König den Übergang ins Jenseits und den Aufstieg zu den Göttern ermöglichen.

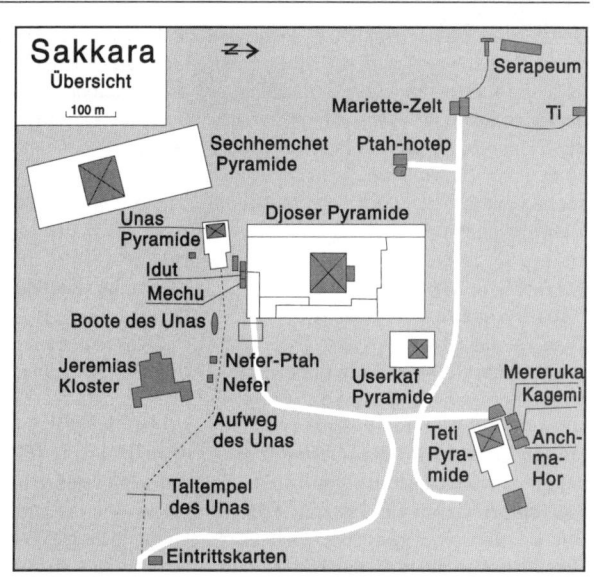

Auf der dem Eingang gegenüberliegenden Seite ist eine Inschrift von Chaemwase (Sohn Ramses II), der die Pyramide restaurieren ließ, zu sehen. Am Aufweg findet man die Reste der ursprünglichen Reliefdekoration (Sternenhimmel, Säulentransport).

Gräber am Aufweg des Unas

Östlich der Unas-Pyramide liegen am Aufweg einige Gräber, u.a. sind beachtenswert: Mastaba der Nefer-her-en-Ptah, wegen feiner Entwurfszeichnungen für die Reliefs bekannt, Felsengrab des Nefer, vermutlich mit seiner Mumie und z.T. originellen Reliefmotiven aus dem täglichen Leben.

Südöstlich dieser Gräber blieben vom ehemaligen Jeremias-Kloster fast nur noch Ruinen übrig. Südwestlich der

6. Umgebung von Kairo: Pyramiden und Fayum

Unas-Pyramide sind Reste des unvollendeten Grabkomplexes des Sechemchet (Nischen-Architektur der Umfassungsmauer zu erkennen, der noch größer als der Djoser-Bezirk werden sollte). In der 40 m tiefen Grabkammer wurde ein Sarkophag mit Goldschmuck (jetzt Museum Kairo) gefunden.

Bezirk der Teti-Pyramide
**Teti-Pyramide (6. Dynastie)
Zwar ist die Pyramide von Teti, dem Gründer der 6. Dynastie, in ihrem Oberbau stark zerstört, doch sind die unterirdischen Kammern mit den Pyramidentexten gut erhalten. Da die meisten Touristengruppen in die Unas-Pyramide drängen, empfiehlt sich ein - gleichwertiger - Besuch der Teti-Pyramide (Schlüssel normalerweise beim Wärter des Mereruka-Grabes).

**Mastaba des Wezirs Mereruka (6. Dynastie)
Innerhalb des Grabkomplexes des Mereruka liegen auch die Räume für den Grabkult seiner Frau Watet-chet-Hor und seines Sohnes Merjtetj. Mit insgesamt 32 Räumen ist diese Anlage der umfassendste private Grabkomplex des AR. Der ursprünglich massive Oberbau der Mastaba ist jetzt vollständig "ausgehöhlt" und beinhaltet eine Abfolge von reliefdekorierten Räumen, die für den Totenkult zugänglich waren.

Zur Grabkammer mit Sarkophag und Beigaben geht es ein Stockwerk tiefer, zu dem Schächte hinabführen. Wichtige Darstellungen im Oberbau: der Grabherr als Maler vor einer Staffelei im Eingangsbereich, dann Nilpferdjagd, im folgenden kleinen Raum Handwerksszenen (mit Zwergen), im rechten Längsraum Tanz- und Musikdarstellungen. In dem großen Pfeilersaal findet sich eine beeindruckende Kombination von Grabstatue und Scheintür - überaus lebendig tritt eine lebensgroße Statue des Mereruka heraus aus dem Grab. An den Wänden Schiffsdarstellungen und Szenen aus der Tierzucht (Geflügelhof, Mästen einer Hyäne).

* Mastaba des Wesirs Kagemni (6. Dynastie)
Die Außenmaße der direkt an die Anlage des Mereruka anschließenden Mastaba übertreffen diese, doch ist das Grab im Innern weniger differenziert und enthält weniger dekorierte Räume.

* Mastaba des Wesirs Anch-ma-Hor
Gehen Sie die Gräberstraße weiter entlang und biegen Sie bei der ersten Möglichkeit nach links ab, vorbei an einigen Scheintüren führt der Weg zum Grab des Anch-ma-Hor, in dem einige der seltenen medizinischen Darstellungen - darunter eine Beschneidungsszene - bemerkenswert sind (im Durchgang vom Eingangsraum rechts zur Pfeilerhalle).

Nordwestlicher Bezirk
***Mastaba des Ti (5. Dynastie)
Obwohl dieses Grab in seinen Ausmaßen deutlich hinter Mereruka oder Kagemni zurückbleibt, ist es wegen der Qualität seiner Reliefs und deren gutem Erhaltungszustand eines der bekanntesten Gräber des AR. Aus der Fülle der Darstellungen, die das tägliche Leben und die Versorgung für das Jenseits schildern, seien nur einige besonders interessante herausgegriffen.

Im schmalen Korridor zur Kultkammer auf der linken Seite Transport der Statuen des Grabherrn, rechts Schiffsdarstellungen; in der ersten (kleinen) Kammer Szenen des Backens und Bierbrauens; in der Kultkammer links vom Eingang landwirtschaftliche Szenen (von der Aussaat bis zur Ernte), auf der rechten Wand die berühmte Szene von der Fahrt des Ti ins Papyrusdickicht mit Nilpferd, Fischen, Bootsbau.

* Serapeum

(Die Anlage ist elektrisch beleuchtet.) Der Apis-Stier, *die lebende Wiederholung des Gottes Ptah,* wurde nach seinem Tod mumifiziert und beigesetzt, seit Amenophis III in Einzelgräbern, unter Ramses II wurde mit dem Bau einer unterirdischen Galerie, dem Serapeum, begonnen. Der für Besucher zugängliche Teil stammt aus der Spätzeit (ab der 26. Dynastie), beeindruckend sind die gewaltigen, tonnenschweren Sarkophage für die Stiermumien. Der letzte Sarg blieb mitten im Gang stehen.

***Mastaba des Ptah-hotep (5. Dynastie)

Obwohl kleiner in den Ausmaßen, übertrifft dieses Grab in der Qualität seiner Reliefs noch diejenigen des Ti. In einer einzigen Kammer (jenseits der Pfeilerhalle liegt die Kultkammer seines Vaters Achtihotep) finden Sie auf engstem Raum die Vielfalt altägyptischen Lebens wiedergegeben: Fischfang und Bootsbau, Weinherstellung und Tierschlachtung, Spiel und Musik, Jagd und Tierhaltung, Handwerker und Opferträger und immer wieder, deutlich größer dargestellt (Bedeutungsmaßstab), der Grabherr mit seiner Familie. Nehmen Sie sich Zeit, hier immer neue Details zu entdecken.

Etwa 1,5 km südlich liegt die stark zerfallene, für für den Normaltouristen uninteressant Nekropole Sakkara-Süd.

Memphis

Da von Memphis nicht viel erhalten blieb, kann der Besucher ein paar Minuten Rast unter einer Palme einlegen und darüber philosophieren, daß selbst 3000 Jahre lebendigster Geschichte eine Weltstadt nicht vor dem Auslöschen bewahren. Am Rande einer Palmenplantage sind (von Sakkara kommend rechts beim Dorf Mitrahina) zu besichtigen (9-17, LE 7, Foto LE 10, Video LE 20):

* **Ramses II,** liegend (19. Dynastie)

Die Kolossalstatue wirkt hier fast überdimensional, da sie in ungewohnter Perspektive und noch dazu von einer Balustrade in einer überdachten Halle anzuschauen ist - ganz im Gegensatz zu ihrem Gegenstück, das hier gefunden und am Ramsis-Bahnhof in Kairo aufgestellt wurde, dort aber eher klein und schmächtig aussieht.

Alabaster Sphinx

Er stammt aus der 1. Hälfte der 18. Dynastie. Ursprünglich lag er vor dem Eingang des Ptah-Tempels. In seiner Umgebung finden sich Architekturfragmente und Statuen, die nur noch eine schwache Vorstellung von der ehemaligen Bedeutung dieses Tempels vermitteln können.

Balsamierungshaus der Apis-Stiere

Etwa 200 m weiter an der Straße nach Sakkara stehen die Überreste des Balsamierungshauses für die Apis-Stiere, die dann in Sakkara im Serapeum bestattet wurden. Erhalten blieben einige überaus fein gearbeitete Balsamierungstische aus Alabaster mit stilisierten Löwenkörpern an den Längsseiten.

Hathor-Tempel

Ziemlich unbeachtet sind die Ruinen eines kleinen Hathor-Tempels mit einigen Hathor-Köpfen. Von der rechten hinteren

6. Umgebung von Kairo: Pyramiden und Fayum

Ecke des Parkplatzes führt ein Pfad in südwestliche Richtung, nach etwa 50 m finden Sie die Köpfe.

Pyramiden von Dashur

Das Dashur-Pyramidenfeld liegt in militärischem Sperrgebiet, eine Besichtigung war nur mit Sondergenehmigung (Direktor der Altertümerverwaltung in Sakkara) möglich, seit Sommer 1996 sind sie jedoch zugänglich, d.h. nur die Rote Pyramide und die Knickpyramide (LE 10). Man erreicht die Pyramiden auf der Straße, die vom Ort Dashur quasi an den Pyramiden vorbei zur Wüstenstraße ins Fayum führt. In Kairo nimmt man am besten ein Taxi/Sammeltaxi nach Dashur, Startplatz Pyramid Road /Sakkara Road. Besucher sollten sich entsprechend der Nähe zur militärischen Macht verhalten: Nicht zu weit von den Pyramiden entfernen, Kamera und Fernglas nur so benutzen, daß unmißverständlich die historischen Bauwerke gemeint sind.

Fünf Pyramiden wurden bei Dahshur errichtet: Näher zum Fruchtland reihen sich in einer Linie von Nord nach Süd die Pyramiden des MR, eine Ziegelpyramide von Sesostris III, die **Weiße Pyramide** aus Kalkstein von Amenemhet II und die **Schwarze Pyramide** von Amenemhet III, wiederum eine Ziegelpyramide. Östlich davon liegen die beiden Pyramiden des Snofru aus der 4. Dynastie, deren südliche die bekannteste von Dashur ist: die **Knickpyramide,** die in ihrer unteren Hälfte einen Neigungswinkel von rund 54 Grad aufweist, im oberen Teil sind es nur noch 43 Grad.

Jüngste Untersuchungen des Deutschen Archäologischen Instituts in Kairo brachten interessante Ergebnisse zu einer recht komplizierten Baugeschichte zutage: Infolge eines nicht geeigneten Untergrunds (Absenkungen) ergaben sich Verschiebungen und dadurch Schwierigkeiten in der Statik. Dem versuchte man zunächst durch eine Umschalung zu begegnen, dann durch das Auffüllen von Kammern und die beschleunigte Fertigstellung durch die Verringerung des Neigungswinkels.

Offensichtlich fruchteten die Maßnahmen nicht, so wurde diese Pyramide aufgegeben. Nördlich davon ließ Snofru eine weitere, **Rote Pyramide** errichten. Sie weist gleich von Anfang an den flachen Neigungswinkel des oberen Teils der Knickpyramide auf, außerdem erhielt sie ein stabiles Fundament aus Kalksteinplatten.

Pyramiden von Lisht

27 km weiter südlich liegen die Pyramiden von Lisht. Sie entstanden - im Gegensatz zu den Pyramiden der Umgebung - erst zu Beginn des MR, also gut 600 Jahre später als Sakkara. Die nördliche Pyramide wurde von Amenemhet I, die südliche von seinem Sohn Sesostris I errichtet. Vermutlich lag in der Umgebung auch die von Amenemhet I gegründete Königsstadt der 12. Dynastie. Beide Pyramiden sind stark zerstört. Die Grabkammer des Hohenpriesters Senuseretanch, die im Gebiet der Südpyramide liegt, ist noch relativ gut erhalten.

Anfahrt: Bei km 57 von der Niltalstraße abbiegen, 2 km geradeaus bis über eine Kanalbrücke, dort links, nach ca. 200 m rechts über den zweiten Kanal (kurz vor dem Kanal erhält man im "schönsten" Haus links den Schlüssel für das Grab des Senuseretanch), von hier aus rechts und dann wieder links zur Nordpyramide oder links, nach 100 m rechts, dann halblinks, nach 200 m erneut rechts zur Süd-Pyramide.

Pyramide von Medum

Diese Pyramide (LE 8) liegt mit ihrer gewaltigen Bau- und Schuttmasse majestätisch auf der Höhe des Wüstenabbruchs zum Fruchtland. Auch sie weist eine komplizierte Baugeschichte auf. Das Innere der Pyramide ist zugänglich.

Am Ende der 3. Dynastie als siebenstufige Stufenpyramide begonnen, wurde sie zunächst erweitert und auf acht Stufen erhöht, schließlich wurden in einer dritten Bauphase die Stufen aufgefüllt, und sie erhielt die Verkleidung einer "echten" Pyramide. Ob diese letzte Bauphase abgeschlossen wurde, ist umstritten, vermutlich war Snofru dafür verantwortlich. Die verschiedenen Bauphasen lassen sich in der Bänderung der Pyramide, die von geglätteten und ungeglätteten Partien stammt, gut ablesen.

Die Theorie einer Baukatastrophe läßt sich nach neueren Grabungen der ägyptischen Altertümerverwaltung nicht mehr aufrechterhalten. Unter dem Schuttberg - der durch die Glättung der Außenflächen entstanden ist und aus kleinen Kalksteinsplittern besteht - wurde die vollständig erhaltene Verkleidung des unteren Drittels der Pyramide teilweise freigelegt. Das Verschwinden der oberen Verkleidungsblöcke dürfte mit dem Abtransport von Steinmaterial im Mittelalter wie bei den anderen Pyramiden in Verbindung gebracht werden.

Der Pyramide gegenüber erhebt sich eine gewaltige Mastaba, wohl aus der 3. Dynastie, die Identität ihres Besitzers ist nicht geklärt. Durch einen alten Grabräubergang ist die Anlage seit einiger Zeit zugänglich. Obwohl es ein bißchen anstrengend und staubig ist (stellenweise geht's nur auf dem Bauch und mit Hilfe einer wackeligen Leiter weiter; nichts für Leute mit Platzangst!) sollte man diese Mühe doch auf sich nehmen. Unten wird man von einer ganz schlichten, archaisch wirkenden Architektur erwartet, die gerade dadurch perfekt ist. Der gewaltige Sarkophag ist heute leer - unter seinem beiseite geschobenen Deckel liegt noch ein altägyptischer Bildhauerschlegel!

Im Osten liegt ein kleines Heiligtum mit zwei unbeschrifteten Stelen, von dort führt der Aufweg schnurgerade zum Rand des Fruchtlandes.

6.2 Fayum

Überblick

Das Fayum (mit der Provinzhauptstadt Medinet Fayum) ist eine nur an der dünnen Nabelschnur des Bahr Yussuf Kanals (ursprünglich ein Nil-Seitenarm) hängende Semi-Oase, die zur Libyschen Wüste hin vom Qarun See (Birket Qarun) abgeschlossen wird. Von Beni Suef herkommend fließt der Bahr Yussuf auf 23 m Höhe ins Fayum ein. Seine Ab- und Drainagewässer münden schließlich im 46 m unter dem Meeresspiegel liegenden Qarun See, nachdem die weite Fläche von rund 4000 Quadratkilometern mit einem Netz von Kanälen bewässert wurde.

Am Eingang des Fayum bei Illahun wird seit altersher, d.h. seit dem MR, der Wasserhaushalt mit Schleusenanlagen im Bahr Yussuf mit seinen beiden hier abzweigenden Seitenkanälen Bahr Whasif und Bahr Wahbi kontrolliert, Überschußwasser fließt zurück durch den Bahr Giza ins Niltal. In der Hauptstadt Medinet Fayum verschwindet der Bahr

6. Umgebung von Kairo: Pyramiden und Fayum

Yussuf dann endgültig von der Landkarte: Bei den Wasserrädern im Zentrum zweigt der Bahr Tanhala ab, wenig später im Westen der Stadt wird er in sechs Kanäle aufgeteilt.

Kein Vorteil ohne Nachteil: Bei Dauerbewässerung muß per Drainage dafür gesorgt werden, daß die gelösten Salze im Boden nicht aufsteigen. Seit alten Zeiten leiten zwei große Kanäle das überschüssige Drainagewasser in den Qarun See. Aber der See kann nur soviel aufnehmen wie natürlich verdunstet, d.h. eine maximal nicht überschreitbare Menge. Überschwemmungen des salzigen Sees führten in der Vergangenheit zu großen Schäden auf den Feldern. Daher war wasserintensiver Anbau wie Reis bis vor kurzem nicht möglich.

Zur Abhilfe wurde eine Art Überlauf zum südwestlich gelegenen **Wadi Rayan** durch ein unterirdisches Kanalsystem geschaffen, welches das Fayum ein Stück nördlich von Medinet Madi verläßt. Wadi Rayan ist eine 600 qkm große Depression, die vom Fayum völlig getrennt 42 m unter dem Meeresspiegel liegt. Die Wasserableitung vom Fayum hat Süßwasserseen mitten in der noch unbewohnten Wüste entstehen lassen, die schon zur Fischzucht genutzt werden. Endgültig soll ein See von der Größe des Birket Qarun entstehen, und man hofft, fruchtbares Land für Bauern zu gewinnen.

Zunächst entstanden drei Seen, von denen zwei inzwischen ineinander übergingen. Der nordwestliche See liegt auf einem Niveau von -32 m, der südöstliche bei -42 m. Zwischen beiden plätschert ein Wasserfall (Anfahrt siehe Seite 212).

Das Fayum ist der große Garten Ägyptens, der zumindest früher bei Reisenden Vorstellungen vom Garten Eden erweckte. Heute baut man hauptsächlich Baumwolle an, die im April gepflanzt und im September geerntet wird. Auf sandigerem Boden ziehen die Bauern Tomaten, in den typischen, von Dattelpalmen beschatteten Gärten wachsen Bohnen, Melonen, Gurken, Kartoffeln, Gewürzpflanzen etc. Im zentraleren Gebiet dominieren Obstgärten mit Orangen, Limonen, Mangos, Feigen und anderen Früchten.

Ursprünglich bedeckte der Qarun See fast die gesamte Fläche der Oase. Die Pharaonen der 12. Dynastie regulierten den Bahr Yussuf durch Dämme und Schleusen, um der jährlichen Überschwemmungen besser Herr werden zu können und den Wasserspiegel abzusenken. Aus der Sumpflandschaft entwickelte sich fruchtbares Akkerland. Da der See von Krokodilen wimmelte, lag es auf der Hand, daß hier der krokodilgestaltige Gott Sobek das Sagen hatte.

Bereits die Ptolemäer erkannten im 3. Jh vC, daß man per Wasserkraft das Wasser aus den Kanälen auf die höher gelegenen Felder schaffen konnte. Sie führten die für das Fayum typischen **Wasserschöpfräder** ein: Die ziemlich starke Strömung in den Kanälen treibt Schaufelräder an, an denen zugleich Schöpflöffel befestigt sind, die das Wasser bis zu 4 m hoch anheben und damit höherliegende Kanäle speisen. Insgesamt gibt es noch etwa 200 dieser Schöpfräder; sehr bekannt sind die vier Wassserräder in Medinet Fayum und die sieben Wasserräder am Bahr Sinnuris.

Eine Reise durch die von etwa 1,9 Millionen Menschen bewohnte Halboase zeigt auf der einen Seite die mögliche üppige Natur (natürlich abhängig von der Jahreszeit), auf der anderen die Mühsal der Bauern, ihre Felder durch gezielte Bewässerung üppig zu erhalten und zum dritten, daß diese offenbar so biblisch-friedvollen Menschen sich gera-

Unterwegs im Fayum

Die gesamte Töpferfamilie belädt den Brennofen (Nazla im Fayum)

Bei Wisa Wassef wachsen Kinder mit Kunsthandwerk auf

Wasserpfeifen gehören zu jedem Cafe

Wo immer jemand Hunger verspührt: Eine kleine Garküche ist um die Ecke

Wie wär's mit orientalischen Gewürzen als Souvenir

upferbazar in der Sharia Muizz li Din Allah

Märkte sind immer ein Erlebnis

Rundreise durchs Fayum

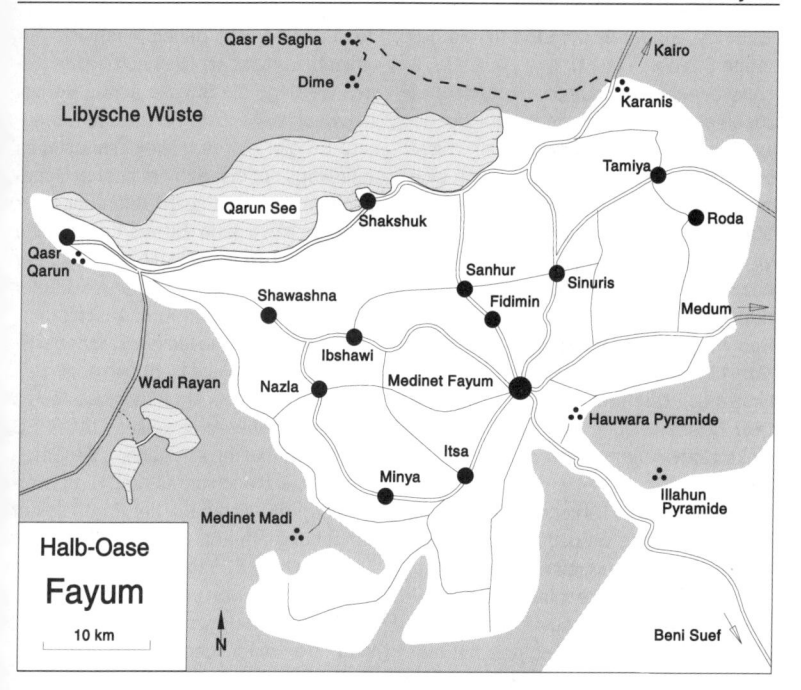

de hier sehr häufig in aufdringlichste Bakschisch-Jäger verwandeln können. Von den historischen Stätten blieb nicht viel erhalten. Ein Besuch des Fayum gilt mehr dem verschwenderischen Garten und dem Qarun See.

Rucksackreisende mit etwas mehr Zeit sollten sich in Medinet Fayum ein Fahrrad mieten und dann zum Qarun See radeln; auf diese Weise erschließt sich das Fayum wesentlich besser als per Omnibus.

Rundreise durchs Fayum

Das Fayum gilt als eine Hochburg der Fundamentalisten. Derzeit werden - je nach aktueller Situation - Ausländer am Eingang zur Oase höflich aber bestimmt gebeten, nur bestimmte (durchaus wechselnde) Orte zu besuchen oder von einem Besuch Abstand zu nehmen und nach Kairo zurückzukehren.

Am besten fährt man von Kairo, Midan Giseh aus per Bus (stündlich von 6 bis 20 Uhr) oder per Sammeltaxis nach Medinet Fayum. Eine sehr umständliche Eisenbahnreise ist auch möglich: In El Wasta an der Strecke nach Beni Suef umsteigen und dann nach Medinet Fayum. Von dort führen Linien nach Sinnuris und Ibshawai/Abou Kesa. Im Fayum schlägt man sich per Taxi oder Sammeltaxi zum Qarun See durch. Nehmen Sie ein Sammeltaxi zum See (Toyotas mit Ladefläche und Sitzbänken, Startplatz siehe Stadtplan) nach Sanhur. Dort müssen Sie umsteigen, die Fahrer nennen den See meist

6. Umgebung von Kairo: Pyramiden und Fayum

"El Birka", Fahrpreis um LE 1 für die gesamte Strecke.

Viel bequemer reist man - besonders zu abgelegenen Plätzen wie Wadi Rayan - per Auto ins Fayum. Mietwagen sind nicht so furchtbar teuer, vor allem, wenn sich mehrere Leute die Kosten teilen.

*km 0 Giseh, *Mena House Hotel*
Von der Pyramid Road rechts, nächste Abzweigung links.

*km 7 *Abzweigung*
Rechts zur **Oase Bahariya**

*km 15 *Abzweigung*
Links nach **Dashur**

*km 72 *Abzweigung*
Links **Kom Auschim** mit antikem **Karanis.**

Karanis entstand unter den Ptolemäern und beherbergte etwa 3000 Bewohner. Straßenzüge und Grundmauern der Häuser sind noch gut erkennbar. Die Tempelruine im Zentrum trägt eine Inschrift Neros, vom Dach des Tempels hat man einen sehr schönen Blick über die Fayum-Ebene. Am nördlichen Stadtrand steht eine weitere, ähnliche Tempelruine. Das kleine, durchaus sehenswerte **Museum** (8.30-15.30; LE 8) beherbergt Funde aus dem Fayum und dokumentiert damit eine weite Geschichtsspanne. Guter Rast- und Picknickplatz.

Abstecher nach Dime und Qasr El Sagha

Schräg gegenüber (rechte Straßenseite) zweigt die Piste nach Dime und Qasr el Sagha ab (gelbliches Schild DIMEH ES SIBA am Beginn der Piste). Die Piste ist durch Sand/Erdhaufen in unregelmäßigen Abständen nicht gut markiert, bis Qasr El Sagha aber vor einiger Zeit als Fahrstrecke für Minenarbeiter aufbereitet worden, und von daher eigentlich nur schlecht verfehlbar. Dennoch sollten Pisten-Neulinge die Strecke nur im Konvoi von wenigstens zwei Fahrzeugen angehen. Es gibt ein paar Weichsandstellen unterwegs, für die man am besten Sandbleche mitnehmen sollte. 4 km nach der Straßenabzweigung passiert man eine rechts liegende blaue Halle, etwas später sieht man die letzten grünen Ausläufer vom eigentlichen Dorf Kom Auschim.

Bald sind auch die letzten Erdbaggereien zu Ende, die Piste zieht sich ohne weitere Ereignisse bis km 22 hin, wo rechts ein verblichener Wegweiser QASR ES SAGHA auftaucht. Am Abhang der Tafelberge ist jetzt auch bereits der Tempel erkennbar, der sich ganz der Farbe seiner Umgebung anpaßt. Nach km 25 ist der Tempel **Qasr El Sagha** erreicht, der ein bißchen trotzig von einem Absatz des Tafelberges in die Ferne schaut. Imposant sind die mächtigen Steinquader der Frontseite, die hier im MR zu einem Bauwerk aufgeschichtet wurden, das mit seiner Umgebung zu einer nahezu perfekten Einheit verschmolzen scheint. Im Innern finden Sie sieben nebeneinander liegende Nischen - ein sehr ungewöhnlicher und in seiner Funktion noch nicht geklärter Grundriß. In der Antike führte der Qarun See weit mehr Wasser, der Tempel lag näher am Ufer.

Von Qasr El Sagha erblickt man am Horizont (im Süden) bereits die unverwechselbare Silhouette von Dime; wie Haifischflossen heben sich die gewaltigen Mauerreste gegen den Himmel ab. Um dorthin zu kommen, fahren Sie vom Tempel aus ca. 1 km zurück und halten sich am Rand des Absatzes rechts. Die folgende Piste ist praktisch nicht markiert,

Rundreise durchs Fayum

das Ziel verliert man allerdings kaum aus den Augen und erreicht es nach 7 km.

Dime ist die eindruckvollste Stadtanlage aus griechisch-römischer Zeit im Fayum. Auch diese Stadt lag einst am See, auf den man heute herabblickt. Nehmen Sie sich Zeit, durch das ausgedehnte Stadtgebiet zu streifen. Übriggeblieben sind bis zu 10 m hoch aufragende, mächtige Mauern, Tempel- und Wohnviertel, gelegentlich kann man sogar Reste der Stuckverkleidung der Wände entdecken. Interessanterweise handelt es sich größtenteils um grau-weiße Lehmziegelmauern - Millionen von Ziegeln müssen hier verbaut worden sein -, die immerhin zwei Jahrtausende dem ewigen Wind und seinen Erosionsgelüsten standhielten. In Richtung See liegen noch zwei weitere Komplexe, von denen der erste zumindest noch einen Besuch wegen erhaltener Gewölbekonstruktionen wert ist.

Dime kann auch per etwa zweistündigem Bootstrip von Shakshuk (allerdings ist es schwierig, ein Boot anzuheuern; sehr aufdringliche Kinder) auf der anderen Seite des Sees her erreicht werden, von der Anlegestelle aus etwa 1 Stunde Fußmarsch zu den Ruinen.

Zurück zur Hauptstraße und weiter auf die Fayum-Rundreise.

*km 77 *Abzweigung*

Hier zweigt rechts die Straße zum Qarun See ab, die quasi am Ufer entlang verläuft und weiter zu den Seen im Wadi Rayan führt. Wenn Sie geradeaus weiterfahren, gelangen Sie über Sinnuris direkt nach Medinet Fayum. Sinnuris, das 10 km vor der Provinzhauptstadt liegt, ist die zweitgrößte Stadt des Fayum. Sollten Sie samstags vorbeikommen, dann lohnt sich ein Halt wegen des regen Markttreibens.

Wir wollen uns jedoch Richtung Qarun See halten. In den letzten Jahren wurde eine sehr gute Asphaltstraße am See entlang und weiter bis über die neu entstandenen "Entlastungsseen" im Wadi Rayan hinaus gebaut. Ein Ausflug auf dieser Straße zu den stillen Seen des Wadi Rayan bietet eine echte Alternative zum betriebsamen Fayum.

*km 82 *Abzweigung*

Rechts halten zum Qarun See, der bald erreicht ist. Links führt die Hauptstraße über Sinnuris direkt nach Medinet Fayum. Sinnuris ist die zweitgrößte Stadt des Fayum, samstags findet ein sehr betriebsamer, durchaus sehenswerter Landmarkt statt. Wir wollen jedoch einen kurzen Umweg einlegen.

Der **Qarun See** ist seit Eröffnung der "Uferstraße" auf längere Strecken zugänglich, verschiedene Strandabschnitte sind erschlossen. Da das Wasser salzhaltig ist, können Sie unbesorgt vor Bilharziose baden. Vor allem freitags entladen sich Busse mit Abwechslung suchenden Ägyptern. Ein Leser schreibt zum Qarun See, er sei "nicht sehenswert". Tatsächlich hat diese riesige "Restwasserlache" nun wirklich nicht den Charme eines oberbayrischen Gebirgssees, in dem sich die umliegenden Gipfel spiegeln. Sein etwas knirschender Reiz liegt im Gegensatz von Wasser und Wüstenumgebung, einer Wüste, die er nicht fruchtbar zu machen vermag, deren Bedürfnis nach Wasser er buchstäblich Hohn spricht. Machen Sie sich also keine Hoffnungen auf Bo-

6. Umgebung von Kairo: Pyramiden und Fayum

densee-Stimmung, Strandcafés und Discos.
*Km 90 *Abzweigung*

Links halten, um über Sanhur und Siliyin nach Medinet Fayum zu fahren oder den folgenden Abstecher zu machen.

> **Ein lohnender Abstecher zum Wadi Rayan**
>
> Ein durchaus ungewöhnliches Erlebnis können Sie sich gönnen, wenn Sie an obiger Abzweigung geradeaus am See entlang weiter ins Wadi Rayan und von dort z.B. zurück nach Medinet Fayum fahren:
> An der Kreuzung von *km 90 geradeaus weiter.
>
> **+km 8 Auberge du Lac**
> Das Hotel, das zu einer Nobelherberge ausgebaut wurde, war ursprünglich eine Residenz von König Faruk. 1945 fand hier eine Konferenz mit Churchill statt. An der langen Pier legen Fischerboote an, man kann auch Boote leihen.
>
> **+km 14** *Abzweigung*
> Geradeaus weiter, der See bleibt in Sichtweite.
>
> **+km 41** *Abzweigung (ausgeschildert)*
> Links abbiegen
>
> **+km 43** *Kreuzung*
> Geradeaus weiter. Rechts nach Qasr Qarun, links nach Medinet Fayum.
>
> **+km 48** *Abzweigung*
> Links über Kanal fahren, dann diesem folgen.
>
> **+km 50** *Abzweigung*
> Kanal nach links verlassen; Eintritt kassierender Checkpost (LE 5 pP und Auto). Jetzt zieht die Straße schnurgerade in die Wüste.
>
> **+km 63** *Abzweigung*
> Links führt eine 3 km lange, für PKW problemlos zu befahrende Piste zum Verbindungskanal der beiden Seen mit einem dreigeteilten, etwa 2 m hohen Wasserfall. Dort gibt es Restaurants und Feriensiedlungen. Außerdem bietet sich hier ein guter Nachtplatz für Camper an.
> Aber fahren Sie auf der Asphaltstrße noch ein paar Kilometer weiter, Sie werden mit einigen wirklich schönen Ausblicken auf den zweiten See, auf Zeugenberge und handliche Dünen belohnt. Die beiden tiefblauen Seen, die - noch - mitten in der Wüste liegen, vermitteln eine eigenartige, fremde Stimmung. Zumindest sind sie außerhalb der Wochenenden abgeschiedene Ruheplätze, an denen man bestens relaxen kann - kaum eineinhalb Autostunden von Giseh entfernt.

Wir setzen die Beschreibung von zuvor (ab *km 90) fort:

*km 97 Sanhur
Die Gegend um Sanhur ist das Zentrum des Obstanbaus mit besonders reichen Gärten. Auf dem Weiterweg nach Siliyin liegt **Fidmin,** wo eine Kunsthandwerksschule (links gegenüber dem Krankenhaus, geöffnet Mo-Do 8-14 Uhr) angesiedelt wurde. Dort können Sie handgewebte Teppiche, Schmuck und Keramik erwerben.

Rundreise durchs Fayum

*km 101 Siliyin
Eine Mineralwasser-Quelle liefert den Anlaß für ein beliebtes Ausflugsziel der Ägypter mit einem großen Picknick-Platz mit Restaurants und Sportmöglichkeiten im Herzen des Fayum. Hier können Sie Körbe aller Art aus den nahen Korbflechtereien erwerben; in einem Gouvernmentshop im Park kauft man zu festen Preisen ein. (Von Medinet Fayum erreichen Sie Siliyin wie folgt: zunächst der Eisenbahn Richtung Sinuris folgen, an T-Kreuzung 2 km nach der Bahnlinie rechts, nach 5 km Siliyin.)

*km 110 Medinet Fayum
Die Stadtgeschichte geht bis weit in pharaonische Zeiten zurück, als das frühere Krokodilopolis ein Zentrum des krokodilköpfigen Gottes Sobek war. Die damalige Fayum-Hauptstadt lag im Norden der heutigen Stadt, die Kultstätten des Sobek bildeten das eigentliche Zentrum. In einem Wasserbekken, von dem noch spärlichste Reste vorhanden sind, wurden heilige Krokodile für Sobek gehalten. Leider diente Krokodilopolis dem modernen Medinet Fayum als Steinbruch und Baustofflager, so daß von der einst sehr großen Stadt nur Fragmente übrigblieben.

Heute ist Medinet Fayum eine sehr lebendige Provinzhauptstadt an beiden Seiten des Bahr Yussuf mit Mittelklassehotels.

◆ **Tourist Office:** Ganz in der Nähe der Wasserräder im Zentrum, im Postgebäude. Es gibt brauchbare Infos und eine gute Karte (zu kaufen).

◆ **Restaurants:** Im **NADI EL MUHAFZA** (Governorate Club) gibt es brauchbares westliches Essen, das auch im Garten am Sinuris Kanal serviert wird, andere Restaurants sind **MOKHIMAR**, Nähe Tourist Office (sehr gutes Huhn und Tahina), **KEBABGI** in der Sharia Mustafa Kamil und **HAGG KHALED** in der Sharia Mahammedia.

Bekannter Treffpunkt im Zentrum ist die **CAFETERIA EL MEDINA** (in der man auch relativ gut essen kann) an den **Wasserrädern** am Bahr Yussuf. Die Wasserräder markieren das touristische Zentrum der Stadt, obwohl sie nur noch Ansichtswert besitzen, denn sie drehen sich zwar unermüdlich - aber für nichts. Vorsicht: In der Abenddämmerung versammeln sich Tausende von Vögeln in den Bäumen und lassen, neben lautstarkem Gezwitscher, jede Menge Mist herunterfallen.

Wenn Sie durch die Stadt radeln wollen: Der Manager des Hotels Palace (schräg rechts über den Kanal vom Café Medina aus) verleiht Räder gegen LE 5 pro Tag. Fahrradverleih auch nahe der Qaitbay-Moschee oder im Hotel California (Mountainbike LE 15 pro Tag, eindeutig klären, ob Stunden- oder Tagespreis). Zum Qarun See radelt man etwa zwei Stunden, ein Taxi kostet etwa LE 15. Achtung: Kinder werfen manchmal mit Steinen nach radelnden Touristinnen. Meiden Sie den Freitag, dann wird das Fayum von Ausflüglern überschwemmt.

Den Sammeltaxistand Richtung Qarun See erreicht man wie folgt: Vom Tourist Office Richtung Bahngleise, jedoch nicht überqueren, sondern auf linker Seite entlang ca. 1,5 km (nach dem fünften Bahnübergang).

Den mit seinen verwinkelten Gassen erlebenswerten **Souk el Qantara** für den täglichen Bedarf finden Sie in der Nähe des Bahr Yussuf Kanals, dahinter liegt der **Souk el Sagha,** der allein den Gold-

213

6. Umgebung von Kairo: Pyramiden und Fayum

und Silberhändlern vorbehalten ist (etwas schwierig zu finden, am besten durchfragen).

Jeweils dienstags findet der **Souk el Talat**, ein großer Viehmarkt, statt; dabei füllt sich die Stadt mit ambulanten Händlern, während der eigentliche Viehhandel etwa 6 km außerhalb an der Straße nach Beni Suef abgehalten wird. Zeitgleich kommen in der Gegend der nördlich gelegenen Sharia Madaris Töpfer und Geflügelhändler zusammen. Wenn Sie dichtes Gedränge nicht scheuen, dann können Sie beste Einblicke in den ägyptischen Alltag gewinnen.

Die spärlichen Ruinen der historischen Fayum-Hauptstadt **Krokodilopolis**, die heute *Kiman Faris* genannt wird, liegen im Norden; allerdings gibt es kaum etwas zu sehen. Im ersten Kreisel der Kairo-Straße wurde ein Obelisk von Senusert I aus der 12. Dynastie errichtet, der aus einem Dorf nahe Itsa stammt. Im Zentrum der Stadt finden Sie mehrere Moscheen, darunter die durchaus sehenswerte **Qaitbay-Moschee** aus dem 15. Jhd und das in der Nähe liegende Mausoleum des Ali er Rubi, eines Lokalheiligen. Die dazugehörige Moschee ist Mittelpunkt diverser religiöser Feste. Von den koptischen Kirchen ist die der Hl. Jungfrau erwähnenswert.

Bekannt sind die sieben **historischen Wasserräder** des Bahr Sinuris, die etwas außerhalb liegen und die schon allein der Stimmung wegen einen Besuch wert sind: Von den Wasserrädern im Zentrum westlich am Bahr Yussuf entlang und kurz nach der Moschee bis zur Eisenbahnlinie, diese überqueren, dann links halten bis zum Kanal Bahr Sinuris, diesen überqueren, dann rechts. Die Straße führt am pittoresken Kanal entlang stadtauswärts. Nach 3 km stehen Sie am ersten Wasserrad, dann folgen vier und ein Stück weiter noch einmal zwei.

Wenn Sie als Fußgänger zur Hauwara Pyramide kommen wollen, gibt es entweder die Anreise per Taxi oder per Sammeltaxi nach Hauwara und dann noch etwa 45 Minuten Fußmarsch.

Eine sehr interessante **Rundreise** läßt sich von Medinet Fayum aus ins westliche Fayum nach **Medinet Madi** unternehmen. Dort scheinen nur selten Touristen aufzutauchen, daher reagiert die Bevölkerung wesentlich gelassener. Dieser Ausflug ist am besten per Auto/Taxi zu machen, zumal Medinet Madi - eins der lohnenswerten historischen Ziele - kaum per Bus zu erreichen ist. Bei einer Sammeltaxi-Reise muß man sich durchfragen, Taxis kosten mindestens LE 30.

+km 0 Medinet Fayum
Stadt in Richtung Itsa verlassen.
+km 10 Itsa
+km 12 Kreuzung, rechts halten.
+km 16 El Minia (in Karten auch als Minyat el Hayat angegeben)
Größeres Städtchen, an dessen Stadtausgang links auf eine stark frequentierte Staubstraße abbiegen. Die Asphaltstraße führt weiter über Abou Gandir nach Nazla.
+km 19 *Kreuzung*
Die Straße wird von einer schönen Baumallee flankiert, sie stößt auf eine Kanalverzweigung, rechts vor dem Kanal abbiegen und auf dem Damm stets geradeaus.
+km 26 *Abzweigung*
Links über Kanalbrücke zum 300 m entfernten "Vorort" namens Kashef von **Medinet Madi**. Beim ersten Anhalten wird sich ein Führer zum Tempel anbieten;

Rundreise durchs Fayum

zwar ist der Tempelhügel am Grabungshaus durchaus von der Ferne zu identifizieren, aber die Mitnahme eines Führers als "Pistensucher" ist beim ersten Besuch der Anlage empfehlenswert.

Oder: Geradeaus durch den Ort fahren und der Piste nach Südosten zum Grabungsgelände folgen. Die 4 km lange Piste läßt sich bis kurz vor dem Hügel mit dem Grabungshaus relativ gut fahren, im Hügelbereich wird's ziemlich sandig. (Vom Dorf vor der obigen Abzweigung führt auch eine Piste zum Tempel, sie soll aber sehr versandet sein).

Medinet Fayum

1 Governm. Club
2 Stadion
3 Taxis, Busse Sanhur
4 Taxis Tamiya
5 Taxis Kairo
6 Cafe Medina Wasserräder
7 Bahnhof
8 Busse von Kairo
9 Busse nach Kairo
10 Telefonamt
11 Taxi/Busse Beni Suef

A Hängende Moschee
B Nasir Moschee
C Ali Rubi Mausoleum
D Souk el Sagha
E Souk el Qantara

Der - relativ kleine - Tempel von Medinet Madi wurde im MR von Amenemhet III gegründet und von den Ptolemäern erweitert. Er gilt als eins der wenigen Architekturbeispiele eines kompletten Tempels aus dem MR und ist daher für Enthusiasten des pharaonischen Ägypten von besonderem Interesse.

Von der ehemaligen (ptolemäischen) Löwen- und Sphingen-Allee sind noch einige Exemplare gut erhalten. Auch der dem Krokodilgott Sobek geweihte MR-Tempel hat die Jahrtausende in wesentlichen Teilen überdauert. Die Wände sind mit Szenen ausgeschmückt, die meist Amenemhet III und seinen Sohn bei der Opferung darstellen. Im Sanktuar sind noch die drei Nischen vorhanden, in denen einst die Götterstatuen standen. An der Rückseite des MR-Tempels finden Sie einen kleinen ptolemäischen Tempelbau, der, wie die gesamte Anlage, arg vom Dünensand bedroht ist, obwohl erst in den 60er Jahren die letzten Grabungen stattfanden. (Mehr Informationen im *Guide to the Antiquities of the Fayum*).

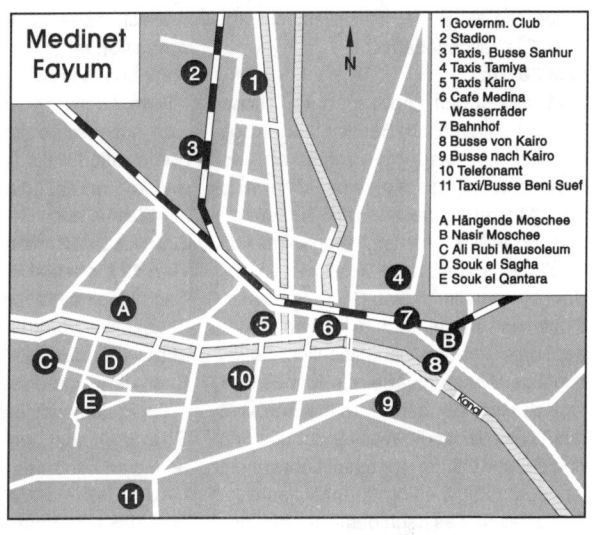

Fahren Sie zurück zum Dorf und biegen Sie nach der Kanalbrücke links ab.

+km 31 *Abzweigung*

Hier die Kanaldamm-Straße nach rechts verlassen und in den folgenden Dörfern geradeaus.

+km 35 *Kreuzung*

Rechts nach El Minia, links nach Nazla halten.

+km 37 *Abzweigung*

An der Straße zwischen Abou Gandir und Nazla zweigt links (also nach Süden) eine Straße zum Wadi Rayan mit seinen künstlichen Seen ab. Es wird dringend davon abgeraten, diese Route zu fahren,

6. Umgebung von Kairo: Pyramiden und Fayum

folgen Sie lieber der offiziellen, die auf Seite 212beschrieben ist.

+km 38 Nazla

Die **malerischen Töpfereien von Nazla** sind unbedingt einen Besuch wert. Nach der Moschee biegt man rechts ab und blickt bald in das tief eingeschnittene Wadi Masraf, an dessen Ufer Töpfereien und Brennöfen stehen, umgeben von frisch geformten, zum Trocknen in die Sonne gestellten Gefäßen. Schwarze Qualmwolken steigen zum Himmel, fleißige Töpfer formen hauptsächlich *Bukla,* kugelige Wassergefäße, die fürs Fayum typisch sind. Übrigens wird die Porösität des Tons - die für die Wasserverdunstung und damit Kühlung des Inhalts notwendig ist - durch Zugabe von Strohhäcksel zum Ton erreicht, das nach dem Brennen des Tons Kapillaren hinterläßt.

Im Laufe der letzten Jahre hat die Tourismusbranche die Töpfer entdeckt, seither gehört aufdringliches Bakschisch-Fordern zum Ton. Allerdings sollte man bedenken, daß die Menschen hier trotz harter Arbeit sehr wenig verdienen, weil ihre Arbeit und damit sie selbst von der Bevölkerung nicht sonderlich anerkannt werden.

+km 42 *Y-Kreuzung*

Rechts nach Medinet Fayum über Ibshawai. Links führt ein interessanter Abstecher nach Qasr Qarun. Unterwegs, 10 km nach der Y-Kreuzung hinter einer kleinen Brücke, rechts abbiegen, nach weiteren 15 km ist nach einem Ort links der **Tempel von Qasr Qarun** nicht zu übersehen. Der eindrucksvolle ptolemäische Sobek-Tempel ist im Innern relativ gut erhalten (schöne Reliefs mit geflügelter Sonne; nehmen Sie eine Taschenlampe mit), vom Dach weiter Ausblick.

Gleich nebenan liegt das Ruinenfeld von **Dionysias,** einer ptolemäischen Stadt und Garnison.

Etwa 8 km vor Qasr Qarun zweigt links eine ausgeschilderte Straße ab (rechts Pumpstation, links "Industriegelände" mit dicken Rohren), die zum **Wadi Rayan** führt (siehe auch Seite 208)

Zurück zur Y-Kreuzung.

+km 46 Ibshawai

Nach Medinet Fayum rechts halten über El Agamiyin (Zentrum von Korbflechtern).

+km 64 Medinet Fayum

Ende der Rundreise.

Zur Fortsetzung der Reise (ab *km 110, Seite 213) nach Beni Suef halten Sie sich an die im Zentrum aufgestellten Schilder HAUWARA PYRAMID.

*km 105 *Kreuzung*

Links 3 km Piste zur * **Hauwara Pyramide** des Amenemhet III (LE 8), die aus Nilschlammziegeln erbaut und von der Witterung bis auf einen hohen Stumpf zerstört wurde. Ebenso erging es dem daneben liegenden, im Altertum zu den sieben Weltwundern zählenden **Labyrinth,** das aus je 1500 Räumen in zwei Stockwerken bestand und den eigentlichen Totentempel bildete; nur noch Schutthügel lassen die Dimensionen erahnen.

In römischer Zeit lag hier eine ausgedehnte Nekropole, aus ihr stammen die meisten der sog. Mumienportraits der römischen Bevölkerung (3./4. Jhd nC).

Ein Besuch am späteren Nachmittag ist wegen der langen Schatten und des Blicks über die Umgebung recht stimmungsvoll.

*km 115 Illahun

Hier kreuzen Sie die Schleusen, die den Wasserhaushalt im Fayum kontrollieren. Die älteste, aus dem 13. Jhd stammend, ist noch erhalten, doch darf sie wegen der strategischen Bedeutung der Gesamtanlage nicht näher besichtigt werden: Fotografieren ist streng verboten.

Wenn Sie die Ruinen der stark zerstörten **Pyramide von Illahun** (LE 8) - die Sesostris II zugeschrieben wird - besuchen wollen, fahren Sie nach den Schleusenanlagen und dem Überqueren einer modernen Eisenbrücke links ab auf die erste Staubstraße, an der nächsten Kreuzung rechts, dann durch das Dorf Illahun, nach ca. 2 km links ab auf einen Deich, diesem folgen, in der Ferne ist die Pyramide zu sehen. Von der Pyramide selbst ist nur mehr der Felskern erhalten, im Norden liegen Mastaba-Gräber. In der zur Pyramide gehörenden, östlich gelegenen Stadt wurde ein umfangreiches Papyrus-Archiv gefunden.

*km 137 Beni Suef
Rückfahrt nach Kairo.

7. Luxor, Karnak und Theben-West

7.1 In Luxor zurechtkommen

Überblick
Theben ist die griechische Bezeichnung für die altägyptische Hauptstadt Waset. Zu ihr gehörten die heutigen Ruinen
- des Amun-Tempels von Karnak,
- des Luxor-Tempels und
- die Nekropolen und Tempel von Theben-West.

Im Alten Reich (AR) als Kultort des Falkengottes Month eine unbedeutende Provinzstadt, stieg Theben mit Beginn des Mittleren Reiches seit 2050 vC durch die Gründung des Karnak-Tempels für Amun, den König der Götter, zum geistigen und religiösen Zentrum Ägyptens auf. Mehrmals war Theben im 2. und 1. Jahrtausend vC Hauptstadt Ägyptens, immer aber blieb es der Mittelpunkt pharaonischer Kultur. Alle Könige des Neuen Reiches (NR) sind hier im Tal der Könige bestattet, und noch die römischen Kaiser kamen hierher, um die Wunder des Hunderttorigen Theben zu bestaunen.

Im Mittelpunkt Thebens stand der Tempel von Karnak, dessen Bedeutung u.a. aus den nüchternen Zahlen eines Papyrus aus der Zeit von Ramses III hervorgeht: Insgesamt standen 81 322 Männer im Dienst des Tempels, sie hatten sich um 421 662 Stück Vieh, 433 Gärten, etwa 2 395 qkm Ackerfläche, 83 Schiffe, 46 Baustellen und 65 Dörfer zu kümmern - übertragen auf die heutige Zeit handelte es sich um ein Großunternehmen; eine solche wirtschaftliche Konzentration zöge auch heute noch politische Aufmerksamkeit auf sich. Wenn man dann die Bedeutung des Großunternehmens Karnak noch mit der damaligen Bevölkerungszahl Ägyptens in Relation setzt, zeigt sich, daß sich hier ein wirtschaftlich erstrangiger Wirtschaftsbetrieb etabliert hatte.

Erst als die Ptolemäer Alexandria zu ihrer Metropole erkoren, verlor Theben endgültig an Rang. Die Römer legten eine Garnison in die Stadt, die Christen stürmten die noch sichtbaren 'Götzenbilder' und funktionierten die Tempel zu Kirchen um, spätere Generationen nutzten die Trümmer als nicht versiegendes Baumateriallager.

Systematische Ausgrabungen seit der Jahrhundertwende förderten großartige Relikte zu Tage. Sie lassen erahnen, welch prächtige Bauwerke hier einst standen und welche künstlerische Leistungen an diesem Ort vor 4000 Jahren erbracht worden waren.

Heute sieht es hier ein wenig anders aus. Der Ort Luxor gibt der Stätte seinen Namen, er bedeckt einen Teil des ehemaligen Theben. Er zieht sich vom Nil bis zur Eisenbahnlinie, ja quillt inzwischen ein ganzes Stück darüber hinaus und dehnt sich weiter und weiter am Nilufer entlang aus, immer mehr wertvollen Ackerboden verschlingend. Am Rand des Fruchtlandes im Osten liegt der Flughafen, am Nilufer dümpeln die Touristendampfer. Die parallel zum Nil verlaufende Straße heißt Corniche, ihre Uferpromenade wurde in den 80er Jahren ausgebaut und ist heute besonders zur Sonnenuntergangszeit einen Spaziergang wert. Dabei allerdings werden Sie auf Schritt und Tritt von Fe-

7. Luxor, Karnak und Theben-West

luken-, Taxi- und Kaleschenfahren oder fliegenden Händlern angemacht, was durchaus in eine Art Spießrutenlauf ausarten kann. Dieser Ort lebt ganz eindeutig vom Tourismus, die unangenehmen Auswüchse werden Sie über sich ergehen lassen müssen. Feilschen Sie um alles und jedes, Aufschläge von vielen hundert Prozent für die dummen Touristen sind die Regel und nicht die Ausnahme - informieren Sie sich möglichst vor der Ankunft und feilschen Sie unerbittlich (Preisbeispiele siehe Seite 31).

INTERESSANTES auf der **Ostseite des Nils**
***Karnak, der große Tempel des Gottes Amun, über 2 Jahrtausende das größte Heiligtum der Ägypter
**Luxor-Tempel, eine aus der 18./19. Dynastie stammende, gut erhaltene Tempelanlage mit vielen interessanten Details
**Luxor Museum, das Museum mit dem besten Display Ägyptens; nicht zuviele, aber erlesene Stücke sind gut ausgestellt
Kamelmarkt, jeweils dienstags
Besuch von Nilinseln
Light and Sound-Spektakel abends im Karnak Tempel.
Westseite des Nils - Theben-West
***Tal der Königsgräber, in dem 62 Gräber von Pharaonen entdeckt wurden, darunter das nicht ausgeraubte Grab des Tutanchamun
***Gräber der Noblen, Beamten und Würdenträger, in denen mit z.T. hervorragenden Bildern das tägliche Leben im NR geschildert wird
***Tempel Der El Bahri, Totentempel der Pharaonin Hatschepsut, förmlich in die Felswand des Steilabfalls hineinkomponiert
***Nefertari-Grab, das Königinnengrab, das zu den schönsten Gräbern von Theben-West zählt; leider nur für 10 Minuten zugänglich
**Medinet Habu, eine große, z.T. recht gut erhaltene Totentempelanlage von Ramses III
**Ramesseum, Totentempel von Ramses II, auch in Trümmern liegend vermittelt er noch einen Eindruck seiner ehemals imposanten Größe
**Tal der Königinnen- und Prinzengräber, nicht so prächtig wie die Königsgräber, doch das Nefertarigrab weist mit die schönsten Grabbilder auf
Memnon Kolosse, vereinsamt als einzige Reste des Totentempels von Amenophis III im Fruchtland stehende Wächterfiguren.

Landmarke und eine Art Mittelpunkt der Stadt ist der Luxor-Tempel, der gleich am Nilufer liegt. Ca. 3 km nördlich finden Sie, etwas abseits des Nils, den Tempelkomplex von Karnak. Unterwegs kommen Sie am Luxor-Museum vorbei. Die gegenüberliegende Seite des Nils bietet dem historisch Interessierten viele Tage Beschäftigung: Am Rand des Fruchtlands blieben einige Totentempel sehr gut erhalten, in der Wüste wurden bisher so viele Gräber entdeckt, daß die Besichtigung der relativ wenigen freigegebenen bereits einen sehr guten Einblick in das pharaonische Leben (und Sterben) vermittelt.

Zunächst mögen die vielen Sehenswürdigkeiten in Theben-West etwas unüberschaubar erscheinen. Doch ein Blick auf den Übersichtsplan zeigt die klare Zweiteilung. Es gibt Totentempel zur Abhaltung der nötigen religiösen Zeremonien für den jeweiligen toten Pharao; sie liegen am Rand des Fruchtlandes. Die eigentlichen Gräber wurden in den Wüstenbergen versteckt.

So sind von Nord nach Süd die Totentempel von Sethos I, Hatschepsut (Der El Bahri), Ramses II (Ramesseum), Amenophis III (Memnon-Kolosse) und Ramses III (Medinet Habu) mehr oder weniger dicht an dieser Fruchtland-Grenzlinie aufgereiht. Dagegen wurden die Königsgräber in einem weiter entfernten Tal in die Wüstenberge gehackt. Viel näher zum Fruchtland, fast gegenüber dem Ramesseum, finden Sie die Gräber der Noblen, wieder etwas weiter in den Bergen die Gräber der Arbeiter, welche die Königsgräber schufen und ihre Wohnsiedlung Der el Medina. In deren relativer Nähe liegt das Tal der Königinnengräber.

Es sollte noch an das Fest (*Mulid*) zu Ehren des Heiligen Abou el Haggag erinnert werden, das im islamischen Monat Shaaban, zwei Wochen vor Ramadan, stattfindet. Dann wird eine Barke mit dem Bild des Heiligen in großer Prozession durch Luxor gezogen (Ähnlichkeiten mit pharaonischen Vorbildern sind rein zufällig), von vielen bunten Wägen, geschmückten Tieren und tanzenden Männern begleitet. Die Stadt wird von Menschenmassen überflutet, es herrscht nahezu Karnevalsstimmung.

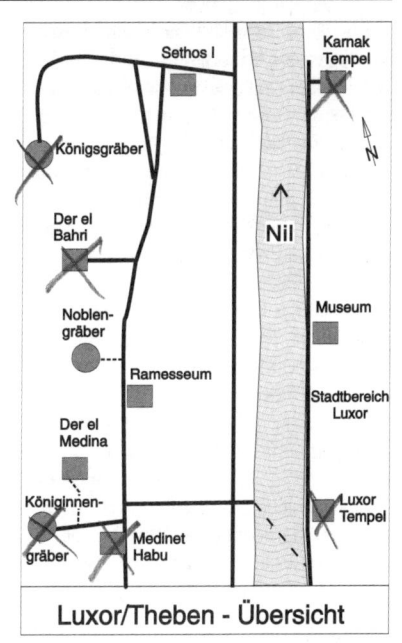

Luxor/Theben - Übersicht

Hotelsuche ; *Allgemeines, Adressen*

♦ **Touristen-Information:** Am Bahnhof; wie üblich eine ziemlich nichts-sagende und bedeutungslose Institution.

♦ Am Bahnhof (manchmal sogar schon im Zug ab Qena) und am Flughafen Luxor (Sammeltaxi ca. LE 4 pP) warten zahlreiche **Schlepper** und versuchen, üble Kaschemmen an den Gast zu bringen. Sie schrecken auch nicht vor "dirty tricks" zurück, wie z.B., "in Luxor sei der Aufenthalt ohne Hotelnachweis verboten". Oder daß man Sie zum gewünschten Hotel zu führen vorgibt, Sie aber in Wahrheit ganz woanders abliefert, wo kein Schild an der Tür auf den tatsächlichen Aufenthaltsort hinweist. Lassen Sie sich nicht beirren und gehen Sie in

7. Luxor, Karnak und Theben-West

das Hotel, das Sie sich schon zuvor ausgesucht haben.
- ♦ An dieser Stelle sei auf das Everest Hotel hingewiesen, dessen neue Mitbesitzerin die deutsche Ägyptologin Silke Schreiber ist. Sie kümmert sich natürlich um die historischen Informationsbelange, hilft aber auch allgemein weiter und hat eine Etage für alleinreisende Frauen reserviert.
- ♦ Sobald Sie Luxor leid sind, können Sie auch in Theben-West übernachten, dann sind Sie ungestörter und im Prinzip dort beweglicher.
- ♦ Das **Passport-Office** - nur vormittags und abends geöffnet - finden Sie wie folgt: an der südlichen Verlängerung der Corniche am Novotel und Club Med vorbei, dann noch ca. 80 Meter: ein unscheinbares Haus links mit Soldaten davor, der rechte Eingang führt zur Schalterhalle.
- ♦ Das **American Express** Office finden Sie vor dem Winter Palace Hotel. **Telefonieren** können Sie am preiswertesten aus dem *Central Telefon Office,* das in der Sharia Karnak einen Block südlich der Kreuzung mit der Sharia Nefertiti liegt. Dort können Sie auch **Telefonkarten** kaufen.
- ♦ **Reiseagenturen:** In Luxor gibt es eine ganze Reihe von Reiseagenturen, die meisten Büros finden Sie an der Corniche.
- ♦ Wenn Sie spontan eine Nilkreuzfahrt (siehe Seite 38) buchen wollen, dann wenden Sie sich an
  - Eastmar Travel, Corniche
  - Misr Travel, Corniche
  - Thomas Cook, Corniche
  - CHEOPS, Corniche

(Alle Nähe Winter Palace Hotel)

An der Corniche wird man ständig von selbsternannten Führern angesprochen, die meistens clevere, englisch sprechende Taxifahrer sind. Ein Mann, mit dem wir recht gute Erfahrungen machten und den wir hier erwähnen, weil er Ausflüge in die Oasen bis hin nach Siwa anbietet:
- Ahmedd Sheba El Hamd, Qourna, Noble Tombs, Tel 0310543

Wenn Sie schließlich Luxor verlassen: **Busse** nach Assuan oder ins nördliche Niltal fahren in der Sharia Television, ca. 100 m vom Hotel Santa Maria entfernt, ab. Dort ist der eigentliche Busbahnhof, in dem auch Reservierungen (allerdings nur für denselben Tag) gebucht werden können. Ein zweiter möglicher Halte- bzw. Abfahrpunkt liegt in der Sharia Abou Goud (die Straße, die am Museum von der Corniche abzweigt), Ecke Sharia Mabad. Hier fahren auch die **Sammeltaxis** ab.

Minibusse verkehren ebenso zwischen Luxor und Assuan. - Busverbindung zum Flughafen ab Winter Palace Hotel. Vorsicht: An den Bushaltestellen versuchen Schlepper, den Wartenden Sammeltaxis zum mehrfach überhöhten Preis anzudrehen!

Wegen der Terroristengefahr dürfen Busse und Taxis derzeit nur im Konvoi und nur zu bestimmten Zeiten (zwei- bis dreimal am Tag, Abfahrtszeiten ändern sich häufig) aus Luxor herausfahren. Erkundigen Sie sich also entsprechend frühzeitig, wann und ob überhaupt ein Bus in die gewünschte Richtung aufbricht. Dies gilt sowohl für die nördliche Richtung (also praktisch nach Hurghada und weiter, da das mittlere Niltal derzeit für Ausländer tabu ist) als auch nach Assuan.

Droschken und Fähren

Die Fortbewegung zwischen den einzelnen Stätten ist für den Individualisten verhältnismäßig unproblematisch. Von Luxor nach Karnak können Sie mit der **Pferdekutsche** - Kalesche - reisen, die für LE 4 bis 8 pro Fahrt zu haben ist. Luxor-Karnak-Luxor mit zwei Stunden Wartezeit sollte für LE 10 zu haben sein. Nehmen Sie nur Kaleschen mit gesunden Pferden und versuchen Sie den Kutschern mit geschundenen Tieren klarzumachen, warum Sie dort nicht einsteigen; nicht mehr als 4 Personen pro Kutsche! Man kann auch wandern oder ein Sammeltaxi vom Bahnhof aus zu 25 Pt, bzw. einen Minibus vom Bahnhof über Sharia Television oder vom Club Med aus zum Karnak-Tempel zu 25 Pt nehmen. Taxis kosten innerhalb von Luxor oder Theben-West ca. LE 5 pro Fahrt.

Für die **Nilüberquerung** können Sie zwischen Feluken, kleinen Motorbooten oder Motorfähren wählen. Eine Feluke heuert man ebenso wie Motorboote auf Zuruf an; Motorboote haben den Vorteil, auch nachts den Nil zu überqueren, falls es gelingt, den Kapitän zu wecken. Sie liegen in der Nähe der großen Fähranleger.

Die sogenannten **Touristenfähren** (LE 2) starten in der Höhe des Winter Palace Hotels bzw. des Mercure Etap Hotels und kommen auf der anderen Seite am Tikkethäuschen an, wo man die Eintrittskarten für die Monumente löst. Die sog. **Volksfähre** (LE 1 für Ausländer, LE 0,20 pro Fahrrad; 24-Stunden-Dienst, Abfahrt alle halbe Stunde oder öfter) legt gegenüber dem Eingang des Luxor-Tempels ab und ein Stück südlich der Touristenanlegestelle an; Sie müssen also erst einen Umweg zum Kartenverkäufer machen, bevor Sie sich den Monumenten zuwenden können. Studenten allerdings können von hier aus mit dem Sammeltaxi (stehen rechts unter Sonnendach, nach *Qurna bzw. Memnon* fragen) zum Inspektorat fahren (15 Pt) und dort die Eintrittskarten kaufen. Gegen zusätzliches Bakschisch werden manchmal auch normale Karten hier verkauft.

Autofahrer werden im eigenen Wagen fahren wollen, die **Autofähre** legt gleich nördlich des Novotel Hotels ab, dort, wo von links die Sharia Salah el Din in die Corniche einmündet. Sie kostet LE 2,50 pro Wagen und LE 1 pP. Wenn - meist ab Mitte Dezember bis zum Februar - der Wasserstand des Nils zur Kanalreinigung abgesenkt wird, kann die Fähre eventuell nicht mehr fahren. Etwa 10 km südlich von Luxor ist eine Nilbrücke im Bau, die nach Fertigstellung (voraussichtlich Anfang 1997) eine Alternative bieten wird.

Fortbewegen in Theben-West

In Theben-West stehen Ihnen beachtliche Entfernungen zwischen den einzelnen Sehenswürdigkeiten bevor. Neben dem für Trainierte möglichen **Wandern** (z.B. per Sammeltaxi zunächst bis Inspektorat) bieten sich als Fortbewegungsmittel an: Fahrrad, Esel oder Taxi. Natürlich können Sie auch ein komplettes Besichtigungsprogramm bei einem örtlichen Reisebüro buchen (siehe weiter unten).

Leute mit gesunden Füßen können durchaus den folgenden Rundmarsch antreten: Ein Taxi zu den Königsgräbern nehmen, von dort zu Fuß über den Berg nach Der El Bahri, weiter zu den Gräbern der Noblen, dem Ramesseum und - so-

7. Luxor, Karnak und Theben-West

weit die Füße noch tragen - zu den übrigen Taltempeln gehen. Wenn man nicht mehr weiterkommt, hält man auf der Asphaltstraße ein Sammeltaxi an (was ganz sicher am Inspektorat möglich ist).

Sehr beschaulich ist der Ritt auf dem **Esel**, sofern man einen unaufdringlichen Treiber erwischt und einem die Tiere vor allem im Sommer nicht zu leid tun. Wenn Sie per Esel ins Tal der Könige reisen wollen, dann ist der Aufstieg von Der el Medina aus sinnvoller; denn von dort geht es etwas weniger steil den Berg hinauf als von Der El Bahri, der Ritt entlang des Felsabbruchs nach Der El Bahri wird Sie mit imposantem Ausblick wirklich überraschen.

Sollten Sie sich statt dessen zum Aufstieg von Der El Bahri aus überreden lassen, ist es überlegenswert, die Esel dort stehen zu lassen und den Weg zu Fuß über den Berg zu machen (ca 40 Minuten). Andernfalls aufpassen, der Aufstieg Richtung Königsgräber findet auf einem relativ engen, sehr steilen Pfad statt, die Esel rutschen leicht aus. Eine Leserin berichtet von einer abgeworfenen Reiterin, die den Hang hinunter rollte und sich einen Arm brach. Der östliche Pfad ist sicherer als der näher zum Tempel liegende.

An der Anlegestelle in Theben-West werden Sie von Esel-Treibern "überfallen". Ein Esel sollte um LE 15 bis 20 pro Tag kosten (ebenfalls der Esel des Treibers, der mitzubezahlen ist), weiterhin erwartet der Treiber ein Bakschisch für die "Führung", d.h. eine Art Tageslohn um LE 6, man muß also etwa LE 20 für den Treiber und seinen Esel rechnen, dazu kommen die Kosten für das eigene Grautier. Einige Esel-Treiber werden unterwegs immer wieder versuchen, den Preis in die Höhe zu treiben. Bleiben Sie standfest und lassen Sie sich vom einmal ausgehandelten Betrag nicht abbringen. Nehmen Sie Sättel ohne Steigbügel, es sei denn, Sie können die Füße dort einhängen; andernfalls scheuern Ihnen die Bügel die Beine wund. Obwohl einige Hotels oder Organisatoren Eseltouren anbieten, sollten Sie bis Theben-West warten, dort kann man wesentlich preiswerter "buchen".

Aus einer Leserempfehlung: Ein junger Deutscher namens Enric (abends im Hotel Venus) organisiert Eseltouren und führt sehr umsichtig selbst.

Unabhängiger werden Sie mit dem **Fahrrad** sein. Allerdings sollten Untrainierte die Entfernungen besonders zum Tal der Könige nicht unterschätzen (ca 45 Minuten) und die Mittagshitze vermeiden. Fahrräder können Sie in Luxor an vielen Stellen mieten, Kosten um LE 3,50 bis 6 pro Tag (Qualität des Rades, besonders der Bereifung und Bremsen sehr kritisch prüfen; es wurden sehr unangenehme Erfahrungen gemacht). Auch in Theben-West werden Fahrräder nicht allzu weit vom Volksfähren-Anleger angeboten. Allerdings macht es mehr Sinn, sich bereits in Luxor (mehr Auswahl) umzusehen und dann dort gleich zur Fähre zu radeln. Mieten Sie das Rad am Abend zuvor, dann ist die Auswahl größer.

Achtung: Es kommt vor, daß z.B. im Tal der Könige oder bei zu wenig Bakschisch bei den Noblen-Gräbern Ventile aus den Fahrrädern gedreht und Luftpumpen gestohlen werden - dann ist eine teure Taxi-Heimfahrt fällig. Stellen Sie Fahrräder möglichst in Sichtweite von Ticketkontrollhäuschen ab und versprechen Sie dem Mann ein Bakshisch nach der Rückkehr.

Motorräder verleiht übrigens das Everest-Hotel (Seitenstraße der Sharia Television), leichtere zu LE 35, größere zu LE 50 pro Tag, ebenfalls die Pension Princess bzw. das Hotel Hatschepsut. Prüfen Sie die Bremsen und das Starten, bevor Sie handelseinig werden.

Ein Tip: Auch als Auto-, Rad- oder Motorradfahrer sollten Sie sich überlegen, den Weg ins Tal der Könige zu Fuß über den Berg oberhalb von Der El Bahri zurückzulegen, er ist sehr viel eindrucksvoller und einstimmender als die nüchterne Asphaltstraße. Wenn Sie noch mehr für die Einstimmung tun wollen: Klettern Sie zumindest zur Kante des Steilabfalls hinauf (vom Tal der Könige aus nicht ganz so anstrengend und die Überraschung beim Blick aufs Fruchtland um so größer) und erleben Sie, bei klarer Sicht, den berauschenden Ausblick übers Niltal bis hinüber zur Arabischen Wüste.

Wenn Sie Frühaufsteher sind und sich eine ganz besondere Morgengabe gönnen wollen, so planen Sie Ihren Trip auf den Berg für den Sonnenaufgang: Vielleicht stimuliert der über dem Nil und dem Karnak-Tempel aufsteigende Sonnenball eine noch intensivere Einstimmung auf die pharaonische Philosophie, die doch soviel mit dem Weg der Sonne, zumal über den ewigen Tempeln von Theben, zu tun hatte.

Die Schönheit dieses Weges scheinen auch besonders penetrante Souvenirverkäufer sehr zu lieben: Selbst beim Sonnenaufgang stehen sie wartend bereit - auf Touristen, nicht auf die Sonne.

Falls Sie sich mit eigener Kraft fortbewegen, nehmen Sie genug Getränke und eventuell Essen mit nach Theben-West (teures Restaurant im Tal der Könige, manchmal Speisen ausverkauft).

Taxis liegen je nach Saison um LE 30 bis 50 für die Rundfahrt, offziell ist der Preis auf LE 35 festgelegt. Trips am Nachmittag sind billiger zu haben als vormittags (ca LE 20 - 25). Eine Einzelfahrt ins Tal der Könige kostet um LE 20 bis 30 von der Anlegestelle aus. Man sollte grundsätzlich in Theben-West auf Suche gehen, da dort die Taxis billiger sind.

Im **Tourist Office** hängt eine Liste mit Taxipreisen für Überlandfahrten aus, z.B. nach Hurghada. Viele Taxifahrer halten sich daran, die Feilscherei hat ein Ende.

Sie können auch eine der Sightseeing-Tours buchen, die von verschiedenen Hotels (z.B. Ibis) für ca. LE 30 (zusätzlich Eintritte) mit deutschsprachiger Führung im klimatisierten Bus angeboten werden; die von CHEOPS TRAVEL im Winter Palace Hotel vermittelte Theben-West-Tour mit deutschsprachigem Führer wird gelobt. Prüfen Sie die Preise, besonders bei der Tour, die vom Grand Hotel organisiert wird.

Besichtigungs-Programm

Ein mögliches **Besichtigungs-Programm** ist auf der übernächsten Seite aufgelistet. Die Zeiten sind so gewählt, daß zwischendurch Erholungspausen möglich sind. Sie können das Programm durchaus schneller abwickeln, Dinge auslassen oder es ausdehnen.

Vielleicht legen Sie Hauptaktivitäten auf die Zeit zwischen 12 bis 14 Uhr, weil dann die Gruppen die Mittagshitze im Hotel verbringen und Sie die Sehenswürdigkeiten fast allein für sich haben; oder auf den sehr frühen Morgen (die Stätten öffnen

7. Luxor, Karnak und Theben-West

bereits um 6 Uhr), am späteren Nachmittag ist es vor allem in Theben-West ruhiger. Ein imposanter Schattenplatz auch während der Mittagszeit ist der Säulensaal von Karnak.

Eilige Individual-Besucher fassen die Besichtigung der Tempel von Karnak und Luxor an einem Tag zusammen (der Luxor-Tempel ist auch abends geöffnet), Ramesseum, Gräber der Noblen, Der El Bahri und Tal der Könige an einem weiteren, für Medinet Habu, Tal der Königinnen und Nekropolen-Arbeiter benötigt man im Eilschritt einen halben Tag.

Beim typischen Gruppenprogramm werden innerhalb von zwei Tagen der Besuch der Tempel von Karnak und Luxor, des Museums, der Light and Sound Show und in Theben-West das Tal der Könige, Der El Bahri, Gräber der Noblen, Ramesseum und Medinet Habu abgespult.

Beachten Sie, daß **Fotografieren und Filmen** mit Blitzlicht in Gräbern und Innenräumen von historischen Gebäuden wegen der Beschädigung der alten Farben verboten ist; Leser berichteten, daß ihnen der Film aus der Kamera genommen wurde. Offizielle Erlaubnis (für Fotos ohne Blitz) gibt es zu LE 5 pro Grab. Im Tal der Könige muß man Videokameras am Eingang abliefern.

Eintrittskarten

Eintrittskarten (Preise siehe nächste Seite) für die Sehenswürdigkeiten von Theben-West können Sie nur an der Anlegestelle der Touristenfähre kaufen, also nördlich vom Anleger der Volks- und Autofähre. Für die zahllosen Besucher gibt es nur ein Tickethäuschen, in dem - und nur in dem - Sie die Karten für die zu besuchenden Stätten erwerben dürfen. Die Verkäufer sind unfreundlich, am frühen Morgen herrscht großer Andrang. Überlegen Sie sich vor dem Anstehen genau, welche Stellen Sie besuchen wollen, der eigentliche Ticketkauf kann sich stressig gestalten; Kartenrückgabe oder -umtausch ist selbst dann nicht möglich, wenn Sie die anvisierte Stätte verschlossen fanden, weil z.B. der Wärter spurlos verschwand. Zeigen Sie später immer nur eine Karte vor; schlitzohrige Wärter reißen sonst gleich alle ab.

Verbilligte Eintrittskarten (Studenten) für Theben-West werden **nur** im Inspektorat an der Kreuzung westlich der Memnon-Kolosse verkauft (geöffnet ab 6 Uhr). Je nach Laune des Kassierers (die sich innerhalb weniger Stunden von ausgesuchter Hilfsbereitschaft in sture Ablehnung ändern kann) gibt es hier auch normale Eintrittskarten; d.h. man kauft **zwei** verbilligte Karten für eine Person.

Die Eintrittskarten für die Sehenswürdigkeiten in Luxor dagegen werden, intelligenterweise, jeweils am Ort des Geschehens verkauft.

Die Ägypter erhöhten 1990 und wiederum 1996 rigoros die Eintrittspreise aller historischen Stätten. Wenn auch seit 1996 diese Preise für viele Besucher an oder sogar über der Schmerzgrenze liegen, so sollte man Verständnis dafür aufbringen, sofern die zusätzlichen Einnahmen tatsächlich zur Erhaltung der einmaligen Kulturgüter verwendet werden. Denn durch den Massenansturm der Besucher wird in wenigen Jahren das zerfallen, was das Wüstenklima über Jahrtausende konserviert hat und was nur durch großen Aufwand erhalten werden kann. Betrachten Sie daher diese Gebühren als einen Beitrag zum Erhalt der historischen

Stätten für spätere Generationen. Vielleicht noch ein Argument: 1983, bei Erscheinen der ersten Auflage dieses Buches, zahlte man für die Besichtigung der Königsgräber zwar nur LE 5, doch diese kosteten wegen des wesentlich höheren Pfundkurses DM 16,50...

Noch eine wichtige Information: Das über viele Jahre hin mühselig restaurierte Grab der Nefertari - das mit den schönsten Wandmalereien von Theben geschmückt ist - soll seit seiner Wiedereröffnung nicht mehr als 150 Besucher pro Tag ertragen. Wohl nicht zuletzt deswegen wurde der Eintrittspreis auf LE 100 erhöht. Um eins der begehrten Tickets zu bekommen, muß man sich sehr früh am Inspektorat anstellen; bereits um 6 Uhr beginnen sich Schlangen zu bilden. Gegen 7 Uhr öffnen mißlaunige Beamte den Kassenschalter, dann beginnt das große Drängeln, bis bei Ticket Nr. 150 der Schalter geschlossen wird. Das Grab selbst ist von 8.30 bis maximal 16 Uhr geöffnet, dort heißt es dann wiederum warten. Die erlaubte Besuchszeit beträgt nur 10 Minuten, das Ticket ist nur am Tag des Ausstellungsdatums gültig - dennoch wird dieser Aufwand durch das Erlebnis, das Grab zu sehen, vielfach belohnt.

Besichtigungsprogramm, Öffnungszeiten und Eintrittspreise

Die folgenden Vorschläge sind für den Besucher gedacht, der sich gründlich umsehen möchte,

Luxor
- 1 Tag für den Tempel von Karnak (Sommer: 6-18.30; Winter: 6-17.30) und den Tempel von Luxor (6-22)
- 1 bis 2 Stunden im Museum (9-13; 16-22), auch abends möglich

Theben-West (Sommer: 6.30-18; Winter: 6.30-17)
- 1 (anstrengender) Tag per Esel/Fahrrad/Taxi nach Der El Bahri, Tal der Könige, Gräber der Noblen (Gräber in folgender Auswahl: Sennefer + Rechmere; Menena + Nacht; Ramose + Userhet + Khemet) und eventuell Ramesseum
- 1 Tag per Esel/Fahrrad/Taxi nach Medinet Habu, Tal der Königinnen, Dorf der Nekropolen-Arbeiter (man kann auf diesen Tag auch den Besuch des Ramesseum und eventuell noch des Tempels von Sethos I legen)
- 1 Abend Light and Sound im Karnak-Tempel (Mi, So 19.30, So 18.15 in deutsch)

Achtung: Während des Ramadan sind die Öffnungszeiten generell verkürzt.

Eintrittspreise (LE):

Tempel von Karnak	20
Karnak-Freilichtmuseum	10
Light and Sound	33
Tempel von Luxor	20
Luxor Museum	30
Tal der Könige (3 Gräber) *)	20
Tutanchamun-Grab LE 40 zusätzlich	
Tal der Königinnen	20
Nefertari	100
Der el Medina	12
Gräber der Noblen **)	12
Der El Bahri	12
Medinet Habu, Ramesseum	12
Sethos I, Der el Medina	12

Studenten zahlen die Hälfte, außer Nefertari- und Tutanchamun-Grab. **Foto-Tickets** werden auch am Tickethäuschen, allerdings von einem eigenen Verkäufer verkauft (z.B. LE 5 pro Grab).

7. Luxor, Karnak und Theben-West

Relaxen in Luxor

Wer in Ruhe ein Bier trinken will, kann dies im Restaurant im 6. Stock des Ramoza Hotels am Bahnhofsplatz mit interessanter Aussicht auf die Umgebung tun. Auch von der Dachterrasse des Hotel Emilio bietet sich ein schöner Rundblick. Nachts können Sie in den Hotels ETAP, Isis, Sheraton und Winter Palace **Bauchtänzerinnen** bewundern. Sehr viel ägyptischer geht es spät nachts im MANDARIA (Corniche, ca. 400 m vom Isis Hotel stadteinwärts) und im TUT-ANCH-AMUN zu (Theben-West, direkt am Westufer des Nils nahe der Fähre); Frauen können hier nur in männlicher Begleitung erscheinen. Fast alle großen Hotels verfügen inzwischen über **Discos**.

Ca. 70 m vom Bahnhof entfernt auf der Hauptstraße zum Luxor-Tempel gibt es links eine gute Bäckerei, um die Ecke vom New Karnak Restaurant die Konditorei Twinky mit den besten arabischen Süßigkeiten. Wein und Spirituosen verkauft Mitcho's Grocery, 41 Saad Zaghlul, Nähe Post, auch in der Sharia Souk gibt es einen Bier- und Weinhändler (etwa in der Hälfte auf der linken Seite).

Falls Sie einen **Badetag** einlegen wollen und nicht in einem der feudalen Hotels wohnen, können Sie in den folgenden Hotels den hauseigenen Pool benutzen: Winter Palace (LE 40 inkl. Essen und Getränk), Isis (LE 10), Luxor (LE 10, schöner Garten), Etap (schöner Pool, LE 42 inkl. Essen), Egotel (LE 20 inkl. Essen), Novotel (LE 15), Emilio Hotel (LE 10, Pool auf der Dachterrasse), Shady Hotel Sharia Television (LE 7), Windsor (LE 7) oder Wela (LE 5, kleines Becken). Ebenso bietet das etwas abseits am Nil gelegene Hotel Pharao, ca. 1 km nördlich des Karnak-Tempels (Sammeltaxi LE 0,50) Poolbenutzung zu LE 10 bis 15; auch für Sonnenuntergangsstimmung empfehlenswert. Im Club Med kann der Pool gegen LE 15 inklusive Getränkegutschein benutzt werden.

Einige Nilinseln dienen fleißigen Fellachen als Anbaufläche. Eine davon wird **Banana-Island** (südlich von Luxor gelegen) genannt, da sie mit Bananen bepflanzt ist. Die Bananenfarmer verlangen Eintritt bis zu LE 3,5 pP, dafür darf man drei bis vier Bananen im Souvenirshop essen. Man kann die etwa 4 km zu Fuß oder per Fahrrad zurücklegen; eine Felukenfahrt von Luxor aus kostet ca. LE 15 bis 20 pP, durchaus stimmungsvoll am späteren Nachmittag, Rückfahrt bei Sonnenuntergang. Allerdings ist das Ganze inzwischen stark kommerzialisiert, Feluken-Kapitäne wie auch Bananenbauern schauen nur noch nach dem schnellen Geld, legen Sie vorher eine Mindestaufenthaltszeit fest.

Die Insel ist per Damm mit dem Festland verbunden, eine Straße führt über sie hinweg zur danebenliegenden, noch echten Insel namens **Crocodile-Island**. Diese wurde vom Schweizer Mövenpick-Konzern in eine Hotelinsel verwandelt und von der Konzeption her als Erholungslandschaft angelegt - eine völlig andere, fast Schweizer Welt.

Wie immer man zu diesem "Ghetto" stehen mag, es bietet tatsächlich Gelegenheit zur Erholung bei stimmungsvollen Sonnenuntergängen (Baden im Pool nur für Hotelgäste). Zur Insel fährt man von Luxor aus so dicht am Nilufer nach Süden wie es die Bebauung zuläßt. Vorbei am Club Med und Isis-Hotel trifft man nach 4 km auf die Kreuzung, die rechts zum Crocodile-Island führt. Geradeaus mündet diese Straße nach 6 km in die Hauptverbindungsstraße nach Assuan. Der Hotelbus pendelt stündlich zwischen Winter Palace Hotel und der Insel.

Eine andere Art, Luxor zu betrachten, macht ein **Heißluftballon** möglich: Für US$ 200 pP können Sie in die Luft gehen, "es ist wahnsinnig schön, über die Tempel und Gräber zu schweben," schreibt eine Leserin. Es gibt zwei Anbieter namens *Hod Hod Soliman,* Tel 370116 und *Upper Egypt.* Zu buchen ist das Vergnügen über Reisebüros. Der Start erfolgt am frühen Morgen zwischen 4 und 5 Uhr, zuvor gibt es am Boden noch ein Frühstück. Der Flug dauert etwa 1 bis 1,5 Stunden. Nach der Landung wird man vom Bus des Unternehmens wieder eingesammelt und ins Mövenpick zum zweiten Frühstück kutschiert.

Alternativ sind auf dem Westufer schöne Spaziergänge möglich. Eine Leserin schreibt begeistert von der friedlichen Stimmung, die sie auf dem Weg entlang des Nilufers südlich der Anlegestelle erlebte. Sie traf auf freundliche, unaufdringliche Menschen, die ihrer Arbeit nachgingen.

Oder man hängt einen solchen Ausflug an eine Fahrrad-Besichtigungstour durch Theben-West und radelt z.B. von Medinet Habu ca. 100 m Richtung Nil bis zum ersten Kanal, an diesem entlang nach Süden. Unterwegs bieten sich interessante Einblicke in die Bewässerungstechnik und das ländliche Leben an, nicht zuletzt werden Sie Vögel beobachten können. Irgendwann biegt man auf einem der größeren Feldwege nach Osten ab, fährt bis zur Asphaltstraße und kehrt zurück.

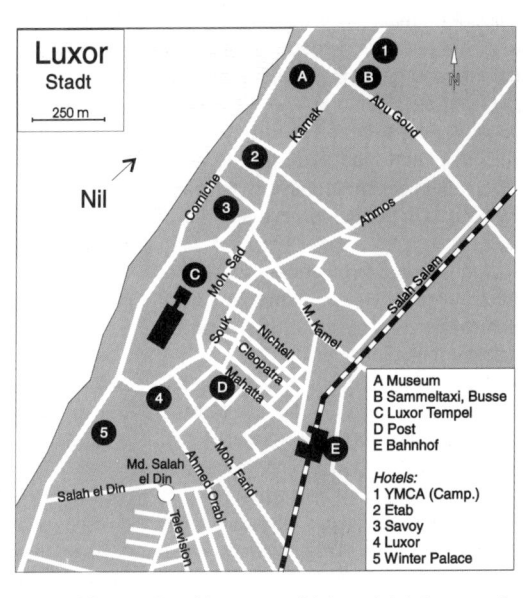

Kirchgänger finden eine katholische Kirche in der Sharia Maabad El-Karnak; es gibt auch eine evangelische Kirche, die etwa 300 m nördlich des Luxortempels neben der (schönen) koptischen St. Markus Kirche steht.

Restaurants

Luxor:
Zwar mag es nicht so viele Restaurants wie Hotels in Luxor geben, dennoch ist die Auswahl groß. Wirklich preiswerte Eßplätze findet man in der Bahnhofsgegend,

7. Luxor, Karnak und Theben-West

im Souk-Bereich und in der Sharia Television, die besseren liegen u.a. südlich in der Gegend des Isis Hotel. Teuer dagegen sind die Restaurants in den internationalen Hotels. In den preiswerten Häusern bekommt man das halbe Huhn für LE 5 - 10, in der Mittelklasse kostet es ca. LE 15 und in den teuren Häusern ab LE 25.

Wenn wir in der folgenden Restaurant-Auswahl keine Hausnummern angeben, dann daher, weil sie häufig den Besitzern selbst unbekannt sind...

- **ABOU HAGER,** Sharia Abdel el Moneim el Adasi, zwischen Bahnhof und Midan Salah el Din, vom Bahnhof kommend auf der linken Seite; sauber und freundlich, mittelmäßiges Essen, sehr preiswert
- **ALI BABA,** Dachterrassenrestaurant im Garten des Luxor Hotels, guter Blick, relativ sauber, kleine Portionen, freundliche Bedienung, preiswert
- **AL HOUDA,** Sharia Television, schräg gegenüber El Shady Hotel; orientalisch und europäisch, gut, sauber, sehr preiswert
- **ABU MESUHUD,** Sharia Mahatta, vom Bahnhof auf linker Seite, etwa Mitte; orientalisch, gut, preiswert
- **AMOUN,** Sharia Karnak, hinter Luxor Tempel, orientalische Küche, Pizza, sauber, sehr preiswert
- **CLASS,** Corniche südlich von Club Med vor dem Isis Hotel; Caféteria und Bistro, empfehlenswerte einheimische und internationale Küche, sauber, gehobene Kategorie
- **EL HATY,** Sharia Mahatta, vom Bahnhof aus auf rechter Seite neben Ramoza Hotel; gut, sauber, kleine Portionen
- **EGOTEL,** Hotelsrestaurant, sehr gutes Abendbuffet (mit Bauchtanz)
- **FISH WORLD RESTAURANT,** Adresse wie Abou Hager Restaurant, Nähe Bahnhof; klein, sauber, Fisch vom Nil und vom Roten Meer, Pizza, freundliche Bedienung, sehr preiswert
- **KING'S HEAD PUB,** Sharia Khaled Ebn el Walid (südliche Verlängerung der Corniche) vor dem Passport Office; das Pub ist bis 3 Uhr geöffnet, auch für alleinreisende Frauen zu empfehlen
- **KING'S HEAD RESTAURANT,** Sharia Television; ägyptische und indische Gerichte, relativ teuer
- **MARHABA,** Corniche, im kleinen Bazar; Dachterrasse mit schönem Blick, Essen durchschnittlich, gute Nachspeisen, mittlere Preise, Abrechnung checken
- **MENSA RESTAURANT,** Sharia el Mahatta; wenig Auswahl, relativ geschmackloses Essen, unfreundlicher Service
- **MINA PALACE HOTEL,** Corniche; Terrasse, gutes, preiswertes Essen, freundliche Bedienung, Stella Bier, empfehlenswert (auch gegenteilige Meinung)
- **MISH-MISH,** Sharia Television, schräg gegenüber Hotel Santa Maria; gut aber etwas teuer, Pizza, guter Karkade
- **NEW KARNAK RESTAURANT,** am Bahnhofsplatz; sehr preiswert, geringe Auswahl, verhältnismäßig kleine Portionen, vegetarisch, Traveller-Treffpunkt
- **RAMSIS,** Nähe Emilio Hotel; freundlich, im Erdgeschoß sauber, gut; im Obergeschoß angenehmere Atmosphäre
- **REZEIKY CAMP,** Nähe YMCA, Motel und Caravan Park, mit Swimmingpool; brauchbares Restaurant
- **SALT & BREAD,** am Bahnhof; sehr preiswert, gut, aber etwas wenig
- **SANTA MARIA,** Sharia Television; auf Dachterrasse, sehr angenehm, gut und reichhaltig, nicht billig, auch Stella-Bier

- **SUNRISE** Restaurant, kurz vor Isis Hotel, "bürgerlich" (viele Gäste vom Isis), sauber, nicht zu teuer
- **TWINKY'S** Café; ganz in Bahnhofsnähe in der Straße des Abou Hager Restaurant; ägyptische und internationale Kuchen, Tee und Kaffee sehr gut, relativ teuer, freundlich

Theben-West:
- **HOTEL PHARAOS,** an kleiner Straße von Medinet Habu; gutes Essen, schöne Terrasse
- **RAMESSEUM-Lokal;** vor der Bestellung Preise aushandeln
- **NO GALAK,** an der Straße zwischen Noblen-Gräbern und Abzweigung nach Der el Bahari. Restaurant auf einer Alabaster Factory mit schönem Blick über die Westbank.
- **TUT-ANCH-AMUN,** direkt am Westufer des Nils; nahe der Fähre, gutes ägyptisches Essen, sehr reichlich und sehr preiswert

7.2 Luxor Kennenlernen

Abgesehen von den historischen Plätzen bietet Luxor als Stadt nicht allzu viel, zumindest ist es stark vom Tourismus geprägt. Doch wirklich interessant ist der historische Bereich, in dem wir uns jetzt umschauen wollen.

Tempelanlage von Karnak

Im pharaonischen Ägypten hieß der Platz Auserwählte der Stätten, denn hier stand über zwei Jahrtausende das größte Heiligtum der Ägypter. Von einem ursprünglichen Tempel im MR wuchs die Anlage immer weiter, teils nach Osten, hauptsächlich jedoch in westlicher Richtung. Daher stehen die jüngsten Gebäudeteile an der dem Nil nächsten Stelle, dort, wo auch der Eingang ist. Dies zu wissen ist ein wichtiger Schlüssel für das Verständnis des verwirrenden Komplexes.

Seit 2100 vC war der Tempel des Amun-Re, des Königs der Götter, das bedeutendste Heiligtum Ägyptens, durch ihn wurde Theben zum religiösen und geistigen Mittelpunkt des Landes. Über mehr als zwei Jahrtausende haben fast alle ägyptischen Könige in Karnak gebaut, angebaut, umgebaut, haben Reliefs anbringen und Statuen aufstellen lassen. Die verwirrende Vielfalt der Tempel-Stadt von Karnak erschließt sich auch dem Fachmann heute noch nicht vollständig, da eine systematische Ausgrabung und Dokumentation des Tempels erst vor zwei Jahrzehnten begonnen wurde.

Karnak braucht Zeit; suchen Sie sich ruhige Stunden z.B. nach 12 Uhr aus, um einen Eindruck von der Atmosphäre dieses *Rom des alten Ägypten* gewinnen zu können. (Mit unserem Tonführer wird der Besuch des Tempels viel interessanter; siehe Seite 26 bzw. Anzeige am Buchende.)

Vier große Tempel-Komplexe bilden den Gesamtbereich der Tempel-Stadt des antiken Theben: der **Amun-Tempel,** direkt nördlich davon der (heute unzugängliche) Tempel des alten thebanischen Ortsgottes **Month,** südlich der Tempel von Amuns göttlicher Gemahlin **Mut,** und schließlich mehr als 2 km weiter im Süden der **Luxor-Tempel,** mit Karnak durch eine Sphingen-Allee verbunden, deren nördliches und südliches Ende ausgegraben ist.

7. Luxor, Karnak und Theben-West

Karnak-Tempel

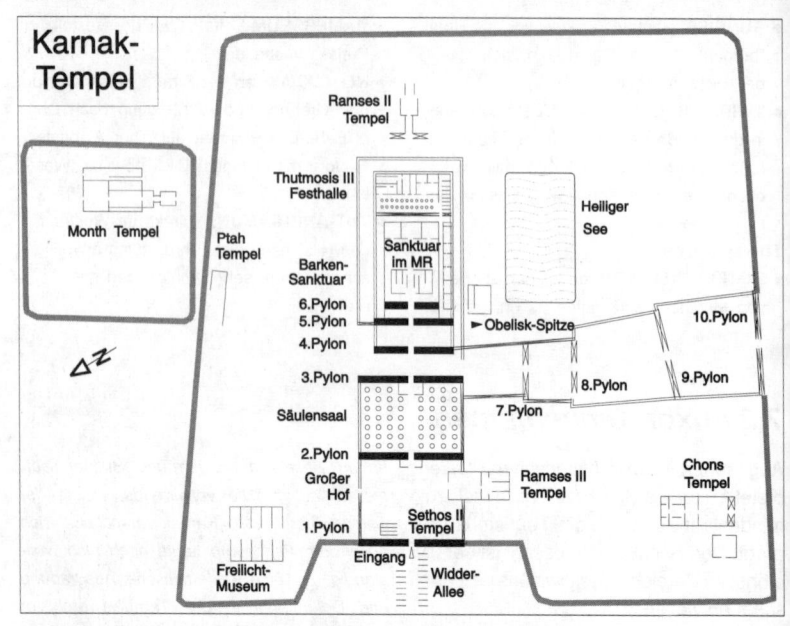

[Plan des Karnak-Tempels mit folgenden Beschriftungen: Ramses II Tempel, Thutmosis III Festhalle, Month Tempel, Ptah Tempel, Barken-Sanktuar, Sanktuar im MR, Heiliger See, 6. Pylon, 5. Pylon, 4. Pylon, Obelisk-Spitze, 10. Pylon, 3. Pylon, Säulensaal, 8. Pylon, 9. Pylon, 7. Pylon, 2. Pylon, Großer Hof, Ramses III Tempel, Chons Tempel, 1. Pylon, Sethos II Tempel, Eingang, Freilicht-Museum, Widder-Allee]

Der Amun-Tempel ist von einem (teils modern rekonstruierten) Lehmziegelwall umgeben, der einen heiligen Bezirk umschließt, in dem rings um den eigentlichen Tempel zahlreiche Nebentempel liegen: am Nordtor der Tempel des memphitischen Schöpfergottes Ptah, am Osttor der Obeliskentempel von Ramses II (von hier stammt der Lateran-Obelisk in Rom), im Südosten der Heilige See (östlich über den Ruinen von Priesterhäusern die Tribünen für die Light and Sound Show), im Südwesten der Tempel des Gottes Chons, des Sohnes von Amun und Mut.

Der Tempel selbst entwickelt sich an zwei Achsen. Die West-Ost-Achse beginnt (beim modernen Zugang) bei einer Kultplattform (südlich war die antike Nil-Anlegestelle), von der eine Widder-Sphingen-Allee zum **Ersten Pylon** (unfertig, ptolemäisch) führt. In seinem Tordurchgang können Sie sich anhand informativer Übersichtspläne gut orientieren. Dahinter folgt der **Erste Hof**; links steht ein kleines dreiteiliges Heiligtum des Sethos II für Amun, Mut, Chons; rechts Reste einer antiken Baurampe. Rechts vor dem Zweiten Pylon erhebt sich der **Tempel Ramses III**,, dessen Hofmitte der **Taharqa-Säulengang** einnimmt. Vor dem Zweiten Pylon ist noch eine von ehemals zwei Kolossalstatuen von Ramses II erhalten.

Am Ende des Ersten Hofes weist links ein Schild zum **Open-Air-Museum,** dessen Besuch sehr empfohlen werden kann: Hier sind die *Weiße Kapelle* des Sesostris I (um 1970 vC, einer der Ursprünge von Karnak) und weiterhin - aus schö-

Relief in der Roten Kapelle im Freilichtmuseum des Karnak Tempels

7. Luxor, Karnak und Theben-West

nen Quarzit-Relief-Blöcken - die *Rote Kapelle* der Königin Hatschepsut wieder zusammengesetzt worden. Zum anderen wird dieser Platz relativ wenig von Touristen besucht, unter schattigen Bäumen kann man sich ausruhen. Auf dem Weiterweg sollten Sie an der Außenwand des Ersten Hofes und des Säulensaals die detailreichen Schlachtenreliefs von Sethos I (um 1300 vC) anschauen.

Oder Sie lassen das Freilichtmuseum aus und gehen direkt im Verlauf der Tempelachse vom Ersten Hof durch den **Zweiten Pylon** (Haremhab, um 1300 vC) in den **Säulensaal** mit 134 Papyrus-Säulen; ein in seinen Dimensionen überwältigender Raum, der - letztlich nicht erfaßbar - sich nur beim Herumgehen als ein Stein gewordener Heiliger Hain etwas erschließt. Auf den Wänden und Säulen haben sich Sethos I und Ramses II mit Reliefs religiösen Inhalts verewigt. An der Ostseite der nördlichen Außenwand zeigen aktionsgeladene Reliefs Libanesen beim Zedernabholzen und die Eroberung von Kanaan durch Sethos I.

Weiter in der Mittelachse durch den **Dritten Pylon** (Amenophis III, um 1360 vC), vorbei am **Obelisken** Thutmosis I und der Hatschepsut (23 m hoch; oberer Teil des südlichen Pendants liegt beim Heiligen See) durch das unübersichtliche Gebiet des **Vierten bis Sechsten Pylons** bis zum **Granit-Sanktuar** (um 320 vC als Erneuerung eines Sanktuars Thutmosis III errichtet), in dem die Prozessionsbarke des Amun-Re aufbewahrt wurde. Auf der südlichen Außenwand sind sehr schöne Reliefs der Prozession zu sehen.

Dahinter der weite leere **Hof des Mittleren Reiches** mit wenigen Spuren (Türschwellen aus Granit, Kapellensockel aus Kalzit-Alabaster), des ältesten Tempels (um 2000 vC). Östlich schließt sich die querliegende Festhalle Thutmosis III an, hinter der das Allerheiligste lag.

Östlich davon ist der sogenannte **botanische Garten** einen Blick wert: Vier gut erhaltene Papyrusbündelsäulen trugen die Decke, an den Wänden ließ Thutmosis III die Pflanzen und Tiere darstellen, die er aus Syrien mitbrachte. Stellenweise könnte man meinen, ein Biologie-Lehrbuch vor sich zu haben, so penibel genau sind die Darstellungen.

Jetzt sollten Sie über die Tempelmauer nach Osten gehen und rechts zum **Heiligen See** (Caféteria) mit Blick auf die Nord-Süd-Achse des Tempels abbiegen. Sie beginnt am Säulensaal und verläuft vom Siebten bis zum Zehnten Pylon (derzeit gesperrtes Areal) nach Süden, hinaus zum Mut-Tempel.

Der **Neunte Pylon** ist z. Zt. demontiert, da sein Kernmaterial aus Zehntausenden von Reliefblöcken Amenophis IV (Echnaton) bestand, die hier nach Ende der Amarna-Zeit als Baumaterial wiederverwendet wurden. Heute sind sie alle katalogisiert. Im Luxor-Museum ist eine Tempelwand aus diesen Fragmenten zusammengesetzt.

Der westlich der Nord-Süd-Achse liegende **Chons-Tempel** ist eine klar überschaubare klassische Tempelanlage mit Sphingen-Allee, Pylon, Hof, Säulensaal, Sanktuar. Hier bietet sich ein schöner Blick zurück zum Amun-Tempel.

Von der Nordseite des Großen Säulensaales führt ein Pfad an die nördliche Umwallung zum kleinen, aber eindrucksvollen **Ptah-Tempel**. Im Sanktuar sind eine (kopflose) Ptah-Statue und nebenan die der Ptah-Gemahlin Sechmet aufgestellt.

Luxor-Tempel

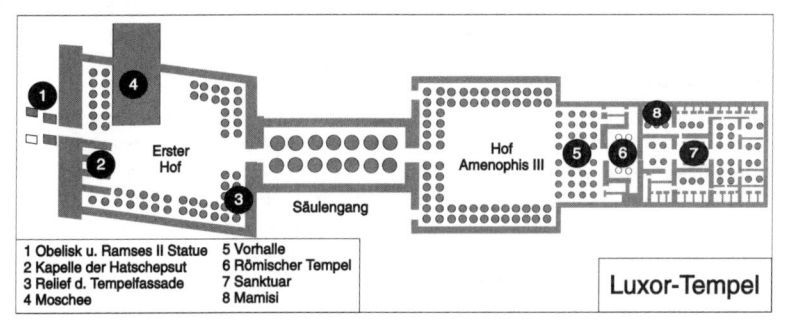

Legende:
1 Obelisk u. Ramses II Statue
2 Kapelle der Hatschepsut
3 Relief d. Tempelfassade
4 Moschee
5 Vorhalle
6 Römischer Tempel
7 Sanktuar
8 Mamisi

Bei geschlossener Tür fällt nur ein Lichtstrahl durch eine Öffnung oberhalb der Götterfigur - ein Beleuchtungstrick, der die Statue geheimnisvoll ins Halbdunkel taucht. Dieses Arrangement entspricht aber nicht den antiken Verhältnissen, da die Edelmetall-Kultstatuen der Tempel-Sanktuare in Schreinen aufbewahrt wurden.

Als Abschluß des Besuchs faßt die **Light and Sound Show** noch einmal die Eindrücke in buchstäblich anderem Licht zusammen, ein Besuch ist eindrucks- und stimmungsvoll. Man wandert (allerdings von Wärtern häufig mit "gemma-gemma, zack-zack" angetrieben) etwa 45 Minuten und sitzt dann ähnlich lange auf den Tribünen; nehmen Sie etwas Trinkbares und im Winter eine **warme Jacke** mit.

Luxor-Tempel

Der im Herzen der Stadt gelegene **Luxor Tempel, in dessen Flanke eine Moschee wie ein Parasit hineinragt, bildet einerseits eine interessante historische Symbiose, andererseits scheint er ein Teil des täglichen Lebens von Luxor zu sein. Die beste Besuchszeit ist der frühe Morgen, für den Nicht-Fotografen mag sogar der Abend stimmungsvoller sein, wenn die Beleuchtung Details noch besser zum Vorschein bringt.

Als südlicher Teil der Tempelstadt Theben-West ist der Luxor-Tempel mit Karnak durch eine über 2 km lange **Sphingen-Allee** verbunden, deren südlichstes Ende freiliegt und einen prachtvollen Zugang zum Tempel bildet. Der Tempel hieß altägyptisch *Südlicher Harem,* er war der Ort der heiligen Hochzeit des Amun-Re.

Der **Pylon** stammt von Ramses II (Reliefbilder der Kadesh-Schlacht auf der Pylonfront, gut sichtbar ganz früh am Morgen oder bei abendlichem Kunstlicht); vor dem Pylon stehen kolossale Sitz- und Standfiguren Ramses II sowie ein Obelisk, dessen Bruder heute auf der Place de la Concorde in Paris (Geschenk Mohammed Alis an Frankreich) der ihm nicht gerade angemessenen Witterung ausgesetzt ist.

Hinter dem Pylon folgt der **Erste Hof** (Ramses II), dessen Nordost-Ecke von der Moschee des Ortsheiligen Abul el Haggag belegt ist. Rechts steht eine **Kapelle der Hatschepsut**. Rings um den Hof ragen Kolossalstatuen Amenophis III und Ramses II auf. Rechts vom Durchgang zur Kolonnade sollten Sie das **Re-

7. Luxor, Karnak und Theben-West

liefbild der antiken **Tempelfassade** anschauen, auf dem viele Details wie z.B. die Tempelbeflaggung zu erkennen sind. Die anschließende **Kolonnade** wurde von Amenophis III erbaut. Die Wandreliefs sind unter Tutanchamun entstanden; sie erzählen in sehr lebhaften Bildern vom *Opet-Fest*, bei dem Amun, Mut und Chons in prachtvoller Prozession von Karnak nach Luxor ziehen (Hinweg auf der Westwand, Rückweg auf der Ostwand). Der **Säulenhof** Amenophis III, eine der ausgewogensten Architekturschöpfungen, leitet über zum **Säulensaal** mit 25 Papyrussäulen. Die daran anschließende **Vorhalle** wurde von den Römern zu einem römischen Heiligtum umgebaut.

Von hier führt der Weg durch einen Raum mit vier Säulen, den **Opfertischsaal**, zum **Sanktuarium**. Östlich davon liegt das **Mamisi**, dessen Reliefs den Mythos der Geburt Amenophis III darstellen. An seiner Außenwand sind Graffiti des Amun-Re als Fruchtbarkeitsgott mit erigiertem Phallus zu sehen. Rings um den Tempel liegen Baureste aus der Römerzeit, als der Luxor-Tempel zu einer römischen Festung umgebaut worden war.

Etwa gegenüber dem Eingang gibt es saubere Toilettenanlagen, daneben einen Ausgang, der zum Stadtzentrum führt.

Das Minarett der in den Luxor-Tempel hineingebauten Abu el Haggag Moschee läßt sich (manchmal) gegen LE 5 Moschee-Spende und zusätzliches Bakschisch besteigen, was sich wegen des einmaligen Rundblicks lohnt. Falls dies nicht möglich ist, so kann man gegen ein ebenfalls gutes Bakschisch auch auf das (höhere) Minarett der gegenüberliegenden Moschee klettern und einen noch besseren Rundblick genießen.

Im Januar 1989 wurden bei Renovierungsarbeiten im Säulenhof des Amenophis III zufällig Statuen aus Hartgestein etwa 3 m tief im Boden entdeckt, u.a. von Amenophis III, Haremhab, der Göttin Hathor und eine vermutlich den Gott Atum darstellende Figur. Alle sind hervorragend erhalten und meisterhaft gearbeitet. Fachleute glauben, daß dies nur ein Teil möglicher weiterer Entdeckungen in dem Säulenhof ist und bezeichnen den Fund als den wichtigsten seit Jahrzehnten. Zumindest stellte sich heraus, daß die Erde von Theben noch für manche Überraschungen gut sein kann. Diese Funde sind im Luxor Museum ausgestellt, siehe unten.

Museum von Luxor

Das erst 1976 eröffnete Museum unterscheidet sich wohltuend vom Ägyptischen Museum in Kairo: relativ wenige, aber gute Stücke in mustergültigem Display. Der Besuch lohnt sich ganz sicher, zumal die meisten Exponate aus der unmittelbaren Umgebung stammen und die Eindrücke der Besichtigungen vertiefen. Gerade die Beschränkung auf wenige, aber durchwegs exzellente Stücke macht den Besuch zu einem Genuß. Ein besonderer Leckerbissen ist die Ausstellung der neuesten Funde (siehe oben), von denen 16 Statuen im eigens gebauten "Tiefparterre" rechts nach dem Eingang zu bewundern sind.

Bazar, Tiermarkt

Das heutige Luxor ist erst in jüngster Zeit von einem Dorf zu einer ansehnlichen Kleinstadt gewachsen. Stimmungsvolle

Bazare wie im Islamischen Kairo gibt es nicht. Ein Souk-Bummel führt durch Anhäufungen von Kitsch und Allerweltsstükken, die Chancen für Ungewöhnliches sind recht gering. Trotzdem kann ein Spaziergang durch die Sharia El Souk, die parallel zur Sharia Karnak, der Straße hinter dem Luxor-Tempel, verläuft, zumindest eine sehr lebendige Abwechslung zum Besichtigungs-Pflichtprogramm sein. Weitere Souvenir-Shops finden Sie u.a. links neben dem Winter Palace Hotel, hinter dem Luxor-Tempel und in den Seitenstraßen, die von der Corniche in den Stadtzentrumsbereich abzweigen.

Jeweils dienstags findet von etwa 6 bis 11 Uhr ein **Kamel- und Tiermarkt** statt, der in der Nähe der Flughafenstraße außerhalb der Stadt im Fruchtland abgehalten wird. Bei der Veranstaltung (Eintritt LE 2,50) sind manchmal alle möglichen Tierarten, von Kamelen bis Schlangen, auf engstem Raum vertreten. Doch gibt es auch Tage, an denen nur zwei einsame Kamele traurig in die Runde schauen. Taxifahrer verlangen Phantasiepreise, LE 5 sollten jedoch reichen. Allerdings braucht man wegen der ständigen Anmache vielleicht noch stärkere Nerven für den Besuch des Marktes als für Luxor selbst.

Anfahrt: Von der Stadt aus Richtung Flughafen fahren, bis man auf die Niltalstraße nach Assuan kommt, rechts ab, ca. 2 km bis zu einer Kanalbrücke, dort links abbiegen, nach 2 bis 3 km ist der Markt erreicht.

Ebenfalls dienstags ist **Markttag in Qurna** in Theben-West, und zwar dort, wo von der nilparallelen Straße die Sackstraße ins Tal der Könige abzweigt. Dieser Markt ist rein lokal, ohne Kamele, Esel und (kaum) Touristen. Wegen seiner Ursprünglichkeit und der Tatsache, daß Fremde hier nichts Ungewöhnliches sind, sollte man diesen Platz bevorzugen. Die Leute sind sehr freundlich, sie lassen sich in ihren Marktgeschäften von den Touristen kaum stören.

"Bergsteigen"

Auf der Westseite gibt es zwei recht hohe "Berge", deren Besteigen eine schweißtreibende Angelegenheit ist. Der eine, das sog. *Horn von Qurna,* wird von Der El Bahri aus in Angriff genommen. Man folgt dem Pfad, der zum Tal der Könige führt, hält sich unterwegs an die nicht zu verfehlenden Abzweigungen, die auf den Gipfel führen (auch als "Erholung" nach dem Besuch des Königstals empfohlen, Aufstieg von dort etwa 30 Minuten). Belohnt wird man mit einem noch besseren Ausblick als von den Hügeln direkt über Der El Bahri, vor allem dann auch nach Westen in die Wüste hinein; hier können Sie auch wunderschöne Wüsten-Sonnenuntergänge erleben.

Die zweite Wanderung könnte auf den *Thot-Berg* führen, der etwas höher ist und nördlich der Straße zum Tal der Könige liegt. Dieser Berg ist ein sehr altes Heiligtum, das dem Gott Month-Re geweiht

---

Schreiben Sie uns bitte, wenn Sie Änderungen gegenüber den Angaben in diesem Buch feststellen.

7. Luxor, Karnak und Theben-West

war. Dort steht der einzige, in Ägypten auf einem Berg gebaute Tempel; er stammt aus der 11. Dynastie. Man biegt per Auto oder Taxi etwa 200 m nach der letzten Kreuzung rechts ab auf eine Piste und fährt ca. 2 km bis zu einer Stelle, an der links ein neuerer Steinbruch liegt und rechts die Hügelflanken so steil sind, daß man nicht mehr hinaufklettern kann, dann geht es zu Fuß weiter. Der Ausflug nimmt etwa zwei bis drei Stunden in Anspruch. Allerdings Vorsicht: Seit Herbst 1995 gräbt dort ein ungarisches Team, leider ist seither das gesamte Gebiet zur strikten Sperrzone erklärt worden. Derzeit werden Zufallsbesucher fast wie Verbrecher behandelt und zunächst zeitraubend von der Antikenverwaltung, dann von der Touristenpolizei verhört.

7.3 Theben-West kennenlernen

Die Straße zu den pharaonischen Sehenswürdigkeiten führt an einem jungen historischen Denkmal vorbei: **Neu-Qurna,** eine von dem bekannten ägyptischen Architekten Hassan Fathy konzipierte Lehmhaus-Siedlung. Fathy hatte lange nach einer besseren, aber zugleich nicht teureren Baumethode als die übliche Ziegelbauweise für die Fellachen gesucht. Er entdeckte die Lehmbauweise wieder, die vor allem hervorragende klimatisierende Eigenschaften aufweist. Allerdings machten im holzarmen Ägypten Deckenbalken das Bauwerk wieder fast so teuer wie zuvor. Daher fand Fathy zum Gewölbebau aus Lehm zurück, der alle gewünschten Vorteile in sich vereinigte und den er durch geschickte Luftzirkulation zusätzlich kühlte.

Ende der 40er Jahre veranlaßte ein dreister Grabraub die Regierung, den Räubern das Handwerk zu legen und das buchstäblich auf "goldenem" Boden stehende Dorf Qurna zu räumen. Fathy bekam gegen viele Widerstände den Auftrag, ein neues Dorf im Fruchtland zu bauen. Die Gegner waren allerdings so stark, daß Fathy sein Konzept nur zum Teil realisieren konnte und es schließlich als gescheitert einstufte.

Doch es ist nicht ganz gescheitert, was ein kurzer Abstecher nach Neu-Qurna beweist. Zwar haben sich die Qurnawis erfolgreich gegen den Umzug gewehrt, von der Lehmarchitektur ist auch nicht allzu viel übriggeblieben. Aber von Fathys Ideen gingen so viele Impulse aus, daß im Niltal immer mehr Lehmhäuser entstehen - freilich meist als extravagante Wohngebilde für Betuchte.

Grabanlagen

Die Gräber der Könige, Königinnen, Noblen und Arbeiter liegen - jeweils erheblich voneinander entfernt - im Wüstenbereich unweit des Fruchtlandes.

Tal der Könige

Vergessen Sie nicht: Eintrittskarten gibt es nur an der Touristen-Anlegestelle am Nil bzw. beim Inspektorat, nicht an den Gräbern. Dies gilt für alle Plätze in Theben-West - ohne Eintrittskarten stehen Ihnen erhebliche Umwege bevor. Lediglich für das Tutanchamun-Grab können Sie am Ort ein Ticket kaufen. Wenn Sie noch

Tal der Könige

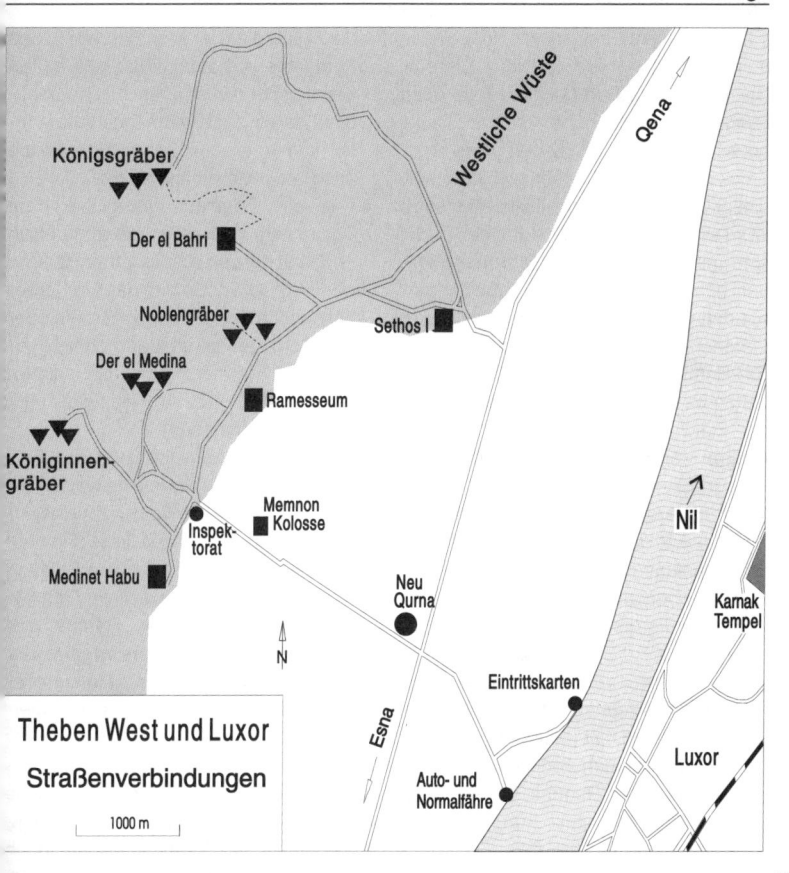

Karte: Theben West und Luxor – Straßenverbindungen (1000 m)

Beschriftungen auf der Karte: Königsgräber, Der el Bahri, Noblengräber, Der el Medina, Königinnengräber, Sethos I, Ramesseum, Memnon Kolosse, Inspektorat, Medinet Habu, Neu Qurna, Westliche Wüste, Qena, Nil, Karnak Tempel, Eintrittskarten, Esna, Auto- und Normalfähre, Luxor, N

---

relativ allein sein wollen, versuchen Sie, um 7 Uhr an der Verkaufsbude zu sein, denn ab 8 Uhr kommen die Gruppen.

Ein wichtiger Hinweis: Gehen Sie nicht aus lauter Neugierde in eins der vielen offenen Gräber. Dort unten ist die Luft heiß und stickig, Fledermäuse flattern um den Kopf, die akustische Verbindung zur Außenwelt bricht sehr bald ab - ein Leser berichtet von panischer Reaktion und davon, daß vor einigen Jahren eine Frau, die nicht mehr herausfand, verhungerte; ihre Leiche wurde erst 1989 gefunden. Sie sollten eine **Taschenlampe** einstecken, die besonders bei den Gräbern der Noblen von großem Nutzen sein wird.

Das vollkommen vegetationslose Wadi mit den Königsgräbern liegt etwas versteckt hinter einer Gebirgskette an der Fruchtland-Grenze (auf der die *Herrin des Westens, die das Schweigen liebt,* ihren Sitz hatte).

7. Luxor, Karnak und Theben-West

Den stärksten Eindruck von dem einsamen Wadi gewinnen Sie, wenn Sie von Der El Bahri zu Fuß oder per Esel über eben jenen Berg hinüberkommen. Doch auch die Straßenführung durch das enge Trockental vermag die Abgeschiedenheit dieser Totenwelt zu vermitteln. Allerdings ist es seit dem Massenansturm der Touristen mit der Einsamkeit nicht mehr weit her, häufig stauen sich lange Schlangen vor den Gräbern und in Zeitnot geratene Gruppenführer drängen Einzelreisende rücksichtslos zur Seite. Nutzen Sie die Mittagszeit, da ist das Gedränge deutlich geringer.

Einige Vorbemerkungen zu den Königsgräbern:

◆ Ohne Verständnis für die Mythologie und die Philosophie, die hinter diesen Grabanlagen stehen, sehen die Gräber aus wie bemalte Bergwerksstollen. Versuchen Sie dennoch, sich stimmungsmäßig in die hier dokumentierte Gedankenwelt versetzen zu lassen; zumindest eine geringe theortische Vorbereitung wird Ihnen dabei helfen. Zum vollen Erleben gehören auch Ruhe und Stille, doch der Rummel im Wadi läßt dies höchstens ganz früh oder spät nachmittags zu.

◆ Unter dem Massenansturm schwitzender Touristen verändern sich die klimatischen Bedingungen in den Kammern grundlegend. Es wird nicht mehr lange dauern, bis die eindrucksvollen Bilder zerstört sind. Denken Sie an diese spezielle Umweltbelastung und vermeiden Sie, die Reliefs durch Berühren oder andere Attacken - siehe nächsten Absatz - zusätzlich zu belasten.

◆ Achtung: Wie schon weiter oben erwähnt, herrscht in den Gräbern wegen der Anfälligkeit der alten Farben striktes Fotografierverbot mit Blitz; bitte halten Sie sich der Kunstwerke zuliebe unbedingt daran, auch wenn Ihnen die Wärter immer wieder gegen Bakschisch das Fotografieren anbieten.

◆ Das alte Rasthaus gegenüber dem Tutanchamun-Grab wurde abgerissen und statt dessen ein moderner Restaurantkomplex vor Beginn des Gräberbezirks errichtet (für Fußgänger, die über den Berg kamen, umständlicher zu erreichen). Am Platz des alten Rasthauses wurde eine Art Rastplatz mit Schattendach gebaut.

Die Gräber sind zum Teil tief in den Fels getrieben. In der 18. Dynastie weisen sie eine 90-Grad-Abwinkelung in ihrem Kammer- und Gangsystem auf, in der Ramessidenzeit verläuft der Weg vom Eingang bis zur Sargkammer geradlinig. Das System der verschiedenen Räume und Schächte ist als eine Wiedergabe der Vorstellung vom Jenseits zu interpretieren, das in der Zeit des NR in der Unterwelt liegt.

Die altägyptische Vorstellung von diesem Jenseits geben besonders auch die Dekorationen wieder, die königliche Jenseits-Texte des NR illustrieren: Das Buch Amduat schildert die Fahrt des meist widderköpfigen Sonnengottes in seiner Barke durch die zwölf Stunden der Nacht; der König möchte sich dieser Fahrt anschließen, um, gleich dem Sonnengott, am nächsten Morgen wieder aufzuerstehen. Weitere Jenseitsbücher sind das Pfortenbuch (Durchschreiten der von Dämonen bewachten Tore der Unterwelt) oder das Höhlenbuch, das die Strafen für die Verdammten im Jenseits schildert. Den Sargraum überwölbt meist eine astrono-

Gräber der Noblen, Beamten und Würdenträger

mische Decke mit Darstellung der Sternbilder.

Von den insgesamt 64 Gräbern sind nur etwa zehn so gut erhalten, daß eine Besichtigung lohnt. In chronologischer Reihenfolge handelt es sich um Grab Nr. 34, Thutmosis III, Nr. 35 Amenophis II, Nr. 62 Tutanchamun, Nr. 57 Haremhab, Nr. 16 Ramses I, Nr. 17 Sethos I, Nr. 8 Merenptah, Nr. 11 Ramses III, Nr. 9 Ramses VI und Nr. 6 Ramses IX. Zur Besichtigung sind meistens nicht alle Gräber freigegeben.

Zu den interessantesten Gräbern zählen:

- Nr. 9, Ramses VI, farblich sehr gut erhaltene und schöne Reliefs
- Nr. 17, Sethos; eines der größten und am prächtigsten ausgemalten Königsgräber (leider derzeit geschlossen)
- Nr. 34, Thutmosis III; Amduat-Illustrationen, skizzenhaft wie auf einem Papyrus
- Nr. 35, Amenophis II; ähnlich wie Nr. 34 dekoriert
- Nr. 57, Haremhab; Pfortenbuch, der unfertige Zustand des Grabes läßt interessante Beobachtungen zur Technik der Reliefzeichnungen (Vorzeichnungen) zu
- Nr. 62, Tutanchamun; ungewöhnlicher Grundriß für ein Königsgrab und sehr klein; wohl ursprünglich für einen Privatmann begonnen, vermutlich aus Zeitgründen für den Kindkönig übernommen

Gräber der Noblen, Beamten und Würdenträger

In Theben-West gibt es über 400 dekorierte Gräber von Privatleuten, d.h. von Angehörigen der Oberschicht. Sie sind hochinteressant wegen der Darstellungen aus dem täglichen Leben, die oft in direktem Bezug zur Person des Grabinhabers, zu seinem Beruf bzw. seinen Ämtern stehen.

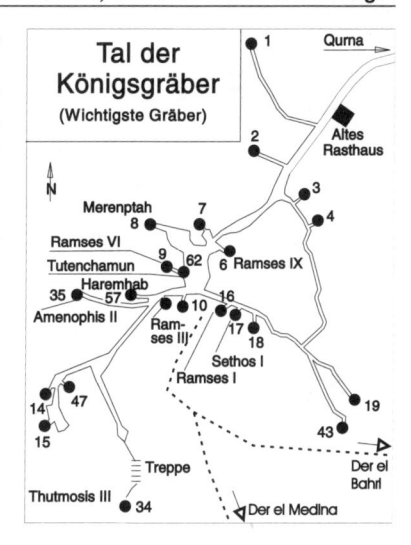

Schauen Sie sich diese Dokumentation des pharaonischen Alltags an und lassen Sie sich aus längst verflossenen Jahrtausenden erzählen. Der aufmerksame Beobachter findet deutliche Parallelen zu abendländischen Lehren. Wenn der Verstorbene laut Totenbuch den Totenrichter beschwört: "Ich habe kein fremdes Eigentum beschädigt, niemanden verleugnet, keinen Schmerz zugefügt, niemanden hungern lassen, keine Tränen verursacht. Ich habe niemanden getötet und auch nicht zu töten befohlen...", dann ist der Weg zu den biblischen zehn Geboten nicht weit und man stellt betroffen fest, daß die grundsätzlichen Probleme der Menschheit vor 4000 Jahren schon allzu bekannt waren, die Lösung aber heute ebenso weit entfernt ist wie damals.

7. Luxor, Karnak und Theben-West

Gräber der Nobeln

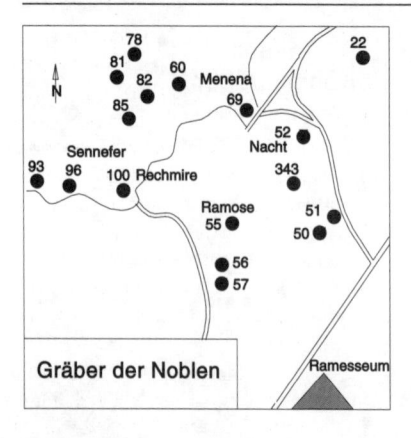

Die Gräber bestehen im Prinzip aus Vorhof, Quer- und Längshalle, der bei den größeren Anlagen ein Pfeilersaal vorgeschaltet sein kann. Von diesen Räumen gingen die Schächte hinunter zu den unterirdischen Grabkammern, in denen die Särge und die Grabausstattung abgestellt wurden. Während dieser Teil der Grabanlage verschlossen wurde, blieben die dekorierten Räume weiterhin für die Totengedenkfeiern zugänglich.

Für den Besucher stellt sich das Problem der Auswahl und der Orientierung. Vereinzelte Schilder weisen zwar in Richtung einiger Grabstätten, die aber dennoch schwer zu finden sind. Die Gräber liegen (von Nord nach Süd) in Dra Abou el Naga, im Asaif, El Cocha, Sheikh Abd el Qurna und Gurnet Murai, wobei die meisten der zur Besichtigung freigegebenen Gräber in Qurna zu finden sind. Diese Nekropole zieht sich um das gleichnamige Dorf - westlich des Ramesseums - den Hang hinauf.

Falls möglich (auch hier können Gräber vorübergehend geschlossen sein) sollten Sie - je nach aktuellem Öffnungsstand - eine Auswahl der folgenden Gräber besuchen:

- Nr. 52, Nacht; Darstellungen aus dem bäuerlichen Leben, Musikantinnen (zum Schutz wurden die Wände glasverkleidet)
- Nr. 55, Ramose; Relief (Festdarstellung) und Malerei (Begräbniszug), Übergang zum Amarna-Stil
- Nr. 56, Userhet; sehr schöne Malereien
- Nr. 57, Chaemhet, schöne Flachreliefs
- Nr. 69, Menena; Landwirtschaft, Totengericht und Begräbnisrituale
- Nr. 96, Sennefer; Weinlaubdecke,
- Nr. 100, Rechmire; Handwerkerszenen

Weiterhin sind sehenswert: Nr. 51, 57, 38, 50, 78, 81, 82, 60, 85 und 93. Da die Gräber innerhalb der Bereiche vor zwei Umfassungsmauern liegen, sollten Sie sich je nach Umfang Ihrer Besichtigungs-Ausdauer zuvor im Plan einen Rundgang markieren.

Auch in den beiden anderen Nekropolen, Asaif und El Cocha, gibt es sehenswerte Gräber, insbesondere Nr. 36, 39, 49, 178, 192 und 279.

Der El Medina

In diesem Gebiet finden Sie neben einem kleinen, mit allen Nebenräumen erhaltenen Ptolemäer-Tempel die sehenswerte Stadt der Nekropolen-Arbeiter. Hier wohnten die Künstler, Steinmetze und Maler, die für die Anlage der Königsgräber im Tal der Könige zuständig waren

Für sich selbst legten sie am Hang über ihrem Dorf "nach Feierabend" ihre meist kleinräumigen Gräber an, die sich durch einen ganz eigenen Stil und eine oft recht eigenwillige Farbgebung auszeichnen.

Einige Gräber sind zugänglich. Das des Sennodjen (Nr. 1) liegt seinem Haus gegenüber, noch besser hat uns das Grab des Onuris Cha (Nr. 359) gefallen (für uns eins der schönsten in Theben-West überhaupt), dessen beide Kammern mit sensiblen, sehr eindrucksvollen Bildern bemalt sind.

Die Grundmauern der engen Häuser und manchmal noch Stufen der Treppe in den oberen Stock sind erhalten, sie ermöglichen eine gute Vorstellung von den damaligen Wohn- und Lebensbedingungen. Dies ist um so interessanter, da fast alle altägyptischen Siedlungen, aus vergänglichen Nilschlammziegeln errichtet, nicht erhalten geblieben sind.

Übrigens konnten sehr viele Details über die Stadt und das damalige Leben rekonstruiert werden, weil hier zahllose, mit allen möglichen Notizen bekritzelte Ton- und Kalksteinscherben (*Ostraka*) gefunden wurden; allein 5000 in einem mit Abfall gefüllten unvollendeten Brunnen nordöstlich des Ptolemäertempels.

Königinnengräber

Das südwestlich von Der El Medina gelegene Tal der Königinnen birgt nicht nur Gräber von Königinnen, eine Reihe von Prinzen und Priestern wurde hier ebenfalls begraben. Die Anlagen ähneln denen der Könige, sind aber insgesamt bescheidener angelegt und ausgestattet.

Das berühmteste Grab, das der **Königin Nefertari** - Lieblingsfrau von Ramses II - hatte unter Mineralausscheidungen so gelitten, daß es in einem sehr aufwendigen und langjährigen Renovierungsprozeß wieder hergerichtet werden mußte. Man kann es wieder besichtigen - allerdings nur 10 Minuten lang (zum Prozedere siehe Seite 227). Das Grab ist sicherlich alle Mühen und Kosten, die der Besichtigung vorausgehen, wert, denn die Dekorationen zählen zum schönsten, was man in Oberägypten betrachten kann. Ein Leser schreibt begeistert: "Es ist, wie wenn man vor einem wunderschönen, von Farben überbordenden Bild steht und dann die Erlaubnis bekommt, es zu betreten. Plötzlich ist es überall, um einen herum."

Wenn Sie Zeit erübrigen können, so schauen Sie sich auch das gut erhaltene Prinzengrab Nr. 44 und das der Königin Titi (Nr. 52) an.

Grabtempel in Theben-West

Einst lagen die Grabtempel an der Grenze zwischen Fruchtland und Wüste. Es waren die Tempel, in denen die Bestattungszeremonien und später die Totenrituale abgehalten wurden; sie waren der thebanischen Götter-Triade Amun, Mut und Chons geweiht.

An den Grabtempeln hat der Zahn der Zeit sehr stark genagt, von manchen ist nichts oder nicht viel übriggeblieben. Daher sollen hier auch nur die wichtigsten beschrieben werden, wieder im Norden beginnend.

Grabtempel von Sethos I

Der von Sethos I begonnene und von seinem Sohn Ramses II fertiggestellte Tempel ist stark zerstört. Derzeit werden Restaurierungs- und Rekonstruktionsarbeiten durch das Deutsche Archäologische

7. Luxor, Karnak und Theben-West

Der el Bahri (Plan mit Beschriftungen: Obere Terrasse, Oberer Hof, Hathor Kapelle, Anubis Kapelle, Punt-Halle, Göttliche Geburt, Rampe zur oberen Terrasse, Nördliche Säulenreihe, Zweiter Hof, Mittlere Terrasse, Erster Hof, Untere Terrasse)

Hatschepsut, die mächtigste Frau auf dem Pharaonenthron, integrierte ihren Totentempel in den Steilabfall des Gebirges: Er breitet sich wie eine überdimensionale Bühne aus, die mit ihrer Hintergrundkulisse aus ockerfarbigen, senkrecht in den Himmel wachsenden Felsen verschmolzen ist.

Drei übereinander gestaffelte Terrassen tragen Hallen, zu denen Rampen hinaufführen. Auf der mittleren Terrasse finden Sie im Süden (links) die **Punt-Halle** mit Reliefs über eine Handelsexpedition nach Punt (heute Somalia) zur Gewinnung von Weihrauchbäumen. Diese Reliefs sind so detailliert und naturgetreu geschaffen, daß aus eigentlich nebensächlichen Einzelheiten, wie z.B. den Fischarten, der Reiseweg rekonstruiert werden konnte. Südlich der Punt-Halle schließt sich das **Heiligtum der Göttin Hathor** an. Die Reliefs zeigen die Göttin überwiegend in ihrer Kuhgestalt.

Im nördlichen Teil der Mittelterrasse können Sie die Schilderung der **Geburtslegende** verfolgen: Der Reichsgott Amun zeugt zusammen mit der großen königlichen Gemahlin den zukünftigen ägyptischen König - hier Hatschepsut. Das königlich-göttliche Kind wird vom Schöpfergott Chnum auf einer Töpferscheibe geformt. Am nördlichen Ende der Terrasse liegt, in den Fels hineingearbeitet, eine **Kapelle für Anubis** mit Darstellungen des Mitregenten Thutmosis III.

Auf der obersten Terrasse (nicht zugänglich) sind seit vielen Jahren Restaurierungsarbeiten im Gange. Auch von weitem sind die kolossalen Pfeilerfiguren

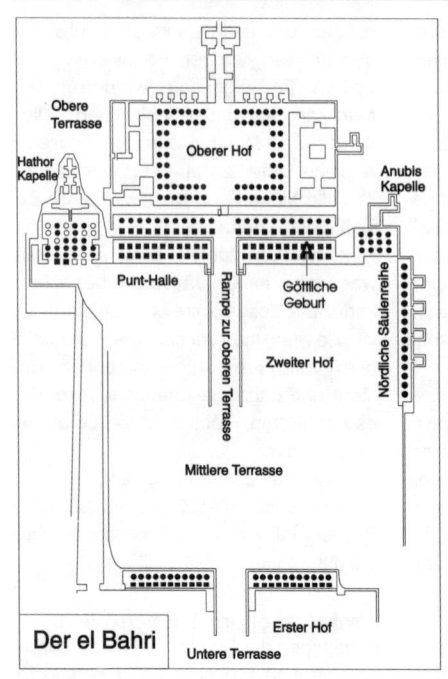

Institut durchgeführt, so wird z.B. die äußere Umfassungsmauer wieder aufgebaut. Der in seinen Reliefs gut erhaltene Tempel ist wieder für Besucher geöffnet; bei Zeitmangel ist allerdings ein Besuch des Ramesseum lohnender.

Der El Bahri

Seit einigen Jahren ist im Vorfeld des Tempels von Der El Bahri der **Grabpalast des Montemhet,** Bürgermeister von Theben im Übergang von der 25. zur 26. Dynastie, nach umfangreichen Restaurierungsarbeiten durch die ägyptische Altertümerverwaltung zugänglich. Er liegt links (südlich) der Zufahrtstraße zu Der El Bahri und ist von weitem an seinen gewaltigen Oberbauten zu erkennen.

zu gut erkennen, die Hatschepsut in Gestalt des Jenseitsherrschers Osiris darstellen.

Südlich des Hatschepsut-Tempels wurden erst 1964 unter Grabungsschutt Überreste eines **Heiligtums von Thutmosis III** entdeckt. Noch weiter südlich liegt der **Totentempel von Mentuhotep III**, den sich der Gründer des Mittleren Reiches hier rund 500 Jahre früher in direkter Kombination mit einem Felsengrab, das tunnelartig in den Fels hineinführt, anlegen ließ.

Besonders gut ist die Tempelanlage von dem darüberliegenden Felsplateau aus zu erkennen (z.B. auf dem Fußweg ins Tal der Könige).

Ramesseum

Den Totentempel von Ramses II betritt man heute von Nordwesten durch den Zweiten Hof - will man ihn entsprechend seiner Raumfolge vom eigentlichen Eingang her kennenlernen, wendet man sich zunächst nach links und erreicht durch den **Ersten Hof** mit einer umgestürzten kolossalen Sitzfigur des Königs (ursprünglich ca. 17 m hoch) die Rückseite des **Ersten Pylons,** heute stark zerstört und bereits ins Fruchtland reichend.

Auf der Rückseite dieses und auch des **Zweiten Pylons** können Sie in Bildern und in Texten die Schilderung der Schlacht von Kadesh, die Ramses II in seinem 5. Regierungsjahr in Syrien gegen die Hethiter schlug, nachverfolgen - obwohl die Ägypter, wie aus den Berichten des Gegners hervorgeht, in einen Hinterhalt gelockt wurden und nur mühsam einer Niederlage entgehen konnten (es entstand eine Patt-Situation), stellt die ägyptische Version einen grandiosen Sieg des Pharao dar. Außer hier im Ramesseum ist die Kadesh-Schlacht noch in Abydos, im Luxor-Tempel und in Abu Simbel verherrlicht.

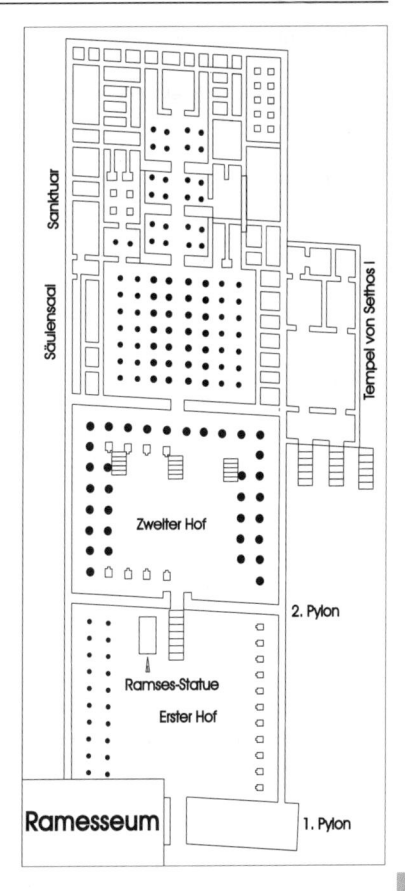

Im hinteren Tempelteil sind noch die Decken zweier Säle erhalten, eine davon zeigt eine astronomische Darstellung, die Wiedergabe verschiedener Sternbilder, die auch in den Königsgräbern zu sehen sind. Außerhalb des eigentlichen, aus Stein errichteten Tempels werden Ihnen

7. Luxor, Karnak und Theben-West

ausgedehnte Ziegelgebäude auffallen, die Magazine des Ramesseums.

Obwohl dieser Tempel stark zerstört ist, lohnt sich ein Besuch. Wegen der Nähe des Fruchtlandes sind die Ruinen von Bäumen durchwachsen, was der Anlage eine sehr eigene Atmosphäre verleiht. Außerdem sind hier deutlich weniger Touristen anzutreffen als in Der El Bahri oder Medinet Habu. Im Resthouse neben dem Ramesseum kann man sich erholen.

Medinet Habu
(Neuerdings ist der Tempel mit *Ramses III* ausgeschildert). Von einer gewaltigen Umfassungsmauer aus Ziegeln umgeben, ist der Totentempel von Ramses III der größte noch erhaltene Tempel in Theben-West. Man betritt den Bezirk durch einen in der ägyptischen Architektur ungewöhnlichen Bau, das sog. **Hohe Tor,** das an syrische Festungsbauten erinnert (Zinnen).

Die Darstellungen der Feindvernichtung verstärken den Abwehr-Charakter des Torbaues. Über ein offenes Areal gelangt man zum **Ersten Pylon,** der das Erschlagen der Feinde zeigt. Im Tempelinnern ist eine sehr klare Raumfolge von Hof - Zweiter Pylon - Zweiter Hof, Säulensaal - Opfertischraum und Sanktuar zu beobachten, der Boden steigt über Rampen zum Allerheiligsten stetig an.

Im **Ersten Hof** ist links das Erscheinungsfenster zu sehen, von dem aus der König Belobungen an seine Beamten und Heerführer verteilte. Dahinter liegt eine kleine Palast-Aanlage (von außen zugänglich), die mit Thronsaal, Schlafräumen, Badezimmer und Toilette das verkleinerte Abbild des Königspalastes darstellt: Hier nicht für den lebenden, sondern für den verstorbenen König bestimmt.

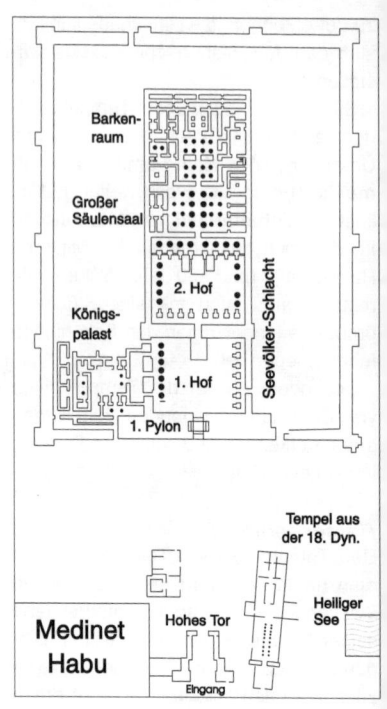

Die **interessantesten Reliefs** finden sich auf den Außenseiten: Im Norden (Rückseite Erster Pylon, Teil Außenmauer) sieht man Schlachtenbilder, die nach Vorlagen aus dem Ramesseum gearbeitet sind. Ramses III kämpft hier gegen Völker, die zu seiner Zeit gar nicht mehr existierten!

Eine grandiose Neuschöpfung dagegen die rechts anschließende Schilderung der Seevölkerschlacht, die Ramses III gegen aus dem Norden ins Delta eingedrungene Völker tatsächlich geschlagen hat. Die Darstellung beginnt ganz rechts mit einem Aufmarsch der Truppe und Auszug aus dem Tempel. Dann folgt die Schlacht zu Lande, unterbrochen von einer Löwenjagd (symbolische Feindvernichtung), der sich die Seeschlacht anschließt - ein bewußt chaotisches Durcheinander von ägyptischen und feindlichen Schiffen, der König nimmt vom Ufer aus teil. Anschließend werden die besiegten und gefesselten Gegner vom König vor den Gott Amun gebracht.

Weitere interessante Darstellungen auf der Rückseite des Ersten Pylon im Süden (von Tempelpalast aus zu sehen): der König bei der Wildstierjagd und bei der Jagd in der Wüste.

Vom offenen Areal zwischen Hohem Tor und Erstem Pylon sind zusätzliche, nicht zum Totentempel gehörende Gebäude zu erreichen: Links liegen die Grabkapellen von Priesterinnen aus der Spätzeit, den *Gottesgemahlinnen des Amun* Amenirdis, Schepenupet und Nitokris (25./26. Dynastie). Rechts der **Kleine Tempel** von Medinet Habu, der in seinen ältesten Teilen (innen) auf den Beginn der 18. Dynastie zurückgeht und dann in der Spätzeit und der griechisch-römischen Zeit immer neue Anbauten erhielt, bis er schließlich nach Osten hin die große Umfassungsmauer durchbrach.

Falls Sie nach all dem Besichtigen relaxen wollen: In den Cafés gegenüber dem Eingang können Sie eine Erholungspause einlegen; noch hübscher sitzt man ein paar Schritte nördlich im Garten des Pharao Hotels.

Memnon-Kolosse

Neben der Hauptstraße stehen die gewaltigen 18 m hohen Monolithkolosse mit z.B. 3 m langen Füßen. Diese Torwächterstatuen sind alles, was vom einst hier errichteten Totentempel von Amenophis III übrig blieb, dem Vater des Ketzerkönigs Echnaton, Schwiegervater der Nofretete, Großvater Tutanchamuns. Nilfluten, Sonnenglut, das Sandstrahlgebläse der Wüste und der Abbruch der Steine für andere Bauten haben sonst nichts von dem Tempel aus dem 15. Jhd vC stehen gelassen, der wohl der größte und prächtigste seiner Zeit war. "Gebaut aus weißem Sandstein, Gold, einem Boden aus Silber, mit Türen aus Elektrum" (wie es auf einer Stele im Ägyptischen Museum heißt). Erstaunlicherweise gab seit einem Erdbeben 27 nC die nördlichere der beiden Statuen bei Sonnenaufgang einen singend-heulenden Ton von sich, den vermutlich die wärmende Morgensonne durch Spannungen im Stein auslöste. Der römische Kaiser Septimus Severus wollte dem Torwächter Gutes tun und ließ ihn restaurieren - seither schweigt er.

Die Kolosse waren in griechisch-römischer Zeit eine der größten Touristen-Attraktionen der damaligen Welt. Die Griechen glaubten nämlich, es seien Statuen des legendären Memnon, König von Ethiopien und Sohn der Göttin der Morgenröte Eos/Aurora, der im Trojanischen Krieg von Achilles getötet wurde. Das Weinen sei die Stimme des Memnon, der seine Mutter jeden Morgen grüßte. Die Tränen der Eos um ihren früh gefallenen Sohn legten sich wiederum als Tau auf die Gräser. Seit Septimus Severus die Steinplomben einfügen ließ, erinnert nur noch der Morgentau an die griechische Tragödie.

8. Assuan und Abu Simbel

In Assuan zurechtkommen

Überblick

Assuan war von alters her wegen seines trockenen und ausgeglichen-warmen Klimas als Kurort bekannt. Wichtiger für die Bedeutung der Stadt waren die Stromschnellen im Nil, die ersten Katarakte von der Mündung her gesehen. Sie schützten Ägypten gegen von Süden eindringende Boote und stellten daher eine Art natürliche Grenze dar. Für unzählige Generationen von Ägyptern endete an den Katarakten die Vorstellung von der Bewohnbarkeit der südlichen Erde, in der Mythologie entsprang hier sogar der Nil.

Eroberungslustige Pharaonen schoben die Grenze immer weiter nach Süden ins Land der Nubier vor - die vielen im heutigen Stausee versunkenen Tempel beweisen derlei Aktivitäten. Interessant ist, daß einst der Wendekreis des Krebses durch Assuan verlief, denn sonst hätte der Ptolemäer Eratosthenes keinen schattenlosen Brunnen finden können. Im Laufe der letzten zwei Jahrtausende hat sich der Wendekreis ein ganzes Stück nach Süden verschoben. Assuan war auch insofern für die pharaonischen Ägypter von Bedeutung, als hier Granit zu Tage tritt. Dieser, im Gegensatz zum weiter nördlich vorkommenden Sand- und Kalkstein besonders widerstandsfähige Werkstoff, konnte in den hiesigen Brüchen gewonnen und direkt zu Kolossalstatuen oder Obelisken verarbeitet werden.

Nach fast jahrtausendelangem "Dornröschenschlaf" ist Assuan aufgewacht. Weltberühmtheit erlangte es durch zwei Bauwerke in seiner Nähe: Der gegen Ende des letzten Jahrhunderts von den Engländern errichtete alte Nilstaudamm, der über viele Jahrzehnte zu den größten seiner Art zählte und die Fluten des Nils durchaus wirkungsvoll regulierte. Und der neue Hochdamm, der nach allerlei politischem Hin und Her von den Russen in den 60er Jahren gebaut wurde und Ägypten in eine stets fruchtbare, von den Launen der Natur unabhängige Oase verwandeln sollte.

Ein paar praktische Tips:

◆ Bevor Sie sich in Aktivitäten stürzen, sollten Sie im **Tourist Office** (sehr felxible Öffnungszeiten: ca. 9-14, 15-19, 18-20 oder 20-22) vorbeischauen. Dort ist man sehr bemüht, den Gästen mit Informationen über Verkehrsmöglichkeiten nach Abu Simbel, Felukenfahrten, Taxipreisen oder z.B. mit einem (bescheidenen) Stadtplan zu helfen. Fragen Sie nach Mr. Schoukry Saad, Mr. Farrag oder Hakeem Hussein, die Männer kennen sich gut aus und sind sehr hilfsbereit. Das Office finden Sie am Bahnhofsvorplatz (etwa 50 m rechts)

◆ Assuan ist eine ziemlich langgestreckte Stadt, Sie sollten bei der Planung Ihrer Aktivitäten daran denken. Auf der Corniche, der am Nilufer verlaufenden Straße, pendeln jede Menge Taxis und Pferdekutschen, wobei Taxis billiger als Kutschen sind. Es gibt auch Sammeltaxis

8. Assuan und Abu Simbel

- Oder Sie radeln. **Fahrräder** sind wesentlich teurer als in Luxor, etwa LE 5 und mehr pro halber Tag. Verleiher sind schwerer zu finden: Händler im östlichen Teil der Sharia El Matar (Bahnhofsgegend), beim Ramses Hotel oder ein ziemlich unfreundlicher Händler in der Sharia Abdel Magid Abu Sid, östlich der Sharia El Souk, weitere Adressen vom Tourist Office

---

INTERESSANTES

***Assuan,** eine sehr lebendige orientalische Stadt mit bunten Souks und Atmosphäre, für viele Besucher die angenehmste Stadt Ägyptens

***Abu Simbel,** Tempel des Ramses II, rd. 280 km südlich von Assuan in der Einsamkeit der nubischen Wüste gelegen

Insel Philae, einst als "Perle Ägyptens" apostrophierte Tempelinsel, heute nach Versetzen auf die Insel Agilka immer noch sehr sehenswerte ptolemäische Bauten

*Nilstaudämme,** d.h. besonders der Hochdamm: Sieg des Menschen über die Wassergewalten oder Demonstration der Ohnmacht des Menschen, ökologisch sinnvoll die Natur zu beherrschen

*Kalabsha-Tempel,** ebenfalls vor dem Stausee geretteter Ptolemäer-Tempel.

*Unvollendeter Obelisk** in den Granitbrüchen, an dem deutlich die Arbeitsweise der pharaonischen Steinmetze zu erkennen ist

*Insel Elephantine** mit Museum, Nilometer und Nubierdorf

*Pflanzen-Insel** (Kitchener Island), üppiger Botanischer Garten

*Ausflug mit einer Feluke** durch die Kataraktlandschaft

*Gräber von Gaufürsten des AR und MR** am westlichen Steilufer

Ausflug zum Aga Khan Mausoleum und zum ***Simeonskloster**

- Oder Sie nehmen eine Kutsche (Kalesche) für eine Rundfahrt: Von der hohen Sitzposition hat man einen recht guten Ausblick, der Trip ist gemütlich und man sieht mehr als im Taxi
- Die **Paßbehörde** liegt südlich neben dem Hotel Continental
- Wenn Sie nach der Besichtigungsarbeit Abkühlung im **Swimmingpool** suchen, so können Sie auch als Außenstehender den Pool im Cataract Hotel (nicht immer, LE 35), Isis Island Hotel (LE 15, großer Pool), im Oberoi Hotel (LE 20) auf der Insel Elephantine, im Hotel Cleopatra (LE 5) oder den des Club Med auf der hoteleigenen Insel (LE 46 incl. Lunch oder Dinner; Boot-Shuttle ab Corniche, Evangelische Mission) benutzen
- Gute **Frühstücksbuffets** gibt es im Club Med (LE 11), Old Cataract (LE 20), Isis Island Hotel (LE 23)
- **Telefonieren** ist angeblich preiswerter als von anderen Städten (ab 20 Uhr LE 21 pro 3 Minuten). Das Telefonamt liegt rechts neben dem Egypt Air Office, 24-Stunden-Service. Achtung: Quittung verlangen, da sonst gern Phantasiepreise gefordert werden. Machen Sie Gebrauch von Telefoncards, da ist Schummelei nicht so einfach
- Die **Hauptpost** finden Sie neben dem öffentlichen Schwimmbad an der Corniche, postlagernde Briefe gibt es aller-

Ein paar praktische Tips:

dings nur im alten Postamt hinter dem Kaufhaus Benzion
- Das **Busterminal** liegt hinter dem Abu Simbel Hotel (siehe Stadtplan), der Sammeltaxistand östlich des Bahnhofs (durch Tunnel zu erreichen) etwa auf Höhe des Busterminals. **Sammeltaxis** vor allem für südliche Strecken stehen auch vor dem Continental Hotel
- Das **American Express** Office ebenso wie **Wagons-lits Travel** (vermittelt günstige Abu-Simbel-Trips) finden Sie im New Cataract Hotel
- Sehr sehenswerte **nubische Tänze** (LE 3,20) werden während der Saison allabendlich außer freitags und nur während der Wintermonate um 21 Uhr im Assuan Palace of Culture - Qasr El Sakafaa - (zwischen Moschee und Hauptpost gegenüber vom Rundbau des Ruderclubs) aufgeführt
- **Nubische Folkore** versetzt mit Bauchtanzvorführungen können Sie auch im Old Cataract Hotel zu LE 40 betrachten; wobei die Musik ernüchternd, der Saal selbst ein Augenschmaus ist
- Es gibt auch eine Art von **Nightlife** in Assuan: Viele internationale Hotels bieten spät abends Bauchtanzvorführungen. Im Ramses, Philae und New Cataract Hotel findet man Discos. Auch die **Light and Sound Show** im Philae-Tempel (siehe weiter unten) dient der Bereicherung des Nachtlebens
- Im **Souk** können Sie Kassetten mit nubischer Musik kaufen. Gewürze sind ebenfalls preiswert; gern wird Kurkuma als Safran verkauft, Safran kostet aber mehr als das Zehnfache. Vorsicht ist ebenfalls beim Kauf von Edelsteinen (Opale, Alexandrite etc.) geboten; wegen der täuschend echten Imitationen nur etwas für Kenner!
- Zum **Kamelmarkt von Darau,** dem größten Kamelmarkt Ägyptens (jeweils montags und dienstags) kommen Sie per Taxi (LE 75), Sammeltaxi oder ab 5.30 Uhr per Bus
- Recht preiswerte und offenbar auch gut geführte Rundfahrten zu den Staudämmen, der Insel Philae u.a. bietet der **deutschsprechende Führer** Refaat Abdel-Latif Atia, 237 Sharia Elmatar, Tel 323637, an
- Das Restaurant EMYS an der Corniche verleiht **Pedalo-Boote,** mit denen man den Felukenkapitänen Konkurrenz machen kann
- Auch auf dem Nassersee gibt es **Kreuzfahrten**. Die MS Eugenie startet am Hochdamm, klappert die nubischen Tempel bis Abu Simbel ab, von dort Rückflug. Eine Reise dauert drei Tage, eine Doppelkabine kostet LE 900 pP. Infos bei Belle Epoque Travel Bureau, 17, Sharia Tunis, Maadi/Kairo, Tel Kairo 352 8754
- Vielleicht ein Tip für den Zeitvertreib. In einem ehemals von der Sowjetunion geschenkten Gebäude neben der Hauptpost, im Qasr el Thafaka, finden Kindervorstellungen und im Innenhof Ausstellungen statt.
- **Busse Richtung Norden** dürfen derzeit wegen der Terroristengefahr nur im Konvoi und nur zweimal täglich um ca. 8 und 13 Uhr abfahren, was sich jedoch jederzeit ändern kann. Erkundigen Sie sich entsprechend frühzeitg, wann und ob überhaupt eine Busverbindung besteht.
- Eine **Taxifahrt zum Flughafen** kostet etwa LE 25 für das gesamte Taxi

8. Assuan und Abu Simbel

◆ Für Notfälle: **Deutsches Krankenhaus,** 23, Sharia El Corniche, bekannt unter *El Germania,* Nähe Egypt Air Office, Außenstelle in Darau

Restaurants

Wenn man in Assuan zum Essen geht, sind die Restaurants am Nilufer an der Corniche die erste Wahl: Die meisten sind preiswert und gut, sie bieten den vor allem abends stimmungsvollen Ausblick auf den Nil. Ärgerlich allerdings kann der Lärm sein, der von den ankernden Nilkreuzern ausgeht. Den besten Ausblick hat man übrigens von dem zweistöckigen schwimmenden Restaurant ELMYS. In der folgenden Auflistung sind alle am Nil liegenden Restaurants mit einem *gekennzeichnet.

- **Al SAYEDA NAFESSA,** in gleichnamiger Straße, Souk-Gegend; sehr gute Küche, sehr sauber, preiswert und freundlich
- ***ASWAN MOON,** Corniche etwa Höhe Kaufhaus Benzion; meistens gut, freundlich, Bierverkauf, gute Musik, nubische Veranstaltungen, relativ preiswert (leider direkt an Schiffsanlegestelle mit manchmal lautem Motorgeräusch)
- ***ASWAN PANORAMA,** Corniche schräg gegenüber Egypt Air Office; sauber, schmackhafte ägyptische Küche und viele Kräutertees, Spaghetti, den nubischen Kaffe nicht versäumen, verkauft auch nubische Kassetten
- **CAFE MOHAMMED,** gegenüber Abou Shelib Hotel; angenehme Atmosphäre, hilfsbereiter Besitzer, organisiert auch Felukenfahrten
- **DERWISH,** gegenüber Bahnhof am Beginn Sharia El Souk (Saad Zaghlul); gut und preiswert
- **EL DAR,** neben Youth Hostel, gut, preiswert, sauber
- **EL ESMAILIA SONS,** mitten im Souk, zwischen Gemüseständen und anderen Buden; weißgekacheltes, sehr sauberes Imbißlokal, preiswert, gut und freundlich
- **EL MEDENA,** Sharia El Souk, im Bazar, Bahnhofsnähe; mittelmäßig, preiswert
- **EL MASRY,** Sharia El Matar, Souk-Nebenstraße; Essensqualität unterschiedlich doch meist gut, geringe Auswahl
- **EL NILE,** Corniche; schräg gegenüber vom El Shati, gutes Essen, nicht zu teuer
- ***EL SHATI,** Corniche nördlich des Police Department; preiswert und schmackhaft, Fisch aus dem Nasser-See, manchmal nubische Tänze, sonst Kassetten-Musik
- ***EMYS,** Corniche neben Assuan Moon; gut und preiswert (Studentenermäßigung), gute Atmosphäre, gute frische Fruchtsäfte; Restaurant-eigene Pedalos
- **GOMHOREYA,** gegenüber Bahnhof; gut und preiswert
- **Horns el Basry,** Sharia Abdel Magid Abu Sid, einfaches orientalisches Restaurant in einer Querstraße der Sharia El Souk
- **Imbiss HORUS BOURGER,** kleine Gasse neben Youth Hostel, empfehlenswerter preiswerter Schnellimbiß
- **MEDINA,** Sharia El Souk, gegenüber Cleopatra Hotel, gutes Kofta und Kebab
- ***MONA LISA,** Corniche südlich von EMYS und Assuan Moon; die Gerichte sind reichlich (Fisch schmeckt am besten), empfehlenswerte Cocktails (alkoholfrei)
- Panorama, siehe Assuan Panorama
- ***SALADIN,** Corniche gegenüber Kaufhaus Benzion; auf Boot, mäßig, Buffet, laute Musik, ziemlich lange Wartezeit auf Essen, relativ teuer; im gleichen Komplex Nightclub mit Bauchtanz

Die Stadt

Assuan kennenlernen

Die Stadt

Das heute etwa 500 000 Einwohner zählende, aber immer noch wie eine gemütliche Kleinstadt wirkende Assuan zieht sich ausschließlich am östlichen Nilufer entlang, das westliche Ufer geht abrupt in Wüste über. Allerdings verbreitet sich gleich nördlich der Felsengräber auch die Westseite als Fruchtland, dort liegen am Wüstenrand einige Nubierdörfer. Die Katarakt-Inseln im Strom sind teils bewohnt; wo immer es geht, werden sie zumindest landwirtschaftlich genutzt.

Assuan unterscheidet sich deutlich von den Städten am Unterlauf des Nils. Die Stadt drängt sich dem Fremden nicht so reißerisch auf wie z.B. Luxor. Die Menschen scheinen zurückhaltend-toleranter zu sein, die Häuser und die Straßen sind einen Hauch gepflegter - für viele Ägyptenbesucher ist Assuan die schönste Stadt des Landes.

Assuan erschließt sich vom Nil und der doppelspurigen Uferstraße Corniche her. Auf der Flußseite der Corniche ankern die Hotelschiffe, dümpeln die vielen auf Touristen wartenden Feluken. Fährverbindungen halten den Verkehr zur Insel Elephantine (südlichste Fähre), zum Hotel Oberoi und zum Westufer (LE 2, gegenüber Assuan Palace of Culture) aufrecht.

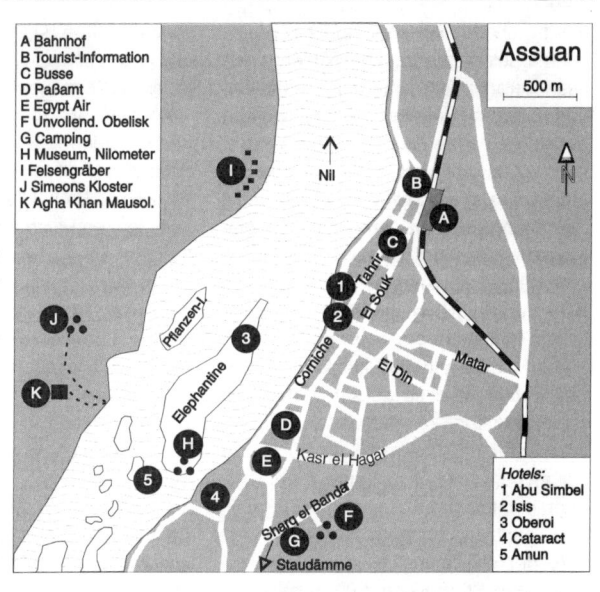

An der Ostseite der Corniche erheben sich einige moderne Verwaltungsbauten wie Post und Telegrafenamt, Banken, Hotels, das "Kaufhaus" Benzion, das "Hochhaus" des Police Department und Souvenir-Läden. Ganz am Südende der Corniche liegt das Doppel-Hotel Old and New Cataract.

Das **Old Cataract** empfängt den Gast mit sehr viel Ambiente, aus alten Tagen herübergerettet. Agatha Christie arbeitete hier an ihrem Krimi *Tod auf dem Nil,* in dessen Verfilmung das Hotel ebenfalls eine passende Kulisse stellte. Gönnen Sie sich einen Drink auf der Terrasse bei Sonnenuntergang (Mindestverzehr in Höhe von LE 15 für Nichthotelgäste in der Zeit von 16 - 19 Uhr, keine Shorts erlaubt), Sie werden verstehen, daß nicht

8. Assuan und Abu Simbel

nur berühmte Reisende früherer Jahrzehnte gleich den ganzen Winter in Assuan verbrachten. Unterhalb rechts der "historischen" Terrasse gibt es weitere Terrassen, unter anderem die *Classical Corner,* ein "Mini-Amphitheater" aus Beton. Hier kann (konnte) man vor allem die Symphoniekonzerte (sehr gute Einspielungen auf Kassette), die um die Sonnenuntergangszeit übertragen werden, mit Blick auf Nil, Inseln und Wüste, in vollen Zügen genießen.

Geht man direkt nach dem New Cataract Hotel rechts, so stößt man nach ein paar Schritten auf das erste der **Nubierdörfer** an diesem Niluferstück. Der Abstecher lohnt sich für Leute, die ein bißchen mehr sehen wollen als nur das übliche Touristenprogramm.

An der in Richtung Staudämme weiterführenden Straße - ca. 300 m nach der Abzweigung zu den Cataract Hotels - wird seit Ewigkeiten an einem **Nubischen Museum** gebaut. Nach letzten Infos sollte es Anfang 1997 eröffnet werden; schließlich sind 5000 nubische Exponate hier auszustellen. Und das bei einer Kultur, die eher dem Vergessen und Untergang entgegengeht als einer neuen Blüte.

Fährt oder geht man vom Cataract Hotel weiter und läßt das Kalabsha Hotel rechts liegen, so führt die Straße steil den Berg hinauf. Unterwegs gibt es rechts ein weiteres Bauwerk mit typisch nubischem Architektureinschlag, das **Nubische Haus** (Caféria/Restaurant), in dem ein Ausstellungsraum eröffnet ist und dessen schattige Terrasse einen traumhaften Ausblick direkt auf die Katarakt-Landschaft bietet - der freilich von der Spitze der Hügelkette noch schöner ist. Autofahrer sollten der Straße folgen, die immer wieder andere Blicke auf den Nil freigibt und nach ein paar Kilometern in die Flughafenstraße mündet.

Wenden wir uns vom Cataract Hotel nach Norden, dem eigentlichen Stadtzentrum zu. Gleich nach dem Hotel liegt ein kleiner Park - **Ferial Gardens** -, der vor allem an Feiertagen als Familienausflugsziel genutzt wird. Auch von hier aus ergibt sich ein schöner Blick auf den Nil mit seinen Inseln. Wenn man im Schatten der Corniche weiter nilabwärts bummelt, fällt bald rechts das Egypt Air Office als eine Art Landmarke auf. Links am Nilufer beginnen die Bootsanlieger für Kreuzfahrtlinien, an der linken Straßenseite laden immer wieder Restaurants zum Essen und Schauen ein. Etwa gegenüber dem Bootsanlieger vom Oberoi Hotel zweigt rechts eine Straße in das Häusergewirr ab, die sich besonders gegen Abend mit Fußgängern füllt: Hier trifft man auf die Ausläufer des Souk von Assuan.

Zum Standardprogramm aller Touristen gehört ein Bummel durch die **Sharia El Souk,** die Straße, die alles bietet, was das Herz eines Ägypters erfreut, vom täglichen Gemüse, Brot, Gewürzen bis hin zum ausgesprochenen Touristen-Kitsch. Gehen Sie vom Oberoi-Anleger aus in die nach Osten führende Straße hinein, zwei Querstraßen weiter ist die eigentliche Sharia El Souk erreicht. Wenn Sie dort rechts abbiegen, finden Sie nach ein paar Schritten eine Bäckerei mit frischem Fladenbrot. Doch der Hauptbereich des Souk erstreckt sich in der entgegengesetzen Richtung, Sie sollten also umkehren und dem Verlauf der Sharia El Souk, die später Sharia Saad Zaglul heißt, bis in Bahnhofsnähe folgen. Souvenirs gibt es

Die Stadt

übrigens nicht nur im Souk, sondern auch im Kaufhaus - deutlich billiger.

In der 5. Auflage unseres Führers ÄGYPTEN INDIVIDUELL empfahlen wir den Schneider Barakat Nadir Kaldas, dessen Laden in der Sharia Saida Nafisa, einer Querstraße der Sharia El Souk, ausgeschildert ist, der "in Blitzesschnelle" billige Hosen (ca. LE 15 bis 20 für Baumwollhose, besserer Stoff kostet mehr) oder Galabeyas produziert und dabei seine Kunden über das Leben in Assuan informiert. Beim Schneider ist ein Boom ausgebrochen, Leser berichten von Warteschlangen. Eigentlich wollten wir den schnellen Schneider nicht mehr erwähnen, doch bei Durchsicht der vielen lobenden Leserstimmen ("*es war einfach ein Erlebnis*") konnten wir uns nicht dazu entschließen, denn der Meister scheint den Boom zu beherrschen.

Aber nicht nur Mr. Barakat schneidert Hosen, sondern auch seine Kollegen in der Umgebung. Z.B. sein Nachbar Abkas Abdou Morcos. Grundsätzlich sollten Sie das Endprodukt sorgfältig kontrollieren: Wenn z.B. Doppelnähte angeboten werden, so schauen Sie beim Abholen nach, und zwar bei allen Nähten, weil sonst die Hose schnell ausfranst oder auseinanderfällt.

Auf dem Weg zum Flughafen zweigt etwa 1 km südlich des Cataract Hotels links eine Straße ab (*UNFINISHED OBELISK* ausgeschildert), die an Schutthalden vorbei zum **unvollendeten Obelisken** (9-16, LE 10) führt. Dieser, wahrscheinlich wegen eines Sprungs im Stein nicht fertig bearbeitete, 41 m lange Granit-Gigant zeigt ganz deutlich die Handwerks-Technik: Mit Diorit-Hämmern wurde das Granitgestein bearbeitet, die dadurch entstandenen Rillen sind noch zu erkennen. Die sog. Kerbschnitt-Technik, bei der Holzkeile in zunächst ausgehämmerte Spalten getrieben und dann bewässert wurden, fand erst in der griechisch-römischen Zeit Anwendung.

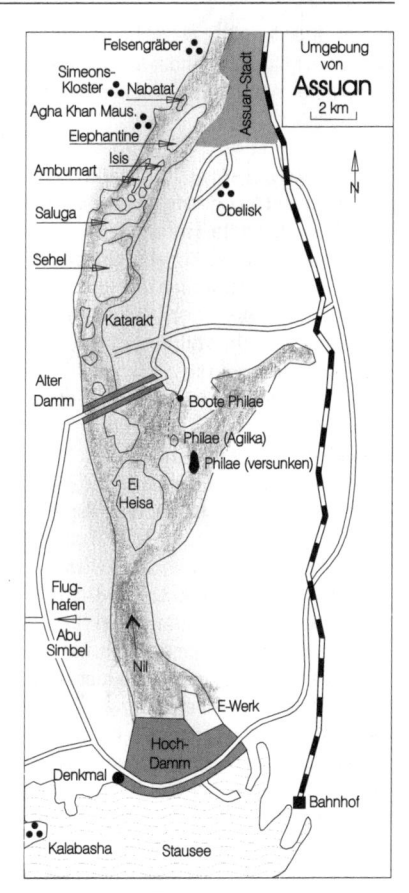

Vielleicht wollen Sie auf dem Rückweg noch einen Blick in die **Große Moschee** werfen, die sehr dominierend auf einer Anhöhe steht (guter Rundblick über die

8. Assuan und Abu Simbel

Stadt) und die ein recht schönes Portal besitzt. - Mittwochs findet vormittags in der Nähe ein durchaus interessanter Markt statt.

Insel Elephantine

Auf der Insel Elephantine - eigentlich Teil der Katarakte im Strom - entstand die erste Siedlung namens Yebu (*Elephant*), die heutige Stadt Assuan war ursprünglich nur der Hafen von Yebu. Besiedlungsspuren reichen bis in die Vorzeit zurück. Ausgrabungen im südlichen Teil der Insel belegen, daß dieser Platz vom 4. Jahrtausend vC bis ins 1. Jahrtausend nC besiedelt war. Die aufschlußreiche Stadtruine war von einer bis zu sechs Meter dicken Stadtmauer umgeben, freigelegt wurden u.a. die Ruinen eines Tempels der Göttin Satet (*Bringerin des Wassers*) und des widderköpfigen Gottes Chnum.

Eine öffentliche Fähre legt vom südlichsten Anlieger an der Corniche ab, kurz vor dem Ferial-Park vor dem Cataract Hotel. Eine weitere Fährverbindung besteht zum zweiten, nördlicher gelegenen Dorf, sie startet gegenüber dem Hotel Continental. Zum Oberoi Hotel verkehrt eine kostenlose Hotelfähre, die etwa gegenüber dem Hotel von der Corniche ablegt; allerdings ist der Park des Hotels meist gesperrt und ein Weiterweg auf die Insel dann nicht möglich.

Das **Museum** (8-17, LE 5) - Ex-Dienst-Villa des britischen Ingenieurs, der den alten Damm baute - liegt in einem zauberhaften Blumengarten und ist einen Blick wert (vergoldete Mumie eines Chnum-Widders, prähistorischer Schmuck u.a.). Zwar wird das Museum nicht gerade hohen Ansprüchen gerecht, aber eine Pause zum Relaxen im vielblütigen Museumsgarten macht vieles gut. Hinter dem Museum ist ein deutsches Archäologenteam mit Ausgrabungen beschäftigt und ebenso damit, Touristen vom Gelände fernzuhalten. Bitte beachten Sie Absperrungen. Zu den beiden Tempeln gehören sehenswerte **Nilometer** am Ufer (Zugang vom Museumseingang aus). Die Wasserstandsmessungen waren Grundlage für die Organisation der Feldarbeiten und nicht zuletzt der Steuerbeiträge in der Antike.

Die 1,5 km lange, von Gärten und Palmen gesäumte Insel bietet Platz für zwei **Nubierdörfer** mit ihren Gärten, die sich zwischen Ausgrabungsstätte und das Oberoi Hotel zwängen. Ein Spaziergang vom Museum aus durch die Dörfer mit ihren, wie Oasengärten angelegten Feldern, bis hin zum Oberoi Hotel versetzt Sie in eine einfache und - von außen betrachtet - friedliche Welt. Die Nubierhäuser - wenn, dann gelb oder blau angemalt - rücken fast auf Schulterbreite zusammen, die Gassen winden sich um viele Ecken. Die Bewohner sind freundlich, das Wort Bakschisch gehört zwar fest zu ihrem Wortschatz, nach unseren subjektiven Einschätzungen hat es aber an Aufdringlichkeit über die Jahre hin verloren. Doch machen Sie sich darauf gefaßt, daß Sie als reicher Europäer betrachtet werden und kaum ein Foto umsonst sein wird.

Wenn Sie sich bei Ihrem Spaziergang immer in ungefähr nördlicher Richtung halten, so werden Sie unweigerlich auf die hohe Mauer des Oberoi Hotels stoßen, welche die Nordseite der Insel abriegelt. Sie können in dieser Gegend mit der Felukenfähre zurück in die Stadt segeln oder zum Westufer der Insel gehen. Dort

Pflanzen-Insel (Gezira El Nabatat)

gibt es ein Eisengittertor, das meist geöffnet ist und durch das man Zugang zum Hotelgarten und letztlich in eine andere Welt findet. Das Hotelpersonal versucht, diesen Durchschlupf zu unterbinden, vom Hotel zum Dorf ist derzeit kein Durchkommen. Der Betonturm des Hotels verschandelt lediglich die Silhouette Assuans; das Dachdrehrestaurant ist meist geschlossen. Mit der Hotelfähre kann man zurück zur Stadt schippern. Nördlich des Oberoi wird derzeit die Insel mit einem weiteren Hotel, dem Elephantine Hotel, zugebaut.

Oder aber Sie lassen sich von hier für wenige Pfund zur Pflanzen-Insel hinüberrudern. Für Fotografen: Nachmittags ab ca. 15 Uhr kreuzen die meisten Feluken zur Insel hinüber.

Pflanzen-Insel (Gezira El Nabatat)

Nordwestlich von Elephantine umspült der Nil die ehemalige Privat-Insel von Lord Kitchener ("Kitchener Island", allerdings hört man den Namen aus der Kolonialzeit nicht mehr gern, daher eher *Botanical Island*), heute ein Botanischer Garten mit afrikanischen und asiatischen **Tropenpflanzen** (LE 5 Eintritt). Lassen Sie sich mit einer Feluke (LE 5 - 10) von der Stadt aus hinübersegeln - es gibt keine öffentlichen Fähren - und genießen Sie den Spaziergang durch sattes Grün vor dem nur einen Steinwurf entfernten Hintergrund der Wüste. Falls Sie keine Feluke finden, nehmen Sie die Fähre zur Insel Elephantine und lassen sich von der Westseite, wie oben erwähnt, hinüberrudern. Wenn Sie Zeit haben, bleiben Sie bis zum Sonnenuntergang am Ostufer der Insel. Dann beginnen - nach ägyptischer Interpretation - die dort nistenden Ibis-Scharen mit ihrem *Abendgebet*, dem Ruf, der wie "Allah-Allah-Allah" klingt. Vermeiden Sie den Freitag, weil dann die Insel fest in der Hand der Einheimischen ist.

Das Westufer

Wenden wir uns zunächst dem Aga Khan Mausoleum zu, das man nur per angeheuerter Feluke (ca. LE 10 per Boot) oder Ruderboot (ca. LE 5) erreicht - also am besten mit einem Felukenausflug verbinden.Eine schöne Alternative: Man schickt von hier die Feluke nach Hause, besucht außer dem Mausoleum das Simeons Kloster, wandert dann zu den Felsengräbern hinüber und nimmt von dort die öffentliche Fähre zurück nach Assuan. Dieser Weg ist umgekehrt ebenfalls möglich, man muß dann aber für den Rückweg eine Feluke anheuern, die - hoffentlich - zufällig dort liegt und natürlich den Preis diktiert.

Etwa dem Cataract Hotel gegenüber ragt unübersehbar auf der westlichen Nilseite die Kuppel des **Aga Khan Mausoleums** gen Himmel (Di-So 8-12.45; im Mausoleum Fotografierverbot), in dem das 1957 verstorbene Oberhaupt der Sekte der Ismaeliten in einem Marmor-Sarkophag ruht. Der Weg hierher lohnt durchaus wegen des schönen Blicks auf Assuan und wegen der Mausoleums-Architektur, deren Ursprünge dem indischen Subkontinent entstammen, wie übrigens auch der dort Begrabene. - Am Nilufer steht der Wohnpalast (nicht zugäng-

8. Assuan und Abu Simbel

lich) des Aga Khan, im Winter lebt seine Witwe Begum dort.

Vom Aga Khan Mausoleum aus führt ein etwa einstündiger Fußmarsch zu antiken Steinbrüchen, in denen die Arbeitstechniken ähnlich zu erkennen sind wie beim unvollendeten Obelisken (wenn Sie unbedingt dorthin wollen, nehmen Sie ein Kamel).

Der übliche Weg zum **Simeons Kloster** (9-17; LE 6) führt von der Anlegestelle beim Aga Khan Mausoleum etwa 15 bis 20 Minuten bergauf. Hier drängen sich auch Kameltreiber auf, die ca. LE 20 für den kurzen Trip verlangen. Man stößt auf die Ruinen einer imposanten Klosteranlage, die einst zu den größten Ägyptens zählte. Das Simeons Kloster wurde im 7. oder 8. Jhd gegründet und im 10. Jhd weitgehend erneuert, schließlich aber nach einer Reihe von Nomadenangriffen im 13. Jhd verlassen. Einst, als hier reges Leben inmitten wasserloser Wüste herrschte, muß der gewaltige Gebäudekomplex, der mehrere Stockwerke hoch war, noch beeindruckender gewesen sein.

Die Ruinen bergen auf der unteren Terrasse die Basilika mit gut erhaltenem Steinplattenboden und Freskenresten im Sanktuarium. Auf der oberen Terrasse ist das einst drei Stockwerke hohe Hauptgebäude mit Mönchszellen und Refektorium gut erhalten. Weiterhin zeigt der Wärter eine Mühle, eine Bäckerei und Nebengebäude.

Vom Simeons Kloster können Sie zu den Felsengräbern wandern (oder auch per Kamel reiten): Entweder immer den Kamelspuren folgen (und dabei dauernd von Kameltreibern angequatscht werden) oder in nordöstlicher Richtung auf den Nil

zuhalten und dann parallel zu dessen Ufer bis zu den Gräbern gehen. Allerdings muß man an den Gräbern zunächst zum Ufer hinunter, da dort die Eintrittskarten verkauft werden. Kalkulieren Sie ein, daß ein Fußmarsch durch den Wüstensand einigermaßen beschwerlich ist (Wasser mitnehmen).

Weithin sichtbar sind die **Felsengräber der Gaufürsten von Assuan** (LE 6; Achtung: Für Kameras werden grundsätzlich LE 10 verlangt, ob man fotografiert oder nicht) aus dem AR und MR am Steilabfall der Libyschen Wüste. Von der Niluferstraße aus sind die Rampen gut zu sehen, auf denen die Särge zu den Gräbern hinaufgezogen wurden. Zum Westufer unterhalb der Gräber verkehrt etwa alle zehn Minuten eine Fähre zu LE 1, die ungefähr 300 m südlich der Stelle an der Corniche ablegt, an der die Straße vom Bahnhof mündet.

Zu den Felsengräbern führt eine bequeme Treppe hinauf. Wer die vielen Gräber Mittelägyptens gesehen hat, wird hier nicht unbedingt Überraschungen erleben können - allerdings wird er kaum von anderen Besuchern bedrängt. Am besten erhalten sind, von Nord nach Süd, die Gräber Nr. 36, 35, 34, 31, 26 und 25. Um es sehr profan zu sagen: Für den Laien ist der Ausblick das Beste an den Gräbern.

Falls Sie sich umsehen wollen: Gegen ein Bakschisch schließt der Gabir die Gräber auf. Das schönste ist das Grab des Sarenput II (Nr. 31) aus der 12. Dynastie. Es besteht aus mehreren Räumen und ist gut geschmückt; die farbigen Querstreifen im ersten Raum sollen die im Dunkel nicht sichtbare natürliche Farbgebung des Gesteins verdeutlichen

Auch die miteinander verbundenen Gräber von Mechu (Nr. 25) und Sabni (Nr. 26) sind einen Blick wert.

Ein noch grandioserer Aus- und Rundblick ergibt sich allerdings von der Spitze des Gräber-Berges, auf dem die Kuppel-Ruine des Sheikh-Grabes **Kubet el Hauwa** steht. Wer die Diretissima hinauf scheut, kann einem etwas nördlich der Gräber abzweigenden, bequemeren Pfad folgen. Von oben überblickt man die gesamte Katarakt-Landschaft in Nord-Süd-Richtung bis hin zum Hochdamm am Horizont, nach Osten liegt das geschäftige Assuan, direkt zu den Füßen tummeln sich Feluken auf dem Nil und nach Westen schweift der Blick in eine Wüstenlandschaft, die erst 5000 km entfernt am Atlantik endet - einer der spektakulärsten Ausblicke in der mit Aussichtspunkten nicht schlecht versorgten Stadt.

Die Fähre zu den Felsengräbern bedient eigentlich die **nubischen Dörfer** auf dem Westufer nördlich der Gräber. Diese Dörfer werden seltener von Touristen heimgesucht, hier sind die Leute weniger aufdringlich, Handicrafts etwas billiger. Fahren Sie doch einfach mit einem der Sammeltaxis von der Anlegestelle aus ein Stück nilabwärts.

Die Staudämme

Bereits 1898 bis 1902 zogen die Engländer südlich von Assuan einen 2 km langen Staudamm quer durch den Fluß, der nach zwei Erhöhungen 1912 und 1943 51 m Höhe erreichte. 180 Tore regulierten den Wasserhaushalt so, daß der Stausee vor Beginn der Nilflut praktisch leer war, durch die dann voll geöffneten Tore konnte der Nil ungehemmt die Felder mit seinem fruchtbaren Schlamm überfluten. Im Herbst wurden die Wassermassen erneut gestaut. Der neue Hochdamm (**Sadd el Ali**) läßt dies nicht mehr zu: Der Schlamm verbleibt im Stausee, die Felder müssen künstlich gedüngt werden.

Die Planung des Hochdammes geht auf deutsche Firmen zurück, die allerdings nicht beim Bau zum Zug kamen, weil die Finanzierung scheiterte. Der damalige Präsident Nasser war über die Behandlung durch den Westen so empört, daß er aus einer Reihe von Gründen die politische Linie radikal wendete und sich fortan an die Sowjetunion hielt.

In einer Art *Eiszeit* der Beziehungen Ägyptens zum Westen errichtete die Sowjetunion in den Jahren 1960 - 1971 den Damm und weitgehend das elektrische Verteilernetz im Land. Der Sadd el Ali ragt 111 m über das Flußbett, an der Krone ist er 40 m breit und 3,6 km lang. An der Basis dagegen stemmt er sich mit einer Breite von 980 m gegen die Wassermassen. Diese gewaltige Dicke ist nötig, da der Damm allein durch sein Gewicht dem Druck des Wassers standhalten muß; andere Hochdämme sind gewölbt und im umliegenden Fels verankert, was hier nicht möglich war. Die aufgeschüttete Baumasse entspricht dem siebzehnfachen Inhalt der Cheopspyramide. Der Hochdamm staut im Nassersee den Nil über eine Länge von 550 km bis weit in den Sudan. Bei voller Turbinenleistung stehen 2100 MW elektrischer Energie zur Disposition.

Durch das riesige Wasserreservoir konnten und können noch große Wüstengebiete urbar gemacht und bewässert werden; bis Ende der 80er Jahre wuchs die Anbaufläche um ca. 25%. Weiterhin konnte vor allem in Oberägypten die tradi-

8. Assuan und Abu Simbel

tionelle Beckenbewässerung (bei der das Hochwasser die Becken füllte) durch Dauerbewässerung abgelöst werden. Dadurch lassen sich zusätzliche Ernten einholen, weil die Äcker nicht mehr monatelang unter Wasser stehen oder aber ausgetrocknet sind. Die gewonnene elektrische Energie machte überhaupt erst die Elektrifizierung der rund 4000 Dörfer Ägyptens möglich. Immerhin bewahrte der Wasserspeicher während der letzten Trockenphase im Zuflußgebiet des Nils Ägypten vor erheblichen Problemen: Die lange Dürreperiode Mitte der 80er Jahre ließ den Wasserstand bis auf ein Minimum sinken, und nur den sintflutartigen Regenfällen 1988 im Sudan war ein Auffüllen in buchstäblich letzter Minute - kurz vor dem Abschalten der Turbinen - zu verdanken. Ohne das Wasserreservoir wären unermeßliche Schäden entstanden.

Doch hat der Stausee auch **gewaltige Nachteile**. Fuad Ibrahim (Professor der Uni Bayreuth) schreibt in der Geographischen Rundschau (1984, Heft 5), daß es sich "bei dem Bau des Hochstaudammes um einen der großen Irrtümer unserer Zeit handelt". Als Begründung für dieses harte Urteil führt er eine Reihe von Ursachen auf, die wiederum von anderen Autoren bestritten werden. Im Angesicht des Dammes und der riesigen Wassermassen dürfte es nicht uninteressant sein, sich mit der kontroversen Diskussion bekannt zu machen:

- ♦ Die fruchtbare Schlammflut erreicht, düngt und entsalzt nicht mehr die Felder; dies mußte durch eine drastische Steigerung der Kunstdüngeranwendung kompensiert werden. Doch ohne Kunstdünger ging es infolge der höheren Bodennutzung zuvor auch nicht mehr, denn etwa 80-90% des Schlamms lagerten sich in den Kanälen ab oder verschwanden im Mittelmeer. Die Düngekraft des Schlamms war ohnehin nur für eine (mäßige) Ernte pro Jahr ausreichend, sie hätte aber nicht die jetzt üblichen drei Ernten stützen können. So wurde z.B. das Fayum seit Jahrhunderten überhaupt nicht mehr von der Nilüberflutung erreicht.

- ♦ Gleichzeitig reinigte die Flut die Felder vom Flugsand. Heute bleibt der Sand liegen; man schätzt, daß auf diese Weise etwa 8 % des Fruchtlandes verloren gehen werden. Diese Angabe wird von anderen Autoren als maßlos übertrieben dargestellt, zumal der Effekt grundsätzlich bei der (auch früher angewendeten) Beckenbewässerung auftritt und daher nicht allein auf die ausbleibende Flut zurückzuführen ist.

- ♦ Infolge der Dauerbewässerung steigen Salze an die Oberfläche und verderben den Boden, ein Problem, das nur per Drainage zu lösen ist. Ein immenses Entwässerungs-System wird überall vorangetrieben, um eine dauerhafte Entsalzung zu gewährleisten. Früher übernahm die Natur diese Drainage durch das Auswaschen der Felder während der Nilüberflutungen und die anschließende Austrocknung der Böden. Allerdings ist das Problem nicht neu; denn durch die seit Mohammed Ali großflächig eingeführte Bassinbewässerung entstanden bereits Bodensalze, die durch Drainage abgeführt werden mußten. Die Versalzung ist also nur eine Folge der Dauerbewässerung.

- ♦ Die Bodenabtragung an den Ufern und im Mündungsgebiet gleicht sich nicht mehr durch neue Anlagerungen aus,

Die Staudämme

aufwendige Erhaltungsarbeiten sind notwendig. Dieser Effekt war bekannt, allerdings hat man erst in den 80er Jahren mit Gegenmaßnahmen - unter anderem dem Bau von sechs weiteren Staustufen als Stützwehre - begonnen.

◆ Die großen Brücken und Wehre werden stark in Mitleidenschaft gezogen und bedürfen dringend einer Sanierung; ebenso nagt das aufsteigende Salzwasser an den Fundamenten vieler historischer Bauten. Dieser Effekt ist wesentlich auf den Anstieg des Grundwasserspiegels zurückzuführen, der wiederum eine Folge der Bewässerung, aber auch hoher Sickerverluste aus den Abwasserrohren in den Städten (vor allem in Kairo) ist.

◆ Angeblich schob sich früher das Mündungsdelta stetig ins Mittelmeer vor, jetzt habe sich der Vorgang umgekehrt. Allerdings ist dieser Prozeß vermutlich weniger auf den ausbleibenden Schlamm als auf den stetigen Anstieg des Mittelmeerspiegels und das gleichzeitige Absinken des Deltas zurückzuführen. Denn beim Schlamm handelte es sich hauptsächlich um Schwebstoffe und nur um 0,2 % Sand, der direkt vor der Küste abgelagert wurde. Obwohl sich der Nil zwischen Assuan und dem Delta erneut mit Schwebstoffen belädt und etwa die Hälfte der früheren Fracht erreicht, lagern sich die mitgeführten Stoffe heute in den insgesamt ungefähr 10 000 km langen Bewässerungskanälen des Deltas ab und erreichen nicht mehr die Küste. Die im Mündungsgebiet fehlenden nährstoffreichen Sedimente lösten einen drastischen Rückgang des ehemals ertragreichen Fischfangs aus.

◆ Nicht zuletzt fehlt der Ziegelindustrie der Nachschub an Schlamm - mit der Folge, daß fruchtbarer Ackerboden zu Ziegeln verarbeitet wird, was seit 1985 streng verboten ist. Doch auch bei Überflutung hätte der Schlamm nicht für die extrem gestiegene Nachfrage gereicht; schließlich wurden etwa zwei Drittel aller ägyptischen Bauten erst nach 1966 errichtet.

◆ Die Ratten erfreuen sich einer von Wasser-Attacken ungestörten und ungeheuren Vermehrung.

◆ Wenn der maximal zulässige Wasserstand des Sees erreicht ist, soll durch den in den 80er Jahren gebauten, etwa 250 km südlich der Mauer gelegenen 22 km langen Überlaufkanal in die Toshka-Senke Gefahr abgewendet werden. Hier lassen sich bis zu 120 Milliarden Kubikmeter Wasser zusätzlich speichern und für das *New Valley* (Oasen Kharga, Dakhla, Farafra) verwenden (der Nasser-Stausee kann 200 Milliarden Kubikmeter maximal halten). Andererseits scheinen auch bei diesem Projekt die ökologischen Folgen für die Senke nicht genügend abgeklärt worden zu sein.

◆ Neuere Untersuchungen belegen, daß sich der Stausee langsamer mit Sedimenten füllt als es Anfang der 80er Jahre schien. Seit dem Bau des Toshka-Überlaufkanals wird jetzt angenommen, daß sich eine Nutzungsdauer des Nasser-Sees von möglicherweise bis zu 700 Jahren ergeben könnte, eine Zeit, die nur wenige andere Stauwerke erreichen werden.

◆ Die Oberflächen-Verdunstung von jährlich bis zu fünf Meter Höhe des Stauseewassers beeinflußt zumindest in

8. Assuan und Abu Simbel

Oberägypten die klimatischen Verhältnisse.

♦ Viel zu wenig öffentliche Betonung findet die Tatsache, daß im See die Heimat von etwa 120 000 Nubiern versank, die diesen Verlust weder wirtschaftlich noch emotional verkrafteten.

♦ Nicht zuletzt stellt der Damm ein Sicherheitsrisiko dar, vor allem aus militärischer Sicht. Bei einer Zerstörung der Dammkrone würden die dann freigesetzten Wassermassen den Damm sehr schnell wegspülen und innerhalb von ein bis zwei Tagen Ägypten praktisch auslöschen. Ein ähnliches Risiko besteht auch bei einem Erdbeben, das den Damm ernsthaft beschädigen könnte - schließlich liegt eine der erdbebenträchtigsten Zonen, der ostafrikanische Grabenbruch, nur 200 km entfernt im Roten Meer.

Andererseits wäre eine Rückkehr zum natürlichen Überflutungssystem kaum mehr vorstellbar. Noch sehen viele Ägypter den Damm als positive Errungenschaft, wenn auch die Euphorie der Vergangenheit einer sehr viel kritischeren Betrachtung gewichen ist. Die ökologischen und wirtschaftlichen Folgelasten sind tatsächlich noch nicht endgültig abzusehen. Irrationale Vorschläge, den Damm wieder abzutragen, locken mit der Aussicht, daß dann zwar 500 000 Hektar fruchtbares Land im Nasser-See zu gewinnen, die Schäden durch die Überflutung des Niltals aber kaum mehr zu kompensieren wären. Ein Blick auf den Nilometer in Kairo (siehe Seite 132) läßt die Ausmaße einer solchen Katastrophe erahnen.

Eine andere, in der Schweiz publizierte Idee sieht einen Kanal aus dem Stausee zur Kharga Oase, dann weiter nach Farafra und zur Qattara-Senke vor, der dort auf einen weiteren Kanal trifft, der etwa nördlich der Oase Bahariya die Wüste durchschneidet. Damit würde die Kulturfläche des Landes um ein Mehrfaches erweitert.

Sie können - und sollten - beide Dämme besichtigen, wobei der **alte Damm** meist bei der Anfahrt überquert wird. Ein Halt am westlichen Ende des alten Staudammes (auf dem Damm striktes Halteverbot) ermöglicht einen Blick auf das einst berühmte Mammutbauwerk. Doch der neue Damm hat ihm die Schau gestohlen.

Die Besichtigung des **Hochdammes** zu Fuß ist nicht mehr gestattet; nur noch per Auto oder Fahr- bzw. Motorrad, Aussteigen bzw. Anhalten nur am Aussichtspunkt. Die Besichtigung kostet LE 3.

Kommt man von Westen her zum Damm, dann ragt bald nach dem Tikkethäuschen das Denkmal der ägyptisch-russischen Freundschaft, eine hohe Beton-Lotosblume mit (häufg nicht funktionierendem) Lift auf eine Aussichtsplattform in 74 m Höhe mit gutem Ausblick weit über den See. Angeblich ist eine Tasrih notwendig, die man beim ca. 100 m entfernten Kontrollposten oder im grauen Gebäudekomplex im Westen des Dammes oder bei der Polizei in Assuan erhält. Doch der Wärter bietet eine Fahrt gegen Bakschisch (ca LE 2) nach oben bereitwilligst an - vielleicht hat er die Tasrih-Geschichte nur zur wundersamen Geldvermehrung erfunden. Südlich gegenüber dem Denkmal sind auf einem Hügel der Kalabsha-Tempel, ein Stück dahinter das Hotel Amun Village zu erkennen.

Weiter in der Mitte des Sadd el Ali stehen etwas verblaßte Schautafeln an einem Parkplatz, von dem aus man auch ungestört fotografieren kann. Auf der Ostseite führt die erste Abzweigung ein Stück hinunter zu einem größeren Platz, von dem aus man einen guten Blick auf das Elektrizitätswerk und die aus den Turbinen strömenden Wassermassen hat. Die Krone des Sadd el Ali setzt sich bis in die Nähe des Stausee-Bahnhofs fort.

Anfahrt: Zum Sadd el Ali kommt man per Taxi zu etwa LE 20 bis 25 hin und zurück, eine Taxi-Rundfahrt mit möglichen Stops am unvollendeten Obelisken, Insel Philae, den Staudämmen und dem Kalabsha Tempel kostet etwa LE 30 - 40 (Taxi u.a. vor dem Hotel Continental). Auch Sammeltaxis fahren zu LE 0,50 zum Staudamm. Als derzeit nicht empfehlenswerte Alternative, da keine Fußgänger auf dem Damm geduldet werden: Vom Hauptbahnhof verkehren mehrmals täglich überfüllte, verschmutzte Züge. Zum alten Damm fährt Bus Nr. 20 oder 59 (Haltestelle vor Hotel Abu Simbel oder Hotel Hathor) bis zum Dorf Hazan, von dort gibt es aber keine Verbindung mit öffentlichen Verkehrsmitteln zum neuen Hochdamm. Nicht empfohlen wird eine Radtour wegen der teils uninteressanten Landschaft und des Gegenwinds.

Wenn Sie einen Abu-Simbel-Besuch per Taxi planen, dann ist bei organisierten Fahrten meist die Staudamm-Besichtigung eingeschlossen, zumindest läßt sie sich leicht damit verbinden. Wenn Sie den Kalabsha Tempel (siehe weiter unten) besichtigen wollen, so sollten Sie dies hier einplanen.

Autofahrer können vom alten Damm am Ostufer entlang auf einer sehr schlechten Straße direkt zum neuen Damm fahren.

Insel Philae

Die ursprüngliche Insel Philae - "Perle Ägyptens" - war einst vollständig mit Tempelbauten und schattigen Palmen bedeckt, auf ihr lebten die pharaonischen Götter am längsten in Ägypten, die letzten datierten Inschriften stammen aus dem Jahr 456 nC. Nach dem Bau des alten Staudammes versank die Insel jährlich für zehn Monate in den Fluten. Der neue Hochdamm ließ sie für immer untergehen, da sich der Rest des alten Stausees in der Höhe praktisch nicht mehr verändert. Daher wurde der größte Teil der Tempelbauten auf die benachbarte, ähnlich große Insel Agilka umgesetzt (die heute unter Philae "firmiert").

Dominierendes Bauwerk ist der Isis-Tempel, dessen Achse zweimal abknickt, um das Gebäude an die Gegebenheiten des ehemaligen Philae-Geländes anzupassen. Daher liegt das Mamisi hier auch im Hof zwischen 1. und 2. Pylon und nicht vor dem Tempel im rechten Winkel zu ihm, wie es bei den Tempeln der griechisch-römischen Zeit üblich ist. Die frühesten erhaltenen Gebäude auf Philae datieren in die 30. Dynastie; unter Nektanebos I wurde der Pavillon am Südende der Insel errichtet, wo heute die Touristenboote anlegen.

Neben dem großen Isis-Tempel sind einige kleinere Tempel von Interesse. Das **Heiligtum für Imhotep** (rechts hinter den Eingangs-Kolonnaden) wurde zur Verehrung des göttlichen Architekten aus der 3. Dynastie errichtet (siehe auch Sakkara, Seite 201).

Im **Isis-Tempel** finden sich auf den Säulen für die Göttin Hathor vergnügliche Darstellungen des tanzenden, zwerggestaltigen Gottes Bes. Eine sehr unge-

8. Assuan und Abu Simbel

wöhnliche Architektur weist der Trajans-Kiosk auf - hier vermischen sich altägyptische Formen mit Architekturelementen der Spätantike. Achten Sie sowohl hier als auch im Isis-Tempel auf die große Vielfalt an Kapitell-Formen - es gibt fast keine identischen Stücke.

Der Philae-Tempel kann auch bei einer **Light and Sound Show** bewundert werden (LE 33 pP), eine Spätvorstellung pro Woche (derzeit sonntags) ist in deutsch. Bei dieser Gelegenheit zahlt man für die Überfahrt nur LE 1. Allerdings gibt es negative Kritik: Die Show ist zu kurz, zumal Anfahrts- und Übersetzkosten hinzukommen.

Anfahrt: Per Taxi (ca. LE 10 - 15 inkl. Wartezeit oder LE 2 pP einfach) bis zur Anlegestelle unterhalb des alten Staudamms, alternativ per Sammeltaxi von der Corniche oder mit einem der auf der Corniche nach Süden fahrenden Busse, die meist bis zum alten Staudamm bzw. einem Dorf davor fahren. Vom Beginn des alten Staudamms links durch ein Dorf am Stausee entlang zur Anlegestelle etwa 15 Minuten gehen. Die Boote zur Insel fahren auf Zuruf (Hin- und Rückfahrt LE 20 für maximal acht Personen, häufig wird auch LE 3 pP verlangt), allerdings muß man zuvor die Eintrittskarten zu LE 20 pP (9-17) am Tickethäuschen kaufen. Einzelgänger sollten bis zum Eintreffen einer Gruppe warten, wenn sie nicht den vollen Mietpreis für ein Boot zahlen wollen; aber warten Sie vorher und schließen Sie sich einer Gruppe an, bevor die Kassierer Sie bemerken. Wenn Sie spätnachmittags die Insel besuchen, werden Sie ziemlich allein sein und die Eindrücke um so mehr genießen können.

Tempel von Kalabsha und von Beyt el Wali

Das unter Augustus errichtete Bauwerk war der größte freistehende Tempel des ägyptischen Nubien, er gehört zu den spätesten Bauten, seine Reliefs sind unvollständig geblieben. Er ist dem nubischen Gott Mandulis geweiht, der in den Bildern meist von der Göttin Isis begleitet wird. Der Pylon ist über eine Treppe zu erreichen, von oben herrlicher Rundblick über Stausee und Hochdamm. Auf den Säulen und Schranken zu beiden Seiten des Eingangs Graffiti und Inschriften in meroitischer Schrift, darunter die berühmte Darstellung des Silko, eines spätnubischen Königs aus dem 5. Jhd nC (Reiter ersticht Feind). Bei der Versetzung des Tempels 1961-1963 fand man wiederverwendete Blöcke eines Tores, das als Dank für die Unterstützung bei der Versetzung der nubischen Tempel der Bundesrepublik Deutschland geschenkt wurde. Es steht heute im Ägyptischen Museum in Berlin.

Auch dieser, ehemals etwa 40 km südlich vom heutigen Standort gelegene Tempel war von den Fluten des Stausees bedroht; er wurde auf eine westlich des Sees gelegene Granitkuppe etwa 1 km südlich des Hochdamms verlegt und damit gerettet. - Der Besuch des Tempels lohnt vor allem auch wegen seiner einsamen Lage hoch über dem See und der meist ungestörten Besichtigung (wenige Besucher). Nehmen Sie für im Halbdunkel liegende Reliefs eine Taschenlampe mit.

Auf einer Terrasse südlich des Tempels wurde der leichte Bau des Kiosks von Kertassi wiedererrichtet, der ebenfalls im Stausee versunken war. In der anschließenden Senke lagern Blöcke des Gerf Hussein Tempels mit zum größten Teil

Tempel von Kalabsha und von Beyt el Wali

noch gut erhaltenen Reliefs aus dem rund 100 km südlicher liegenden Felstempel Ramses II. Auch zwei Blöcke mit prähistorischen Felszeichnungen (Elefant und Gazelle) sind zu sehen.

Weiter nordwestlich steht der ebenfalls versetzte Tempel Beyt el Wali, den Ramses II größtenteils in den anstehenden Fels hineinschlagen ließ. In der Vorhalle auf der Südwand (links) Reliefs von Kämpfen gegen die Nubier, auf der Nordwand (rechts) gegen die Asiaten. Der König wird bereits zu Lebzeiten vergöttlicht dargestellt. Im Inneren sehen Sie Reliefs mit zum Teil noch sehr gut erhaltenen Farben.

Auf einem der nächsten Hügel in südlicher Richtung liegt ein moderner "Tempel", ein Touristen-Ghetto wie es trefflicher nicht isoliert werden kann, das Amun Village Hotel. Es ist von der Flughafenstraße (ausgeschildert) her erreichbar, ein (spärlich) grüner Fleck in der Wüste am Rande des Stausees mit herrlichem Blick über ihn hinweg - "splendid isolation" in Fünf-Sterne-Umgebung.

Anfahrt: Verbinden Sie Damm- und Tempelbesuch miteinander. Bei normalem Wasserstand ist der Tempelbezirk (9-16; LE 6) per Boot erreichbar, das gegenüber der Anlage gemietet (LE 10 - 25 oder LE 5 pP) werden kann. Bei niedrigem Wasserstand des Stausees kann man gleich links neben dem Lotosdenkmal durch das Gelände der Fischfabrik bis fast zum Tempel fahren oder etwa 30 Minuten gehen.

Ausflug mit einer Feluke

Am Nilufer dümpeln Segelboote, Feluken genannt, die noch aus pharaonischen Zeiten zu stammen scheinen. Sobald Sie sich in die Nähe eines Schiffes wagen, wird Sie der *Kapitän* zu einer Segelpartie einladen. Machen Sie nach unermüdlich-mühseligem Feilschen - am allerbesten direkt mit den Kapitänen in den Feluken und nicht mit den Schleppern auf der Straße - unbedingt Gebrauch davon (ca. LE 25 - 30 pro Boot und Stunde, bei längerer Miete deutlich geringere Stundensätze). Versuchen Sie, Kapitäne von den Inseln zu finden, die sind meist preiswerter als die Stadt-Kapitäne. Man sollte nicht zweimal mit einem Kapitän fahren, denn die "Vertrautheit" verführt schnell zu einem Aufschlag.

Eine Segelreise am späten Nachmittag gehört zu den stimmungsvollsten Erlebnissen, die Assuan bieten kann. Wenn man Glück hat und einen guten Kapitän findet, sollte man in den kleinen nubischen Dörfern halten; häufig gibt es abends unverfälschte nubische Musik mit Tanz am Lagerfeuer. Üblicherweise führt die Reise zwischen Stromschnellen hindurch nilaufwärts zu einer der Inseln, die von Nubiern besiedelt sind. Machen Sie sich darauf gefaßt, daß diese Leute sehr auf Touristen eingestellt sind (Kleinkinder lernen als erstes das Wort "Bakschisch") und Sie keine Fluchtmöglichkeit haben, aber dennoch ist ein Besuch der Dörfer nicht uninteressant.

Zum Repertoire der meisten Kapitäne gehört die **Insel Sehel,** auf der auch Inschriften, bis in pharaonische Zeiten datierend, zu sehen sind. Am bekanntesten ist die sog. **Hungersnot-Stele** auf der höchsten Erhebung im Südosten der Insel, die von einer siebenjährigen Hungersnot berichtet. Von ihren "Autoren" fiktiv in die Zeit von Djoser (2650 vC) datiert, in Wirklichkeit aber erst unter Ptolemäus

8. Assuan und Abu Simbel

V (um 200 vC) verfaßt, sichert der Text die Rechte der Priester des Katarakt-Gottes Chnum. Die Stele ist eingezäunt, der Wärter verlangt LE 10 Eintritt, ist aber meist schwer zu finden. - Man kann auch schneller und billiger zur Insel Sehel kommen: Per Taxi zum Nubierdorf El Mahatta, dann mit dem Ruderboot zu LE 1,50 übersetzen.

Erholsame Felukenausflüge gibt es auch nilabwärts zu einer der etwa 10 km entfernten Inseln mit Sandstrand, wo man sehr ungestört den ganzen Tag in der Sonne liegen kann. Obwohl eine Leserin schreibt, daß dort Baden wegen der starken Strömung ungefährlich sei, empfehlen wir die Bemerkungen über Bilharziose auf Seite 45 nachzulesen.

Eine viel **interessantere Segelreise** führt nilabwärts nach Esna oder Luxor. Da man sowohl von Luxor als auch von Assuan Felukenfahrten starten kann, haben wir nähere Infos hierzu ab Seite 39 unter *Per Feluke/Motorschiff auf dem Nil* zusammengefaßt; lesen Sie unbedingt dort nach, wenn Sie eine solche Reise planen.

Ein Tagesausflug per Feluke nach Kom Ombo ist eine Schnuppermöglichkeit fürs Felukenfahren und kostet etwa LE 50 per Boot, Rückfahrt per Bus oder Taxi.

8.3 Die Tempel von Abu Simbel

Anreise nach Abu Simbel

Die Tempelgruppe liegt 290 km südlich von Assuan. Seit 1985 verbindet eine Asphaltstraße Abu Simbel mit der Außenwelt, der Flug ist nicht mehr, wie lange Zeit, die einzige Anreisemöglichkeit. Man kann per Bus oder Auto nach Abu Simbel fahren. Unterwegs überquert man nicht nur den nördlichen Wendekreis, sondern hat mit etwas Glück auch Gelegenheit, von der Straße aus Kamelkarawanen zu beobachten, die aus dem Sudan zum Markt nach Darau ziehen.

Noch ein paar grundsätzliche Tips, die derzeit allerdings nur eingeschränkt gültig sind, weil man nur im Konvoi nach Süden fahren darf, also an feste Zeiten gebunden ist. Wir veröffentlichen dennoch weiterhin die "alten" Infos, weil sich die Situation jederzeit entspannen kann:

- ♦ Obwohl Abu Simbel die südlichste Sehenswürdigkeit in Ägypten ist, haben wir (und viele Leser) dort in den kühleren Jahreszeiten schon **bitter gefroren**. Der Wüstenwind bläst ungehindert und ist morgens sehr kalt - nehmen Sie eine Jacke mit, der Nordwind kann die Stimmung beim Sonnenaufgang sehr frostig gestalten.
- ♦ **Besuchszeit:** Die Tempel werden von der Morgensonne beleuchtet, daher den Besuch möglichst für den frühen Vormittag planen. Am besten ist, in Abu Simbel zu übernachten und dabei Abend- und Morgenstimmung in der stillen Einsamkeit zu erleben. Allerdings sollte man bei einem Reisebüro oder bei Egypt Air (einem Miteigentümer des Hotels Nefertari) nötigenfalls mit etwas Nachdruck versuchen, im voraus ein Zimmer zu buchen. Zur Not vermieten auch die Bewohner "Privatpension" (im Ort oder bei den Tempel-Guides erfragen).
- ♦ Wenn Sie auf bestes **Fotolicht** nicht so viel Wert legen, können Sie Ihre Anrei-

Anreise nach Abu Simbel

se z.B. per Taxi so arrangieren, daß Sie erst am späteren Nachmittag ankommen (derzeit nicht möglich). Dann kehrt schon langsam Ruhe ein, der Sonnenuntergang über der Wüste ist auch stimmungsvoll. Anschließend läßt man sich die Tempelbeleuchtung einschalten, kann ein paar ungewöhnlichere Fotos schießen und fährt dann zurück nach Assuan.

◆ Wichtig zu wissen: Bei den meisten Touren ist eine Staudammbesichtigung eingeschlossen.

Anreise per Flugzeug: Von Assuan aus verkehren mehrmals täglich Flugzeuge nach Abu Simbel, Hin- und Rückflug LE 226 (direkt bei Egypt Air und nicht über ein Reisebüro buchen, da teurer), rechtzeitig am Flughafen sein, Flugzeuge starten manchmal früher. Großer Nachteil: Für die Besichtigung bleiben nur etwa 1,5 Stunden Zeit, alle Fluggäste stürzen sich gleichzeitig auf die Tempel. Überspringen eines Fliegers ist schwierig, es dürfte nur außerhalb der Saison oder mit Glück möglich sein, da in der späteren Maschine ein Platz frei sein muß. Wenn Sie jedoch das letzte Nachmittagsflugzeug für den Hinflug nehmen und mit der ersten Morgenmaschine, die leer fliegt, nach Assuan zurückkehren, sollte es keine Probleme geben; sie müssen das nur dem Buchungspersonal klarmachen.

Beim üblichen **Landeanflug** vom Stausee her sieht man von der linken Fensterreihe sehr schön auf die Tempel, rechts nicht. Vom Flughafen zum Tempel fahren Pendelbusse der Egypt Air. Die Anfahrt zum Flughafen in Assuan ist wegen des Militärgeländes nur per Taxi erlaubt.

Anreise per Bus: Wegen der politischen Probleme zwichen Ägypten und Sudan sind derzeit nur Fahrten im Konvoi möglich. Damit ist die Abfahrtszeit praktisch auf 4 Uhr festgelegt. Man sammelt sich vor dem Nubischen Museum, dann rast eine Schlange von Bussen, Minibussen und anderen Fahrzeugen nach Süden. Der Pulk der Insassen stürzt sich auf das Tickethäuschen, Wartezeit bis zu einer Stunde ist nicht ungewöhnlich. Eine Stunde später geht es bereits wieder zurück! In der Mittagszeit startet angeblich ein zweiter Konvoi von Assuan.

Versuchen Sie, einen Platz in einem normalen Bus zu ergattern, weil die Sitze der Minibusse für die lange Fahrt drükkend eng sind.

Der normale öffentliche Bus fährt (fuhr) ab Busbahnhof hinter dem Abu Simbel Hotel um 8 Uhr ab, einfache Fahrzeit etwa 3,5 Stunden, 2,5 Stunden Aufenthalt, Rückfahrt gegen 14 Uhr. Nehmen Sie Ihren Paß wegen möglicher Kontrollen unterwegs und eine warme Jacke für die "Eiseskälte" im klimatisierten Bus mit. Vorausbuchung wird empfohlen. Der reine Hin- und Rückfahrtpreis beträgt LE 30, Tickets abends zuvor abholen. MISR Travel verlangt für einen klimatisierten Bus mit Video-Show und Lunch ca. LE 200 (einschließlich Eintritt und Führer).

Fast jedes Hotel vermittelt Fahrten im **Minibus** nach Abu Simbel, die Preise streuen zwischen LE 20 bis LE 40 pP; erkundigen Sie sich bei mehreren Hotels oder auch bei Wagon-lits im New Cataract Hotel. Wenn möglich, schauen Sie sich den Minibus vorher an, es gibt viele Klagen über engste Sitzverhältnisse, die man über viele Stunden zu ertragen hat. (Meiden Sie die häufig sehr engen Sitze im Minibus hinter dem Fahrer bzw. Beifahrer.)

8. Assuan und Abu Simbel

Es geht auch **per Taxi:** Die Reise kostet LE 150 bis 200 per Taxi hin und zurück oder ca. LE 30 bis 40 pP im Sammeltaxi. Ein Taxi lädt bis zu sieben Personen, allerdings wird es dann für die lange Fahrstrecke unbequem eng. Sollten sogar acht Fahrgäste hineingequetscht werden, dann vermeiden Sie den Sitz auf dem Schalthebel zwischen Fahrer und Beifahrer, oder kaufen Sie sich beide Vorderplätze. Genug Trinkwasser für die Autofahrt mitnehmen! Einigen Sie sich vor der Abfahrt, wer die Straßenbenutzungsgebühr in Höhe von LE 10 am ersten Kontrollposten zahlt.

Viele Hotels, das Youth Hostel, der Verwalter vom Campingplatz oder Agenturen wie Queen Tours organisieren Taxifahrten nach Abu Simbel. In diesem Zusammenhang, wie überhaupt, wird das Hathor Hotel immer wieder gelobt, auch das Noorhan Hotel wird positiv bewertet. Doch der uneigennützigste Vermittler ist das Tourist Office, lassen Sie sich dort zunächst beraten.

Per Auto: Immer wieder mal mußte man sich eine Tasrih (Genehmigung) besorgen. Seit 1983 änderte sich diese Bestimmung nun schon zum vierten Mal. Fahren Sie mindestens 48 Stunden vor dem geplanten Trip zum Gebäude der Police Department an der Corniche und verhandeln Sie mit dem Intelligent Service. - Die Tankstelle in Abu Simbel verkauft nun auch Benzin und Diesel.

*km 0 Assuan (Egypt Air Office)
Ausfahrt auf der Straße zum Hochdamm bzw. Flughafen
*km 5 Kreuzung
Links 1,5 km zur Bootsanlegestelle zur Insel Philae, bald danach über den alten Staudamm.

*km 14 Kreuzung
Geradeaus 2 km zum Hochdamm, rechts nach Abu Simbel, nach 1 km Checkpost
*km 66 Kreuzung, geradeaus halten
*km 110 Raststätte (Getränke, WC)
*km 230 Kreuzung
Links nach Abu Simbel, geradeaus nach Wadi Halfa/Sudan. Hier sieht man den Überlaufkanal für den Stausee, der überschüssiges Wasser in die Toshka-Depression leiten soll (siehe auch Seite 259).
*km 285 Flughafen, Checkpost; in der Nähe das neue Hotel Pharao Village
(Für Flugreisende verkehren Busse zu den Tempeln).
*km 290 Abu Simbel
Man fährt durch die ehemalige Bauleute-Siedlung, die heute von Nubiern bewohnt ist. Die Versorgungsmöglichkeiten sind bescheiden, doch ausreichend; eine Bäckerei und zwei Cafeterias, Restaurant im Nefertari Hotel, vor dem die Straße endet. Im Swimmingpool des Hotels kann man sich erfrischen. Kurz zuvor links zum Tempel-Parkplatz. Sollten Sie im See baden wollen, so denken Sie an die vielen stets hungrigen Krokodile und die Bilharziose.

Gönnen Sie sich, wenn Sie hier übernachten, die Flutlichtbeleuchtung am Abend. Der "Maschinist" der Tempel schaltet für ein Bakschisch von ein paar LE das Licht an (falls nicht ohnehin wegen Nachtbesuchern per Flugzeug bereits an). Der Mann sitzt meist in der Nähe des Eingangs zur Stahlbetonkuppel des Ramses-Tempels. Oder fragen Sie einen Guide, der stellt den Kontakt her.

Öffnungszeit 7-16 Uhr (Winter: 8-16), man bezahlt LE 36 Eintritt für beide Tempel, einschließlich Gebühr für obligatorischen Guide und LE 3 für örtliche Steuer. Individualtouristen müssen sich für die Tempel-Innenbesich -tigung meist Besuchergruppen anschließen.

Abu Simbel Großer Tempel Querschnitt: Erdüberdeckung, Betonmantel, Ramses-Statue, Moderne Kuppelhalle, Ramses-Tempel, Eingang, Pfeilerhalle, Zwischensaal, Sanktuar

Geschichte der Tempel

Ramses II ließ zur Demonstration seines Einflußbereiches mitten in der Einsamkeit der nubischen Wüste in den Steilabfall zum Nil einen großen Tempel für sich und, wenige Schritte entfernt, einen für seine Gemahlin Nefertari in den vollen Fels hauen. Schließlich geriet die Anlage in Vergessenheit, Sandverwehungen bedeckten sie.

Stille und Einsamkeit wurden Jahrtausende später jäh gestört. Die Fluten des Nasser-Sees drohten die Heiligtümer für immer zu versenken. Eine 36 Millionen DM teure Hilfsaktion der UNESCO erreichte schließlich die Rettung der Tempel.

Als die Entscheidung zur Versetzung gefallen war, stieg der See bereits unaufhörlich. Die Bauwerke mußten zunächst durch einen künstlichen Damm geschützt werden. Dann galt es, die monolithischen Tempel in handliche Blöcke zu zersägen, an einen sicheren und höheren Platz zu transportieren und wieder zusammenzusetzen. Diese gewaltige Aufgabe wurde am 10. März 1980 mit einem Festakt besiegelt, man sieht den Bauten die Reise kaum an.

Der große Tempel

Die Mittelachse des Tempels ist nach Osten ausgerichtet. Um den 21. Februar und 21. Oktober beleuchtet die aufgehende Sonne die Götterbilder im Allerheiligsten - ein etwa zehnminütiges, atemberaubendes Erlebnis. Durch eine leichte Winkeländerung ergibt sich eine Verschiebung um einen Tag gegenüber früher, als die Sonne jeweils am 20. die Tempel ausleuchtete. Diese Gelegenheit lassen sich natürlich viele Touristen, aber auch tausende Ägypter nicht entgehen. Selbst aus anderen afrikanischen Ländern kommen Folkloregruppen und machen aus dem Ereignis ein Volksfest.

In Abu Simbel begründen Tempelführer diese Daten mit dem Geburtstag von Ramses am 21. 2. und seiner Krönung am 21. 10.; das erstere ist völlig unbekannt, für das zweite Ereignis gibt es nur die vage Zeitangabe zwischen Juli und Oktober. Auch ist kaum anzunehmen, daß die Götterbilder im Sanktuarium das eigentliche Ziel der Beleuchtung waren, denn sie wurden von der sehr großen Barke mit dem Kultbild förmlich in den Schatten gestellt. Das im Vordergrund stehende Kultbild selbst sollte wohl im frühen Morgenlicht erstrahlen.

Auf einer Terrasse vor dem Eingang steht ein Sonnenheiligtum, über der Tempelfassade sehen Sie eine Reihe von Pavianen mit erhobenen Armen, die den Aufgang der Sonne begrüßen. Vor der Fassade dominieren vier kolossale Sitzstatuen des Königs, die aus dem anste-

8. Assuan und Abu Simbel

henden Fels geschlagen wurden. Besucherinschriften lassen sich von jüngster Zeit bis in die griechisch-römische Epoche zurückverfolgen.

Eine schmale Tür führt in die 55 m weit in den Berg getriebene Anlage, die in der Raumfolge einem *normalen* Tempel entspricht. Der offene Hof ist hier allerdings eine große Halle mit acht kolossalen Pfeilerfiguren des Königs; an den Wänden ausschließlich Kampfdarstellungen (rechts Kadesh-Schlacht). Durch einen Zwischensaal betritt man das Sanktuar, an dessen Rückwand thronen nebeneinander vier aus dem Fels gearbeitete Götterfiguren: Amun von Theben, Re-Harachte von Heliopolis, Ptah von Memphis und der vergöttlichte Ramses II selbst.

Besichtigen Sie auch die moderne Technik: Rechts vom Ramses-Tempel führt eine Tür in das Stahlbetonbauwerk, das den Tempel heute überdeckt, um wieder den Eindruck eines Felstempels zu erzeugen. Der Blick hinter die Kulisse (mit Dokumentation der Technik und Versetzaktion) ist interessant und überraschend, man kann sogar oben auf dem Tempel spazierengehen.

Auf den Felswänden stehen neben und zwischen den Tempeln eine Vielzahl von Fels-Stelen, die von hierher versetzten bzw. für die Tempel zuständigen Beamten in Auftrag gegeben wurden.

Der kleine Tempel

Dieser, der Göttin Hathor geweihte Tempel ehrt gleichzeitig die hier vergöttlicht gezeigte Große Königliche Gemahlin Nefertari, die vor der Fassade in kolossalen Standbildern mit ihrem Mann Ramses II gezeigt wird und den Kopfschmuck der Göttin (Kuhgehörn mit Sonnenscheibe) trägt. Neben dem Königspaar sind kleine Figuren von Prinzen und Prinzessinnen in den Fels gemeißelt. Im Innern kann man Pfeiler mit dem Gesicht der Göttin betrachten; die Thematik der Reliefs wird beherrscht von Opferdarstellungen, die die Königin vor der Göttin zeigen.

9. Praktische Informationen

9.1 Hotels

Allgemeine Informationen

Obwohl Ägypten jährlich Millionen von Besuchern unterbringen muß, steht's in der Hauptsaison mit der Hotellerie nicht zum Besten. Viele Hotels sind aus- oder überbucht und der Einzeltourist hat oft seine liebe Not, eine Unterkunft zu finden. Häufig zaubert ein etwas ansehnlicheres Bakschisch dennoch ein Bett im ausgebuchten Hotel herbei.

Kümmern Sie sich rechtzeitig darum, wo Sie nachts Ihr Haupt betten wollen oder (nur) können. Allerdings herrscht hauptsächlich bei den oberen Hotel-Klassen Mangel. Wer sich mit einfachen Zimmern begnügt, tut sich leichter. In vielen Städten oder Dörfern gibt es übrigens *Resthouses*, einfache Unterkünfte für reisende Beamte, die häufig auch Fremden zugänglich sind.

Privatleute dürfen offiziell Ausländer nicht zur Übernachtung einladen, ohne eine Erlaubnis der Polizei einzuholen. Andernfalls sind Strafen bis zu LE 2000 oder 10 Monate Gefängnis fällig.

Ein paar Tips und Infos:

◆ Außerhalb der Saison, z.B. sind im Sommer in den oberägyptischen Hotels Rabatte herauszuhandeln.

◆ An die **Sauberkeit der billigen Unterkünfte** darf man keine hohen Ansprüche stellen. Wenn die Bettwäsche noch vom Vorgänger stammt, so wird sie doch in den meisten Fällen gewechselt, wenn der Gast nachhaltig darauf besteht. Nehmen Sie vorsichtshalber eigene Handtücher, Seife und Toilettenpapier mit.

◆ Achten Sie darauf, daß Sie Ihr **Zimmer verschließen** können und daß Sie sich als Frau ungestört bzw. unbeobachtet durch Löcher in Wand oder Tür waschen können. Fragen Sie vorab in Billighotels, ob bereits jemand im Mehrbettzimmer einquartiert ist.

◆ Schauen Sie sich das Zimmer möglichst genau an und **testen** Sie Wasser, Toilette, Dusche, Ventilator oder Airconditioner bevor Sie buchen.

◆ In der unteren Hotel-Kategorie stehen in den Zimmern meist **drei Betten,** die Toilette ist für eine gesamte Etage da, aus der Dusche kommt selten warmes Wasser.

In dieser Kategorie sind **Flöhe** keine Seltenheit (die allerdings auch gern in dichtem Gedränge oder in öffentlichen Verkehrsmitteln auf das "frische Blut" umsteigen). Gegen Wanzen - die sich von der Decke auf ahnungslose Schläfer fallenlassen - schützt ein Moskitonetz.

◆ Auch um Hotelpreise kann man **feilschen!** Fragen Sie beim Einchecken, ob Steuern etc. im Preis inbegriffen sind.

◆ **Preisgünstige Hotelbuchungen:** Wenn Sie dem Streß der ersten Hotelsuche in Ägypten vorbeugen wollen, dann können Sie über ein Reisebüro oder einen der großen Reiseveranstalter bereits von zu Hause aus eine preiswerte Einzelunterkunft buchen. Auch im Land selbst haben Sie noch die Möglichkeit bei *American Express, Wagons-lits-Travel* oder *Thomas Cook* nach einem "***Hotel Voucher***" zu fragen. Mit einem solchen Voucher kann man zu wesentlich günstigeren Preisen einchecken (besonders bei den besseren Unterkünften). Bucht man ein Zimmer über **Vertreter von Reiseagenturen** (Sprech-

9.1 Hotels

zeiten hängen meist an einer Pinwand in größeren Hotels aus), spart man auch hier u.U. 30% und mehr.

◆ In allen Hotels müssen oder sollten amtlich genehmigte **Preislisten** aushängen oder -liegen, die meist nur dann Gültigkeit haben, wenn die Zimmer nicht ausgebucht sind. Ist der von Ihnen ausgehandelte Preis wesentlich höher, so hilft ein Hinweis auf eine der touristischen Institutionen, die Differenz u.U. drastisch zu verringern.

◆ In der **Sommersaison** (Mai bis September) sind viele Hotels deutlich billiger - außer an der Mittelmeerküste, wo in dieser Zeit Hochsaison herrscht.

◆ In der **Spitzen-Hochsaison** (Weihnachten, Ostern) langen viele Hoteliers u.U. mit gewaltigen Zuschlägen kräftig zu

◆ Etwa vom 5. bis 20. Januar sind Ferien an Schulen und Universitäten Ägyptens. Dann kann es durchaus passieren, daß man aus Hotels herausfliegt, weil eine Gruppe lange voraus buchte und kein Mensch daran dachte...

◆ Wenn Sie mit einem Hotel zufrieden sind, fragen Sie, ob der Hotelier Ihnen ein ebenso gutes/billiges am nächsten Zielort empfehlen und eventuell buchen kann, eine Reihe kleinerer Hotels arbeitet auf dieser Basis zusammen

◆ Die teuren Hotels rechnen meist in harten **Devisen** ab (bar oder Kreditkarte), dies kann auch in mittleren Hotels passieren

◆ Wenn sich Ihnen freundliche Menschen zugesellen, um bei der Hotelsuche behilflich zu sein, so wird es sich meist um "**Schlepper**" handeln, die den Preis in die Höhe treiben, um später Provisionen beim Hotelier zu kassieren

In der folgenden Liste haben wir alle Hotels oder Pensionen zusammengestellt, die uns durch eigene Recherchen oder durch Angaben aus Leserzuschriften bekannt wurden. Diese Unterkünfte finden Sie jeweils unter der Überschrift **EMPFEHLUNGEN**. Betrachten Sie diese Empfehlungen aber bitte nicht als das Nonplusultra Ihrer Hotelsuche; denn die Informationen sind immer unter dem **subjektiven Blickwinkel** des jeweiligen Beurteilers entstanden. Dieser Eindruck muß sich keinesfalls mit Ihrem persönlichen Anspruch decken, sowohl im positiven wie im negativen Sinn. Weiterhin machen wir immer wieder die Erfahrung, daß sich empfohlene Hotels plötzlich zum Negativen, seltener in positiver Richtung ändern.

Andererseits können "schlechte Noten" durchaus Ansporn für den Besitzer sein, den Service zu verbessern - einige versuchten, das Problem dadurch zu lösen, daß sie den Namen wechselten und unter neuer Flagge mit gleich schlechtem Angebot wieder zu negativer Kritik Anlaß gaben.

Weiterhin finden Sie 5*, 4* und 3* Hotels aufgelistet. Diese Klassifizierung entspricht dem offiziellen "Egyptian Hotel Guide", herausgegeben von der Egyptian Hotel Association. Wir haben hier keine Preise angegeben, weil sich gerade bei diesen Hotels die Preisspirale unaufhörlich nach oben dreht. Sie können jedoch aktuelle Preise bei den Touristen-Informationen in Kairo, Luxor oder Assuan erfragen.

Die aktualisierten Angaben beruhen auf Informationen, die uns bis Anfang 1997 bekannt wurden.

Informationen zur Hotel-Liste:

◆ Wir haben jeweils pro Hotel die billigste und teuerste Übernachtungsmöglichkeit aufgeführt, falls uns mehrere bekannt waren.

◆ **Alle Preisangaben in LE,** falls nicht anders vermerkt.

◆ Alle $-Angaben beziehen sich auf US-Dollar!

◆ Die derzeit gültigen Sätze für **Steuern,** die häufig noch zusätzlich zu den Hotelpreisen zu zahlen sind: 12 % Service, 5% Municipality (örtliche Steuer), 4% Governora-

ABU SIMBEL (Tel-Vw 097)

Die in diesem Kapitel verwendeten Abkürzungen bedeuten:

AC = Aircondition	**li** = links	**ru** = ruhig
ang = angenehm	**mä** = mäßig	**sa** = sauber
B = Bad	**Md** = Midan (Platz)	**se** = sehr
empf = empfehlenswert	**mF** = mit Frühstück	**Sh** = Sharia (Straße)
E = Einzelzimmer	**MZi** = Mehrbettzimmer (ab 3 Betten)	**tlw** = teilweise
D = Doppelzimmer		**unfr** = unfreundlich
fr = freundlich	**ni** = nicht	**Ven** = Ventilator
hb = hilfsbereit	**pP** = pro Person	**Vp** = Vollpension
Hp = inkl. Halbpension	**re** = rechts	**wW** = Warmwasser
Kü = Küche, Kochgeleg.	**rel** = relativ	**Zi** = Zimmer(zahl)
la = laut	**Rest** = Restaurant	

te (Provinzsteuer), 5,6% sonstige Steuern; in der Summe also 26,6%! Bei kleineren Hotels jedoch meist inklusiv.

◆ Beachten Sie bitte, daß es sich bei den folgenden Empfehlungen um Angaben handelt, die **keinerlei Rechtsanspruch** auf Richtigkeit erheben können. Denn, wie bereits gesagt, allen Angaben liegen subjektive Eindrücke zugrunde. Sie sind u.U. lange bevor Sie dieses Buch in Händen halten ermittelt worden.

◆ Angaben, die in dieser Auflage nicht aktualisiert werden konnten, sind *kursiv* gedruckt!

Mit **großen Vorbehalten** geben wir in dieser Auflage zum ersten Mal **Hotel-Telefonnummern** an, obwohl wir wissen, daß sie sich sehr häufig ändern oder daß sie in den uns zur Verfügung stehenden Unterlagen u.U. nicht korrekt wiedergegeben wurden. Aber wir meinen, daß es für Sie zumindest eine Hilfe ist, mit großer Wahrscheinlichkeit die richtige Telefonnummer zu erfahren.

Die nun folgende Liste ist so einfach wie möglich gehalten und nur mit den wichtigsten Informationen versehen, um vor allem Vergleiche zu ermöglichen.

ABU SIMBEL (Tel-Vw 097)

ABU SIMBEL NEFERTARI, Tel 316402/316403, direkt am Stausee, 70 Zi, AC, Pool, sa, (überbucht um den 20.2. bzw 20.10.), Hp möglich..............E+B $ 42-60,00; D+B 65-98,00
NOB LEH RAMSIS, Tel 314660/311661, Ortsmitte, im nubischen Stil erbaut, ca. 30 Wanderminuten v. Tempel, se sa, fr, hb, wW, F 5,00..... E+B $ 32,00; D+B $ 60,00

ASSUAN (Tel-Vw 097)

Während der Hauptsaison - besonders Weihnachten, Ostern - rechtzeitig buchen!

5* Hotels

ASSUAN OBEROI, Elephantine Island, Pool, etwas isoliert in schönen Gärten; **OLD CATARACT-SOFITEL,** Sh Abtal Tahrir, sehr stimmungsvoll (siehe unten); **NEW CATARACT-SOFITEL,** Sh Abtal Tahrir, unpersönlich, nüchtern, guter Pool, viele Reisegruppen

4* Hotels

AMUN, Amun Island (Club Mediterranée); **KALABSHA**, Sh Abtal Tahrir, guter Ausblick; **TUT AMUN VILLAGE HOTEL**, am Stausee südl. der Sperrmauer, weiter Ausblick über See und Wüste, gute Disco, aber sehr isoliert, Anfahrt umständlich

9.1 Hotels

EMPFEHLUNGEN
ABU SHELIB, Sh Abbas Farid, Tel 323051, zentral, älteres, kl. Hotel,
Zi se klein, sa, wW, Ven, se fr, ang, rel ru (außer Muezzin), mF, empf.
für alleinr. Frauen .... E+B 27,00 D+B 32,00
ABU SIMBEL, Corniche el Nil, Tel 322888/322453, ni sa, fr, mä Belüftung, wW,
abgewohnt, Super-Nilblick, Garten, mF .... E 15,00; E+B 25,00; D+B 38,00
ASSUAN PALACE, Sh Mahmoud Jakoub, im Bazar, einf, sa, fr, hb, la,
wW stundenweise, teilw. Ven, häufig ausgebucht .... *D 8,00*
BASMA, Tel 310901, etwas außerhalb auf Hügel, 10 Fußminuten südl. von
Old Cataract, se ru, se sa, fr, AC, Sat/TV, gr. Pool, schöner Garten mit
altem Baumbestand, (Sommer 25% Rabatt) mF .... E+B $ 87,00; D+B $ 120,00
CLEOPATRA, Sh Saad Zaghlul, Tel 324001/322983, Bhf-Nähe,
Bazarseite se la, sa (ni immer), fr, tlw AC, TV, Pool, viele Gruppen, mF .... D+B 100,00
EL AMIR, Corniche/Sh Abas Farid, Tel 314735, zentral, Lift, se sa, fr,
ru, AC, Rest, Dachgarten, Preis verhandelbar, mF .... E+B 70,00; D+B 90,00
EL AMIN, v. Bhf li in Sh El Souk, 300 m Hotelschild,
(Straßenfront Muezzin), mä sa, fr, wW, Ven, mF .... *MZi pP 7,00; D+B 16,00*
EL ORABI, mitten im Souk, zentral, fr, sa, Ven, tlw AC, wW,
Etagenbad, rel ru, Balkon ....MZi pP 8,00; D 17,00
EL SAFFA, (ca. 200 m vom Bhf: 1.re/1.li), einfach, mä sa, Ven .... *pP 4,50*
EL SALAM, Corniche el Nil, Tel 322651, sa, rel fr, hb, rel la, Nilblick, Balkon,
Ven, wW, AC 7 LE, für alleinr. Frauen empf, mF .... MZi pP 18,00; E+B 27,00; D+B 35,00
HAPPI, Tel 322028/326028, ca. 1,5 km vom Bhf entfernt (etwa Höhe Fähre
Elephantine), sa, se fr, AC, Nilblick, (freie Pool-Benutzg. im Cleopatra), mF .D+B ab 50,00
HATHOR, Corniche, Tel 322590, gegenüber Oberoi, Dachterr. mit kl. Pool,
Nilblick, sa, rel fr, abends Verkehrslärm, Ven, Lift, wW, mit AC (14-18 und
ab 21 Uhr, la) LE 4,00 extra, mF(gut) ....MZi pP 15,00; E+B 30,00; D+B 50,00
HORUS, Corniche, Tel 323323, schöne Zi, fr, rel la, sa, AC, Balkon, Dachterrasse
mit Bar/Cafeteria u. Nilblick, Reisegruppen bevorzugt, mF .... D+B 35-65,00
KALABSHA, Sh Abtal el Tahrir, Nähe Old Cataract, Tel 322999/322666, se sa,
ru, fr, hb, AC, freie Poolbenutz. im Cataract, mF (gutes Buffet) ... E+B 190,00; D+B 210,00
KEYLANY, 25 Sh Keylany, sa, fr, rel la, Etagenbad, Ven, mF ....D ab 30,00; D+B 45,00
MARWA HOTEL, Sh Abtal el Tahrir (vom Bhf 2. li, 70 m) mä sa, fr, se hb,
wW, Ven, Kühlschr, häufig ausgeb. .... MZi pP ab 4,00; E 7,50; D ab 10,00
MENA, Tel 324388, ca. 600 m nach Bhf rechts (Hinweisschild zeigt falsche
Richtg.), dann li, sa, fr, hb, la, se kl Zi, Ven, mF........ MZi pP 11,50; E+B 15,00; D+B 25,00
*MOLI A (bzw.MOLLA), Sh El Kilani, Bazarviertel, rel sa, ru, ni fr,
Ven, wW, mF*...*MZi pP 12,50; D+B 24,00*
NEW ABU SIMBEL, Sh Abtal el Tharir, Tel 312143, v. Bhf 2. Str. re, ca.350 m,
neben kl. Moschee, einf., ru, sa, hb, fr, wW, AC, Garten, mF. E+B ab 28,00; D+B ab 32,00
NEW BOB MARLEY, Sh Saad Zagloul, nahe Bhf, rel sa, fr, wW,
Ven, tlw AC, Balkon, mF (mäßig), ...MZi pP 5,00; E+B 10,00; D+B 15,00
NEW CATARACT-SOFITEL, Sh Abtal el Tahrir, Tel 316001/8, unpersönlich, nüchtern, guter Pool, ...Nilblick E+B $ 75,00; D+B $ 90,00; Gartenblick E+B $ 65,00; D+B $ 80,00
NOORHAN, Sh Saad Zagloul, Seitenstr. zwischen Bhf und Bazar, gr. Zi,
sa, wW, se fr, AC 5 LE, Dachterrasse, TV (24 Std!) la, mF .... MZi pP 5,00; D+B 15,00

KAIRO (Tel-Vw 02)

NUBIAN OASIS, 234 Sh Saad Zagloul, Tel 312123/312124, Bhf-Nähe, zentral, sa, Ven/AC, wW, fr, hb, Wäscheservice, mF .... MZi pP 15,00; E 20,00; D+B 28,00
OLD CATARACT-SOFITEL, Sh Abtal el Tharir, Tel 316001/08, berühmtes Luxus-Hotel, viel Atmosphäre (viele Gruppen), schöner Pool, (Nebensaison ca. 15 % Rabatt) .... Nilblick E+B $ 90,00; D+B $ 120,00; Gartenblick D+B $ 110,00
PHILAE, *Corniche, Balkon, fr, sa, Bäder tlw defekt, AC, mF* .... *E 30,00; D+B 45,00*
OSCAR, *Tel 326066/323851, Bazarbereich, südl. v. Bhf, mä sa, fr, hb, se la, wW, AC, mF* .... *D+B 20-45,00*
RAMSIS, *Sh Abtal el Tahrir, Tel 324000/324119, Bhf-Nähe, 10. St., Lift, fr, se sa, la, AC 5 LE, TV, Kühlschr, "alte" Zimmer besser belüftet, mF* .. *E 40,00; D+B 60,00*
ROSEWAN, *Tel 324497/32229, v. Bhf re, nach Tkst li, auf re Str.-Seite, mä sa, se fr, hb, mä wW, Ven, (für Katzenfreunde), mF (mäßig)* .... *D 18,00; D+B 27,00*
SABER, *li v. Bhf, 3 Gehminuten, ru, ni sa, Ven, tlw. Balkon, wW,* .... *MZi pP 5-8,00*
VICTORIA, *Bazarnähe, fr, sa, ru, wW, Ven* .... *E+B 10,00*

Andere Unterkünfte

YOUTH HOSTEL, *Sh Abtal el Tahrir (vom Bhf 2. li), zentral, sa, fr, rel ru (Bhf), wW, Ven, Wäscheservice* .... *pP 2,50*

KAIRO (Tel-Vw 02)

5* Hotels

CAIRO MARRIOTT, Sh Seray El Guezira, in Zamalek auf der Insel Gezira, geschmackvoll renovierter, ehemaliger Palast, schöner Garten mit Pool; **CAIRO SHERATON,** El Galaa Square, Giseh und an der Spitze der Insel Gezira als **EL GEZIRA SHERATON; EL SALAM HYATT,** 61 Sh Abdel Hamid Badawy, Heliopolis; **FORTE GRAND PYRAMIDS,** Alexandria Desert Road, Giseh, Luxushotel mit den schönsten Swimmingpools in Kairo; **HYATT PRINCE,** Sh El Tayaran, Medinet Nasr; **MENA HOUSE OBEROI,** Pyramid Road, Giseh, das stimmungsvollste Hotel Kairos mit Blick auf die Pyramiden in großem, gepflegtem Garten gelegen, gute Küche, großer Pool; **MERIDIEN,** Corniche, Garden City; **MÖVENPICK CAIRO PYRAMIDS,** Alexandria Road; **MÖVENPICK CAIRO HELIOPOLIS,** Heliopolis; **NILE HILTON,** Corniche, das zentrale Hotel mit guten Restaurants, Shopping-Arkaden, Traveller-Treff; **RAMSIS HILTON,** 1115 Corniche, weitaus unpersönlicher als das Schwesterhotel, toller Blick von der Bar im obersten St.; **SHEPHARDS,** Corniche, Garden City, unpersönlich, hat nichts mit 1952 abgebranntem Shephards gemein; **SEMIRAMIS,** Corniche Nähe Hilton, moderner Neubau, Terrassen-Restaurant mit Blick zum Nil; **SIAG PYRAMIDS PENTA,** 59 Maryooteya Sakkara Road, Giseh, Pyramidenblick.

4* Hotels

ATLAS, Opera Square; **ATLAS ZAMALEK,** Mohandissin (siehe unten); **CAIRO BEL AIR,** El Mokattam, guter Blick auf die Stadt, großer Pool; **CAIRO INTERNATIONAL AIRPORT,** Flughafen-Hotel; **BARON METROPOLE,** Baron Palace, Heliopolis; **CAROLINE CRILON,** 49 Sh Syria, Mohandissin; **EL BORG,** El Saray, Giseh; **EL MAADI,** Maadi; **EL NIL,** 12 Sh Ahmed Ragheb, Garden City; **GREEN PYRAMIDS,** Sh Helmeyet el Ahram, Giseh; **MANI-AL PALACE,** Kasr el Manial; **NOVOTEL CAIRO AIRPORT,** Flughafen-Hotel; **THE OASIS,** Alexandria Desert Road.

Die Hotels in Kairo haben wir schwerpunktmäßig nach folgenden Gebieten sortiert: **Zentrum** (Stadtteile Taufikia, Ezbekiya, Abdin und die Khan el Khalili-Umgebung); Nilinseln **Roda** und **Gezira** mit dem Bezirk **Zamalek.**

9.1 Hotels

Westseite des Nils mit Agouza, Mohandissin, Dokki und Giseh
Ferner noch **Heliopolis, Maadi und Sakkara**
Sollte in Einzelfällen die Zuordnung nicht gelungen sein (z.B. bei der ewig langen Sh 26. July), so bitten wir um Nachsehen oder Information zur Korrektur.

KAIRO: Zentrum

EMPFEHLUNGEN

AFRICAN HOUSE, 15 Sh Emad ed Dine, 4. St., se fr, schmuddelig .... pP ab 6,00
AMBASSADOR, 31 Sh 26.July, 7-10. St., einchecken nachts möglich,
toller Blick, se sa, la, fr, AC, Herbst 95 renoviert, mF ....D+B 100,00
AMIN, 38 Md Falaky (Nähe Md Tahrir), Tel 3933813, zentral, sa, mä ru, fr, Balkon,
Etagenbad, wW... D 36,00
ANGLO SWISS, 14 Sh Champollion, 6. St. Lift (kaum benutzbar),
kl. Räume, ru, Balkon, mä hb, mF .... pP 20,00; D 32,00; D+B ab 40,00
BEL AIR, El Mokattam, Tel 5060911/5060917, 3-4*Hotel, Pool 10-18 Uhr,
AC, se sa, fr, se ru, toller Blick, mF .... E+B $ 60,00; D+B $ 80,00
BEAUSITE, Sh Talaat Harb, derzeit geschlossen
BIG BEN, 33 Sh Emad El Din (Gegend Md Ramsis), Tel 5908881, 7.St.,
Dach-Café, mä sa, fr, Ven, wW, la, mF (wenig) .... MZi pP 13,00; D+B 25,00
CAIRO PALACE, Sh El Gomhouria, se la, wW, mF .... D+B 22,00
CAPSIS PALACE, 117 Sh Ramsis, Tel 5754219/5754188, 72 Zi,
se la, mä sa, hb .... E+B 24,00; D+B 38,00
CARLTON, 21 Sh 26.July, Tel 755181/755022, zentral, nahe Metro, fr, rel la,
AC (laut oder defekt), TV, Balkon, Super-Dachterrasse, mF (gut/reichlich).........D+B 85,00
CENTRAL, 27 Sh El Bosta, Ataba, ni sa, mF .... E+B 9,50; D+B 15,00
CLEOPATRA, 1 Sh El Bustan/ Ecke Md Tahrir, Tel 5759900/5759923,
hb, la, AC, mF .... E+B $ 78,00; D+B $ 98,00
CIAO, 28 Sh Ahmed Helmi, Tel 2352858/2369192, 3-Gehmin. v. Ramsis-Bhf, la,
hb, wW, Balkon, Rest, AC, (Studentenermäßigung möglich) mF .... D+B 60,00
CLARIDGE, 41 Sh Talaat Harb, se la, mä sa, mF............................... E 23,50; D+B 32,00
COSMOPOLITAN, 1 Sh Ben Taalab/Qasr el Nil, Tel 392845/3927522, 90 Zi,
zentral, sa, fr, ang, ru (v.a. die Innenhofzimmer), AC, mF .... E+B 75,00; D+B 110,00
CROWN, 9 Sh Emad El Din, 5. St., Lift (oft defekt), zentral,
tlw gr Zi, etwas abgewohnt, sa, Ven, mä ru, ... MZi pP 9,00; E 12,00; D 20,00; D+B 30,00
DES ROSES, 33 Sh Talaat Harb, Tel 3938022/758022, 4.St., 2 Lifts, zentral, rel sa,
fr, hb, rel ru, tlw Balkon, Etagendusche/WC, wW, mF ..... E 23,50; D ab 31,00; D+B 42,00
EL HUSSEIN, Md Hussein Moschee (Khan el Khalili), Tel 5918664/5918089, 55 Zi, guter
Blick, alkoholfrei, se la, mä sa, Ven + 3 LE, AC + 10 LE ....D 25,00; E+B 26,00; D+B 38,00
ESMAEILEAH (Pension), Md Tahrir, derzeit geschlossen
EUROPA, Pyramid Road, Tel 535940, se sa, fr, AC, Balkon, Garten,
Pool, mF..D+B $ 60,00
EVEREST, Md Ramsis, gegenüber Bhf, (14. St., Vorsicht: nur Lift,
Treppenhaus zugemauert!), ni sa, ni empf, mF...E 10,50; D 15,00
GARDEN CITY HOUSE, 23 Kamal el Din Salah, Tel 3544969/3548400,
zentr, rel sa, Hp ....D+B 50,00

KAIRO: Zentrum

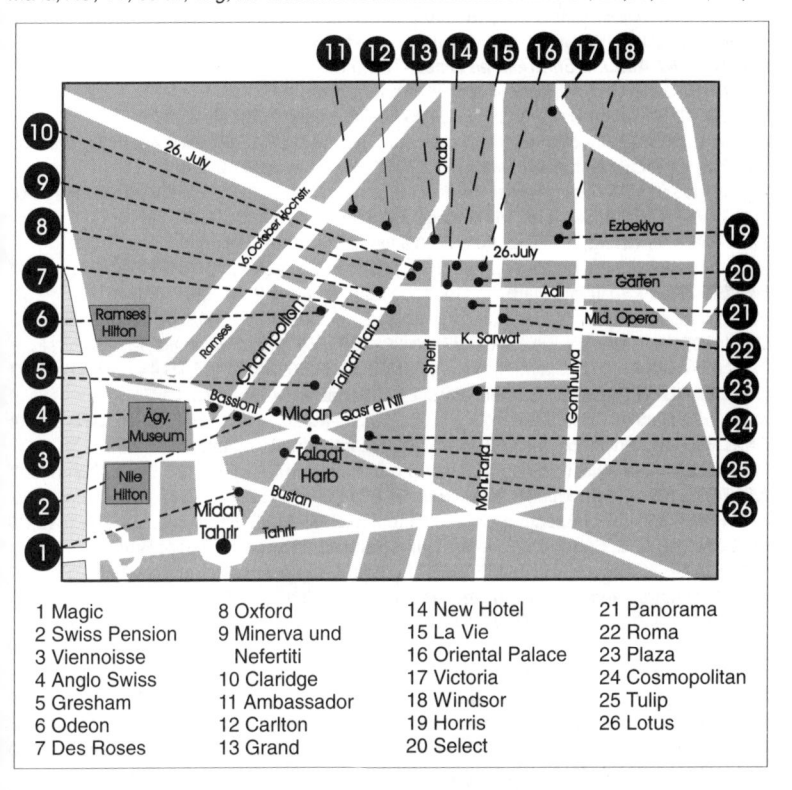

Hotels

FONTANA, Md Ramsis, Tel 922145/922321, 100 Zi, zentral, (10.St., Lift manchm. defekt), schöner Blick, kl. Pool, Zi sa, AC, la, fr, hb, wW, Ven, TV, gutes Rest, Dachterrasse, Disco, 24 Std-Rezeption, mF (gutes Buffet) .... D+B 85,00
GOLDEN, 13 Talaat Harb, ni sa, la, ni empf, ... MZi pP 5,00; D+B 13,00
GRAND, 17 Sh 26.July, Tel 757700/5757716, 97 gr. Zi (Einrichtg. aus den 20ern), mä la, AC, TV, se sa, ang, mF .... E+B $ 23,00; D+B $ 44,00

1 Magic	8 Oxford	14 New Hotel	21 Panorama
2 Swiss Pension	9 Minerva und	15 La Vie	22 Roma
3 Viennoisse	Nefertiti	16 Oriental Palace	23 Plaza
4 Anglo Swiss	10 Claridge	17 Victoria	24 Cosmopolitan
5 Gresham	11 Ambassador	18 Windsor	25 Tulip
6 Odeon	12 Carlton	19 Horris	26 Lotus
7 Des Roses	13 Grand	20 Select	

GREEN VALLEY, 33, Sh Abdel Khalik Sarwat, Tel 3936317/3936188,
11. St., Lift, mä sa, mF .... E 16,00; D+B 35,00
GRESHAM, 20 Sh Talaat Harb, gr Zi, fr, Ven, AC, Balkon, wW, mä ru, Etagenbad, einchecken nachts mögl., angeblich Herbst 96 renoviert, mF .... E 35,00; D+B 45,00
HAMBURG, Sh Borsa, 18. St., Taufikia, Tel 771402/5744828, überwiegend arab. Geschäftsleute, fr, ru, mä sa, AC, mF .... D+B 122,00

Schreiben Sie uns bitte, wenn Sie Änderungen gegenüber diesen Angaben feststellen.

9.1 Hotels

HAPPITON, 10 Sh Ali el Kassar/Imad el Din, Tel 5928600/5928671,
nahe Hotel Victoria, kl. Seitenstr. hinter kl. Moschee re, 7. St., nachts
einchecken mögl, se sa, fr, hb, wW, tlw la (Muezzin), AC (+ 6 LE), Ven,
empf, Keller-Disco, mF .... MZi pP 18,00; E+B 38,00; D+B 48,00
HORRIS, 5 Sh 26.July, Tel 910855/910478, 13.St., nur Lift!,
sa, se fr, AC, mF .... E+B $ 18,00; D+B $ 30,00
ISMAILIYA HOUSE, 1 Md Tahrir, Tel 3563122, 7/8. St., Lift (öfter defekt), zentral,
rel sa, fr, la, schlecht belüftet, D mit Balkon, Etg-Bad/WC, wW, mF ....E 20,00; D ab 40,00
KHAN EL KHALILI, 7 Sh El Bosta, Ataba, Tel 5917940, la, ni sa, ni empf, mF. E+B 16,00
LA IE, 16 Sh 26.July, la, (ru nur ʑum Hinterhof), ni sa, mF .... D+B 30,00
LOTUS, 12 Sh Talaat Harb, Tel 5750627/5750966, Lift, Zi z. Str. se la, fr, hb,
AC, se sa, wW, einchecken nachts möglich, mF ...... MZi pP 13,00, E+B 46,00; D+B 85,00
MAGIC, 10, Sh El Bustan/Md Tahrir, Tel 5781786, Sommer 96 renoviert,
zentral, sa, se fr, Ven, einchecken nachts möglich, mF .... E+B 30,00; D+B 40,00
MINERVA, 39 Sh Talaat Harb, in Passage zur Sh Sherif, Tel 3920600,
5. St. (Lift öfter defekt), gr Zi, sa, fr, wW, Wäscheservice, tlw Balkon,
Hinterhaus-Zi ru, häufig ausgeb., mF ....pP 15-17,00; D+B 32,50
NEFERTITI, 39 Sh Talaat Harb, im Gebäude vom Minerva, 2. St., sehr einfach,
häufig ausgebucht ....MZi pP 7,00; D+B 15,00
NEW HOTEL, Sh Abdel Adly, Tel 3927033/3927065, 64 gr Zi, Balkon, se sa,
fr, la, mF (ni gut)..MZi pP 27,00; D 51,00; E+B 44,00; D+B 55,00
NEW GARDEN PALACE, Garden City, 11 Sh Modareat al Tahrir, ca. 21 Zi,
sa, fr, wW, Dachterrasse, Rest, mF........................ MZi pP 20,00; E+B 30,00; D+B 50,00;
NILE HILTON, Md Tahrir, Tel 5780444/5780666, se zentral, 5* Hotel mit entspr.
Leistungen, viele arab. Familien, F $ 22,00 (gutes Buffet) .... E+B $ 175,00; D+B $ 210,00
*NITOCRISSE, 171 Sh Muhammad Farid, Tel 3915166/3915738, ni sa,
ni fr, mF .... D+B 20-40,00*
ODEON PALACE, 6, Sh Abdel Hamid Said (Seitenstraße von Sh Talaat Harb),
neben Cinema Odeon, Tel 776637/767971, zentral, se sa, fr, rel ru, ang,
AC, TV, Dachrestaurant, Bar, einchecken nachts möglich .... E+B $ 31,00; D+B $ 43,00
*OMAYAD, 22 Sh 26.July, Tel 5755103, einchecken nachts möglich,
ni sa, hb, mF .... E+B 55,00; D+B 85,00*
ORIENT PALACE, 14 Sh 26.July, 10. St., Lift, 35 gr Zi, (vorw.
ägypt. Gäste), fr, se la, ni sa, wW, MZi .... pP 12,00; D+B ab 20,00
OXFORD, 32 Sh Talaat Harb, sudan. Leitung, se la, fr, wW, Ven 2 LE,
(letztes Info 12/96: wird gerade renoviert) ....pP 9,00; D 20,00
*PANORAMA PALACE, 20 Sh Adly, gegenüber der Synagoge, sa, se fr,
z.T. ohne Fenster, mF...MZi pP 15,00; D+B 40,00*
PETIT PALAIS, 45 Sh Abdel Khalek Sarwat, zentral, sa, hb, mä ru, wW,
Etagenbad, mF .... MZi pP 15,00; E 20,00; D 40,00
ROMA (Pension), 169 Sh Mohamed Farid, Tel 3911088, 4.St./Lift,
se sa, fr, se hb, tlw la, wW, Wäscheservice, Rest, einchecken nachts
möglich, oft ausgeb., empf, mF .... MZi pP 18,50; E 22,50; D+B ab 48,50
SELECT, 19 Sh Adly, 8. St., Lift oft defekt, fr, Travellerhotel, mF .... pP 12,00; D 15,00
SIAG-PYRAMIDS-PENTA, 59 Sakkara Road, Tel 3856022/3853055,
Luxushotel, AC, Rest, etc, ang, mF .... E+B $ 65,00; D+B ab $ 80,00

KAIRO: Zamalek/Roda

SKARABEE, Sh 26. July, am Durchgang zum LA VIE, 7. St., nur mit Lift erreichbar, vorwiegend arab. Geschäftsleute, sa, Service mä, Ven, mF .... D+B 50,00
SULT N, Souk El Taufikia, einfach, mä sa, fr, wW, Ven .... pP ab 7,00
SUN, 2, Sh Talaat Harb/Md Tahrir, 9. St., Tel 5781786, sa, fr, Ven, Wäscheservice, Etagenbad, mF .... MZi pP 15,00; D 40,00
SWI S (ehem Hotel Suisse), 26 Sh Mahmoud Bassiouni, Lift, zentral, Zi mä sa, mä ru, Traveller-Hotel, Gepäckdepot 1 LE pP/Tag, mF .. E 19,00; D 25,00; D+B 26-38,00
SPHINX, 8 Sh Magless el Omma, Tel 3557439/3548258, mä fr, ni sa .... D+B 44,00
TAUFI I , 4 Sokikel Taufikia, neben Hotel SAFARI, sa, fr, rel la, wW .... MZi pP 5,00
TEE, Sh Adli, derzeit geschlossen
TULIP, 33 Md Talaat Harb, Tel 3923884/3922704, zentral, sa fr, wW, la, kl. Balkon, oft ausgeb., einchecken nachts möglich, mF ...MZi pP 20,00; D 35,00; E+B 30,00; D+B 50,00
VENICE, Souk el Taufikia (im Haus von SULTAN), fr, sa, wW, ...MZi pP 8,00; D 20,00
VICTORIA, 69 Sh Goumhouria, Tel 582290/5892291, 105 Zi, altes, gemütl. Hotel, sa, se fr, wW, z.T. se la, AC, empf, mF (gutes Buffet)........... E+B $ 56,00; D+B ab $ 70,00
VIENNOISE, 11 Sh. Muh. Bassiyuny, Tel 5751949/5743153, Manager spr. deutsch, Etagendusche, wW, abgewohnt, mF (bescheiden) ...... E+B 20,00; D 25,80; D+B 35-40,00
WINDSOR, 19 Sh El Alfy, Tel 5915277, sa, rel la, AC, fr, mF .... D 80,00; D+B ab 100,00
YOUTH HOSTELS (Kairo gesamt)
Y. .C.A., Hostel for Girls, 4 Sh Ahmed Shukry (vom Md T. Harb in Sh. Muhammad Bassiyuny, 5. Str re, nächste li), wW, Ven, für alleinreisende Frauen se empf, schließt um 21 Uhr, mF .... MZi pP 15,00; E 50,00; D 60,00

KAIRO: Zamalek/Roda

EMPFEHLUNGEN
ATLAS ZAMALEK, 20 Gamiat el Dowal el Arabiyya, Mohandissin,
Tel 3464175/3467230, se sa, se fr, hb, la, AC, Pool .... D+B ab $ 98,00
HORUS HOUSE, 21 Sh Ismail Muhammad, Zamalek, Tel 3403977/3403634,
sa, mF .... E+B 70,00; D+B 84,00
MANIAL - CLUB MED, schöne Appartments, sa, se ang, ru (außer Donnerstagabend), AC, Pool, mF (Riesenbuffet)..................... E+B $ 78,00; D+B $ 95,00
MAYFAIR, 9 Sh Aziz Osman, Zamalek, Nähe franz. Botschaft, (10% Rabatt für unsere Leser), gr. Balkon, ru, sa, fr, tlw AC (la), mF ...... E 30,00; E+B+AC 45,00; D+B+AC 55,00
NILE GARDEN, 131 Sh Abdel Aziz Soud, Manial, Tel 985767/3653422, AC oder Ven, Balkon, Nilblick, se sa, ang, mF .... E+B 36,00; D+B 48,00
NILE ZAMALEK, Sh Hassan Sabri, beim Midan Sidki, Tel 3401846/3400220,
tlw Balkon, Nilblick, ni sa, AC, rel ru... E+B 50,00; D+B 60,00
PRESIDENT, 22 Sh Dr. Taha Hussein, Zamalek, Tel 3400652/3400718,
se sa, se fr, AC, rel ru, mF (gutes Buffet)..D+B $ 64,00
ZAMALEK, 6 Sh Salah el Din, Zamalek, se ru, ang, nur Vollpension.................. pP 30,00

KAIRO: Westlich des Nils

3*Hotels
AL MANAR, 19 Sh Hamid Lotfy, Mohandissin; **AMOUN,** Md Sphinx, Mohandissin, 42 Zi; ;
CAIRO INN, 26 Sh Syiria, Mohandissin, 34 Zi; **CAROLINE CRILLON,** 49, Sh Syria, Mo-

9.1 Hotels

handissin 34 Zi; **DREAMERS,** 5 Sh Gadda, Dokki, 72 Zi; **EL TONSI,** 143 Sh Tahrir, Dokki, 55 Zi; **KANZY,** 9 Sh Abu Bakr Seddick, Mohandissin, 57 Zi; **LIDO,** 465 Sh El Ahram (Pyramid Road), Giseh, 90 Zi; **MARWA PALACE,** 11 Sh El Khateeb, Dokki, 118 Zi; **PICCADILLY,** 19 Sh 26.July, Agouza, 90 Zi; **RAGA,** 34 Sh Mohy Eldin Aboul Ez, Dokki, 83 Zi; **REHAB,** 4 Sh El Fawakeh, Mohandissin, 74 Zi; **SALMA,** 12 Sh Kamal Morsy, Dokki, 45 Zi; **SAND,** Sh El Kom el Akhdar, Giseh, 88 Zi; **VENDOME,** 287 Sh El Ahram (Pyramid Road), Giseh.

EMPFEHLUNGEN

ABU EL HOAL PALACE, 161 Sh Ahram, (Pyramid Rd.) Giseh,
Tel 3867938/3866926, sa, fr, la ....D+B 48,00
BEIRUT, Giseh, 56 Sh Beirut, Tel 662347/2916048, se sa, komfortabel,
empf, mF ....D+B $ 75,00
CONCORDE, 146 Sh Tahrir, Dokki nahe Sheraton, Tel 3361194/3361193,
se sa, fr, mF .... E+B 120,00; D+B ab 150,00
INDIANA, 16 Sh El Saray, Dokki, Tel 3493774/714422, 105 Zi,
sehr eng, la, AC tlw defekt, mF... D+B 95,00
INTERNATIONAL, Dokki, 3 Sh Abd el Azim Rashed, mä sa, mF......................D+B 53,00
JASMIN, 29 Sh Geziret el Arab, Mohandissin, Tel 3472278/3027251, AC, fr,
sa, ru, ang, empf, F (continental) LE 7,00 .... E+B 95,00; D+B 145,00
KINOW, 383 Sh El Ahram (Pyramid Road), Giseh, Tel 5859260,
Service mä, mF..D+B 35,00
NORAN, 13 Sh Muhammad Khalaf, Dokki, Tel 3604447/3604448, 8.St.,
Dachterrasse mit Bar, gr Zi, sa, fr, ru, wW, AC, sehr untersch. Preise....... D+B 60-100,00
PHARAOHS, 12 Sh Lofti Hassouna, Dokki, Tel 3610871/3610872, mä sa,
ru, Kühlschr. (häufig defekt), Balkon, abgewohnt, mF ....D+B $ 45,00
ROSE, 6 Sh Iran, Dokki, Tel 3377059/3378464, Achtung: nur mit Lift
erreichbar!, Zi ni sa, ni empf (Handeln mögl.) .... D+B 72,00
SALMA CAMPING, El Harania/Sakkara Road, Tel 3849152 ....D+B 25,00;
SAND 103 Sh al Ahram (Pyramid Road/Ecke Sh El Maryotia),
Tel 3867148/3866479, se sa, wW, AC, TV, empf ab 5. St., mF........................D+B 94,00
ST. GEORGES, 7 Radwan Ibn el Tabib, Gizeh, beim Zoo, zwischen Sh Al
Gamaa und Sh Murad, Tel 5721580, nur mit Lift erreichbar, ru, se sa, fr, mF ....D+B 56,00
TIAB HOUSE, 6 Sh Ali Muhammad, Tel 3379805, sa, wW, rel ru, AC, TV, mF .D+B 45,00

KAIRO: Heliopolis und Maadi

CHAMPS-ELYSEES, 19 A, Osman Ben Affan St. Heliopolis, Tel 4185617,
sa, se la, mF .... D+B 63,00
EGYPTEL, Heliopolis, Tel 2902515/2902516, AC, sa, Service mä................. D+B 120,00
HELIO CAIRO, 95 Sh Abd el Hamid Badawi, Heliopolis, Tel 2450682/2450563,
(10 Min. zum Flugplatz), etwas abgewohnt, sa, kaum Englischsprechende....... E+B 45,00
GABALY, 221 Sh El Hegaz, Heliopolis, Tel 2455224/2455328, Flughafennähe,
einchecken nachts möglich, rel sa, fr, AC, (obere Etagen empf) mF..................D+B 78,00
NOVOTEL CAIRO AIRPORT, Tel 2914727, 4* Hotel am Flughafen (Alternative zur Stadt
für späte Ankunft/Abflug), mF .... D+B 300,00
LOLOET EL MAADI (PEARL), Cross St.,No. 6 & 82 Maadi El Maadi, Tel 3504153/
3505313, 3 Min. bis Metro, ru, se sa, AC, TV, Balkon, ang ....D+B 140,00

KAIRO: Sakkara

SAKKARA COUNTRY CLUB & HOTEL, Sakkara Road, Tel 3852282/3846115, (ca. 10 km südl. von Pyramidroad, am Rand der Wüste), ländliche Umgebung, AC, Rest, gr. Pool mit Bar, Tennis, Golf, Reiten .... E+B 110,00; D+B 140,00
SAKKARA PALM CLUB, Sakkara Road Badrashein, Tel 200791, se sa, fr, ru (bedingt an Feiertagen), Garten mit Pool, erholsam, Appartment .... D+B ab $ 48,00

Luxor (Tel-Vw 095)

5* Hotels
MÖVENPICK JOLIE VILLE, Crocodile Island; **WINTER PALACE-SOFITEL,** Corniche el Nile; **HILTON,** Corniche (nördlich des Karnak-Tempels)

EMPFEHLUNGEN

ABU EL HAGAG, hinter Luxor-Tempel, mä sa, wW, Ven, mF (mä).................. D+B 30,00
AKHNAT N, Sh Muhammad Farid, kl. Räume (tlw ohne Fenster), mä sa, hb, wW, Ven extra, mF .... D 15,00; D+B 30-40,00
ANGLO, Bahnhofsplatz/Ecke New Karnak Hotel, sa, la (Innenhofzimmer besser), fr, Etagendusche, wW, Wäscheservice, zT AC, mF .... MZi pP 10,00; D+B 24,00
ARABESQUE, Sh Muhammad Farid, Tel 371299/372193, Dachterrasse mit Pool, AC, Rest, se sa, schöne Zi mit Balkon, fr, ru, empf, mF . MZi pP ab 20,00; D+B 75-130,00
ATLAS, Sh Ahmed Orabi, 5 Min. v. Bhf, kleine Zi, se sa, fr, wW, Balkon, ru (außer Muezzin in Zimmern nach vorne), Wäscheservice, tlw AC .... D+B 16-25,00
BEAU SOLEIL, Sh Salah El Din, derzeit geschlossen
BELLADONNA - CLUB MED direkt am Nilufer, hübsche Apartm., se sa, se ang, fr, AC, gr Pool, mF (Riesenbuffet) .... E+B 115,00; D+B 145,00
BOB MARLEY PALACE und DOHA derzeit geschlossen
EGOTEL, neben LUXOR Hotel, Tel 373321, Gruppen werden bevorzugt, se sa, ni se fr, AC, TV, mF, Buffet .... D+B 180,00
EL AREF, Sh St. Katherine, derzeit geschlossen
EL NIL, Sh Nefertiti sa, fr, mF .... D+B 40,00
EL SALAM, Bahnhofstr., fr, sa, la (Zi nach hinten rel ru), wW, schattige Terrasse, Handeln möglich.. pP 7-20,00
EL SHAZLY, Sh Youssuf Hassan, ca. 300 m v. Bhf entfernt, Souk-Nähe, (Besitzer gibt sich als unser Freund aus - wir kennen ihn nicht!), rel sa, hb, (auch: unang, aufdringl.), rel la, wW, teilw. AC (LE 5), Ven, Rad/Motorrad-Verleih, mF.......... E 15,00; D+B ab 22,00
EVEREST, Tel 370017, Sh Television, deutsch-ägypt. Management, se sa, wW, Ven, tlw AC, ru, fr, hb, für alleinrsd. Frauen empf, Motorradverl., mF .... D+B 25,00
FAMILIES HOME, derzeit geschlossen
FONTANA, Sh Radwan, Seitenstr. der Sh Television, 12 Zi, se sa, ru, wW, Ven, Kü/Waschm., Etagenbad, untersch. Preisang., mF.... E 10,00; D 18,00; D+B+AC ab 22,00
GOLDEN PALACE, Sh Television,Tel 382972/73, gegenüber von TV-Tower, 50 Zi, sa, fr, AC, TV, Rest/Bar, Garten, Pool, Preise flexibel, mF .... E+B 50,00; D+B 75,00
GOLDEN PENSION, derzeit geschlossen
HAPPY HOME, vermutlich derzeit geschlossen (lt. Info 9/96)

9.1 Hotels

HAPPY LAND, Sh El Kamar, Tel 371828/Fax 371140, in der Sh Television
2. Querstraße re (vor Hotel Shady) in Sh El Madina, nach ca. 130 m re in
kl. Gasse Sh El Kamar; kl. Zi, se sa, fr, se hb, ru, wW, Ven, Kü, ang, se empf,
tlw AC (+10 LE pP), mF.................................... MZi pP 11,00; E+B 15,00; D+B ab 20,00
HATSHEPSOUT, Sh Television, vermutlich derzeit geschlossen
HORUS, gegenüber Luxortempel, Tel 372165, Str.-Zimmer se la, sa, mF ....D+B 40,00
IBIS, Sh El Kaba/Sh Television, mä sa, ru, wW, Kü, Ven, AC, mF............... D+B 15-19,00
KHAN EL KHALILI, im Souk, Sh El Lukanda/Sh El Nikheili, fr, rel sa, se hb,
se la, etwas düster, wW, Ven, viele Traveller... pP ab 8,00
KARNAK, Corniche nördl. vom Karnak Tempel, Tel 386155, schräg gegenüber
v. Hilton; ländlich-ruhig, Dachterrasse, AC, TV, Rest/Bar, fr, sa, mF ..... E 50,00; D+B 80,00
LOTUS, Sh Salah el Din, derzeit geschlossen
LUXOR-WENA, Sh Luxor Temple, Tel 380018/580018, Fax 095-580623, 90 Zi,
se sa, la, Garten, Rest/Bar, TV, (viele Gruppen), mF (gut) .... E+B $ 35,00; D+B $ 50,00
LUXOR HOUSE, derzeit geschlossen
MAAT KA RA, nahe NOVOTEL, AC, sa, ru, fr, Dachgarten, Etagenbad, Rest,
(Preisangaben sehr schwankend), mF ....pP ab 8,00; D+B ab 50,00
MERCURE ETAP INN, Sh el Nil, Tel 380721/373321, nahe Luxor Tempel,
Pool, AC, TV, Rest/Bar, fr, hb, viele Gruppen, mF .... E+B ab $ 50,00; D+B ab $ 60,00
MERRYLAND, Parallelstraße zur Corniche, sa, fr, hb, mä la, TV,
Dachterrasse mit Superblick, untersch. Preisangaben, mF ....D+B ab 50,00
MINA PALACE, Corniche, Tel 372074, nördl. v. Luxor Tempel, Terrasse, se la,
sa, se fr, AC, Kühlschr, oft ausgebucht, mF ... MZi pP 20,00; E+B ab 38,00; D+B ab 60,00
*MAKARY HOME, Sh Hor Moheb, 10 Gehminuten, (v. Bhf re parallel zur Bahnlinie,
nahe der New Luxor Pharmacy), sa, se fr, hb (bis aufdringlich), Ven,
wW, Waschm. 3 LE, mF* .... pP ab 9,00
MÖVENPICK, Crocodile Island, Tel 374855, 5*Herberge (Buchg. in
BRD 0130/852217).....................(Special Mai-Sept. $ 60,00) E+B $ 140,00; D+B $ 200,00
*MOON ALLEY, ca. 15 Min. vom Bhf, Wen, AC, ru, Wäscheservice,
Rest, mF*.. MZi pP 9,00; E+B 12; D+B 22,00
MUBARAK, Nähe Bahnhof, Hinweisschild, mä sa, Ven, mF .... pP 12,50
MUST FA, Sh Television, 30 Zi, AC, Dachgarten, rel ru (Zi nach hinten), se sa, fr, hb,
ang, Balkon, wW, Wäscheserv., Fahrrad verl., empf, mF... D 35,00; E+B 28,00; D+B 45,00
*NEGEM EL DI , vom BN re 100 m, überwg. arab. Gäste, tlw AC, sa, fr,
Etagendusche, wW, ang, Garten, nachts Zuglärm, F 2 LE*.................. MZi pP 5,00; E 8,00
NEW CATARACT PENSION, Sh El Samania, Tel 384743, fr, Ven, keine Preisangabe;
NEW EMILIO, Sh Youssuf Hassan, Tel 371601/371602, sa, fr, AC, TV,
Terrasse, Dach-Rest, Minipool, Handeln mögl., mF .... E+B 70,00; D+B 95,00
NEW GRAND, derzeit geschlossen
*NEW KARNAK, Bahnhofsplatz, Travellertreff, mä la, rel sa, fr, hb,
wW, Ven, Radverl, mF, 4-Bett-Zi*... pP 6,50; D ab 15,00
NEW PALACE, Sh Muhammad Farid, ni sa, Waschm, ni empf, mF................. pP ab 6,00
NEW STUDENT PENSION, derzeit geschlossen
*NEW NOUR HOME, vom Bhf li, Richtung Md. Salah el Din, ca. 50 m davor li
in Seitenstr., ausgeschildert, fr, ru, rel sa, Ven,* ....MZi pP ab 4,00; D 10,00
NOBLES, *Sh Youssuf Hassan, fr, überw. ägyptische Gäste* .... D 15,00

Luxor (Tel-Vw 095)

NOVOTEL-LUXOR, *Corniche, Tel 580923/24, 4*Hotel mit allem Komfort, Zi zur Corniche la, Pool-Bassin im Nil (für Gäste 10 LE), mF* .... D+B $ 65,00
NUBIA, Seitengasse der Sh Television, derzeit geschlossen
OASIS, Sh Muhammad Farid (Bazar), (v. Bhf 2. Straße links bis Krzg, dort ausgeschildert), la, sa, Waschm. inkl, TV, Kü, Etagenbad, wW, Hp, AC (se la), Traveller-Treff, Radverleih, mF .... D+B 50,00
PENSION ROMA, Seitenstr. Sh Television, fr, ru, Ven, Kü, mF .... pP 7,00
PHILIPPE, *Sh Nefertiti, Tel 372286/373604, 40 Zi, AC, Balkon, se sa, fr, ang, mF* .... D+B 90,00
PHARAON, *Tel 374924/381177, 5 Droschken-Min. nördlich v. Karnak-Tempel direkt am Nilufer, Superblick, schöner Garten, Pool, AC, Sat/TV, Rest/Bar, alle Zi m. Terrasse, wW, se sa, ru, ang, empf, mF(Buffet)* .... E+B ab 95,00; D+B ab 130,00
POLA, *Sh El Sayed Youssuf, Str. z. Flughafen, selten ausgebucht da etwas außerhalb, se sa, fr, tlw AC, mF* .... E+B ab 20,00; D+B ab 25,00
PRINCESS, v. Bhf 8 Min zu Fuß, Seitenstr. der Sh Television, se fr, wW, AC, Ven, Wäsches., ru, Balkon, Fahrradverleih, mF .... MZi pP ab 10,00; D+B 20,00
PYRAMIDS, Sh Youssef Hassan, Tel 373243, sa, AC, Ven, ang, mF .... E+B 25,00; D+B 37,00
RAMOZA, *Sh S. Zaghlul, Tel 381670/372270, 50 m vor Bhf, se sa, AC, wW, ru, ang, bevorzugt Gruppen, mF* .... E+B 36,00; D+B 52,00
REZEIKY MOTEL & CAMP, Sh Fayek Fouad El Rezeiky, Tel 381334 11 Zi, AC, fr, hb, sa, Waschm., Rest, Pool, wW, empf, Bungalows .... pP 25,00;MZi pP 10,00; D+B 50,00
ROMA HOUSE, *gegenüber Bus-Bhf, kl. familiäre Pension, mä sa, fr, wW, Ven, Balkon, Kü, mF,* .... MZipP 6,50
ST. JOSEPH, *Sh Khaled Ibn El Waled (Nilufer, schräg gegenüber Club Med), Tel 381707, AC, TV, Superblick, se sa, se fr, empf, mF*............ E+B $ 25,00; D+B $ 33,00
SAN MARK, Sh Karnak, schräg gegenüber kopt. Kirche St.Mark, Tel 373532, 28 Zi, AC, TV, Balkon, Rest/Bar, kl. Zi, se sa, fr, wW, mF .... E+B 40,00; D+B 45,00
SAINT MINA, Sh Cleopatra, Tel 386568/385409, Bhf-Nähe, 20 Zi, AC (+ 5 LE), Rest, Dachterrasse, ru, se sa, se fr .... E+B 28,00; D+B 35,00
SANTA MARIA, *Sh Television, Tel 372603/373372, 49 Zi, AC, sa, se fr, wW, mä ru, ang, hb, empf, Rest/Bar AC, mF (Hauptsaison nur mit Hp +15 LE)* .... E+B ab 40,00; D+B ab 60,00
SHADY, Sh Television, Tel 374859/381262, 50 Zi, se sa, fr, wW, Sat/TV, AC, Disco, Dachterrasse, Pool, Garten, handeln mögl. mF .... E+B 50,00; D+B ab 70,00
SHERIF, *Sh Television, sa, wW, AC, kl. Dachterrasse* .... pP 5-15,00
SPHINX, *Sh Youssuf Hassan, kl. Zi, sa, fr, wW, mF* ....E+B 12-18,00; D+B 25-30,00
SPLENDID HOUSE, derzeit geschlossen
SINAI, *Parallelstraße der Sh Television, Dachterrasse, Balkon, AC, mä sa, mä la, fr, wW, Ven, Waschm, mF* .... MZi pP 6-8,00; D+B 20,00
ST. CATHERINE, *Sh St. Catherine, Nähe Luxortempel, zentral, mä sa, fr, etwas abgewohnt, AC la, wW, mF*.. D+B 35-40,00
TITI PENSION, Seitenstr. v. Sh Television, ca. 10 Minuten vom Luxor-T., Ven, sa, se fr, wW, ru, hb, Etagenbad, Fahrradverleih, empf, mF ....D 18,00; D+B ab 25,00
VENUS, Sh Yussuf Hassan, Tel 372625, sa, rel la (Muezzin), wW, tlw AC, Dachterr., Rest, Nordzi gut, Radverl, mF .... MZi pP ab 6,00; D 20,00; D+B ab 30,00

9.2 Per Eisenbahn nach Oberägypten

WINDSOR, Sh Nefertiti, Tel 374306/385547/380771, AC, TV, gr. Zi
(zum Innenhof ru), sa, ang, Pool, Dachterrasse, mF .... D+B 85,00
WINTER PALACE-SOFITEL, Cornish, Tel 380422, klassisches Luxushotel mit
allem Komfort, se schöne Gartenanlage, Pool, gr. Terrasse mit Nilblick, ang,
F-Buffet (se gut) .... Alter Flügel: E+B/D+B ab $ 130,00; Neuer Flügel: ab $ 75,00
   Andere Unterkünfte
YOUTH HOSTEL, 16 Sh El Karnak, 1,5 km v. Bhf, la, häufig ägypt. Jugendgruppen,
fr, wW, Ven, (Nichtmitglieder Extraraum pP 7,50) .... pP 5-6,50; D 8,00

THEBEN WEST

ABDUL KASSEM, neben Tempel Sethos I, Hp .... pP 20,00
MEMNON-HOTEL, gegenüber Memnon-Kolossen, verm. derzeit geschlossen
AL GEZIRAH, bei Mobil-Tankstelle nahe der Fähre fragen (nicht ausgeschildert), Balkon, Dachterrasse, Garten, se sa, ang, Ven, Rest, Kü, ru, fr, empf E+B 75,00; D+B 85,00
HABU, gegenüber Medinet Habu, einfach, fr, sa, ang, kl. Zi, Ven,
Gemeinschaftsbad, mF .... E 25,00; D+B 70,00; D+B incl. AC 80,00
MERSAM, (ehemals Sheik Ali), im Winterhalbjahr häufig ausgebucht (viele
Ägyptologie-Studenten), kl. Zi, sa, ru, wW, Ven, Gemeinschaftsbad, Innenhof,
Rest, (ab Frühjahr 1997 (?) 4 App. mit AC) mF .... E 25,00; D ab 30,00
PHARAON, Tel 374924/381177, hinter Inspektorat, Neubau mit Blick auf
Medinet Habu, Dachterrasse, Reitpferde, Radverl., tlw AC, sa, fr, mF .... D+B 70,00
QUEENS, neb. Medinet Habu, 10 Zi, mä sa, Ven, Terrasse .... E 13,00; D 20,00

9.2 Per Eisenbahn nach Oberägypten

Wichtige Informationen

Achtung: Ausländer dürfen derzeit nur noch in den normalen Zügen um 7.30 und 22.00 Uhr sowie im Supersleeper um 19.30 Uhr nach Süden (Luxor, Assuan) und zurück fahren, da diese aus Sicherheitsgründen von Militärs begleitet werden.

Es gibt folgende Zugarten: Super-sleeper; Erste Klasse mit Airconditioning (AC); Zweite Klasse mit AC; Zweite Klasse ohne AC. Der teure Supersleeper verkehrt nur für Touristen, neuerdings dürfen angeblich Ausländer nur noch mit diesem Zug schlafend reisen, die Schlafwagen der anderen Nachtzüge sind Ägyptern vorbehalten.

Erste Klasse mit AC ist zwar etwas teurer, aber vielleicht für den europäischen Gast am angebrachtesten, weil er hier am wenigsten die ägyptischen Reiseverhältnisse stört. Meist gibt es in dieser Klasse einen Speisewagen oder das Zugpersonal verkauft Wasser etc. Als Nachteil der Ersten Klasse wird wohl jeder Europäer die neuerdings eingebauten Videos empfinden, die mit Überlautstärke gnadenlos auch nachts ununterbrochen die Fahrgäste anplärren; die Zweite Klasse ist damit noch nicht ausgerüstet und gerade wegen dieses "Mangels" zu empfehlen. Die Zweite Klasse mit AC ist relativ preiswert und nicht unkomfortabel, sie wird von Travellern auch häufig gebucht (kein Speisewagen), jedoch ebenso von der ägyptischen Mittelschicht. Auf die Zweite Klasse ohne AC stürzen sich (im wörtlichen Sinn) die Ägypter, sie ist zumindest in Kairo meist erbarmungslos überfüllt, Reservierungen sind wirkungslos. Eine Rei-

Wichtige Informationen

se in der Dritten Klasse bringt einem die Lebensbedingungen der Majorität der Ägypter buchstäblich nahe; eine Erfahrung, über die man noch länger nachdenkt.

Als Minimum an Fahrkomfort ist die Erste oder Zweite Klasse AC zu empfehlen, auch mit Rücksicht auf Ägypter, denen man Platz in den billigeren Klassen wegnimmt. Bei Zügen mit Erster und Zweiter Klasse ist die Zweite durchaus angenehm, hingegen bei Zügen mit nur Zweiter und Dritter Klasse geht es in der Zweiten wesentlich dreckiger zu.

Tickets für den Frühzug gibt es an Schalter 4, für den etwas teureren Nachttrip an Schalter 1. Tickets für den Supersleeper (WAGON LIT) werden im schmalen Bürogebäude neben dem Parkplatz von 9-18 Uhr verkauft.

Ein paar wichtige Tips:

◆ Bei **Ankunft per Eisenbahn** in Kairo: Sollten Sie zum ersten Mal per Eisenbahn nach Kairo reisen, dann fahren Sie bis zum Hauptbahnhof, dem Ramsis-Bahnhof. Von dort kommen Sie am bequemsten per Taxi weiter, am schnellsten wahrscheinlich mit der Metro (direkt auf dem Bahnhofsvorplatz), sehr eingeengt per öffentlichem Bus, zumindest während der Tageszeit.

◆ Infos zum **Supersleeper:** Für die Buchung wird der Reisepaß benötigt; alkoholische Getränke sind im Zug sehr teuer (Bier LE 12). In Luxor und Assuan sind die WAGON-LIT-Schalter nur vormittags geöffnet.

◆ **Tickets** (einschließlich der Platzreservierung) müssen zumindest für die Hauptstrecken **im voraus** beschafft werden, für die Strecke Kairo - Luxor ist meist eine Woche für Erste und Zweite Klasse bei Zügen mit Schlafwagen einzukalkulieren, Züge ohne Schlafwagen sind fast immer sofort reservierbar, denn die Fahrt zieht sich lange hin.

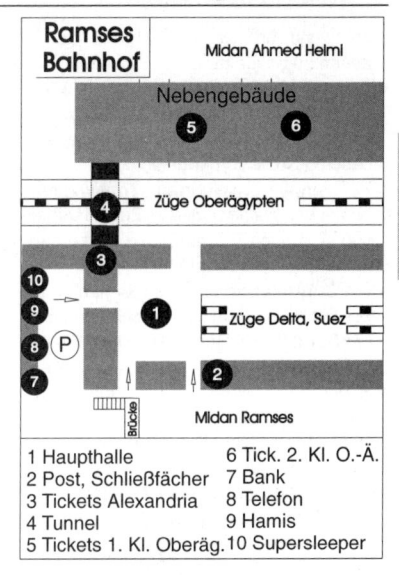

Ramses Bahnhof – Midan Ahmed Helmi

Nebengebäude ⑤ ⑥
Züge Oberägypten ④
③
⑩
⑨
⑧ (P) ① Züge Delta, Suez
⑦
② Brücke
Midan Ramses

1 Haupthalle
2 Post, Schließfächer
3 Tickets Alexandria
4 Tunnel
5 Tickets 1. Kl. Oberäg.
6 Tick. 2. Kl. O.-Ä.
7 Bank
8 Telefon
9 Hamis
10 Supersleeper

◆ **Reservierungen** sind grundsätzlich nur für längere Strecken möglich, auf Bahnhöfen außerhalb Kairos meist überhaupt nicht, dort sind Karten erst wenige bis eine Stunde vor Abfahrt erhältlich. Vorausbuchungen nur bis maximal eine Woche, d.h. man kann erst dienstags für den folgenden Montag buchen.

◆ **Ticket** sofort nach Erhalt **prüfen,** ob es tatsächlich für den gewünschten Zielbahnhof ausgestellt wurde.

◆ Im Erste-Klasse-Zug bedient der Kellner wie selbstverständlich, erst hinterher kommt die **dicke Rechnung**. Es gibt viele Beschwerden über doppelte, überhöhte und unkorrekte Abrechnung.

◆ Schließfächer im Ramsis-Bahnhof: am Gleis 1 entlanggehen, nach dem Kiosk führt rechts eine Tür in einen Raum mit Holzschließfächern (LE 1 pro Tag). Achtung, freitags geschlossen (zeitweise auch täglich von 16 bis 8 Uhr; also unbedingt erkundigen); wer sein Gepäck unterstellte,

hat keine Chance, es während dieser Zeiten zu bekommen!
- Achtung: **AC-Abteile** können sehr **kühl** sein. Möglichst Platz auf der Schattenseite wählen, weil man sonst nur gegen geschlossene Vorhänge schaut.
- Für lange Bahnfahrten **Trinkwasser** einpacken, da Getränke im Zug furchtbar süß sind; auch Toilettenpapier sollte man mitnehmen, da im Zug nicht vorhanden.
- Die **Zugtoiletten** sind bereits nach kurzer Fahrt unbenutzbar. Verschieben Sie bei Darmerkrankung besser Ihre Eisenbahnreise.
- **Ermäßigung** gibt es auf den Internationalen Studentenausweis und auf den Internationalen Youthhostel-Ausweis, offenbar nicht für den Supersleeper.
- Wer am **Tag fährt**, erlebt das Niltal in all seinen Schattierungen und hat viel mehr von der Reise als während einer Nachtfahrt.
- Wer den **Zug verpaßt**, tauscht sein Ticket im Ramsis-Bahnhof im Büro von Gleis 8; Achtung: Umtausch nur innerhalb von 24 Stunden möglich!
- **Telefonische Auskunft** in Kairo unter Nr. 147 und 753555

Einige Fahrpreisbeispiele:
Kairo - Assuan: 1.Kl. AC LE 63; 2.Kl. AC LE 51; Supersleeper Kairo-Assuan: Einzelabteil für eine Person LE 330 inklusive Abendessen und Frühstück, Doppelabteil LE 254 pP.

Im Gegensatz zu früheren Auflagen drukken wir hier keine Fahrpläne ab, da derzeit Ausländer wegen der Terrorismusgefahr nur die anfangs genannten, von Militär begleiteten Züge benutzen dürfen.

9.3 Bus-Fahrplan

Die folgenden Daten stammen aus eigenen Recherchen, aus vielen Leserbriefen und aus offiziellen Angaben. *Verlassen Sie sich bitte nur insoweit darauf, als Sie damit planen*. Die **aktuelle Abfahrt** sollte man **immer vor Ort nachprüfen** bzw. durch Befragen anderer Traveller, die gerade die Strecke fuhren, herausbekommen. Denn Fahrpläne, die seit Jahren galten, können sich überraschend sowohl vorübergehend als auch ständig ändern, offenbar geht auch Sommer- oder Winterzeit mit ein.

Noch einige Hinweise:.
- Zentrum des Busnetzes ist Kairo. Viele Überlandbusse fahren am **Midan Ahmed Helmi** hinter dem Ramsis-Bahnhof ab (siehe Plan *Midan Ramsis* Seite 129). Wenn Sie per Taxi ankommen und der Fahrer weiß nicht Bescheid, dann lassen Sie sich vor dem Ramsis-Bahnhof absetzen, gehen durch den Bahnhof, durch die Gleisunterführung und durch das Rückgebäude wieder hinaus: Vor Ihnen liegt der Midan Ahmed Helmi. Jetzt rechts halten, durch den Markt und den Minibus-Bahnhof zur Haltestelle mit Tickethäuschen.
- Auch Bustickets bzw. -reservierungen sollten Sie **im voraus buchen.**
- Die Busse fahren häufig auch früher ab als im Fahrplan steht, das können 20 bis 30 Minuten sein. Also möglichst **eine Stunde vor Abfahrt** zur Stelle sein.
- Busse mit Airconditioning (AC) können sehr kühl sein. Gewarnt wird vor den sog. **Luxusbussen** auf langen Strecken, sie sind meist sehr kalt; schlimmer aber sind die mit brutaler Lautstärke unentwegt abgespielten Videos, Ohrstöpsel (Ohropax) mitnehmen!
- Bei **Ticketreservierung** immer die Bezeichnung "a.m." für vormittags bzw. "p.m." für nachmittags hinzufügen; sonst gibt Ihnen der Mann ein Ticket für den 19-Uhr-

Busse ins Fayum und nach Oberägypten

Bus, Sie wollten aber mit dem 7-Uhr-Bus fahren!

◆ Die **Fahrpreise** hängen vom Bustyp ab, klimatisierte Busse sind teurer, für Nachtfahrten wird ab 17 Uhr meist ein Zuschlag von LE 1 verlangt. Wichtig: In der Regel geben wir die höchsten uns bekannten Preise an; fragen Sie daher immer nach dem Preis.

◆ **Kontrollieren** Sie das Ticket. Einige Busfahrer versuchen, ein paar LE mehr zu verdienen als auf dem Ticket in arabischen Zahlen aufgedruckt ist. In der Regel erhält man das zuvor zuviel gezahlte Geld problemlos zurück.

In der folgenden Tabelle haben wir nur die wichtigen Buslinien zwischen Kairo und Oberägypten zusammengestellt.

Busse ins Fayum und nach Oberägypten

Von	Nach	Abfahrt (Uhrzeit)	Fahrzeit (Std)	Preis
Kairo	Fayum	7.30-17.30 stündl.	1,5	2,25
Fayum	Kairo	wie Hinfahrt		
Kairo	Luxor	15.45; 16.40; 20.30(LB); 21.30	12	11,00
	Luxusbus 1)	20.30	10	25,00
Luxor	Kairo	5.30; 5.45		
	Luxusbus 1)	19.00	10	45,00
Kairo	Assuan	17.00;	12	44,00
	Luxusbus 1)	17.00, 19.00;	12	50,00
Assuan	Kairo	13.00; 16.30; 18.00	16	45,00
	Luxusbus 1)	15.30 (über Hurghada); 16.30 (Niltal)	13	35,00
Qena	Assuan	5.30; 5.45; 6.15; 12.30; 13.30; 18.00	5	3,50
Assuan	Qena	wie Hinfahrt		
Luxor	Assuan 2)	ab 5.30 jede volle Std.,12.30 nonstop	3,5	6,00
	Minibus		3	10,00
Assuan	Luxor	ab 7.00 jede volle Stunde		

1) Abfahrt der normalen Busse vom Midan Ahmed Helmi (hinter dem Ramsis Bahnhof, siehe Plan S. 129). Sehr lautes Video, kalt, eng; Essen und Getränke während der Fahrt werden am Schluß kassiert; Gepäckgebühr LE 1 ohne Meckern zahlen, sonst bleibt es zurück.
2) Halt in Esna, Edfu, Kom Ombo
Sammeltaxi: Abfahrt in Kairo am Ramsis-Bahnhof und am Midan Giseh. Luxor - Assuan LE 6, Luxor - Qena LE 1, Qena - Hurghada LE 5. Andere Taxipreise: Edfu - Luxor LE 3,50

9.4 Alles o.k.?

In der folgenden Checkliste sind die Informationen aufgeführt, die uns wichtig erscheinen und die bei Vergessen ärgerlich oder gar teuer werden können. Diese Liste ist natürlich subjektiv, besonders im Hinblick auf die Themen Ausrüstung; sie soll daher nur Anregungen geben.

Checkliste
Papiere besorgen
(__) Paß, ev. Visum
(__) Internat. Studentenausweis
(__) Internat. Führerschein
(__) Kopien von Datenseiten Paß und Paßfotos mitnehmen

9.5 Mini-Sprachführer

Literatur besorgen
Schwerpunktmäßig vorbereiten
(__) Ägyptenkarte
(__) Stadtplan (Falk) Kairo
(__) Historischer Führer
Termine setzen
(__) Optimale Zeit auswählen
(__) Flug buchen
(__) Route und Schwerpunkte planen
Kleidung, Ausrüstung
(__) Baumwollkleidung
(__) Jeans
(__) Kleidung für Einladung
(__) Baumwollunterwäsche
(__) Wollpullover/Anorak (jahreszeitabhängig)
(__) Sonnenhut, Sonnencreme
(__) Moskitoschutz (Netz, Autan)
(__) Feste (Turn)schuhe
(__) Badezeug
(__) Geldgürtel oder Bauchtasche für Geld/Dokumente
(__) Gast-Geschenke besorgen (Auswahl siehe auch Seite 16)
(__) Foto/Kamera/Filme
(__) Ersatzbatterie für Kamera
(__) Taschenlampe
(__) Taschenmesser
(__) Wäscheleine
(__) Kurzwellenradio
(__) Wasserflasche
(__) Reiseapotheke
(__) Schlafsack/JH-Schlafsack
(__) Ohropax o.ä. Gehörschutz
(__) Rettungsdecke oder Matte als Schlafsackunterlage

9.5 Mini-Sprachführer

Der folgende Mini-Sprachführer soll nur die notwendigste Hilfe zur Verständigung bieten, er kann kein Lexikon ersetzen. Bei jeder Neuauflage haben wir versucht, Verbesserungen und Optimierungen des Wortschatzes zu erarbeiten; vor einigen Jahren mit Haimo Pölzl aus Genf. Dann hat sich Dr. Nabil Osman, der das *Usrati Institut für Arabisch* in München betreibt, dieses Vokabulars angenommen und es in Hinblick auf Aussprache und Betonung wesentlich verbessert. Trotz dieser Professionalität verwenden wir der Einfachheit halber nicht die Standardlautzeichen, sondern einfachere Zeichen.

Ein paar Hinweise zur Betonung:

" - Explosionslaut vor **a**, **i** oder **u** wie der Stimmabsatz vor den Wörtern '**es**, '**ist**, oder im Wort **Post'amt**

º - vor bzw. nach einem Buchstaben entspricht einem kehligen Reibelaut und bedarf viel Übung !!

gh - ein nichtrollendes Gaumen-r

`h - ein scharfes, ganz hinten in der Kehle gesprochenes und fast heiser klingendes **h**
w - ein **w**, wie in dem englischen Wort **wine**
z - lautet wie stimmhaftes deutsches **s** in dem Wort **Rose**
(:) der Doppelpunkt nach einem Vokal bedeutet, daß dieser langgezogen gesprochen wird.

Wichtige allgemeine Ausdrücke

ja/nein .... ajwa/la
bitte (als Äußerung eines Wunsches).. min fadlak (mask)
bitte .... min fadlik (fem)
danke .... schukran
bitte (als Antwort auf einen Dank) ... ºafwan
ich möchte .... ana ºa:wiz
gibt es .... fi:
nein, gibt's nicht ... la, mafi:sch
jetzt .... dilwa'ti
gut .... kuwajjis
nicht gut .... musch kuwajjis
schlecht .... wi`hisch

genug, stop	bass, kifa:ja
o.k.	tama:m

Wichtige allgemeine Worte

Apotheke	agzacha:na
Arzt	dokto:r
Bank	bank
Brief	gawa:b
Briefmarke	ta:biº
Bruder	ach
Frau	mada:m
Geld	fulu:s
gestern	imba:ri`h
groß	kibi:r
gut	kuwajjis
heute	innaharda
jetzt	dilwa'ti
kalt	ba:rid
klein	sughajjar
Krankenhaus	mustaschfa:
Mann	ra:gil
morgen	bukra
Moschee	masgid, ga:miº
Museum	mat`haf
Mutter	umm
Polizei	buli:s
Post	bosta
Quittung	faturah
Reisescheck	schi:k sija:`hi:
Sache	`ha:ga
schlecht	wi`hisch
Schmerzen	alam, wagaº
Schwester	ucht
Sohn	ibn
Telefon	telefo:n
Tochter	bint
Unfall	`ha:dis
Vater	ab
viel	kiti:r
warm	suchn
wechseln (ich)	ana ºa:wiz
wenig	schuwajja
Zoll	gumruk

Fragen

wer?	mi:n?
wo?	fe:n?
wohin?	ºala fe:n?
was?	e:h?
warum?	le:h?
wann?	imta?
wie?	izzaj?
wie teuer?	bi ka:m?
wieviel?	ka:m?
wie bitte?	bit'u:l e:h?
was möchtest Du?	ºa:wiz e:h?
ist es möglich...?	.mumkin...?
nicht möglich	musch mumkin

Persönliches

ich	ana
du (mask.)	inta
du (fem.)	inti
er	huwwa
sie	hijja
wir	e'hna
ihr	intu
sie	humma

Reisen

Ägypten	masr
Auto	ºarabijja
Bahnhof	ma`hatta
Brücke	kubri:
Bus	otobi:s
Deutsche	alma:nijja
Deutscher	alma:ni
Deutschland	alma:nijja
direkt	ºala tu:l, dughri:
Droschke	arbeya "hantur
Ermäßigung	tachfi:d
Fahrkarte einf.	tazkara ra:ji`h
Fahrpreis	ugra
Fahrrad	biskilitta
Flughafen	mata:r
Flugzeug	tajja:ra
Hafen	mi:na
hin und zurück	ra:ji`h gaij
Kairo	alqahi:ra
Kreuzung	mafraq
Minute	daqi:qa
Österreich	innimsa

9.5 Mini-Sprachführer

Österreicher .... nimsa:wi
Reisepaß .... basbo:r
Schiff .... markib
Schweiz .... siwisra
Schweizer .... siwisri:
Segelboot............. felu:ka
Stadt .... madi:na
Straße .... scha:ri°
Stunde .... sa:°a
Tourist .... sa:ji`h
Weg nach............ tari:" ila:
Zug .... atr

Ortsbestimmung
geradeaus .... °ala tu:l, dughri:
links .... schima:l
rechts .... jimi:n
nach .... ila:
hier/dort .... hina/hina:k
zurück.................. ra:gi°
Norden .... schama:l
Osten .... schar'
Süden .... ganu:b
Westen .... gharb

Landschaft
Berg .... gabal
Hügel .... tall
Brunnen .... bi:r
Quelle .... °ein
Wüste .... sa`hara
Oase .... wa:`ha
Haus .... be:t

Restaurant/Hotel
bezahlen .... adfa°
Doppelzimmer ..... o:da bisri:re:n
Einzelzimmer .... o:da bisri:r
essen (ich) .... a:kul
Fleisch .... la`hm
Fisch .... samak
frei (Zimmer) .... fa:di:
Gemüse .... chuda:r
Hotel .... funduq, ote:l
Huhn .... farcha
Kaffee .... ahwa

mit Frühstück .... bil fita:r
Obst .... fakha
Salz .... mal`h
Tee .... scha:j
Toilette .... dorit majja, tuwalitt
trinken (ich) .... aschrab
Wasser .... majja
Zucker .... sukkar

Markt/Einkaufen
Banane .... mo:z
billig .... richi:s
Brot .... °e:sch
Datteln .... bala`h
Eier .... be:d
Feigen .... ti:n
Fruchtsaft............. °asi:r
Granatapfel .... rumma:n
Guaven .... gawa:fa
Kartoffeln .... bata:tis
kaufen .... aschtiri:
Kilo .... ki:lo
1/2 Kilo .... nuss ki:lo
Mango .... manga
Markt .... su:q
Melone .... batti:ch
Milch .... laban
Orange .... burtu'a:n
teuer .... gha:li:
Tomaten .... tama:tim
Zitrone .... lamu:n
Zwiebeln .... basal

Zahlen
0 sifr
1 wa:`hid
2 itne:n
3 tala:ta
4 arba°a
5 chamsa
6 sitta
7 saba°a
8 tama:nja
9 tis°a
10 °aschara
11 hida:schar

0 1 2 3 4 5
٠ ١ ٢ ٣ ٤ ٥

6 7 8 9 10
٦ ٧ ٨ ٩ ١٠

12 itna:schar
13 talata:schar
14 arbaᵒta:schar
15 chamasta:schar
16 sitta:schar
17 sabaᵒta:schar
18 tamanta:schar
19 tisaᵒta:schar
20 ᵒischri:n
21 wa:`hid wa ᵒischri:n
30 talati:n
40 arbaᵒi:n
50 chamsi:n
60 sitti:n
70 sabaᵒi:n
80 tamani:n
90 tisᵒi:n
100 mijja
200 mite:n
300 tultumijja
400 arbaᵒmijja
500 chumsumijja
600 suttumijja
700 subᵒumijja
800 tumnumijja
900 tusᵒumijja
1000 afl

Redewendungen

Ich spreche nicht arabisch
ana mat kal limsch arabi
Sprich langsam, bitte (mask.)
mumkin tit ka lim bischwi:sch
Sprich langsam, bitte (fem.)
mumkin tit kallimi: bi schwi:sch
Ich verstehe Sie nicht (mask.)
ana misch fahmak
Ich verstehe Sie nicht (fem.)
ana misch fah mik
Darf ich fotografieren? *mumkin asaw war?*
Ich weiß nicht *maᵒrafsch*
Ist das gut? *il haga di kuwajjisa?*
Wie weit ist es bis...? *e:h il masa:fa li...?*
Wo ist der Bahnhof? *il ma:hatta fen?*
Was kostet das? *bikam da?*
Ich bin krank*ana ájja:n*
Wo ist der nächste Arzt? *fen aqrab dok to:r?*
Verschwinde! *imshi:* !

Begrüßung

Herzlich willkommen *ahlan wa sahlan*
Antwort: *ahlan bi:k*
Friede sei mit Dir ! *as sala:mu ᵒalaikum*
Antwort: *ᵒalaikum as sal:am*
Guten Morgen *saba:'hil che:r*
Antwort: saba'hin nu:r
Guten Tag/Abend *masa:'il che:r*
Antwort: *masaba'in nu:r*
Wie geht's dir (mask.)? *izza jjak?*
Wie geht's dir (fem.)? *izza jjik?*
Ant wort: *al hamdulillah*
Aufwiedersehen*ila: li qa:'*
Entschuldigung*aᵒsif*
Antwort: *maᵒalisch*
Wie heißt du? (mask.) ismak e:h?
Wie heißt du? (fem.) ismik e:h?
Antwort: Ich heiße ...*ismi: ....*

Glossar

Altägyptische Begriffe

- **Kartusche** - stilisierte, ovale Umrandung der Geburts- und Krönungsnamen eines Königs
- **Kiosk** - leichtes, pavillionartiges Bauwerk, dessen Dach von Pflanzensäulen getragen wurde
- **Kanopen** - Eingeweidengefäße; jeweils vier Krüge dienten nach der Leichenmumifizierung zur Aufbewahrung der Eingeweide
- **Mammisi** - Geburtshaus; in diesem kleinen Nebentempel wurde die Geburt des Gottessohnes in Form von „Mysterienspielen" rituell nachvollzogen
- **Mastaba** - Bank-Grab
- **Naos** - Götterschrein, in dem das Kultbild aufbewahrt wird
- **Obelisk** - (griechisch Himmelsnadel) Monolith, meist aus Rosengranit, auf quadratischer Grundfläche; seine Spitze gilt als Sitz der Sonne
- **Ostrakon** - (griechisch Scherbe) Tonscherbe, die als "Schmierzettel" verwendet wurde
- **Pylon** - (griechisch Einzugstor) mächtiger Torbau in der Tempelachse, dessen zwei Tortürme den Tempel in der Vorderfront abschließen
- **Sanktuar** - Allerheiligstes
- **Sarkophag** - Sarg
- **Stele** - Grab- oder Gedenkstein, auf dem wichtige historische Ereignisse festgehalten wurden
- **Sphinx** - Mischwesen aus Löwenleib und Menschenhaupt, die Tempel bewachen und Feinde abwehren. In Ägypten, im Gegensatz zu Griechenland, nahezu ausschließlich männlich
- **Uschebti** - kleine Figürchen aus Fayence in Mumienform, die als Grabbeigabe den Toten ins Jenseits begleiten und dort an seiner Stelle die Arbeit erledigen

Islamische Begriffe

- **Bab** - Stadttor
- **Liwan** - eine Halle, die nach drei Seiten geschlossen ist und sich nur auf der vierten Seite zum Innenhof hin öffnet
- **Khanqa** - muslimisches Kloster
- **Madrasa** - Hochschule für religiöses Recht
- **Mashrabiya** - gedrechselte Holzgitter, ineinander verzapft
- **Mausoleum** - Grabbau
- **Minarett** - Turm des Gebetsrufers
- **Mirahb** - Gebetsnische
- **Minbar** - Gebetskanzel
- **Muezzin** - Gebetsrufer
- **Sabil Kuttab** - öffentlicher Brunnen mit angeschlossener (meist darüber liegender) Koranschule
- **Souk** - Markt, Bazar
- **Wakala** - Handelshaus, Karawanserei

SCHREIBEN SIE UNS BITTE

KLA

falls Sie neue und bessere Informationen haben und wenn diese Infos wirklich noch aktuell sind (also gleich nach Rückkehr schreiben). Wenn wir Ihre Zuschrift verwerten können, schicken wir Ihnen ein Freiexemplar der nächsten Auflage oder nach Wahl (_)OSTDEUTSCHLAND INDIVIDUELL, (_)ÄGYPTEN INDIVIDUELL oder (_)ISRAEL, JORDANIEN und OSTSINAI (bitte angeben). Wir freuen uns sehr, wenn Sie Ihre Infos gut leserlich auf ein Zusatzblatt schreiben oder uns als E-Mail schicken würden.

Unsere Anschrift:
Sigrid und Wil Tondok
Nadistr. 18, D-80809 München

Compuserve ID: 100276,116
E-MAIL: S.W.Tondok@T-Online.de

Ihre Anschrift: Von Abraham sind wir alle
Vom Hebräerstamm in diesem Falle
Besuchszeit: gewandt einst im Halbmondbogen
Besuchte Gegend: bis ins Ägyptenland gezogen
Erfahrungen: Die Stammesfreiheit zu bewahren
und mussten Schlimmes hier erfahren
mussten Tod in Sklaven ertragen
vor mehr als 4000 von Jahren
In den Achat- u. Goldminen der Pharaonen
mussten Josephs Stämme fronen
Und Mosis aus dem Fürstenclan
führte sie nach Ka-na-an
wo er am Berge Necho starb.
Nun Israelitos Kanaaniter, Medianiter,
KLeti, Plethi, Jesubiter, Josua
erobert Jerichow
David Zion, Gibeon und anderswo
jedoch den Tempel ihres Gottes
erbaute König Salomo

Index

Abflug 35
Abkürzungen 6
Abreise 35
Abu Gurob 197
Abu Simbel 266, 268
Abusir Pyramiden 197
AIDS 46
Air Sinai 105
Alkohol 15, 44, 63, 110
Allah 61
Allergiker 46
Alles o.k.? 287
Almosenpflicht 62
Altes Reich (AR) 68
American Express 105
Amöben 45
Amulette 58
Araber 53
Arabeske 63
Archäologen 22
Arroganz 14
Artenschutzabkommen 36
Arzt 105
Assuan 253
Assuan, Aga Khan M. 257
Assuan, Beyt el Wali 264
Assuan, Elephantine 256
Assuan, Felsengräber 258
Assuan, Feluke 265
Assuan, Insel Philae 263
Assuan, Kitchener Island 257
Assuan, Museum 256
Assuan, Nilometer 256
Assuan, Nubier 254
Assuan, Pflanzen-Insel 257
Assuan, Restaurants 252
Assuan, Sadd el Ali 259
Assuan, Schneider 255
Assuan, Simeonskloster 258
Assuan, Souk 254
Assuan, Staudämme 259
Assuan, Tempel von Kalabsha 264
Assuan, Unvollendeter Obelisk 255
Aufenthaltsdauer 21
Ausrüstung 28
Austrian Airlines 105
Autofahrer 96

Bab el Mitwalli 156
Bäckereien 110
Bahr Yussuf 207
Bakschisch 17
Basilika 92
Bauchtanz 112
Baumwolle 70
Beduinen 54
Begrüßungsformeln 13
Behinderte 106
Behörden 104
Beschneidung 59, 63
Bettler 18
Bier 31, 43
Bilharziose 45
Blumen 110
Böser Blick 15, 57
Botschaften Ägyptens 23
Botschaften, europäische 103
Brot 110
Buchhandlung 110
Bus-Fahrpläne 286
Busfahrten 37

Christentum 64
Christliche Religionen 65
Coke 30

Dämonenglaube 57
Dashur Pyramiden 206
Derwisch 57
Diebe 47
Dime 210
Diplomatische Vertretungen 103

Djin 57
Dragoman 194
Drogen 15
Durchfall 46
Duty-Free 33, 109
Dynastien 68

Egypt Air 104
Einladungen 13
Einreise 20
Eisenbahn 37
England 70
Essen 41
Euroscheck 30

Fahrpreise 286
Faruk 70
Fasten, koptisch 65
Fatalismus 11
Fathy, Hassan 238
Fax 50
Faxen 50
Fayum 207
Fehlverhalten 12
Feiertage 32
Feilschen 16
Fellachen 53
Feluke 38, 39, 265
Feste 57
Filmkamera 28
Fladenbrot 31
Flöhe 271
Flughafen Kairo 34
Flughafenbus 36
fotografieren 15, 28
Frau 58
Frischmärkte 110
Frühzeit 68
Führerschein 21
Fundamentalisten 63, 65

Gaskartuschen 111
Gastfreundschaft 13

Index

Gastgeber 14
Gastgeschenke 16
Geld 29
Geldautomaten 30
Geldtausch 22, 33
Gesundheit 44
Gezira-Sporting-Club 114
Giseh Pyramiden 192
Giseh, Cheops-Pyramide 195
Giseh, Chephren-Pyramide 194
Giseh, Mykerinos-Pyramide 194
Giseh, Sphinx 196
Golf 114

Haj 63
Handeln 16
Hauwara Pyramide 216
Hepatitis 22
Herodot 66
Hochzeit 59
Höflichkeit 11, 13
Hotels 271
Hund 12

Illahun Pyramide 217
Impfpaß 22
Impfungen 22
Internet 6, 26
Islam 61
Ismail 70

Kairo 93
Kairo, Abdin-Palast 129
Kairo, Ägyptisches Mus. 132
Kairo, Al Azhar Moschee 152
Kairo, Alabaster Mosch. 163
Kairo, Alt-Kairo 178
Kairo, Amr Moschee 182
Kairo, Ataba-Markt 128
Kairo, Bab Zuwela 156
Kairo, Barquq-Moschee 149
Kairo, Barrages du Nil 189
Kairo, Beshtak Palst 148
Kairo, Beyt el Suhaimi Palast 144
Kairo, Botanischer Garten 131
Kairo, Busverbindungen 97
Kairo, Eisenbahnmus. 129
Kairo, El Moallaka Kirche 180
Kairo, Empain, Edouard 188
Kairo, Er Rifai Moschee 166
Kairo, Ezbekiya Gärten 128
Kairo, Fahrrad 103
Kairo, Fußgänger 97
Kairo, Fustat 181
Kairo, Gabalaya Aquarium Park 131
Kairo, Gaskartuschen 111
Kairo, Gayer Anderson Haus 170
Kairo, Geolog. Museum 126
Kairo, Hakim Moschee 144
Kairo, Hauptbahnhof 129
Kairo, Hauptpost 127
Kairo, Heliopolis 188
Kairo, Heluan 187
Kairo, Hussein-Moschee 62, 140
Kairo, Ibn Tulun Moschee 169
Kairo, Insel Roda 132
Kairo, Islamisches Mus. 171
Kairo, Kairo Tower 130
Kairo, Kalaun Mausol. 149
Kairo, Kamelmarkt 184
Kairo, Khan el Khalili Bazar 139
Kairo, Koptische Mus. 130
Kairo, Landwirtschaftsmuseum 131
Kairo, Mahmoud Khalil Museum 130
Kairo, Manial-Palast 132
Kairo, Marcus Kathedrale 130
Kairo, Mausoleum von Sultan el Guri 154
Kairo, Meryland-Park 188
Kairo, Metro 100
Kairo, Mohammed Ali 189
Kairo, Mohammed Ali Moschee 163
Kairo, Mokattam 184
Kairo, Motorboot-Liniendienst 102
Kairo, Musafirkhana-Palast 142
Kairo, Museum of Modern Art 131
Kairo, Nationalbibliothek 112
Kairo, Nightlife 112, 113
Kairo, Nile Hilton Hotel 125
Kairo, Notruf 104
Kairo, Opernhaus 131
Kairo, Papyrus Institut 186
Kairo, Parfümessenz 125
Kairo, Parken 96
Kairo, Pharaonic Village 186
Kairo, Post 127
Kairo, Postmuseum 127
Kairo, Ramsis Bahnh. 129
Kairo, Reiseagenturen 106
Kairo, Reiten 114
Kairo, Sammeltaxi 103
Kairo, Sayyida Nefisa Moschee 170
Kairo, Schlepper 125
Kairo, Sebil Kuttab (Katkhuda) 146
Kairo, Sport 114
Kairo, Straßenbahn 101
Kairo, Straßennetz 94
Kairo, Sultan Hassan Moschee 165
Kairo, Tahrir 124
Kairo, Taxi 102
Kairo, Topographie 93
Kairo, Totenstädte 171
Kairo, U-Bahn 100
Kairo, Verstein. Wald 187

Index

Kairo, Wachsmuseum in Heluan 187
Kairo, Wadi Digla 187
Kairo, Wakalat el Guri 153
Kairo, Wissa Wassef 185
Kairo, Zabbalin 121
Kairo, Zeltmacher-Bazar 157
Kairo, Zoo 131
Kalligraphie 63
Karanis 210
Karkade 43
Karten 27
Kleidung 14, 28, 29
Kloster 64, 65
Kom Auschim 210
Konsulate 23
Kopten 54, 64
Koptisches Zentrum Waldsolms 28
Krankenhäuser 105
Kreditkarte 30
Kreuzfahrt 38
Kunst 111

Landwirtschaft 60
Leberegel 45
Leinentaschen 108
Liebesbezeugungen 15
Lisht Pyramiden 206
Liwan 89
Lufthansa 105
Luxor, Badetag 228
Luxor, Banana-Island 228
Luxor, Bazar 236
Luxor, Busse 222
Luxor, Chons-Tempel 234
Luxor, Crocodile Island 228
Luxor, Der El Bahri 244
Luxor, Der el Medina 242
Luxor, Eintrittskarten 226
Luxor, Esel 224
Luxor, Fähren 223
Luxor, Fahrrad 224
Luxor, Fortbewegen 223
Luxor, Fotografierverbot 226, 240

Luxor, Heißluftballon 229
Luxor, Karnak 231
Luxor, Kirche 229
Luxor, Königinnengräber 243
Luxor, Königsgräber 239
Luxor, Luxor-Tempel 235
Luxor, Markt 237
Luxor, Medinet Habu 246
Luxor, Motorrad 225
Luxor, Museum 236
Luxor, Neu-Qurna 238
Luxor, Nilinseln 228
Luxor, Pferdekutsche 223
Luxor, Ptah-Tempel 234
Luxor, Ramesseum 245
Luxor, Relaxen 228
Luxor, Taxi 225
Luxor, Tiermarkt 236
Luxusbus 37

Madrasa 89
Magen-Darmerkrankungen 46
Malaria 45
Malaria-Prophylaxe 22
Malesch 12
Mamisi 236, 263
Markus 64
Mausoleum 90
Medinet Fayum 213
Medinet Madi 215
Medum Pyramide 207
Mekka 63
Mietwagen 107
Military Intelligence 104
Minbar 89
Mineralwasser 30, 43
Mini-Sprachführer 288
Mirhab 89
Mittleres Reich (MR) 68
Mohammed 62
Mohammed Ali 70
Moschee 89
Moskitos 28
Muezzin 89
Mulid 57, 221

Museen (deutschspr.) 27

Nagib, General 71
Napoleon 70
Nasser, Präsident 71
Nazla (Fayum) 216
Neue Reich (NR) 68
Nil-Kreuzfahrt 38
Nilüberflutung 260
Nubier 54, 262, 265
Nubische Folkore 251

Oropax 37

Paket 51
Papyrusbilder 108
Parfümessenzen 108
Patriarch 64
Pharaonenzeit 68
Pharaonische Götter 78
Pilgerfahrt 63
Polizei 48
Postkarte 51
Preisbeispiele 30
Ptolemäer 69
Pyramide von Hauwara 216
Pyramide von Illahun 217
Pyramide von Medum 207
Pyramiden 191
Pyramiden von Abusir 197
Pyramiden von Dashur 206
Pyramiden von Giseh 192
Pyramiden von Lisht 206
Pyramiden von Sakkara 198

Qarun See 208, 211
Qasr el Sagha 210
Qasr Qarun 216
Qattara-Senke 262

Radio 48
Ramadan 15, 62
Raubüberfälle 47

Index

Reiseagenturen 106
Reiseapotheke 46
Reiseführer 26
Reisekosten 31
Reisekrankenversicherung 22
Reisepaß 20
Reisezeit 31
Reiten 200
Religion, pharaon. Ägypten 77
Restaurants, Kairo 114
Restaurants, Luxor 230
Restaurants, Theben-West 231
Restaurants, Assuan 252
Römer 69
Rückkehr 36
Rücktausch 30
Rundfunk 48, 51

Sadat, Präsident 71
Sadd el Ali 259
Sakkara Pyramiden 198
Sakkara, Djoser-Pyramide 202
Sakkara, Memphis 205
Sakkara, Teti-Pyramide 204
Sammeltaxi 37
Scheidung 60
Schiffsreise 39
Schischa (Wasserpfeife) 43
Schlafsack 29
Schleier 61
Schlepper 34, 35, 133
Schnorrer 16
Schwitzen 45
Sebil Kuttab 90
Sharia 59, 60, 63
Shenuda III 64, 66
Shorts 14
Sicherheit 47
Spannung, elektrische 28
Spätzeit 69
Spirituosen 44
Sport 57, 114, 202
Sportclubs 114
Sprachführer 288
Sprachlehrer 107
Stausee 260
Stella 43
Studentenausweis 21
Suezkanal 70, 71
Sufi 57
Supermärkte 109
Swiss Air 105

Tampons 29
Taschendiebtrick 47
Taschenlampe 28
TASRIH-Ausstellung 104
TausendundeineNacht 10
Tee 43
Telefon 50, 51
Telefon-Vorwahl 50
Telefonkarte 50
Telegramm 50
Tennis 114
Tiere 12
Tierquälerei 12
Tod 58
Toilettenpapier 29
Töpfer 216
Trachom 45
Traveller Cheques 30
Trinken 41
Trinkgeld 18

Übernachten 271
Unterhaltung 50

Vereinigte Arabische Republik 71
Vergewaltigung 48
Verhaltensregeln 14
Verhaltensweisen 11
Versteinerungen 187
Videokamera 15
Visum 21
Visumverlängerung 33
Vollkornbrot 110

Wadi Rayan 208
Wafd-Partei 70
Wanzen 46, 271
Wasserpfeife 43

Zaghlul, Saad 70
Zar 58
Zeitungen 50
Zeitverschiebung 32

REISE KNOW-HOW

REISE KNOW-HOW Bücher werden von Autoren geschrieben, die Freude am Reisen haben und viel persönliche Erfahrung einbringen. Sie helfen dem Leser, die eigene Reise bewußt zu gestalten und zu genießen. Wichtig ist uns, daß der Inhalt nicht nur im reisepraktischen Teil „Hand und Fuß" hat, sondern daß er in angemessener Weise auf Land und Leute eingeht. Die Reihe REISE KNOW-HOW soll dazu beitragen, Menschen anderer Kulturkreise näherzukommen, ihre Eigenarten und ihre Probleme besser zu verstehen. Wir achten darauf, daß jeder einzelne Band gemeinsam gesetzten Qualitätsmerkmalen entspricht. Um in einer Welt rascher Veränderungen laufend aktualisieren zu können, drucken wir bewußt kleine Auflagen.

SACHBÜCHER:

Die Sachbücher vermitteln KNOW-HOW rund ums Reisen: Wie bereite ich eine Motorrad- oder Fahrradtour vor? Welche goldenen Regeln helfen mir, unterwegs gesund zu bleiben? Wie komme ich zu besseren Reisefotos? Wie sollte eine Sahara-Tour vorbereitet werden? In der Sachbuchreihe von REISE KNOW-HOW geben erfahrene Vielreiser Antworten auf diese Fragen und helfen mit praktischen, auch für Laien verständlichen Anleitungen bei der Reiseplanung.

Welt

Abent. Weltumradlung (RAD & BIKE)
DM 28,80   ISBN 3-929920-19-0
Achtung Touristen
DM 16,80   ISBN 3-922376-32-0
Äqua-Tour (RAD & BIKE)
DM 28,80   ISBN 3-929920-12-3
Auto(fern)reisen
DM 34,80   ISBN 3-921497-17-5
Die Welt im Sucher
DM 24,80   ISBN 3-9800975-2-8
Fahrrad-Weltführer
DM 44,80   ISBN 3-9800975-8-7
Motorradreisen
DM 34,80   ISBN 3-921497-20-5
Um-Welt-Reise (REISE STORY)
DM 22,80   ISBN 3-9800975-4-4
Wo es keinen Arzt gibt
DM 26,80   ISBN 3-89416-035-7
Outdoor-Handbuch
DM 39,80   ISBN 3-89416-629-0

Nehberg bei RKH
Das Yanomani-Massaker
DM 36.00   ISBN 3-89416-624-x

REISE STORY:

Reise-Erlebnisse für nachdenkliche Genießer bringen die Berichte der REISE KNOW-HOW REISE STORY. Sensibel und spannend führen sie durch die fremden Kulturbereiche und bieten zugleich Sachinformationen. Sie sind eine Hilfe bei der Reiseplanung und ein Lesevergnügen zugleich

STADTFÜHRER:

Die Bücher der Reihe REISE KNOW-HOW CITY führen in bewährter Qualität durch die Metropolen der Welt. Neben den ausführlichen praktischen Informationen über Hotels, Restaurants, Shopping und Kneipen findet der Leser auch alles Wissenswerte über Sehenswürdigkeiten, Kultur und „Subkultur" sowie Adressen und Termine, die besonders für Geschäftsreisende wichtig sind.

Europa

Amsterdam
DM 26,80   ISBN 3-89416-231-7
Bretagne
DM 39,80   ISBN 3-89416-175-2
Budapest
DM 26,80   ISBN 3-89416-212-0
Bulgarien
DM 39,80   ISBN 3-89416-220-1
Dänemarks Nordseeküste
DM 24,80   ISBN 3-89416-035-7
Europa Bike-Buch (RAD & BIKE)
DM 44,80   ISBN 3-89662-300-1
England, der Süden
DM 36,80   ISBN 3-89416-224-4
Großbritannien
DM 39,80   ISBN 3-89416-617-7
Hollands Nordseeinseln
DM 24,80   ISBN 3-89416-619-3
irland-Handbuch
DM 36,80   ISBN 3-89416-194-9
Island
DM 44,80   ISBN 3-89662-03-5
Kärnten
DM 29,80   ISBN 3-89622-105-x
Litauen mit Kaliningrad
DM 29,80   ISBN 3-89416-169-8
London
DM 26,80   ISBN 3-89416-199-x
Madrid
DM 26,80   ISBN 3-89416-201-5
Mallorca
DM 34,80   ISBN 3-927554-29-4
Mallorca für Eltern und Kinder
DM 24,80   ISBN 3-927554-15-4
Mallorquinische Reise (REISE STORY)
DM 29,80   ISBN 3-89662-153-x
Osttirol
DM 24,80   ISBN 3-89622-106-8
Oxford
DM 26,80   ISBN 3-89416-211-2
Paris
DM 26,80   ISBN 3-89416-200-7
Polen: Ostseeküste/Masuren
DM 29,80   ISBN 3-89416-613-4
Prag
DM 26,80   ISBN 3-89416-204-X
Provence
DM 39,80   ISBN 3-89416-609-6
Pyrenäen
DM 39,80   ISBN 3-89416-610-X
Rom
DM 26,80   ISBN 3-89416-203-1

Europa

Schottland-Handbuch
DM 39,80   ISBN 3-89416-621-5
Sizilien
DM 39,80   ISBN 3-89416-627-4
Skandinavien – der Norden
DM 36,80   ISBN 3-89416-191-4
Südtirol/Dolomiten
DM 24,80   ISBN 3-89416-612-0
Tschechien
DM 36,80   ISBN 3-89416-600-2
Ungarn
DM 32,80   ISBN 3-89416-188-4
Warschau/Krakau
DM 26,80   ISBN 3-89416-209-0
Wien
DM 26,80   ISBN 3-89416-213-9

Deutschland

Berlin mit Potsdam
DM 26,80   ISBN 3-89416-226-0
Borkum
DM 19,80   ISBN 3-89416-632-0
Mecklenburg/Vorp. Binnenland
DM 19,80   ISBN 3-89416-615-0
München
DM 24,80   ISBN 3-89416-208-1
Nordfriesische Inseln
DM 19,80   ISBN 3-89416-601-0
Nordseeinseln
DM 29,80   ISBN 3-89416-197-3
Nordseeküste Niedersachsens
DM 24,80   ISBN 3-89416-603-7
Ostdeutschland individuell
DM 39,80   ISBN 3-89622-480-0
Ostfriesische Inseln
DM 19,80   ISBN 3-89416-602-9
Ostharz mit Kyffhäuser
DM 19,80   ISBN 3-89416-228-7
Oberlausitz/Zittauer Gebirge
DM 24,80   ISBN 3-89416-165-8
Ostseeküste/Mecklenburg-Vorpom.
DM 19,80   ISBN 3-89416-184-4
Ostseeküste Schleswig Holstein
DM 24,80   ISBN 3-89416-631-2
Wasserwandern Mecklenb./Brande
DM 24,80   ISBN 3-89416-221-2
Rügen/Usedom
DM 19,80   ISBN 3-89416-190-9
Sächsische Schweiz
DM 19,80   ISBN 3-89416-630-4
Schwarzwald
DM 24,80   ISBN 3-89416-611-1

PROGRAMM

Afrika

anische Reise
(Reise Story)
26,80   ISBN 3-921497-91-4
abenteuer Afrika
(Rad & Bike)
28,80   ISBN 3-929920-15-8
h Afrika
56,80   ISBN 3-921497-11-6
ten individuell
36,80   ISBN 3-921838-10-x
ihrer Ägypten: Kairo
32,00   ISBN 3-921838-91-6
ihrer Ägypten: Luxor, Theben
29,80   ISBN 3-921838-90-8
ir, Marrakech
der Süden Marokkos
34,80   ISBN 3-89662-072-x
a, Luxor, Assuan
29,80   ISBN 3-89662-460-1
erun
39,80   ISBN 3-921497-32-9
en
39,80   ISBN 3-921497-05-1
agaskar, Seychellen,
ritius, Réunion, Komoren
39,80   ISBN 3-921497-62-0
okko
44,80   ISBN 3-921497-81-7
ibia
39,80   ISBN 3-89662-320-9
ria – hinter den Kulissen
(Story)
26,80   ISBN 3-921497-30-2
sien
44,80   ISBN 3-921497-74-4
siens Ferienzentren
29,80   ISBN 3-921497-76-0
afrika
54,80   ISBN 3-921497-02-7
Wolken der Wüste
(Story)
24,80   ISBN 3-89416-150-7
abwe
39,80   ISBN 3-921497-26-4

Thüringen
24,80   ISBN 3-89416-189-2
harz mit Brocken
19,80   ISBN 3-89416-227-9

Asien

Auf nach Asien
DM 28,80   ISBN 3-89622-301-x
Bali & Lombok mit Java
DM 39,80   ISBN 3-89416-604-5
Bali: Ein Paradies wird erfunden
DM 29,80   ISBN 3-89416-618-5
Bangkok
DM 26,80   ISBN 3-89416-205-8
China Manual
DM 49,80   ISBN 3-89416-626-6
China, der Norden
DM 39,80   ISBN 3-89416-229-5
Indien, der Norden
DM 44,80   ISBN 3-89416-223-6
Reisen mit Kindern in Indonesien
DM 26,80   ISBN 3-922376-95-9
Israel/Jordanien
DM 36,80   ISBN 3-89662-450-4
Jemen
DM 44,80   ISBN 3-89622-009-6
Mongolei
DM 39,80   ISBN 3-89416-217-1
Kambodscha
DM 36,80   ISBN 3-89416-233-3
Komodo/Flores/Sumbawa
DM 36,80   ISBN 3-89416-060-8
Ladakh und Zanskar
DM 36,80   ISBN 3-89416-176-0
Laos
DM 29,80   ISBN 3-89416-218-x
Malaysia & Singapur mit Sabah & Sarawak
DM 39,80   ISBN 3-89416-178-7
Myanmar (Burma)
DM 36,80   ISBN 3-89662-600-0
Nepal-Handbuch
DM 36,80   ISBN 3-89416-193-0
Oman
DM 44,80   ISBN 3-89662-100-9
Phuket (Thailand)
DM 29,80   ISBN 3-89416-182-5
Rajasthan
DM 36,80   ISBN 3-89416-616-9
Saigon und der Süden Vietnams
DM 32,80   ISBN 3-389416-607-X
Singapur
DM 26,80   ISBN 3-89416-210-4
Sri Lanka
DM 39,80   ISBN 3-89416-170-1
Sulawesi (Celebes)
DM 36,80   ISBN 3-89416-635-5

Asien

Taiwan
DM 39,80   ISBN 3-89416-614-2
Thailand Handbuch
DM 39,80   ISBN 3-89416-625-8
Thailand: Küsten und Strände
DM 29,80   ISBN 3-89416-622-3
Tokyo
DM 49,80   ISBN 3-89416-206-6
Vereinigte Arabische Emirate
DM 39,80   ISBN 3-89662-022-3
Vietnam-Handbuch
DM 39,80   ISBN 3-89416-620-7

Amerika

Als Gastschüler in den USA
DM 24,80   ISBN 3-927554-27-8
Amerika von unten (Reise Story)
DM 22,80   ISBN 3-9800975-5-2
Atlanta & New Orleans
DM 28,80   ISBN 3-89416-230-9
Argentinien/Urug./Parag.
DM 44,80   ISBN 3-921497-51-5
Canada Ost/USA NO
DM 39,80   ISBN 3-89662-151-3
Costa Rica
DM 36,80   ISBN 3-89416-166-3
Durch Canadas Westen m. Alaska
DM 39,80   ISBN 3-927554-03-0
Durch den Westen der USA
DM 39,80   ISBN 3-927554-20-0
Ecuador/Galapagos
DM 36,80   ISBN 3-89416-860-9
Guatemala
DM 36,80   ISBN 3-89416-214-7
Hawaii
DM 39,80   ISBN 3-921497-55-8
Honduras
DM 36,80   ISBN 3-89416-608-8
Kolumbien
DM 39,80   ISBN 3-89416-058-4
Mexiko
DM 42,80   ISBN 3-89662-310-9
Panama
DM 36,80   ISBN 3-89416-225-2
Peru/Bolivien
DM 42,80   ISBN 3-89662-330-3
Radabenteuer Panamericana
(Rad & Bike)
DM 28,80   ISBN 3-929920-13-1

Amerika

San Francisco
DM 24,80   ISBN 3-89416-232-5
Spuren der Maya
DM 39,80   ISBN 3-89416-623-1
Traumstraße Panamerikana
(Reise Story)
DM 24,00   ISBN 3-9800975-3-6
„Und jetzt fehlt nur noch John Wayne..." (Reise Story)
DM 22,80   ISBN 3-927554-18-9
USA/Canada
DM 44,80   ISBN 3-927554-19-7
USA/Canada (Rad & Bike)
DM 46,80   ISBN 3-929920 17-4
USA für Sportfans
DM 32,80   ISBN 3-89416-633-9
USA mit Flugzeug und Mietwagen
DM 39,80   ISBN 3-89662-150-5
USA-Westen mit CD
DM 59,00   ISBN 3-927554-26-x
Venezuela
DM 44,80   ISBN 3-89662-040-1

Ozeanien

Neuseeland Campingführer
DM 24,80   ISBN 3-921497-92-2
Neuseeland (Reise Story)
DM 24,80   ISBN 3-921497-15-9
Bikebuch Neuseeland
(Rad & Bike)
DM 39,80   ISBN 3-929920-16-6

RAD & BIKE:
Reise Know-How Rad & Bike sind Radführer von lohnenswerten Reiseländern bzw. Radreise-Stories von außergewöhnlichen Radtouren durch außereuropäische Länder und Kontinente. Die Autoren sind entweder bekannte Biketouren-Profis oder „Newcomer", die mit ihrem Bike in kaum bekannte Länder und Regionen vorstießen. Wer immer eine Fern-Biketour plant – oder nur davon träumt – kommt an unseren Rad & Bike-Bänden nicht vorbei!

Russische Generalstabskarten **Ägypten**

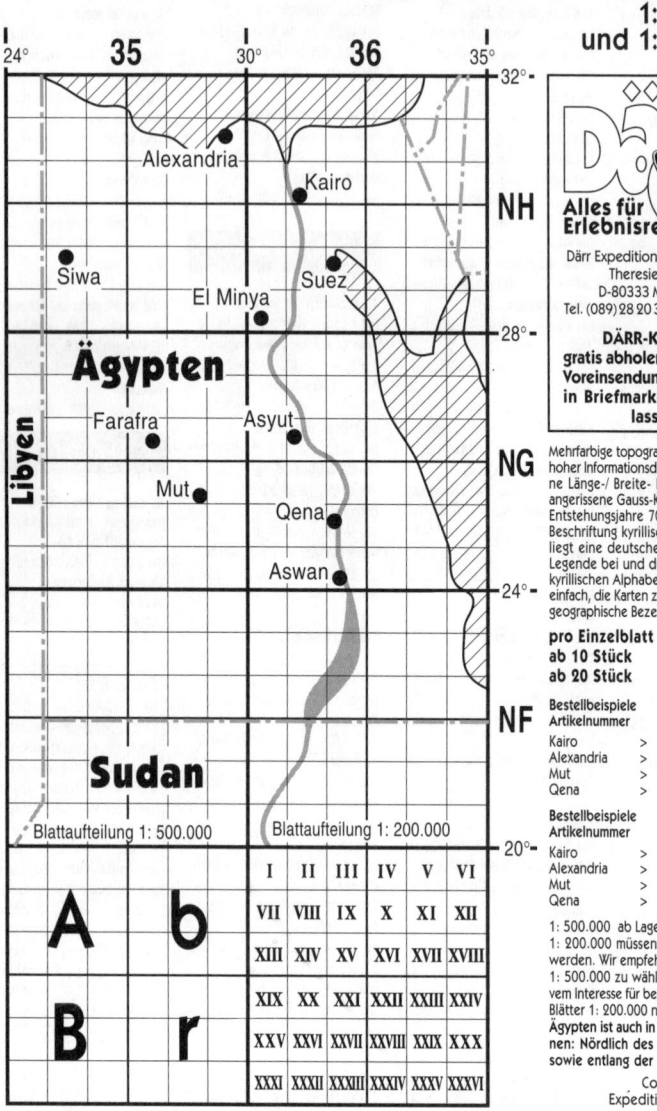

1:500.000 und 1:200.000

Alles für Erlebnisreisen

Därr Expeditionsservice GmbH
Theresienstr. 66
D-80333 MÜNCHEN
Tel. (089) 28 20 32 Fax 28 25 25

**DÄRR-Katalog:
gratis abholen oder gegen
Voreinsendung von DM 3.–
in Briefmarken schicken
lassen.**

Mehrfarbige topographische Landkarten hoher Informationsdichte. Durchgezogene Länge-/Breite- Koordinaten sowie angerissene Gauss-Krüger-Koordinaten. Entstehungsjahre 70er- bis 90er-Jahre. Beschriftung kyrillisch. Jeder Lieferung liegt eine deutsche Beschreibung der Legende bei und die Übersetzung des kyrillischen Alphabets. Damit ist es sehr einfach, die Karten zu interpretieren und geographische Bezeichnungen zu lesen.

pro Einzelblatt	DM 24,00
ab 10 Stück	DM 22,00
ab 20 Stück	DM 20,00

**Bestellbeispiele 1: 500.000
Artikelnummer 2000115**

Kairo	>	NH 36 **A**
Alexandria	>	NH 35 **b**
Mut	>	NG 35 **r**
Qena	>	NG 35 **B**

**Bestellbeispiele 1: 200.000
Artikelnummer 2000113**

Kairo	>	NH 36 **XIV**
Alexandria	>	NH 35 **XII**
Mut	>	NG 35 **XXIII**
Qena	>	NG 36 **XXVII**

1: 500.000 ab Lager lieferbar.
1: 200.000 müssen zum Teil beschafft werden. Wir empfehlen, erst die Blätter 1: 500.000 zu wählen und bei intensivem Interesse für begrenzte Gebiete die Blätter 1: 200.000 nachzubestellen.
Ägypten ist auch in 1: 100.000 erschienen: Nördlich des 24. Breitengrades, sowie entlang der Küste nach Süden.

Copyright 1996 Därr
Expeditionsservice GmbH

die TONDOKs

Israel, Jordanien

und Ostsinai

Wil u. Sigrid Tondok

480 Seiten
70 sw-Fotos
16 Farbseiten
57 Karten und Pläne
DM 39,80
ISBN 3-89662-450-4

ÜBERALL IM BUCHHANDEL

Was Ihnen dieses Reisehandbuch bietet:

Sie finden alle nötigen Informationen zum **Fortkommen, Übernachten** und **Essen,** z.B. zu Verkehrsmitteln, Mietwagen, Hotels, Restaurants. **Präzise Wegbeschreibungen** führen ohne Umwege zu den Sehenswürdigkeiten. Dort sind **Rundgänge** so beschrieben, daß das Wesentliche auf Anhieb zu finden ist. **Historische Rückblicke, Erläuterungen von Zusammenhängen** und kulturellen Aspekten zeigen Hintergründe auf und tragen zum besseren Verständnis bei. Das schwierige **Verhältnis zwischen Deutschen und Juden** wird ebenso diskutiert wie die Problematik der besetzten Gebiete und die **Situation der Palästinenser**.

ISRAEL, JORDANIEN und OSTSINAI ist ein Reiseführer mit hohem Handhabungswert. Eine systematische Gliederung und Griffmarken an den Seitenrändern lassen Orte schnell finden, detaillierte Karten und Pläne erleichtern die Übersicht, viele Fotos informieren und machen neugierig auf die Region.

Reise Know-How Verlag Tondok

die TONDOKs
TONDOKs Tonführer

ÄGYPTEN – LUXOR: Karnak, Theben
ÄGYPTEN – KAIRO: Ägyptisches Museum, Pyramidenfeld Sakkara

Sylvia Schoske und Dietrich Wildung

ÜBERALL IM BUCHHANDEL

*ÄGYPTEN – KAIRO
2 Kassetten
und Führungspläne,
DM 32,00*
**ISBN
3-921838-91-6**

*ÄGYPTEN – LUXOR
2 Kassetten
und Führungspläne,
DM 29,80*
**ISBN
3-921838-90-8**

Der Hör-Führer im Walkman, nimmt Sie mit auf einen individuellen Besichtigungs-Rundgang historischer Monumente. In Muße können Sie die Vergangenheit erleben: Niemand hetzt Sie; ohne lästiges Suchen in Büchern lassen Sie sich von Spezialisten das wirklich Interessante erklären. Nach Möglichkeit verlaufen Ihre Wege entfernt oder gar gegenläufig zu denen der Routineführungen - so sind Sie noch ungestörter.

Mit TONDOKs TONFÜHRER haben Sie die Gewähr, von Ägyptologen nach dem neuesten Stand informiert zu werden und nicht einer Führung ausgeliefert zu sein, die sich seit Jahrzehnten im traditionellen Rahmen bewegt.

Dr. Sylvia Schoske ist Direktorin der Staatlichen Sammlung Ägyptischer Kunst in München, Prof. Dr. Dietrich Wildung ist Direktor des Ägyptischen Museums, Berlin. Als Museums-Direktoren sind es beide Autoren gewohnt, historische Zusammenhänge verständlich und lebendig zu erklären, das pharaonische Ägypten sprachlich in's Heute zu holen, es vor den Augen der Besucher wieder auferstehen zu lassen.

*Reise Know How-Verlag
TONDOK
Nadistraße 18
80809 München*

die TONDOKs
Ostdeutschland
INDIVIDUELL

Sigrid und Wil Tondok

*616 Seiten,
54 sw-Fotos,
16 Farbseiten,
52 Karten
und Pläne,
DM 32,80*
ISBN 3-921838-12-6

ÜBERALL IM BUCHHANDEL

Das Handbuch für Entdeckungsreisen durch alle neuen Bundesländer und Gesamtberlin
mit Tips für Wohnmobilfahrer, Boot-, Rad und Fußwanderer

Das Handbuch mit dem hohen praktischen Nutzen: z.B. attraktive Routenbeschreibungen anstelle trocken-alphabetischer Auflistung von Sehenswürdigkeiten, sinnvolle Rundgänge in Städten, Informationen über Geschichte, Kunst und Kultur.

Gewußt wohin – 30 Routen für's Kennenlernen

Abseits der Staßen – mehr als 550 Orte zur Auswahl

Orientieren – mehr als 50 Stadt- und Routenpläne

Essen & Trinken – mehr als 600 Gaststätten in rund 100 Orten

Übernachten – mehr als 500 Hotels, 240 Campingplätze

Gesamtberlin – Kennenlernen von Ost und West

Bootsfahrten – auf mehr als 120 Seen und Wasserwegen zwischen Berlin und Rügen

*Reise Know How-Verlag
TONDOK
Nadistraße 18
80809 München*

die TONDOKs
ÄGYPTEN individuell
Ein Reisehandbuch zum ERLEBEN, ERKENNEN, VERSTEHEN eines phantastischen Landes

Sigrid und Wil Tondok

600 Seiten,
30 sw-Fotos,
16 Farbseiten,
75 Karten
und Pläne,
DM 36,80
ISBN 3-921838-10-X

ÜBERALL IM BUCHHANDEL

Das **Handbuch für Reise-Individualisten** mit einer Fülle von Tips und praktischen Informationen: Es zeigt, wie man auf eigene Faust, preiswert und problemlos in Ägypten zurechtkommt. Und ein Reiseführer für Leute, die mit offenen Augen reisen, die nicht nur hastig die Pyramiden konsumieren, sondern das Erlebte vertiefen wollen. Denn unter dem Motto „ein phantastisches Reiseland zu erleben, zu erkennen und verstehen" wird **Ägypten anders als üblich** vorgestellt:

> Das Land und seine Menschen verstehen
> Die längste Vergangenheit der Welt bewußt entdecken
> Dem schillernden Orient nachspüren
> Die Faszination der Wüste und die einsame Welt der Oasen erleben
> Die grandiosen Sinaï-Gebirge durchstreifen
> Tauchen und Schnorcheln am Golf von Aqaba und am Roten Meer

Die Frankfurter Rundschau meint: „So entstand ein wirklich informatives Buch, das sensibel mit dem Land, das es beschreibt, umgeht."

Die GUTE FAHRT: „Das Motto des Bandes »Erleben-Erkennen-Verstehen« wird voll realisiert. Eine hervorragende Arbeit."

Reise Know-How Verlag Tondok, München